新亞洲佛教史 07

中國Ⅱ 隋唐

興盛開展的佛教

The Efflorescence and Evolution of Chinese Buddhism:
China II, Sui and Tang Dynasties

沖本克己 編輯委員
菅野博史 編輯協力
釋果鏡 譯者
釋果鏡 中文版總主編

新亞洲佛教史中文版總序

弘揚漢傳佛教，從根本提昇漢傳佛教研究的品質與水準，一直是本所創辦人念茲在茲的心願。這是一場恆久持續的考驗，雖然中華佛學研究所自知能力有限，但仍然願意傾注所有心力，結合海內外的先進與同志，共同攜手為此一目標奮進。

在佛教學術研究的領域，日本學術界的成果一直受到全世界的肯定與注目。「新亞洲佛教史」此一系列研究是日本佛教學界近年來最大規模的結集，十五冊的規模，動員超過兩百位菁英學者，從耆宿到新銳，幾乎網羅無遺，可以說是當今日本佛教學界最具規模的成果展示當不為過矣。本套「新亞洲佛教史」系列海納萬有，概而言之，其重要性約有數端：

（一）「新亞洲佛教史」雖然以印度、中國、日本三大部分為主，但也兼顧中亞、東南亞、越南、韓國等不同地區，涵蓋南傳、漢傳、藏傳等不同的佛教傳統；處理時段從佛陀出世迄於今日。就目前同性質的著作之中，處理時間之長遠，空間之寬闊，迄今尚未有出於其右者。

（二）傳統佛教史的寫作總是詳古略今，無法充分呈現佛教演變的歷史面貌。此次

「新亞洲佛教史」對於近世以降佛教演變的軌跡著意甚深，可謂鉅細靡遺。

（三）傳統佛教史大多集中於思想概念以及政治關係的描述，此次「新亞洲佛教史」在可能的範圍內，嘗試兼顧語言、民俗、文學、藝術、考古學等文化脈絡，開展出各種認識佛法的不同可能性。

職是之由，「新亞洲佛教史」不僅是時間意義上，更重要的意義是一種研究範式的建立。中華佛學研究所取得佼成出版社正式授權，嘗試將日本佛教研究最新系列研究成果介紹給漢語文化圈。其間受到各方協助，特別是青山學院大學陳繼東教授居中聯繫，其功厥偉。同時也要感謝佼成出版社充分授權與協助，讓漢語文化圈的讀者得以接觸這套精心策畫的研究成果。透過高水準學術研究作品的譯介，借鏡世界各國佛教研究者的智慧，讓漢傳佛教研究的境界與視野更高更遠，這是中華佛學研究所責無旁貸的使命，以及未來持續努力的目標。

中華佛學研究所所長

釋果鏡

序言

歷經五胡亂華、南北朝漫長的紛亂，不同生長背景與歷史文化養成的思維作風，相互融合生成各家風格獨具的教派，因此隋唐成為中國佛教百家爭鳴、最為興盛的時代。

實際上，在佛教漫長的歷史中，上演著無數思想的興亡史。來自內外的異質思想，交互干涉及變遷，造就了中心思想樣貌的百變，同時其面貌仍隨著時間產生變化。

尤其是時代背景、風土民情、種族語言等和印度迥異的構成要素，在佛教傳入中國後，入境隨俗的變化更為顯著。若想了解猶如江水奔騰的中國佛教史脈絡，需以宏觀的思想史、文化史為著眼點，方能把握正確方向。

而能以客觀角度將中國佛教史依時代加以區分的，是中國佛教的權威學者常盤大定。常盤大定在其著作《支那佛教的研究》第三冊中，將中國佛教史概分為五個時期。區分的方式是將前漢到東晉分作第一期，稱之準備時代；第二期是東晉到南北朝，稱之研究時代；第三期是隋朝到唐朝玄宗為止，稱之建設時代；第四期是唐玄宗之後至宋代，稱之實行時代；第五期則是元、明、清三代，稱為繼承時代。

此一構圖早在昭和十八年完成，其後儘管隨著研究進展，有部分需要進行補訂，且借鏡中國佛教特徵新成立的宗派及其發達史等無法收錄在此一框架內，但總的來說，日本的現代相關佛教書籍，都承繼了這個觀念。

不僅如此，如今回首才發現，《亞洲佛教史》（舊版）的出版已經過了四十個年頭。個人認為，此書兼具專業性，且為促進普羅大眾理解佛教通史的叢書開創了先河。

該叢書不只能讓初次接觸佛學研究的工作者得到相關領域的概觀，且能長時間持續處於知識標竿的地位。執筆者皆是當時的學者菁英，完成系列著作後仍活力旺盛地引領該領域進行研究活動，現在多成一方翹楚，其中也有不少先進已亡故。

其後，各學問領域或是深化研究，或是拓展研究領域，都能得到許多新見解。其中以文獻為基礎的歷史、思想研究是其根基所在，在跨學科、應用性方面也有顯著的發展。特別是佛教學不只是書齋或研究室的專有物，應該與世俗人情接軌，且傾聽不同的聲音，與時並進。

因此，以嶄新綜合的立場來重新審視佛教史，成為現在的當務之急。

本系列著作之中國篇，將整體的架構粗分為傳入期、興隆期、持續期，其中第七冊將大篇幅聚焦在隋唐時中國佛教的興隆、發展期，且透過多元的視角，以掌握隋唐時期相關種種現象在內的群像為目標。

至於本書的內容架構，試圖從宗派史等特定主題，以拉長時間的寫作方式，深入描寫其變遷史。中國佛教的特徵之一，是不管好壞，宗教總是與國家體制有著密不可分的關係，改朝換代與國家體制的變動因而成為不可輕忽的要素，也因而不能忽視各時代的社會風氣能深刻影響教團或教理、民眾的信仰，或該時代文化發展的事實，因為佛教史並不絕對等於教理的變遷史。

因此本書中的記述，皆邀請其他領域的碩學通儒給予批評指教，力求盡善盡美。編著本系列作品，自然背負著超越前系列著作的壓力，但對於此點我一點也不擔心，因為我對本著作優秀的寫作陣容很有信心。

對我而言，進行中國佛教研究，並不僅是研究日本佛教發展史的試金石。若能透徹理解將印度佛教大幅度改頭換面，且對包括日本在內的東亞全域佛教負有發訊源頭重任的中國，對於持續研究該領域的我，具有重要的價值與意義。然而關於這方面的細部研究進度，和某時期相較之下似乎有些停滯不前。或許這只是我杞人憂天，希望能藉著這篇前言，讓今後的研究能夠突破瓶頸，有所進展。

沖本克己
（編輯委員）

目錄

新亞洲佛教史中文版總序　釋果鏡　003
序言　沖本克己　005
體例說明　029

【第一章】什麼是隋唐佛教　吉川忠夫

第一節　隋朝的佛教再興　032
一、以復興佛教為己任的隋文帝　032
二、度過廢佛風暴　033

第二節　迎接第二階段的隋唐佛教　036
一、喪葬儀禮對佛教的影響　036

二、中國撰述的疑經　039
三、末法之世　041
第三節　佛教與道教之爭　044
一、源自道教經典的開元年號　044
二、奉老子為皇室始祖的唐朝皇室　047
三、為贖罪而建造的佛寺　049
四、傅奕的排佛論　053
五、武后則天時代的復興與玄宗時代的再復興　054
第四節　諸宗派的成立　057
一、由諸學派到諸宗派　057
二、天台宗、三階教　058
三、淨土教　059
四、中國傳統思想與佛教　061
五、諸宗派的盛衰消長　063
六、姚崇的「遺令」與禪佛教　065

七、一日不作，一日不食　067
第五節　邁向下個時代　071
一、會昌廢佛　071
二、凡聖齊同　073
專欄二　末法思想的興起與展開　藤井教公　076
【第二章】在中國改變面貌的印度佛教　青木隆、奧野光賢、吉村誠
第一節　地論與攝論思想史之意義　082
一、如來藏與唯識思想傳至中國　082
二、地論宗北道派與南道派　084
三、敦煌寫本中所見的南道派思想　088
四、攝論宗的興起　095
五、《大乘起信論》的出現　098

第二節　三論與成實的思想史之意義　101
一、「三論」與「成實論」　101
（一）《中論》　102
（二）《十二門論》　103
（三）《百論》　104
（四）《成實論》　105
二、譯出與其研究　109
三、吉藏對成實學派的批判　111
第三節　唯識思想史的意義　116
一、玄奘與唯識學派　116
（一）玄奘的求法與傳法　116
（二）基　118
（三）慧沼　118
（四）智周　119
（五）圓測　119
（六）其他弟子　120

(七)傳播到日本　120
二、唯識學派的教義　121
(一)三時教判　121
(二)五位百法　122
(三)阿賴耶識　122
(四)四分、三量、三類境　126
(五)三性、三無性　128
(六)五重唯識　128
(七)五姓各別　129
(八)四十一位、五位　131
(九)四智、四涅槃　131
(十)三身　133
(十一)因明　134
三、圍繞五姓各別與佛性的論爭　134
(一)攝論學派的衰退　134
(二)五姓各別說的登場　135

（三）靈潤的批判 135
（四）神泰的反駁 136
（五）五姓各別說的完成 137
（六）法寶的批判 138
（七）慧沼的反駁 138
（八）論爭的去向 139
【專欄二】盂蘭盆會與餓鬼 塩入法道 141
【第三章】教學佛教的樣貌 林鳴宇、吉田叡禮
第一節 草創期的天台宗 146
一、天台宗與天台山 146
二、慧文與慧思 147
三、天台智顗 151
四、智顗的教學 157
五、灌頂的功業 162

第二節　唐代的天台宗　164
一、外護者的喪失　164
二、天台山系與玉泉寺系　164
三、唐初智顗教學的影響　167
四、湛然的生涯與教學　170
五、湛然以後的天台宗　175
六、柳宗元與梁肅　177
七、五台山的天台教學　179
八、立志於天台學的入唐僧　180
九、天台宗的特色與之後的發展　181
第三節　華嚴宗形成的基礎　187
一、地論學、攝論學發展為華嚴學　187
二、《華嚴經》的翻譯　189
（一）六十卷本　191
（二）八十卷本　191

（三）四十卷本 191
（四）藏譯《華嚴經》 192
三、研究《華嚴經》的先驅 192
四、江南之《華嚴經》研究 193
五、北地之《華嚴經》研究 195
第四節　華嚴宗系譜 196
一、華嚴宗祖統說 196
二、華嚴五祖與其教學 199
（一）杜順 199
（二）智儼 200
（三）法藏 204
（四）澄觀 208
（五）宗密 212
第五節　會昌廢佛後的華嚴學 219
一、正統與思潮 219

二、華嚴教團的形成與衰退 220
【專欄三】禮敬之爭——從東晉到唐代 礪波護 223

【第四章】民眾佛教的系譜 齊藤隆信、西本照真

第一節 淨土教的開展——民眾佛教 230
一、中國淨土教的黎明 230
二、唐代以前的中國淨土教與民眾 231
（一）廬山慧遠的結社念佛 231
（二）關於曇鸞的《讚阿彌陀佛偈》 233
（三）從造像銘來看南北朝的淨土教信仰 236
第二節 唐代禮讚儀禮所見之民眾淨土教 238
一、善導在長安的弘化 238
二、道綽的淨土教與民眾教化 241
三、從傳記來看，身為唱導僧的善導 244

四、從著作來看善導的教化活動　247
（一）在《觀經疏》所見之民眾特色　247
（二）在《往生禮讚偈》所見之民眾特性　250
五、法照禮讚偈之通俗性　254
第三節　三階教的思想、實踐特質與其民眾性　262
一、創教始祖信行的生平　262
二、三階教思想與實踐的特質　264
三、成為社會經濟活動的無盡藏　269
第四節　民眾信仰的各種型態　272
一、佛教特定活動與儀式對民眾的滲透　272
二、從佛教來看民間信仰的具體相貌　276
（一）彰顯善因善果的靈感故事　279
（二）彰顯惡因惡果的靈感故事　281
■專欄四■　頓悟與漸悟——從道生到禪　伊吹敦　288

【第五章】禪宗的形成與開展

小川隆

第一節　初期禪宗　294
一、兩京法主，三帝國師　294
二、嵩山與武后則天　297
三、南能北秀　300
四、皆為頓漸不同，所以不許　304
五、與王維的問答　307
六、安史之亂與諸派興起　309
第二節　唐代的禪　313
一、馬祖的禪法　313
二、即心是佛，平常心是道　315
三、自馬祖、百丈以來　318
四、平常無事與清規的形成　320
五、選官與選佛　324
六、石頭系的禪法　327

七、會昌滅佛，黃巢之亂 332
八、五家的分類 335

第三節　宋代的禪宗 338
一、禪的制度化之時代 338
二、士大夫與禪宗 343
三、文字禪與看話禪 348
四、大慧宗杲的看話禪 353
五、朱熹與無字 355

【專欄五】正史中的佛教　氣賀澤保規 360

【第六章】密教的傳播與滲透　岩崎日出男

第一節　中國密教的歷史 366
一、定義與問題 366
二、中國人的密教認知時期與內容 367

第二節　中國密教的祖師們　371
一、善無畏三藏（Śubhakarasiṃha）　371
（一）傳記資料　371
（二）家族與經歷　372
（三）在長安的活動　372
（四）在洛陽的活動與圓寂　373
（五）善無畏三藏的人品　375
（六）在中國密教功績與完成的任務　375
（七）善無畏三藏活動的特徵與社會評價　376
二、金剛智三藏（Vajrabodhi）　378
（一）傳記資料　378
（二）家族與經歷　378
（三）在長安以及洛陽的活動　379
（四）金剛智三藏的人品　380
（五）金剛智三藏在中國密教的功績與完成的任務　381

三、一行禪師 382
（一）傳記資料 382
（二）家族與經歷 383
（三）出家與遊學 383
（四）與密教的邂逅 384
（五）一行禪師的人品與功績 385
四、不空三藏（Amoghavajra） 385
（一）傳記資料 385
（二）家族與經歷 386
（三）從出家到印度求法 386
（四）返回京城後的活動 387
（五）社會的變革與密教的昌盛 388
（六）不空三藏的人品 389
（七）不空三藏在中國密教的功績與完成的任務 389
（八）在內道場的活動 390
（九）五台山文殊信仰的積極傳教 391

（十）護國活動的特徵　394
（十一）密教經典的翻譯與教理的特長　396
（十二）不空三藏推展的密教昌盛之因　396
五、惠果和尚　399
（一）傳記資料　399
（二）家族與經歷　400
（三）先師圓寂後的活動　400
（四）惠果和尚的人品　402
（五）在中國密教的功績與完成的任務　402
第三節　密教在中國社會上的滲透　404
一、從不空三藏到惠果和尚的密教現況　404
（一）般若三藏的活動　405
（二）圓敬的付法　405
（三）善無畏三藏的再評價　406
二、惠果和尚之後的密教　407

（一）智慧輪三藏與法門寺　410
（二）唐末五代至宋代初期的密教　410
第四節　密教與道教　413
一、共同性與競爭性　413
（一）歷史上密教與道教的交涉　414
（二）在說話的舞台上，密教與道教之間的交涉　415
（三）密教咒語（真言、陀羅尼）與道教符咒的關係　419
（四）祖師們的傳說與軼事　421
二、結語　422
【專欄六】無情佛性說　松森秀幸　424
【第七章】士大夫對佛教的容受　中嶋隆藏
第一節　王朝統治與三教的關係　430
教化的媒介——儒教、道教、佛教　430

第二節　隋朝皇帝與士大夫對佛教的容受　432
一、以佛法治國——高祖文帝、煬帝　432
二、以佛教處世——顏之推　436
三、信仰與學問的融合——王劭　438
四、在家信徒的宿願——姚察　440
第三節　唐初士大夫對佛教的容受　442
一、白熱化的三教論爭　442
二、三教的客觀批判——陸德明　443
三、憂國的排佛論——傅奕　444
四、奉佛王朝的血統——蕭瑀　447
五、擁護佛教的士大夫——李師政　448
第四節　唐代前期，皇室與士大夫對佛教的容受　449
一、宣揚聖教的皇父子——太宗李世民、皇太子李治　449
二、做為「知識」的佛教——王勃　453
三、病苦中的信仰——盧照鄰　454

第五節　唐代中期，士大夫對佛教的容受　457
一、道教興起及偽經出現　457
二、來自奉佛士大夫的批判——姚崇　458
三、寫實「當代風俗」的詩人——王維　461
四、超言絕慮的悟境——杜朏　464
五、博學與見解獨特的在家居士——李通玄　465
第六節　唐代後期，士大夫對佛教的容受　468
一、專注於天台教學——梁肅　468
二、對淨土法門的認同——柳宗元　473
三、勸諫世風的儒者骨氣——韓愈　476
第七節　唐末，士大夫對佛教的容受　478
一、前所未有之鎮壓以至王朝滅亡　478
二、寄心求道於詩偈——白居易　479
三、深入的理解禪法——裴休　481
四、看清本質的佛教批判——李德裕　483

第八節　士大夫階層對佛教的態度　486
從國家佛教邁向個人佛教　486
【專欄七】中國的廢佛　藤丸智雄　492

年表／參考文獻　499
年表　500
參考文獻　522

索引　541
作者簡介　567

體例說明

一、本書（日文版）原則上使用現代假名，諸典籍引用則採用各作者的譯文及引用書寫方式。

二、（日文版）漢字標示原則上使用常用漢字，但依作者個人學術考量，經判斷認為需要使用正規表現字體之處，則遵照其表現方式。

三、主要人名、皇帝或國君在各章初次出現時，以括弧標明其生卒年或在位年代。若年份不明，以「不詳」表示。若有多種候補之說，則依照各作者的學術考量與索引互作對照。年份無法確定者，則以「？」或「約」表示。例：玄奘（六〇二—六四），神秀（？—七〇六）。

四、（日文版）書中的人名、地名、史蹟名、典籍名等，漢字假名之標音根據各作者的學術考量予以斟酌追加。

五、書中年號採用中國歷代皇朝使用的元號，括弧內以西元年份表示。例：貞觀元年（六二七）。

六、書中的典籍名或經典名以《》表示，經典之品名以〈〉表示。此外，卷數標示依照各作者用法為準。例：《法華經》〈如來壽量品〉，《景德傳燈錄》卷八．汾州無業章。

七、佛典引用內容盡可能附加《大正新脩大藏經》記載的卷數及頁數。例：《佛說觀普賢菩薩行法經記》卷上（《大正藏》五十六卷二二七頁下）。

八、書中引文除了主要以「」表示之外，長文引用則與正文區隔一行、整段低二格的方式表示。此外，有關引用或參考論述則在句末的（）內附加研究者姓名與論述發表年份。例：（甲田宥吽　二〇〇二）。

第一章

什麼是隋唐佛教

吉川忠夫
京都大學名譽教授

第一節　隋朝的佛教再興

一、以復興佛教為己任的隋文帝

三世紀初，東漢政權崩潰，造成長達三百五十年的分裂。隋朝終結這段人稱六朝或魏晉南北朝的時代，再次讓中國回歸統一，接著隋朝之後承繼大統的是唐朝。隋朝立國雖然短短四十年，而唐朝則有將近三百年的國祚，但正如一般人常將隋朝和唐朝稱之隋唐，我們可以將六世紀末到十世紀初的隋、唐二朝理解成一個連續的時代。

開啟隋唐時代序幕的人是楊堅，也就是隋朝開國皇帝高祖文帝（五八一－六〇四在位），如同正史《隋書》所述，他是從出生開始便帶有濃厚佛教傳說色彩的人物。依據《隋書》高祖本紀，楊堅於西魏大統七年（五四一）六月癸丑之夜，誕生在馮翊（陝西省大荔）的般若寺，誕生時有紫色之氣充滿庭院。傳說就在此時，一位從河東郡（郡治是蒲坂，山西省永濟西南）來的尼僧說道：「此兒所從來甚異，不可於俗間處之。」也就是說，此嬰兒來自非比尋常的地方，所以不可處於俗世間。尼僧如此告知嬰兒的母親呂氏後，親自收養撫育於別館。此外，《續高僧傳．感通篇下》的〈道密傳〉也提到尼僧名為智仙，並有如下的潤飾說明：智仙尼告知楊堅的父親楊忠：「兒天佛所佑，勿憂也。」為這嬰兒取名為那羅延，期望此子能和梵天王諸神一般擁有金剛不壞之軀。之後，楊堅到十三歲為止，接受智仙尼的照顧養育。七歲時，據聞智仙尼曾提及：「兒當大貴，從東國來，佛法當滅，由兒興之。」預言指的是不久之後的建德三年（五七四），當時的天子北周武帝發動廢佛，造成佛教荒廢，後來將由隋文帝復興。〈道密傳〉更進一步如解謎般言：「帝後果自山東入為天子，重興佛法，皆如尼言。」

《續高僧傳》作者是初唐的道宣（五九六—六六七），他在〈義解篇〉中，對於隋高祖文帝在佛教史上的功績，如此讚揚：「隋高荷負在躬，專弘佛教。開皇伊始，廣樹仁祠。有僧行處，皆為立寺，召諸學徒，普會京輦。其中高第，自為等級，故二十五眾，峙列帝城，隨慕學方，任其披化。每日登殿，坐列七僧，轉讀眾經及開理義。帝曰覽萬機，而耳餐正法。于時釋門重稱高敞，雖滅梁齊，亦後之寄。」文中的梁齊指梁武帝（五〇二—四九在位）和北齊文宣帝（五五〇—五九在位），是在隋文帝之前以崇佛而聞名的皇帝。

二、度過廢佛風暴

宛如證實智仙尼「佛法當滅，由兒興之」的預言，在《續高僧傳》也可找出有關適逢北周武帝廢佛時隱身世俗，直到隋朝到來後再度現身之類僧侶的記載，〈習禪篇四〉的〈僧邕傳〉就是其中一例。僧邕原先依止於北齊著名禪師僧稠出家，並於河南省林州的林慮山中勤於禪定修行。但是，五七七年，統治華北東部的北齊王朝由統治華北西部的北周王朝所滅，因此三年前已斷然實行廢佛的北周武帝，自然也對舊有的北齊領土施行其法令。此時，僧邕再次避往河南省輝縣西北鄰近太行山脈的白鹿山山林中。當他焚香讀誦經典時，可見奇鳥異獸於其周遭聚集，宛如聆聽佛法之神奇瑞象。不久，進入隋文帝開皇之世，聽聞僧邕遁世幽居之事的信行禪師，派遣使者對僧邕如此勸說：「修道立行，宜以濟度為先，獨善其身非所聞也，宜盡弘益之方照示流俗。」此處所提「獨善其身」，原是依據《孟子．盡心篇》，凡是做為君子的人，「窮則獨善其身，達則兼善天下——在野不得志則勤修德才，嚴以律己；在朝得志則廣披恩澤，救濟天下——」但後世「獨善」一詞已成為專指宗教隱遁者應有的表現。而在〈僧邕傳〉中，信行不同意此種處事態度，也就是：「佛道修行者，首要之務應是盡心於眾生濟度，而不是獨善其身，應徹底做到為眾生帶來廣大利益，具體表現大悲利他的精神。」也可以說，是捨小乘而立大乘的意思。僧邕聽從如此規勸，便離開白鹿山，前往信行的處所，也就是三階教開祖信行的所在之處。

另外〈遺身篇〉的〈普安傳〉有如下的記載：於北周廢佛之時，普安隱身於長安南部終南山的楩梓谷。但是，到了隋文帝治世後「佛教大興」，文帝對於倖免於廢佛之難的僧侶給予「依舊安置」的號召後，三十多名與普安一同隱身於楩梓谷的僧人，響應文帝的號召，再次出家住於「官寺」（官設州立的寺院），但據聞只有普安依舊持續山野隱居的生活。

此外與隋文帝時期佛教興隆相關的記載，值得注意的是《隋書》的〈經籍志〉，內容是以經部、史部、子部、集部四部分類方式著錄的書籍。其中，道教經典的道經部與佛教經典的佛經部為其附篇。佛經部的解說大致如下所述：王朝創立於開皇元年（五八一），隋文帝普詔天下，允許自由出家，而且按人數平均分配出資，以製作經典和佛像。除都城長安之外，於并州（山西省太原）、相州（河北省鄴）、洛州（河南省洛陽）等大都市，敕令抄寫一切經，置放於各寺院。不僅如此，另再多抄寫一切經，將其藏放於祕閣。天下之人風行草偃，受此風潮感化，競相傾心於佛教。其結果，據說是「民間佛經，多於六經數十百倍」，也就是說，存在於民間的佛教經典，在數量上聽說超過儒教六經數十倍到百倍之多。

第二節　迎接第二階段的隋唐佛教

一、喪葬儀禮對佛教的影響

「永平求法的故事」已可謂是家喻戶曉，因此若暫且將佛教初傳中國的時間視為一世紀後半的後漢明帝永平年間（五八－七五），那麼可以說，從傳入開始到隋朝之間約五百年的時間，佛教已在中國社會扎根，擁有不可動搖的地位。在敘述北魏正史的《魏書》中，有一篇通觀佛教和道教歷史的〈釋老志〉，如同作者魏收（五〇六－七二）所述：「釋老當今之重」，正是佛教和道教在當時受到重視的佐證。隨著研究逐步明朗化，我們可以發現，道教一方面與佛教相抗衡，一方面也逐漸完善須具備的宗教教理、儀禮和教團組織。不過道教之事我們暫且擱置不談。佛教於漢代傳入中國，至六朝時代已開展得十分完整；進一步到了隋唐時代，佛教對中國人的影響更為深刻。也就是說，中國佛教的歷史到了隋唐時代，進入了第二階段。

尤其在喪葬儀禮方面，相對於做為中國的思想核心、組成中國社會架構的儒教而言，受佛教浸潤的情形也相當顯著。例如，唐朝玄宗初期的名相姚崇，於開元九年（七二一）

九月近七十一歲臨終時，為了告誡子孫而撰有〈遺令誡子孫文〉一文，也就是遺書。文中如此記述：「夫釋迦之本法，為蒼生之大弊。汝等各宜警策，正法在心，勿效兒女子曹終身不悟也。吾亡後必不得為此弊法。」在說明此段文章之前，姚崇提到所謂佛法就是「覺」的意思，佛正是存在於心之內，而不是存在於心之外，從而強調寫經、造像、齋會與布施等，皆是外在無益的行為。

姚崇所考量的，正是釋迦的「本法」與「正法」的理想狀態。雖然他把寫經、造像、齋會與布施等視為「弊法」般，認為是沾染惡習的作為，需加以擯斥，但令人意外的是，姚崇卻隨即在文後附加如下表示讓步的言詞：「若未能全依正道，須順俗情，從初七至終七，任設七僧齋；若隨齋須布施，宜以吾緣身衣物充，不得輒用餘財，為無益之枉事，亦不得妄出私物，徇追福之虛談。」

所謂七僧齋，就是延請七位僧人所辦之佛事。時代略晚於姚崇的李翱（七七二—八四一），其所寫的〈去佛齋〉，可做為姚崇遺訓最好的註解。李翱於其序文提到：「故溫縣令楊垂為京兆府參軍時，奉叔父司徒命，撰集《喪儀》。其一篇云：七七齋以其日送卒者衣服於佛寺，以申追福。翺以楊氏《喪儀》，其他皆有所出，多可行者，獨此一事傷禮，故論而去之，將存其餘云。」如此描述之後，李翱又厲聲疾呼，喚起大家的危機感：「佛法之染流於中國也，六百餘年矣。」李翺認為，佛教的「夷狄之術」施行於中華的結果，致使古時聖人所訂定的吉慶凶喪禮法已完全錯亂，此刻一切逐漸為「戎禮」所取代。眾所皆知，李翱與古文運動的領袖韓愈（七六八—八二四）同樣採取否定佛教和道教、主張回歸古聖賢人之道的儒教立場，才會產生如此的言論，但此點先略過不提。和李翱對楊垂的《喪儀》高唱異議的文章相類似的，還有集錄歷代碑文的《金石萃編》卷七十三所收錄〈尉行忠造像記〉，文中有宛如替姚崇的遺書文章背書一般的內容：「開元十一年（七二三）五月五日，尉行忠妻為亡男設七齋，敬造浮圖（佛塔）一塔，又脩故像一區，合家一心供養佛時。」以及同樣收錄在《金石萃編》卷七十一〈大唐太常協律郎裴公故妻賀蘭氏墓誌銘〉中的：「洎大漸，移寢於濟法寺之方丈，蓋攘衰也。奧翌日，奄臻其凶，春秋卌有四，即開元四年十二月十日。至十九日遷殯於鵄鳴堆，實陪信行禪師之塔，禮也。」意思是說，協律郎裴某的夫人賀蘭氏一病危，就遷移寢臥到濟法寺。次日，亦即七一六年十二月十日，以享年四十四歲往生。同月十九日，在終南山的鵄鳴堆舉行葬禮儀式。這是為了葬於三階教開祖信行禪師的塔側，此事合乎於禮。雖然〈賀蘭氏墓誌銘〉有如此事實，但是《金石萃編》的編者王昶，在附於此墓誌銘的跋文中提及「攘衰」二字意思未詳，才記載：「遷殯於鵄鳴堆，實陪信行禪師之塔。鵄鳴堆即楩梓谷，在長安縣南六十里。信行禪師塔院，即百塔寺。賀蘭夫人病則移寢於濟法寺之方丈，殯則遷陪禪師之塔，不知其何謂，而碑猶謂之禮也。此果何禮？取其時，夫人卒年四十四，其夫斐公尚在，又不言與寺僧有何瓜葛，而卒於寺附於塔，恬不為怪。可知唐時士大夫於喪禮之廢，蓋已久矣。」

二、中國撰述的疑經

中國佛教的歷史，到了隋唐時代，可說是迎接第二個階段的到來。即便是關於佛典的翻譯，也適用此說。當然，我們都知道唐初玄奘（六〇二—六四）所主導的大規模譯經事業，或是中唐不空（七〇五—七四）等人翻譯密教經典的事實，但是佛典翻譯於六朝時代已經暫時告一段落。《高僧傳．譯經篇三》的〈求那毘地傳〉記載：「自大明已後，譯經殆絕。」大明是南朝劉宋孝武帝的年號（四五七—六四），船山徹先生於以下的文章，簡要、適切地說明了此期間的情況：「佛典翻譯，首先興盛於東晉末的道安（三一二—八五）年間，後秦鳩摩羅什（三五〇—四〇九前後）於長安進行劃時代的翻譯活動之後，江南的佛馱跋陀羅、求那跋摩、僧伽跋摩、曇摩密多、求那跋陀羅等人，也接連不斷地持續翻譯工作。但是曾輝煌一時的譯經，於元嘉年間（四二四—五三）的某時期以後熱度消退，譯經數量急遽減少。令人玩味的，是同一時期替代譯經（新資料生成）的編纂活動（既存資料的整理消化）開始了。佛典的編纂於劉宋孝武帝（四五三—六四在位）及明帝（四六五—七二在位）時代，已經在某種程度上明顯的存在了。尤其是南齊時代的蕭子良（四六〇—九四）持續地進行。還有，確立梵唄的新形式等的佛教儀式（齋會）也很盛行，同時亦完成了不少數量的鈔經。」（〈六朝仏典の翻訳と編輯に見る中国化問題〉，《東方學報》第八十冊，京都：京都大學）船山徹提及：從諸多事實與現象中發現，這種「真摯地想要實踐佛教的意志」的情形，也可說是中國人自身主動積極嘗試攝取必要吸收的要素，因而展現出對佛教的一種融攝的態度吧。

至於疑經問題，或許也能夠用同樣的觀點來論述。所謂疑經，並非翻譯的佛典，而是中國撰述的佛典，是中國人自己創造出金口——亦即佛陀的說法言語。梁朝僧祐（四四五—五一八）於《出三藏記集》卷五的〈新集安公疑經錄〉中提到，前秦道安的《綜理眾經目錄》經錄著錄有二十六部三十卷疑經，加上後續〈新集疑經偽撰雜錄〉著錄有二十部二十六卷，合計疑經為四十六部五十六卷。又，唐開元十八年（七三〇）智昇撰述的《開元釋教錄》卷十八〈疑惑再詳錄〉著錄有十四部十九卷、〈偽妄亂真錄〉著錄有三九二部一〇五五卷，合計共有四〇六部一〇七四卷之多。

令人感覺有趣的是，關於《出三藏記集》的〈新集疑經偽撰雜錄〉所著錄的疑經，內容如下：「《灌頂經》一卷。右一部、宋孝武帝大明元年（四五七），秣陵（江蘇省南京）鹿野寺的比丘慧簡，依經抄撰。」「《提謂波利經》二卷。右一部，宋孝武時，北國比丘曇靖撰。」「《寶車經》一卷。右一部、北國淮州比丘曇辯撰，青州比丘道侍改治。」「《菩提福藏法化三昧經》一卷。右一部、齊武帝時，比丘道備所撰。」等等，製作時期，甚至連人名也都有明記，而且製作時期與佛典翻譯告一段落的時期常常是重疊的。

這些疑經之中的《提謂波利經》（又名《提謂經》），依據《續高僧傳．譯經篇一》的〈曇曜傳〉所述，北魏太武帝於四四六年發動中國史上第一次廢佛的結果，是「舊譯諸經」都因為遭燒毀等原因而喪失，所以做為庶民教化依據的必要經典就由曇靖製作了。即使到了隋開皇年間（五八一—六〇〇），關中地區的民間依舊學習《提謂經》，並實行於僧尼指導的信眾邑義每月舉辦二次的齋會中。《提謂經》將佛教最基本的五戒，與中國傳統思想中人們應實踐的仁、義、禮、智、信五常各自加以比擬：戒殺生的不殺生戒為仁、戒姦淫的不邪淫戒為義、戒飲酒的不飲酒戒為禮、戒偷盜的不偷盜戒為智、戒謊言的不妄語戒為信。雖然比擬的對應關係稍有差異，但可稱為佛教概論的《魏書．釋老志》也有如此的記載：「有五戒，去殺、盜、淫、妄言、飲酒。大意與仁、義、禮、智、信同，名為異耳。」

三、末法之世

話說回來，隋唐時代佛教的祖師大德都迫切的意識到，始於印度釋迦牟尼佛的佛教歷史即將步入終末時代，佛教徒必會置身於這無力回天的時代。佛教徒知道所謂的末法思想，是在六朝末期、隋唐之前的事。舉例來說，相傳慧思夢見在彌勒菩薩的龍華樹下聚集法會，思惟：「我於釋迦末法受持法華，今值慈尊，感傷悲泣。」夢醒後修行更為精進（《續高僧傳．習禪篇二》），附於《立誓願文》中的自序年譜有如下之記述：

釋迦牟尼說法住世八十餘年，導利眾生化緣既訖，便取滅度。滅度之後，正法住世逕五百歲；正法滅已，像法住世逕一千歲；像法滅已，末法住世逕一萬年。我慧思即是末法八十二年，太歲在乙未十一月十一日，於大魏國南豫州汝陽郡武津縣（河南省上蔡之東）出生。至年十五出家修道，誦《法華經》及諸大乘，精進苦行。

據說乙未歲五一五年正是進入末法之世後的第八十二年。此處把正法視為五百年、像法千年、末法一萬年，但是正、像、末三時的計算方式有多種說法，並沒有定論。在《續高僧傳．習禪篇》，將釋迦滅度後的最初千年視為正法、二千年開始為像法、三千年至一萬年為末法。另外，《隋書．經籍志》的佛經部提到：「然佛所說，我滅度後，正法五百年、像法一千年、末法三千年。」

像這樣很快要面臨末法之世的危機意識，與經歷北周武帝廢佛事件之交互影響，強烈激起佛教徒護法與求道的熱情。例如：北周曇崇雖然在遭逢廢佛時被強制還俗，但當楊堅創立隋朝已是必然之勢後，上奏「謹造一寺，用光末法」。於是，楊堅豈止一寺，合計共建造了九間佛寺，以圓滿曇崇的願望（《續高僧傳．習禪篇二》）。或如隋朝靈裕於開皇九年（五八九）在太行山脈中的寶山（河南省安陽之西）開鑿石窟，刻上「法滅之相」（《續高僧傳．義解篇五》）。另外，唐初靜琬基於防患法滅的悲願，在北京西南方開始刻造房山石經，於題記上刻有判讀為「釋迦如來正法像法凡千五百餘歲。至今貞觀二年（六二八），已浸末法七十五載」的文字。如此，在中國佛教史的開展上位於第二階段的隋唐時代，在始於釋迦的整體佛教史上，相當於正、像、末三時的第三階段末法之世。

第三節　佛教與道教之爭

一、源自道教經典的開元年號

隋文帝楊堅這位非凡的佛教護法，在年號從開皇更改為仁壽的六〇一年，將向來慎重供養、收藏於七寶箱的三十顆佛舍利分送天下各地三十州，並決定同於十月十五日一齊興建舍利塔。建塔之時，從各地呈報各式各樣的奇瑞之相，由當時擔任著作郎的王劭彙整成《舍利感應記》。依據其序文（《廣弘明集》卷十七）所載，據說舍利是婆羅門僧在文帝即位之前贈予文帝的。接著，《舍利感應記》的序文中，提到了本章第一節開頭介紹過、與文帝誕生有深厚因緣的智仙尼。原因是最初記錄《隋書．高祖本紀》等書所提到的文帝誕生譚，正是王劭的《隋祖起居注》（《集古今佛道論衡》卷乙）。《舍利感應記》的序文有如下的說明。

文帝誕生時，神尼智仙曾說：「佛法將滅，一切神明今已西去。兒當為普天慈父重興佛法，一切神明還來。」之後，北周武帝斷然實行廢佛，而隋朝接受天命後，果真再興佛教。文帝屢屢談及智仙尼事，說道：「我興由佛。」不久之後便下令製作智仙尼像，置於天下各舍利塔內。此外皇帝與皇后將婆羅門僧所贈之舍利安置於都城的法界尼寺之塔，直到六〇一年，方將舍利分予天下諸州。

儘管隋文帝楊堅如此潛心於佛教，但另一方面他也沒有輕忽佛教的對抗勢力——道教，對其付出的關心並不少於佛教。道宣於《續高僧傳．護法篇》中曾如此說道：「有隋御寓，深信釋門，兼陳李館，為收恆俗。」意思是說隋朝統治天下後，雖然深切信仰佛教，但之所以一併同時配置道觀，其目的是為了收攬俗世間的人心。隋文帝於建立王朝霸業的次年（五八二），便著手在啟自漢代、歷史悠久的長安城西南十三里之地建設新都大興，到了唐代，將大興城改稱為長安城，但如同宋朝宋敏求的《長安志》和清朝徐松的《唐兩京城坊考》等書所提及，貫穿大興城南北中心軸的朱雀街，其東側的靖善坊有官立的佛寺大興善寺，其西側的崇業坊同樣有官立的道觀玄都觀，這事實證明道宣所言非虛。此外，隋朝在大興城

西安大興善寺中的佛像（法鼓文化資料照片）

都東西對照的位置配置佛教寺院與道教道觀，不只出現於立國初期。《續高僧傳．義解篇》等文獻提到，在五八九年消滅江南的陳朝後，文帝二子晉王楊廣（即日後成為隋朝第二任皇帝的煬帝）當時擔任揚州總管，駐留於揚州，除聘請沙門到慧日與法雲二佛寺外，也聘請道士到玉清與金洞二玄壇。所謂玄壇，就是道觀之意。

這諸多事實都象徵隋朝之所以平等對待佛教與道教，或許是經過慎重考慮後所採取的宗教平衡政策，但事情恐怕沒有這麼簡單。這是因為隋朝最初的年號「開皇」，實際上來自於道教經典。這件事，是從《隋書．王劭傳》中得知的。王劭除了在《隋祖起居注》記錄隋文帝與智仙尼的因緣外，還著有《舍利感應記》。王劭確實是個深不可測的人物，他在某一次上書時引用了緯書《河圖帝通紀》中「形瑞出，變矩衡。赤應隨，協靈皇」一文，並述「謹案：凡此《河圖》所言，為大隋王朝承受天命之瑞兆」。此後，便出現了這只能說是牽強附會的說法。關於「赤應隨、協靈皇」，王劭是這麼解釋的：「赤應隨者，言赤帝降精，感應而生隋也。故隋以火德為赤帝天子。協靈皇者，協，合也，言大隋德合上靈天皇大帝也。又年號開皇，與《靈寶經》之開皇年相合，故曰協靈皇。」

如上所說，王劭提及立「開皇」為年號，是基於道教的經典《靈寶經》，而足以稱為道教概論的《隋書．經籍志》的道經部也有如下的記述：「元始天尊，生於太元之先，稟自然之氣，沖虛凝遠，莫知其極。所以說天地淪壞，劫數終盡，略與佛經同。以為天尊之體，常存不滅。每至天地初開，或在玉京之上，或在窮桑之野，授以祕道，謂之開劫度人。然其開劫非一度矣，故有延康、赤明、龍漢、開皇是其年號，其間相去經四十一億萬載。」其大意是說：道教的最高神祇——元始天尊的本體是長存不滅的。每於天地開闢，或在玉京山的山上，或在窮桑的原野，傳授祕道，稱為開劫度人——開闢新劫、濟度人民。由此可知其開闢新劫並非只有一次，故有延康劫、赤明劫、龍漢劫與開皇劫，這就是其年號的由來，而且各劫之間相隔四十一億萬年之久。

二、奉老子為皇室始祖的唐朝皇室

即使在隋朝這個十分傾心佛教的朝代，道教面對佛教仍未處於下風。到了唐代，這樣的傾向更加明顯，這是因為唐朝是李姓皇朝，皇室尊同為李姓的老子為始祖，而老子已被神格化，被尊崇為處於道教諸神核心的太上老君。舉例而言，開元十七年（七二九），御製御書建碑於浮山縣（山西省浮山）東南的龍角山老子廟慶唐觀，當時的皇帝玄宗親自撰寫〈大唐龍角山慶唐觀紀聖之銘〉（《八瓊室金石補正》卷五十三），其序文中有如下記述。唐高祖武德三年（六二〇）二月，晉州浮山縣的羊角山出現一位老者，騎著一匹有朱紅色鬃毛的白馬。老者對絳州大通堡人（絳州的州治在正平，山西省新絳）吉善行如此說道：「吾而唐帝之祖也，告吾子孫長有天下。」到了四月，這位老者再度出現在半信半疑的吉善行面前，留下「石龜出，吾言實」這樣令人費解的話。此時，秦王李世民（也就是未來人稱明君的唐太宗李世民）正好來到此地，目的是討伐不服李氏皇朝統治地位的梟雄宋金剛。李世民接到晉州長史賀若孝義的稟報後，立刻派遣親信杜昂前往羊角山，老者現身。之後，杜昂與吉善行二人為了向朝廷稟報此事，一路趕往長安，而從鄜州（位置不明）上貢的龜形瑞石上，也出現了足以辨認的「天下安，千萬日」文字。由此可知，現身羊角山的老者正是太上老君的化身，於是便在羊角山設立祠廟，並將浮山縣改稱神山縣。

在〈龍角山慶唐觀紀聖之銘〉序文的末尾，提到羊角山改名為龍角山。依據北宋趙明誠所撰、附加於此碑文的跋文（《金石錄》卷二十六），先前提到的靈異譚，原是基於《高祖實錄》武德三年四月辛巳的記事，接著，趙明誠一邊仿照秦末農民反亂的領袖陳勝於舉兵之際利用神諭，一邊做出如下評論：「蓋太宗初起，託以自神，此陳勝所謂卜之鬼者也。史臣既載于《實錄》，明皇又文之于碑，遂以後來為真可欺罔，豈不可笑也哉？」

唐太宗時代房玄齡監修編輯的《高祖實錄》，如今雖亡佚已久，但在《高祖實錄》記事的更早之前，我們可以在《大唐創業起居注》找到提及唐朝與太上老君之間因緣的記載。《大唐創業起居注》的內容，從唐開國皇帝高祖李淵為推翻隋朝而舉兵於太原（山西省太原）開始，到長安即位為止，其間共三百五十七日，作者是李淵大將軍府的記室參軍溫大雅，其中於大業十三年（六一七）六月丙申（十七日）有如下的記事：當李淵逐步順利地準備舉兵之際，突厥使者康鞘利一行人來到他的根據地太原，投宿於名為興國玄壇的道觀。突厥，是當時稱霸於漠北、屬突厥語族的游牧民族國家，該使者之所以特地來訪，是因為李淵於舉兵之時，很期望能借助突厥軍事力量的幫助。康鞘利一行人抵達之後，首先即面向供奉於興國玄壇的太上老君尊像一齊行拜禮。道士賈昂眼尖看到此事，告訴溫大雅的弟弟溫彥將說：「突厥來詣唐公，而先謁老君，可謂不失尊卑之次。非天所遣，此輩寧知禮乎？」突厥使者於拜謁李淵之前，首先拜謁太上老君之事，被稱為「不失尊卑之序」。由此可知，即便是在《大唐創業起居注》中，也已經將太上老君視為唐朝皇室的始祖，並且把李淵視為其後裔。

三、為贖罪而建造的佛寺

唐朝皇室尊老子為始祖，因此道教比佛教略占優勢，應該是自然的趨勢，太宗當時正是如此。彥琮所撰《唐護法沙門法琳別傳》卷中，引用貞觀十一年（六三七）止月太宗之詔，內容如下所述：「至如佛教之興基於西域，爰自東漢方被中華。神變之理多方，報應之緣匪一。暨乎近世崇信滋深，人冀當年之福，家懼來生之禍。由是滯俗者，聞玄宗[1]而大笑。好異者望真諦[2]而爭歸，始波涌於閭里，終風靡於朝庭。遂使殊俗之典，欝為眾妙之先。諸夏之教，翻居一乘之後。流遯忘返于茲累代，朕夙夜夤畏緬惟至道，思革前弊納

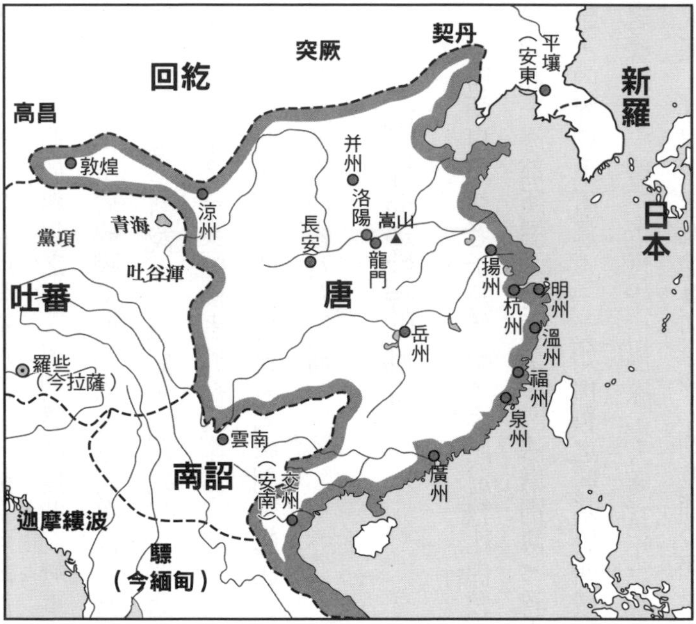

唐朝版圖與鄰國

諸軌物。況朕之本系出自柱下，鼎祚克昌，既憑上德之慶，天下大定，亦賴無為之功，宜有解張闡茲玄化。自今已後，齊供行立至於講論。道士女官，可在僧尼之前。」

唐太宗李世民在建立唐朝的過程中勇猛果敢，是其父高祖李淵的得力助手，陸續掃蕩割據各地的群雄。之前提過的太宗之詔的前八年，亦即貞觀三年（六二九）十二月，為了於各地戰爭犧牲性命的我方「義士」與敵方「凶徒」的追善供養，詔令在各個古戰場建立佛教寺院，並延聘高德的僧侶。就這樣，各地建立了七所佛教寺院，並由代表當時的文人分別負責製作七寺的寺碑。根據收錄於《廣弘明集》卷二十八的詔書所附加的註記，除了在攻破前文提過的宋金剛的晉州（州治在臨汾，山西省臨汾）建立慈雲寺外，在攻破薛舉的豳州（州治在新平，陝西省彬縣）建立昭仁寺、在攻破宋老生的呂州（州治在霍邑，山西省霍州）建立普濟寺、在攻破劉武周的汾州（州治在隰城，山西省汾陽）建立弘濟寺、在攻破王世充的邙山（河南省洛陽東北）建立昭覺寺、在攻破竇建德的鄭州（州治在虎牢城，河南省滎陽西北的汜水鎮）建立等慈寺、在攻破劉黑闥的洺州（州治在永年，河北省永年東南）建立昭福寺，並且記載：「七寺並官造，又給家人、車牛、田莊。」

而北宋歐陽修（一〇〇七—七二）於其著作《集古錄跋尾》中，特別從這七寺的寺碑中選出許敬宗撰《普濟寺碑》、朱子奢撰《昭仁寺碑》、顏師古撰《等慈寺碑》三碑加以著墨。他對《等慈寺碑》的評論如下：「唐初用兵破賊處多，大抵皆造寺。自古創業之君，其英雄智略，有非常人可及者矣。至其卓然通道而知義，則非積學誠明之士不能到也。太宗英雄智識，不世之主，而牽惑習俗之弊，猶崇信浮圖，豈以其言浩博無窮，而好盡物理為可喜邪？蓋自古文奸言以惑聽者，雖聰明之主或不能免也。惟其可喜，乃能惑人。故余於〈本紀〉譏其牽於多愛者，謂此也。」此處歐陽修所提到的〈本紀〉，就是《新唐書》的〈太宗本紀〉。《新唐書》是歐陽修與宋祁共同著作的唐朝史，於〈太宗本紀〉末尾的贊，雖然讚美太宗之功業是謀略高明，世所少有，但也指出「至其牽於多愛，復立浮圖，好大喜功，勤兵於遠，此中材庸主之所常為」，意思是說太宗牽惑於世間習俗的弊害而建立佛教寺院，這是一般才能平庸的君主常有的行為。

歐陽修是繼承唐朝韓愈一脈的古文家，同時也繼承了不喜佛教的態度。因此，儘管太宗是不世出的君主，但是於各地建立佛教寺院之事，仍令歐陽修視為遺憾，不過，附加於《昭仁寺碑》的跋文之論調，風格卻稍有不同：「《昭仁寺碑》，在豳州唐太宗與薛舉戰處也。唐自起義，與群雄戰處，後皆建佛寺，云為陣亡士薦福。湯、武之敗桀、紂，殺人固亦多矣，而商、周享國各數百年，其荷天之祐者，以其心存大公，為民除害也。唐之建寺，外雖托為戰亡之士，其實自贖殺人之咎爾。其撥亂開基，有足壯者，及區區於此，不亦陋哉！」

據說，太宗於古戰場各地建立佛教寺院，並不是發自皈依佛教之心，也不是如同《等慈寺碑》的跋文所提「牽於多愛」的緣故，而是為了贖罪。假使將下述要求這些寺院舉辦法會的詔令一併來看，或許未必不能採納上述的見解。「今宜為自征討以來，手所誅剪，前後之數，將近一千，皆為建齋行道，竭誠禮懺。朕之所服衣物，並充檀捨（布施）。冀三途之難，因斯解脫，萬劫之苦，藉此弘濟，滅怨障之心，趣菩提之道。」（《廣弘明集》卷二十八〈為戰亡人設齋行道詔〉）

四、傅奕的排佛論

在唐代，道教的勢力已經足與佛教相抗衡，或可說即將凌駕佛教，因此，佛教信眾的護法意識自然隨之高漲。道宣為了繼承梁朝慧皎（四九七—五五四）的《高僧傳》，著作了《續高僧傳》，大致上沿襲《高僧傳》由譯經、義解、神異、習禪、明律、亡身、誦經、興福、經師、唱導等十篇組成的結構，卻也將篇名神異更改為感通、亡身更改為遺身、誦經更改為讀誦，在此暫且略過不提，但其中彙整經師與唱導二篇為雜科聲德一篇，之後再新設護法一篇，成為十篇的架構，其高昂的護法意識顯而易見。還有，道宣為增廣梁朝僧祐（四四五—五一八）以「弘道明教」為目的所編的《弘明集》，也編著了《廣弘明集》，全書三十卷之中的卷五到卷十四，辯惑篇共計十卷，內容是專門收載攻擊道教、擁護佛教的文章，如：立傳於《續高僧傳》護法篇的法琳撰述的《辯正論》等，這些文章，絕大部分是深切意識到唐初激烈排佛論的傅奕（五五五—六三九）的文章。

傅奕位居太史令職，原先是道士出身，於唐高祖時代的武德四年（六二一）上疏十一條。到了武德七年（六二四），再次上疏以「請除去釋教」為題的奏文，極力主張應將佛教逐出中國。在此且摘要武德四年上疏之序（引自法琳《破邪論》卷上）如下：上古中國之所以能夠謳歌太平，正是因為「當此之時共尊李孔之教，而無胡佛故也」。然而，佛教傳來以後的情況如何呢？「剝削民財，割截國貯，朝廷貴臣，曾不一悟」，真是令人悲慟。說起來，「佛之經教，妄說罪福。軍民逃役，剃髮隱中。不事二親，專行十惡」。此時若不立刻袪除，姦偽之事想必會變得更加嚴重。勢必要將「胡佛邪教」逐回天竺，令使沙門回到本來的戶籍並服課勞役。如果能夠這樣，則「大唐王朝會變為十分安定，成為造化之主。民眾也能夠與太古的伏羲時代一樣，太平無事地過著同樣安樂的生活」。

傅奕如此上疏，當然在佛教信眾之間掀起反對聲音。例如：總持寺的普應主動前往傅奕任職的太史局，對論完畢退出後就執筆撰寫《破邪論》（《續高僧傳．護法篇下》）。雖然普應的《破邪論》沒有流傳下來，但是除了法琳所撰同名的《破邪論》之外，綿州振響寺沙門明槩的〈決對傅奕廢佛法僧事〉與門下典儀李師政的《內德論》等，是做為對抗傅奕上疏而駁論撰寫的文章，並收錄於《廣弘明集》的〈辯惑篇〉。原先是法琳為了上呈高祖而執筆的《破邪論》，基於考量若是引用傅奕完全拒絕的佛典做為反駁的材料，將毫無勝算，所以大量引證道教經典等所謂的外典。最後，《破邪論》擴大成為八卷十二篇的《辯正論》，而且《辯正論》有若干篇章被引用於《廣弘明集》的〈辯惑篇〉。

五、武后則天時代的復興與玄宗時代的再復興

繼承太宗皇位的唐朝第三代高宗，乾封元年（六六六）二月在泰山結束封禪之儀後，

於歸途進謁位於亳州真源縣（河南省鹿邑之東）的老君廟，並封賜太上玄元皇帝尊號予太上老君。之後是中國史上唯一女皇帝高宗皇后武則天的時代，佛教又捲土重來。《舊唐書》則天皇后本紀的載初元年（六九〇）七月，有記事提到：「有沙門十人，偽撰《大雲經》表上之，盛言神皇（武后）受命之事。制頒於天下，令諸州各置大雲寺，總度僧千人。」還有，依據薛懷義傳所言，受到武后非比尋常寵愛的薛懷義，與洛陽僧法明共同捏造《大雲經》，記載武后是彌勒下生成為人們所住世界閻浮提的君主，並宣傳唐朝的命運即將衰敗，於是，此年九月取代唐改國號為周，改年號為天授。但是，說《大雲經》為偽造是不正確的。實際上，五世紀北涼曇無讖所譯的《大方等大雲經》已被王朝革命所利用，此事先暫且不談。武后於革命後的次年，快速廢除太宗貞觀十一年（六三七）的詔書，並下令：「釋教（佛教）宜在道法（道教）之上，僧尼處道士之前。」

到了武后駕崩，唐朝再興，睿宗於景雲二年（七一一）下詔：「自今每緣法事集會，僧尼、道士女冠等，宜齊行並進。」（《唐大詔令集》卷一一三）到了玄宗時代，更進一步傾向於道教，對於老子的尊崇比以前更加深切，將視為老子誕生的二月十五日訂為玄元節。開元三年（七一五），玄宗親自稱揚老子，並撰寫〈玄元皇帝讚〉一文。最重要的是，玄宗於開元二十年（七三二）親註《老子道德經》，御註的完成，更加強了對老子之尊崇。另外，開元二十九年（七四一），在長安、洛陽及諸州設置玄元皇帝廟等；玄宗在位時年號從開元改為天寶的後半期，老子的尊號也逐步高陞為大聖祖玄元皇帝、聖祖大道玄元皇帝、大聖祖高上大道金闕玄元天皇大帝。儘管如此，玄宗在註解《老子道德經》之前，已於開元十年（七二二）著有《孝經》註，稍後又於開元二十三年（七三五）為《金剛般若經》做註。換言之，他為儒教、道教及佛教各自代表的經典完成註解。《孝經》是說明有關孝德的經典，因為孝的行為即是顯彰皇室始祖老子所說《道德經》之事，所以為《孝經》與《道德經》做註，實是相得益彰。但相對於此，為《金剛般若經》做註，與其說是基於玄宗內發性欲求而作，倒不如說是受佛教界不落人後的強烈請求推動的結果。

第四節　諸宗派的成立

一、由諸學派到諸宗派

如同諸多學者所指出，區分六朝佛教與隋唐佛教的一個很大的差異點，是佛教在隋唐時代成立了各個宗派。也就是說，六朝時代佛教的諸學派，是基於學說不同的論點而產生，但尚未形成可稱呼為宗派（或教派）的團體。然而到了隋唐時代，則發展為天台宗、華嚴宗、法相宗、淨土宗、禪宗等各式各樣的宗派。湯用彤先生的《隋唐佛教史稿》，第四章〈隋唐之宗派〉有如下說明：「隋唐教派風起，因各派各有其理論和教義，故通稱為『宗』，如『法相宗』、『華嚴宗』，又可稱為『教』，如『三階教』、『天台教』；各立其到達解脫之辨法，故稱為『門』或『法門』，如『禪門』、『淨土門』。（中略）隋唐所謂『宗』（教派），遂與南北朝時學派之『宗』甚為不同，而實為真正之宗派也。此時宗派之特點與前此學說派別相較，蓋為一有創始、有傳授、有信徒、有教義、有教規之一宗教團體也。」各宗派從某些特定的佛教經典探求自己宗派存在的理由，其中刻記著中國佛教積極主動截長補短的發展軌跡。

二、天台宗、三階教

成立於隋唐時代的諸宗派之中，以智顗（五三八—九七）為開山祖師的天台宗率先在隋代脫穎而出。天台宗依據的經典是《法華經》，初祖智顗是慧思的弟子，而慧思禪師是一位深切體認到自己生於末法之世的出家人。隋文帝開皇十一年（五九一），當時身為揚州總管的楊廣（之後成為隋朝第二任皇帝——煬帝），從智顗領受菩薩戒，法名為總持，智顗則因楊廣賜予智者大師的尊號，在當時的佛教界獲得不可動搖的地位。智顗之所以將天台山的道場命名為國清寺，據說是因為在隋朝統一天下之前，當時中國仍處在北齊、北周和陳三王朝分裂的狀態下，曾有僧人這麼告訴智顗：「至國清時，三方總一。當有貴人，為禪師立寺，堂宇滿山矣。」而此預言後來應驗了。

隋朝的信行（五四〇—九四）與智顗一樣，都深切地體認到末法時代的來臨，覺得佛法必須合乎時代的需求，因而倡導三階教。所謂「三階」的命名，是基於從「時」、「處」、「人」的角度都視為進入了第三階段。也就是經過正法與像法兩階段之後的末法之「時」（時代），對應於末法之「時」，而認為「處」（場所）是穢土，「人」（相應於時與處而生不逢時的人）則是機根劣等。身為沙門的信行，其行狀也十分特殊。《歷代三寶記》卷十二提到，信行的「解行」（知解與實踐）與過去的善知識相比，大致上風格不同，比如：「捨二百五十戒，居大僧（比丘）下，在沙彌上。」又其於路上行走時，與《法華經》中的常不輕菩薩一樣，對所碰到的男女皆行禮拜等。對照《續高僧傳．習禪篇》的〈信行傳〉所言：「捨具足戒，親執勞役。」由此可知，此處所指的捨二百五十戒，是因為須從事勞動工作才這麼做。佛教原先是嚴禁已受具足戒的沙門從事勞動工作的，這一點文後將再提及。

三、淨土教

淨土教的末法意識也極為強烈。淨土教二祖道綽（五六二—六四五）依據北齊那連提耶舍翻譯的《大集經．月藏分》撰寫《安樂集》一書，卷上有如下內容：「計今時眾生，即當佛去世後第四五百年，正是懺悔、修福、應稱佛名號時者。若一念稱阿彌陀佛，即能除卻八十億劫生死之罪。一念既爾，況修常念，即是恆懺悔人也。」繼承道綽的善導（六一三—八一），亦對所依經典《觀無量壽經》加以註釋，於《觀經疏》開始的偈頌記有「我等愚癡身，曠劫來流轉，逢釋迦佛末法之遺跡」，並且認為生於末法之世的佛教徒也強烈意識到以我們凡夫是怎麼也難以做到的。此外，《安樂集》於前引文章之後又提到，「今時眾生」之所以必須一心一意稱名念佛，正是因為眾生「去聖遙遠」、「機解浮淺暗鈍」。《觀經疏》也明確提到，《觀無量壽經》是佛「為凡而說」，亦即是為救濟凡夫而說的經典，是「不為聖人」，亦即明確地指出此經對聖人而言，是毫無相關的。

遠在五世紀初的東晉末年，以廬山慧遠為首的佛教徒便已開始結社念佛，比起隋唐時代才確立的淨土教還要早了許多。依據《高僧傳》中的〈慧遠傳〉，相傳於四〇二年七月二十一日，在廬山之北的般若台精舍，有一百二十三位同道者於阿彌陀佛像前立誓願求往生西方極樂。但是，與善導同時代的迦才在《淨土論》的序文中，評論慧遠法師等人雖以西方淨土為目標，但終究是「獨善其身」而已。換句話說，雖然可說是已選擇了禪定念佛，但其並非站在救濟眾生的「兼濟」立場。然而，此時又轉變為凡夫眾生也易於實踐的稱名念佛了。《淨土論》卷下，對於道綽是如何費盡心思於教化眾生，有如下記述。最初，道綽以講授《涅槃經》為主，但從某時期以後突然停止講經，轉為「一向專念阿彌陀佛」的淨土業修行。接著，到了唐貞觀（六二七—四九）年間，道綽為了開悟有緣人而講演《觀無量壽經》的教義。此外，更於居住的玄中寺附近一帶晉陽、太原、汶水三縣，致力於道俗的教化。例如：七歲以上的人，以豆子來計算念佛的次數；次數最多有從八十石到九十石的人，一般人平均是五十石，即使是最少的人，也達到二十石。「石」是重量單位，一石約有七十公斤，所以此數字令人相當驚歎。其他還有禁止向西方吐口水、大小便或背向西方坐臥……等教化。

《續高僧傳》的作者道宣，與道綽和善導等人生於同一時代，因此在《續高僧傳》

中，可以看到道宣直接見聞有關他們的生平紀錄。例如〈習禪篇五〉的〈道綽傳〉提到道綽自己也口誦佛名，以每日達七萬遍為目標。道宣並以「綽，今年八十有四，而神氣明爽」來描述其老而彌堅。另外，〈遺身篇〉的〈會通傳〉，雖然不是善導的專門傳記，但文中提到「近有山僧善導者」後有一段相關的記載，描述善導周遊天下，來到西河之地，亦即現在的山西省汾水一帶。其偶遇道綽的佛法後，便一心一意專修「念佛彌陀淨業」。不久，善導來到首都長安，在光明寺說法時，有人提問：「現在，假使我念佛名，就一定能往生淨土嗎？」善導回答：「只要念佛的話，則一定是。」此人禮拜完畢，口中不斷持誦「南無阿彌陀佛、南無阿彌陀佛」，走出寺門後，爬上柳樹，合掌西望，接著投身樹下，氣絕而亡。據說此事件發生的經過也曾上達當時的中央政府。

四、中國傳統思想與佛教

此處暫且請諸位讀者傾聽陳寅恪先生——這位足以代表二十世紀歷史學者，說過的一段話：「釋迦之教義，無父無君，與吾國傳統之學說，存在之制度，無一不相衝突。輸入之後，若久不變易，則絕難保持。是以佛教學說，能於吾國思想史上，發生重大久遠之影響者，皆經國人吸收改造之過程。」（〈馮友蘭《中國哲學史》下冊審查報告〉，陳寅恪文集之三《金明館叢稿二編》，上海：古籍出版社，一九八〇）。既然釋迦的教義是無父，那麼以出家為思想信仰的佛教立場，便會將與親人斷絕關係視為理所當然。例如：東晉孫綽（三一四—七〇）於《喻道論》（《弘明集》卷三）針對沙門批判為：「沙門之道，委離所生，棄親即疎。」意即：拋棄生身父母，寄身於完全沒有血緣關係的老師門下。另外又指釋迦的教義是無君，因為佛教主張沙門是「方外」，亦即存乎世俗之外，所以不受君主的支配統治。因此，自東晉以來，沙門是否應該禮拜君主，成為議論紛紛的政治課題。

總之，陳寅恪先生的評論，說明了佛教若不能與中國傳統思想適度妥協，那麼想要維持命脈將是一件艱困的事。的確如此。舉例來說，慧思於《立誓願文》提到：「願得深山寂靜處，足神丹藥修此願，藉外丹力修內丹」、「以此求道誓願力，作長壽仙見彌勒」、「誓願入山學神仙，得長命力求佛道」等，相當頻繁地使用神仙道教的用語和思想。此外，在淨土教始祖曇鸞❸（四七六—五四二）的《往生論註》，也可輕易發現受到道教仙經影響的明顯痕跡。再則，被淨土教視為所依經典——淨土三經之一的《無量壽經》，其中所謂三毒段、五惡段的部分，被質疑是中國人所添加的內容。至於三階教，則顯然是為了自己的根本教義，甚而依據疑經，進一步來偽造疑經。《開元釋教錄》卷十八的「別錄中偽妄亂真錄」，敘述如下：「《瑜伽法鏡經》二卷（或一卷兼有偽序）右一經，即舊偽錄中《像法決疑經》前文增加二品，共成一經。……景龍元年，三階僧師利偽造，序中妄云，三藏菩提流志、三藏寶思惟等，於崇福寺同譯。」之所以稱呼為「舊偽錄中《像法決疑經》」，原因是在《開元釋教錄》之前的佛典目錄，以隋朝法經的《眾經目錄》為首，將《像法決疑經》視為疑經，其於卷二的項次「眾經疑惑」著錄有《像法疑經》二卷。反觀有別於天台宗、淨土教和三階教等而徹始徹終堅持經典原貌的作法，其結果如何？陳寅恪先生於上述引文之後，繼續提出以下值得深思的評論：「其忠實輸入不改本來面目者，若玄奘唯識之學，雖震動一時之人心，而卒歸於消沉歇絕。」玄奘的唯識學，正是法相宗的依據所在。

五、諸宗派的盛衰消長

總之，成立於隋唐時代的佛教諸宗派，各有其盛衰消長。法相宗可說是因為內在因素不得已而沉寂，但也有因為外在因素而衰微的宗派，三階教就是一個例子。《開元釋教錄》卷十八中提到，三階教因其特殊的教義，再三受到壓迫。依據《兩京新記》的記載，唐玄宗即位後的開元元年（七一三），三階教設於長安義寧坊的總本山，化度寺的無盡藏院也遭到破壞。無盡藏之意，是將信徒布施的財物分成三部分：一部分提供天下寺院的修繕；一部分貸予生活貧困者；另一部分則自由支配使用。天台宗到了唐末五代之際，也逐漸式微。《傳燈錄》卷二十五有一段關於天台德韶的記事。當時傳授天台智顗教義的義寂[4]（九一九—八七）對德韶（八九一—九七二）說：「智者之教，年祀寖遠，慮多散落。今新羅國，其本甚備。自非和尚慈力，其孰能致之乎？」於是，德韶將其意旨轉告吳越的忠懿王錢鏐。之後，忠懿王為了抄寫那些文本，便派遣使者去新羅。另外，據《宋高僧傳．義寂傳》卷七的說法，相關文本是在日本找齊的，而不是在新羅。至於弘傳智顗教義的典籍之所以在中國本土散逸，其原因是由於八世紀中葉的安史之亂，以及九世紀中葉武宗會昌廢佛的結果。

有關隋唐時代的佛教諸宗派，誠如樓宇烈先生所說：「然自晚唐以後，禪宗獨盛於佛壇，除淨土法門亦因簡便易行而有相當影響外，諸如天台、華嚴、唯識各宗，均趨衰落。」（《世界宗教研究》二十三期，一九八六）[5]。禁得住歷史的風霜，而能維繫命脈到後世的，是淨土宗，還有尊崇達摩為初祖的禪宗。假如說淨土宗成功地教化了庶民，那麼禪宗便是抓住士大夫的心了。

話說有位青年為了參加科舉考試，前往首都長安。旅途中，於住宿處偶遇一位禪客，二人之間發生機鋒的對話如下：「仁者何往？」「選官去。」「選官何如選佛？」「選佛當往何所？」「今江西馬大師出世，是選佛之場，仁者可往。」於是，青年馬上去參拜馬大師。但是，出乎意料的，馬大師卻指點：「南嶽石頭是汝師也。」後來，青年繼承了石頭之法。以上相傳是丹霞天然（七三九—八二四）投入禪門的故事。其中，江西的馬大師就是馬祖道一（七〇九—八八）；南嶽的石頭，即是石頭希遷（七〇〇—九〇）。選官，就是被選為官吏之事；選佛，就是被選為佛之事，亦正是表示自己成為佛的意思。丹霞天然放棄選官，而轉為選佛的這段故事，即是最具象徵性的表現。禪的燈史《傳燈錄》，不僅記載禪師，同時也記錄了宣州刺史陸亘（卷十）、杭州刺史白居易（卷十）、襄州王敬初常侍（卷十一）、相國裴休（卷十二）、睦州刺史陳操（卷十二）等若干士大夫，此特點也是為人矚目的地方。

六、姚崇的「遺令」與禪佛教

如同本章第二節所介紹，唐玄宗初期的宰相姚崇的「遺令」強調佛存在於心之內，而不是心之外。他擯斥寫經、造像、齋會、布施等外在行為，將其視為無益的「弊法」，並進而提到：「功德須自發心，旁助寧應獲報？」也就是說，對功德而言，自發心才是重要的，藉由次要的方法，是不可能得到回報的。另外，田休光所撰的〈法藏禪師塔銘〉（《金石萃編》卷七十一）也提到，開元二年（七一四）圓寂的三階教法藏法師生前曾說：「鎔金為像，非本也；裂素抄經，是末也。」像姚崇這般的主張，可以在《六祖壇經》中找到最貼近的陳述。梁武帝問：「朕一生造寺供僧、布施設齋，有何功德？」達摩立即否定地回答：「實無功德！」禪宗六祖惠能，並對無法明瞭此對話涵義的弟子刺史韋璩說明如下：「實無功德！勿疑先聖之言。武帝心邪，不知正法。造寺供養、布施設齋，名為求福，不可將福便為功德。功德在法身中，不再修福。……自修性是功，自修身是德[6]。善知識！功德須自性內見，不是布施供養之所求也，是以福德與功德別。」

此外，姚崇除了在「遺令」寫有「佛者覺也，在乎方寸[7]」。在一份為了整頓因逃避稅役而偽濫為僧的奏章中，他一開始即寫著「佛不在外，求之於心」。諸如此類的佛存在於心內而非心外的解釋，也是禪者常常提到的。神秀禪師在張說的〈大通禪師碑〉中被推崇為「兩京法主、三帝國師」[8]。《傳燈錄》卷四，有關神秀禪師生平的部分，引用了其所說的偈頌：「一切佛法，自心本有，將心外求，捨父逃走。」另外，也從神秀領受禪法的淨覺（唐中宗的皇后韋后之弟），在其所撰述的《楞伽師資記》中記錄了道信所說：「離心無別有佛，離佛無別有心。」又，於解說呈顯道信禪法特色的五門時也提到：「《無量壽經》云：諸佛法身，入一切眾生心想。是心是佛，是心作佛。當知佛即是心，心外更無別佛也。」總之，心就是佛，亦即「是心是佛」或者「即心即佛」，彷彿變成禪者的口號。而此點不正是區分禪宗與其他宗派的明顯關鍵嗎？雖然「是心作佛，是心是佛」的詞語出自《觀無量壽經》，但是善導的《觀經疏》卷三解釋如下：「言是心作佛者，依自信心緣相如作也。言是心是佛者，心能想像，依想佛身而現，即是心佛也。離此心外，更無異佛者也。」接著又強調：「或有行者，將此一門之義，作唯識法身之觀，或作自性清淨佛性觀者，其意甚錯，絕無少分相似也。」此處被善導視為錯誤而加以擯斥的「唯識法身之觀」，推測應是指法相宗的立場吧？還有所謂的「自性清淨佛性觀」，顯然係指禪宗的立場。禪與淨土之差異，在於把「是心作佛」解釋為心就是佛的光輝？或是解釋佛顯現於自心之中？淨土教的角度，佛終歸是做為客體化的被觀察對象。

總之，禪宗主張佛不存在於心外，心就是佛，正是活潑地躍動著肯定現實與肯定人間的精神。但是，對於反對禪宗立場的人而言，甚至痛罵那是眾魔外道的言論。例如師事天台荊溪湛然的中唐文人梁肅（七五三—九三），其於〈天台法門議〉（《唐文粹》卷六十一）有如下記述：「今之人正信者鮮，遊禪關者，或以無佛、無法，何罪、何善之化。化中人已下，馳騁愛欲之徒，出入衣冠之類，以為斯言至矣。且不逆耳，故從其門者，若飛蛾之赴明燭，破塊之落空谷。殊不知坐致焦爛，而莫能自出。雖欲益之，而實損之。與夫眾魔外道，為害一揆。」

七、一日不作，一日不食

在洪州（州治在南昌、江西省南昌）百丈山開創道場的懷海（七四九—八一四），不但有別於歷來佛教教團，更制定了禪宗教團獨有儀規。有關他的記載，可見於《傳燈錄》卷六。禪宗教團獨有的儀規，就是所謂的「禪門規式」，其內容取代了原先禪者在律寺日常生活的方式，重新「別立禪居」，以及不設置佛殿，只設立說法之用的法堂等，其中備受矚目的，是訂定了「普請之法」。

如同《禪門規式》所提到的：「行普請法，上下均力也。」其中，普召僧眾，勸請僧團全員從事作務，亦即勞動之意，似乎是普請的原義。但普請之所以受到注意，是因為從天竺開始，佛教歷來都將沙門從事勞動視為禁忌而禁止。舉例來說，在《高僧傳．亡身篇》立有傳記的曇稱，於五世紀初來到彭城（江蘇省徐州）後，因為實在不忍心見到一對八十歲左右老夫婦憔悴至極的模樣，於是捨戒為僕，代替老夫婦從事勞動，長達數年之久。曇稱所從事的，確實被認定是農業勞動。但是，他何以會為了從事農作而捨棄戒律，亦即放棄沙門的身分呢？之所以如此，正是因為從事農作，弄傷、損害棲息於泥土中的生物之事，被視為與不殺生的戒律相互牴觸。為避免喝下水中的微小生物，做為濾水器使用的漉水囊，是沙門做為預防措施的必備用具，更何況從事農作，恐怕會以鍬、鋤等工具猛然切傷隱藏於泥土中的蛙、蛇、蚯蚓等生物，這是無法想像的事。先前雖曾提及，三階教的信行也

百丈懷海像（出自《佛祖道影》）

捨棄具足戒從事勞務之事，但禪宗與歷來的佛教完全不同，因為禪宗將作務與普請等制定為教團的紀律。五代的瑞鹿本先禪師（九四二—一〇〇八）曾於說法時提到：「諸人若也參學，應須真實參學。」就如同《傳燈錄》卷二十六所教誨：「一切作務時，一切作務時參取。」作務和普請等，正是修行者參學與究明佛法之處。

「上下均力」時的普請，住持自己也必須參加。因此，制訂《禪門規式》的懷海，理所當然也是實踐者。《祖堂集》卷十四記載了百丈禪師的著名故事。主事者不忍心懷海每日勤於勞動，暗中把農務工具收藏起來，懇請禪師休息。但懷海卻回答：「吾無德，焉可勞於人？」說完後遍尋工具，倘若沒有找到，當日也就不打算用齋了。據說，「一日不作，一日不食」的話語，就因此而普及於世了。余英時先生亦從這句話發現了重要意義。余先生非常關注馬克思·韋伯所著的《新教倫理與資本主義的精神》，並在在其所撰寫的《中國近世宗教倫理與商人精神》（聯經出版社，二〇〇四）[9]中，將「一日不作，一日不食」與喀爾文特別引用聖徒保羅的「不作不食」為之對比，並指出：「則禪宗『入世苦行』的革命意義便更無可疑了。」

余英時先生基於「一日不作，一日不食」，而有如此評論。但是，更能綜合、總結地概括禪宗歷史意義的，是胡適先生一九五三年的講演文稿——〈禪宗史的一個新看法〉（日本原書係參考森紀子譯，平凡社，一九九一《胡適禪學案》，中文出版社，一九七五年所收）。他提出禪宗「可以說是中國佛教的一個革新運動，也可以說是中國佛教的革命運動」，接著問：「這個革新運動的意義是什麼呢？佛教革命有什麼樣的意義呢？」之後，他以兩個意義做為回答，其一是：「佛教的簡單化、簡易化，將繁瑣變為簡易，將複雜變為簡單，使人容易懂得。」其二是：「佛教本為外國輸入的宗教，而這種外來的宗教，在一千多年中，受了中國思想文化的影響，慢慢的中國化，成為一種奇特的、中國新佛教的禪學。」雖說這樣的評價稍嫌簡略，但是於唐代興隆的禪宗做為中國佛教開展的歸結，任何人都不能否認其確實具備了「中國佛教」的相貌。

第五節　邁向下個時代

一、會昌廢佛

會昌五年（八四五），唐武宗發動廢佛。這是繼北魏太武帝、北周武帝之後，中國史上第三次的廢佛。依據《舊唐書．武宗本紀》，當時遭受破壞的寺院，計有四千六百餘所；被迫還俗，且充為兩稅戶[10]的僧尼，計有二十六萬五百人；遭損毀的招提與蘭若[11]，計有四萬多所；佛寺被沒收的良田，多達數千萬頃[12]；原為佛寺役使的十五萬奴婢，也被充為兩稅戶。順帶一提，日本慈覺大師圓仁的《入唐求法巡禮行記》一書，係其親身經歷會昌廢佛所做的珍貴紀錄，包含了中國文獻所沒有的內容，尤其該書引用了許多有關廢佛的詔書和敕書等史料，通過日記文體的敘述，交織著時間的經緯，有助於了解廢佛事件行進的情況。

會昌廢佛之時，有不少修行人避世於山林之間，雖然外相變為蓄髮的在家人，卻不改其志。其中，也有僧人為防範法滅，預將經卷藏匿。此處引用《宋高僧傳》的幾則記事說明。例如卷七的〈志遠傳〉提到，廢佛前夕的會昌四年（八四四），五台山華嚴寺的志遠在圓寂前告誡其門下弟子，大意是要弟子們以弘傳天台宗疏為志，並謹記於心，以不負所望。廢佛發動後，弟子元堪遵從師父的遺言，將天台宗的「章疏文句」，亦即解說書、註釋書等藏於牆壁之中。不久之後，武宗駕崩，由繼承帝位的宣宗再興佛教。元堪待寺院修復完畢後，再將這些「章疏文句」慎重地安放於影堂⑬，故天台宗之所依經典《法華經》得以「積歲傳唱」，而智顗的主要著作《摩訶止觀》方能「久而敷揚」。另外，卷三十的〈元表傳〉記載，居住於福州（州治在閩縣，福建省福州）支提山石室中的元表原是高麗人，在遭遇會昌廢佛後，將其自西域帶回的八十卷《華嚴經》收納於花櫚木函，深藏於石室之中。聽到傳聞的保福寺慧評禪師，在不清楚木函存有何物的情形下，於復佛的大中元年（八四七）親率信眾將此花櫚木函迎至甘露都尉院，發現其紙墨宛如新書寫一般。依其記載，撰寫《宋高僧傳》的當時（北宋初期），花櫚木函還貯放於福州僧寺中。

陳垣先生所撰的《中國佛教史籍概論》（科學出版社，一九五五），認為《宋高僧傳》最精彩豐富的為〈習禪篇〉，因中國禪宗起於初唐，至晚唐而極盛。接著他又提到：「會昌五年毀佛，教家大受挫折，唯禪宗明心見性，毀其外不能毀其內，故依舊流行。」所謂教家，筆者認為主要是指以典籍為所依的宗派。另外，所謂的「明心見性」，則如黃檗希運所著《傳心法要》一書提及的「直指人心、見性成佛、不在言說」之意。的確，教家之一的天台宗，儘管存在像元堪這般人物，在前文提及的會昌廢佛之時遭受了很大的打擊，反觀禪宗由於自身立場不重言說的「明心見性」之故，安然度過廢佛風暴，等到復佛時，又一如往昔地興盛起來。

二、凡聖齊同

本文在談論有關禪宗話題之前，曾引用丹霞天然從選官轉為選佛的軼事。然而，情況完全相反，從選佛轉而選官的人在唐代也為數不少。《苕溪漁隱叢話前集》卷五十七的〈緇黃雜記〉，引用了北宋蔡寬夫的《詩話》：「唐搢紳，自浮屠易業者頗多。」⑭像這樣還俗並投身官場的現象，到了中晚唐時期，似乎變得益加明顯。《唐摭言》卷七題為「起自寒苦」的文章中，提及年少時曾在佛寺度過的王播、徐商、韋昭度，他們後來參與科舉進士合格，分別為貞元十年（七九四）、大和五年（八三一）及咸通八年（八六七）的進士。另外，還有最初當道士，後出家為僧，不久又投身官場的韋渠牟（七四九—八〇一）。或者，像劉軻這樣，先出家為僧，後轉為追求神仙之術，而於元和十三年（八一八）進士及第的人物。

從這諸多事實裡，我們可從其中發現什麼意義？首先，我認為可以當作是世俗與非世俗聖者並存互通的時代精神象徵。秉絕特立聖者，而說明應徹底落實於日常中，尤其禪宗雖說將聖者予以日常化、世俗化，同時也應於日常之中去追求聖者的見地，亦即聖與俗、俗與聖之間開啟了相即融會的觀點。最後，筆者暫且引用《傳燈錄》卷十四中石頭希遷的上堂說法，做為本章的結語：「吾之法門，先佛傳受。不論禪定精進，唯達佛之知見，即心即佛。心佛眾生，菩提煩惱，名異體一。汝等當知，自己心靈，體離斷常，性非垢淨，湛然圓滿，凡聖齊同。」所謂「凡聖齊同」，就是將凡夫與聖人以等號連結。中唐獨孤及所撰的〈舒州山谷寺三祖鏡智禪師碑〉（《唐文萃》卷六十三），即是將禪宗三祖僧璨的事蹟寫成碑文，其中記載著聽到僧璨教義的人都知道「朝為凡夫，夕為聖賢」之事。⓯

註解

❶「玄宗」是指玄妙的道教教義。

❷「真諦」是指佛教的真理。

❸一般以廬山慧遠為淨土宗初祖，此係日本說法。

❹《傳燈錄》中為義寂。

❺日本原書係參考佐藤もな譯，〈仏学と中国近代哲学〉，《思想》第九号，二〇〇七年。

❻日文原文：「自修身是功，自修性是德。」經查證，應修正為「自修性是功，自修身是德」。

❼「方寸」意指「心」。

❽ 兩京是指長安與洛陽；三帝是指武后則天、中宗及睿宗。

❾ 日本原書係參考森紀子譯，平凡社，一九九一。

❿ 夏、秋二季皆須納稅的單位。

⓫ 招提與蘭若，兩者皆是無政府許可的私造寺院。

⓬ 一頃是一百畝或一萬八千二百平方公尺。

⓭ 影堂又稱為祖堂，是寺院奉佛像、祖師像之所。

⓮「搢紳」為士大夫；「浮屠」係指佛教。

⓯ 譯案：有可能是指道信。

專欄二

末法思想的興起與展開

藤井教公（北海道大學大學院文學研究科教授）

中國第一次出現末法思想的文獻，一般認為是南嶽慧思（五一五—七七）所著的《立誓願文》。慧思於四十四歲（五五八）時撰寫此書，並依據自身的宗教熱情與被迫害的體驗，立下救濟眾生之願。其中，慧思摘要自己從出生至現在的經歷時提到：「我慧思，即是末法八十二年，太歲在乙未十一月十一日，於大魏國南豫州汝陽郡武津縣生。」以數字具體記錄了進入末法後的年數。慧思於末法之際，在法滅的強烈危機意識下造了金字的《般若經》與《法華經》，放入七寶做的寶函內。在防範法滅的同時，自己立下誓願，祈願證得仙道，為法修得長生之術，於五十六億七千萬年後，彌勒佛下生之時，協助教化眾生。

慧思於《立誓願文》明記正法五百年、像法千年、末法萬年。因此，若依照願文所說他的生年為五一五年（《續高僧傳》是五一四年），推算之後，末法開始於四三四年。若是那樣，佛滅之年就是紀元前一〇六八年。雖然慧思列舉《釋迦牟尼佛悲門三昧觀眾生本起經》為經典依據，但由於沒有現存本，實際上並無法得知那是什麼樣的經典。中國佛教有幾種關於佛滅年代的說法，但其根據可能並不確實。北朝地論宗的法上（四九五－五八〇）、唐代道宣（五九六－六六七）等人，依據偽書《周書異記》（無現存本），將周穆王五三年（或五二、五一年）視為佛入滅的年代。依此說法，佛滅年應為紀元前九四九年。還有，若正法、像法是一千五百年，那進入末法就是西曆五五三年了。有別於此，隋代費長房根據魯國歷史書《春秋》的記述，將周匡王四年視為佛入滅，在此情況下，佛滅年則變成紀元前六〇九年。日本天台宗的最澄，即依據此說。

至於中國佛教方面，似乎多依《周書異記》所主張的佛滅年，或鳩摩羅什（三四四－四一三或三五〇－四〇九）所提倡的正法五百年說。羅什正法五百年的說法，除了被他的弟子僧叡記錄於〈喻疑〉（《出三藏記集》所收）之外，稍後於吉藏（五四九－六二三）的《百論疏》中，亦提及係僧叡聽羅什所述。果真如此，絕大多數的中國佛教徒認為末法時代是從六世紀中葉開始。事實上，南朝梁代的佛教史家僧祐（四四五－五一八）所撰的《弘明集．序文》提到：「昔如來在世，化震大千。猶有四魔稽忿，六師懷毒。況乎像季，其可勝哉？」僧祐所處的時代係像法之末，似乎並無末法意識。一般認為，中國佛教認知到末法時代來臨，是從五至六世紀提及佛法滅盡的經典，如：《摩訶摩耶經》、《蓮華面經》及《大集經．月藏分》等出現，以及發生北周與北齊廢佛（五七四年、五七七年）的殘酷現實後，開始急速地高漲。從這點來看，慧思的末法意識，就當時而言，應該算是相當早的。

至於繼承慧思教義、集中國天台宗大成的智顗（五三八—九七），雖然在其《摩訶止觀》、《法華文句》、《四教義》等著作皆可看到有關末法的語詞，卻無法看出智顗對佛法滅盡如慧思那般持有強烈的危機感。吉藏的年齡比智顗大約少十二歲，其對於正、像、末三時問題，在上述《百論疏》和《中觀論疏》等有詳細的論述，但終究還是沒有留下關於自己對法滅危機意識的具體記述。

隋唐初，意識到末法時代來臨的危機，並據此自覺與反省而形成自己的佛教的，是中國淨土教的道綽（五六二—六四五）和其弟子善導（六一三—八一），以及同時代的迦才（七世紀中葉）等佛教徒。道綽所撰的《安樂集》，將佛法區分為聖道門與淨土門，認為在末法時代的五濁惡世，只有淨土一門，並闡揚他力淨土往生。善導繼承道綽，並撰寫《觀無量壽經疏》，他依據法藏比丘在經典所說四十八願中的第十八願，提倡本願念佛。

六世紀後半，深受末法思想影響而成立的宗教，特別值得一提的是北齊的信行（五四〇—九四）創始的三階教。信行以正、像、末三時觀之，將眾生的能力素質區分為三階。其中，末法眾生屬於第三階，係屬大乘《涅槃經》所提到的一闡提（不可能成佛者）。依此觀點來看，做為第三階的末法眾生，其成佛的實踐方法，是徹底自覺與反省自己的惡，再加上禮敬一切萬有（普敬）。三階教與歷來的佛教教團不同，堅持以獨有的方式，開創出一種相互扶助、具慈善事業特性的無盡藏院，但多次招致國家的壓迫。

另一個以具體形式來防範末法時佛法滅盡的，是靈裕（五一八—六〇五）和隋代靜琬等人所從事的刻經事業。他們將經典刻於碑石及石室的壁面上，前者如寶山靈泉寺石窟（河南省安陽市），後者如房山雲居寺（北京市房山區），至今仍留有其遺跡。尤其房山石經是從唐代至金代持續長達數百年的偉大事業，從那裡亦可深切體會到，佛教徒對末法的危機意識和真摯的護法信念。

文獻介紹

1. Magnin, Paul. *La vie et l'œuvre de Huisi* 慧思 *(515-577)*, École Française d'Extrême-Orient Paris, 1979.
2. 多田厚隆先生頌寿記念論集刊行会編，《多田厚隆先生頌寿記念・天台教学の研究》，山喜房仏書林，一九九〇年。
3. 鎌田茂雄編，《講座仏教の受容と変容4　中国編》，佼成出版社，一九九三年。
4. 西本照真，《三階教の研究》，春秋社，一九九八年。
5. 淺田正博，《存覚上人書写本　末法燈明記講読》，永田文昌堂，一九九九年。

第二章

在中國改變面貌的印度佛教

青木隆
麻布學園教師

奧野光賢
駒澤大學教授

吉村誠
駒澤大學副教授

第一節　地論與攝論思想史之意義

一、如來藏與唯識思想傳至中國

如來藏思想在四世紀前後興起於印度，被歸為大乘佛教中期。但若以曇無讖（三八五—四三三）譯出《大般涅槃經》（四二一）與求那跋陀羅（三九四—四六八）譯出《勝鬘經》（四三六）的時間為基準，如來藏思想則應於五世紀前半傳到中國。經由鳩摩羅什（三四四—四一三，或三五〇—四〇九）翻譯經典與教化，中國佛教在五世紀初已逐漸理解空的思想，之後接受如來藏思想，則是另一歷史性的事件。對《涅槃經》的研究，首先興盛於南地（南朝諸國的領域，首都在建康），並形成了涅槃學派。不久後，中國佛教便全面接受了如來藏思想。

至於唯識思想，其與如來藏思想在印度興起的時間大致相同，並亦是由曇無讖譯出《菩薩地持經》（四三三？）而開始傳至中國。繼之，求那跋陀羅翻譯了試圖融合如來藏與唯識思想的四卷本《楞伽經》（四四三），其內容並闡明三性說和八識說等。雖然唯識思想與如來藏思想於同一時期傳入中國，但其研究風氣並不興盛，一直到六世紀初菩提流支、勒那摩提、佛陀扇多等人譯經之後，才開始容受唯識思想，而擔負起此受容的重要橋樑是地論宗。

地論宗是以研究世親所造《十地經論》為中心而得名。《十地經論》係以唯識瑜伽行派的立場來註釋《華嚴經》中的《十地經》，於北魏永平年間（五〇八—一二），由菩提流支、勒那摩提等人譯出。

雖然地論宗極力於《十地經論》中攝取唯識思想，但因《十地經論》本身尚未系統性地闡釋唯識思想，所以想正確理解唯識思想，在當時是有困難的。就某層面而言，地論宗對於艱澀難解的部分，可能會以獨特的（隨意的？）方式加以詮釋。另外，如何掌握唯識思想與如來藏思想間的關係，是另一重要課題。此兩者都以人的根源為焦點，前者以阿賴耶識為根本，阿賴耶識亦稱為一切種子識，認為一切萬法，皆從阿賴耶識所生。而後者以佛性為根本，闡明如來藏思想的《勝鬘經》提到「生死依如來藏」，依此說明一切法由如來藏所生。由此可見，唯識思想與如來藏思想在傳來之時，其立基點是相互對立的。據說地論宗於成立之初即分為南道派與北道派兩個系統，分派的基準，端視以唯識或如來藏思想做為中心立場。南道派以如來藏思想為核心，嘗試依此融攝唯識思想；而北道派在容受唯識思想時，則冀與如來藏思想保有距離。最終，由重視如來藏思想的南道派成為主流。地論宗汲取唯識思想的過程，可謂經歷了一番波折。在中國，要到攝論宗興起及唐代玄奘

（六〇二—六四）登場之後，才真正能稱得上理解唯識思想。

出現於六世紀初的地論宗，在隋末唐初（六〇〇前後）時已逐漸式微，由華嚴宗門人承繼對《十地經論》的研究，因此也有說法認為，地論宗是被華嚴宗所吸收的。雖然地論宗的歷史僅有百年左右，但其學說對攝論宗、天台宗、華嚴宗等中國佛教有深遠的影響。

二、地論宗北道派與南道派

地論宗在成立之初，即分為菩提流支道寵學系（北道派），以及勒那摩提慧光學系（南道派）兩個系統。道宣的《續高僧傳》和智顗的《法華玄義》、《維摩經玄疏》，以及敦煌本《維摩經疏》等多種文獻，都有提及此事。

首先，概覽北道派的歷史脈絡。依據《續高僧傳・道寵傳》，道寵（生卒年不詳）依止菩提流支，學習《十地經論》三年，在這期間撰寫了《十地經論疏》，但並未留存下來。據說他還培育了學士千餘人，但〈道寵傳〉中提到姓名的，僅有僧休、法繼、誕禮、牢宜、儒果五人，另外據說還有〈志念傳〉提到的志念（五三五—六〇八），其依止道長，與誕禮、僧休、法繼一起學習《大智度論》，亦從道寵學習《十地經論》。因此，能夠確認為道寵弟子的即以上六人，其中有四位也是道長的弟子。另外，志念還師事毘曇學（阿毘達磨教學）的權威慧嵩（？—五五九？），成為毘曇師。由於慧嵩曾教導保恭

（五四二—六二二）《地持》與《十地》（〈保恭傳〉），故慧嵩本身應也通曉唯識，其學說可能亦屬於北道派系統。以上提及者可認定為北道派門人，至於志念等人之後的世代則情況不明，北道派的論著，現今也散佚無存。

南道派方面，足以稱之開山祖師的慧光（四六八—五三八），其年少時依止佛陀禪師出家，後從勒那摩提學習《十地經論》。雖然佛陀禪師與勒那摩提曾分別培養出代表北朝習禪者的僧稠與僧實，但慧光相較於習禪更精於戒律，尤其為《四分律》的權威。另外，於《華嚴經兩卷旨歸》和《華嚴一乘成佛妙義》等後世文獻，雖可看到嘗試尊崇佛陀禪師為地論宗初祖的主張，但都未脫傳聞的範圍。

慧光的弟子法上、僧範、道憑、曇遵、慧順、靈詢、道慎、曇衍、安廩，當中輩出國統、國都等僧官高德，尤其又以法上（四九五—五八〇）與道憑（四八八—五五九）二人為上首，人們將其與之並稱：「憑師法相，上公文句，一代希寶。」（《續高僧傳・道憑傳》卷八）。而法上與道憑門下，分別出現了地論宗的兩位大師淨影寺慧遠（五二三—九二）與靈裕（五一八—六〇五）。他們不僅撰寫了為數龐大的註釋書和綱要書，同時亦培養出許多弟子，堪稱地論宗的鼎盛時期。然而，慧遠與靈裕弟子的世代，卻淪為地論宗的最末一代。

從歷史的情況看來，南、北兩道派的勢力相當懸殊，南道派可謂壓倒性地盛勢。難道這是因為地論宗的文獻大半皆已遺失，而流傳下來的，只有南道派靈裕與淨影寺慧遠的一部分著作而已？此外，近幾年由敦煌文書等發現不少地論宗的文獻，但皆屬於南道派，至今尚未發現北道派的文獻。

那麼，南、北道派的差異究竟為何？智顗（五三八—九七）於《法華玄義》卷九上論述：「地論有南、北二道，加復《攝大乘》興，各自謂真互相排斥，令墮負處。」地論宗的南、北二派似乎在學說上存有對立，關於此對立，荊溪湛然（七一一—八二）闡述了智顗的看法：「相州北道，計阿黎耶以為依持；相州南道，計於真如以為依持。」（《法華玄義釋籤》卷十八）；「南計法性生一切法；北計黎耶生一切法。」（《法華文句記》卷七中）。北道派認為阿黎耶識生一切法，主張黎耶依持說。相對的，南道派則認為真如法性生一切法，採用真如依持說。也就是說，北道派認為由阿賴耶識生出所有一切現象界，繼承印度唯識的立場。另一方面，南道派係以如來藏思想為立場，視清淨真如為萬法的根本。或許北道派對唯識的理解比較正確，然而成為主流思想的，卻是以清淨真如為萬法根源的南道派。由此可知，在中國如來藏思想應是較容易被接受的。

此外，道宣於《續高僧傳．道寵傳》提到，南北二道之差異為「當現兩說」。所謂「當現兩說」，即是散見於後世文獻中「當現兩常」的問題。一般認為佛性常住與否，是爭議的癥結點。「如來常住，無有變易」與「一切眾生悉有佛性」是《涅槃經》的兩大主題，但是，眾生具有佛性，若係由如來本性所出，則佛性也必須為常住的。實際上《涅槃經》也提到：「眾生佛性，常住不變。」但那樣的話，佛性會成為像我（ātman）一樣的實體問題，因此北道派不依文字表面來理解佛性常住，而將其解釋為「當常」（未來當有常住）；相對於此，將如來法身常住，稱為「現常」（現在即是常住）來區別。元曉（六一七—八六）於《涅槃宗要》提到：「所謂一切眾生悉有佛性，是顯當常；如來所證大般涅槃，是明現常。」引文將上述討論作進一步的闡述。此處眾生佛性的意思，僅是指成佛的可能性。另一方面，因為南道派認為佛性為萬法根源，所以有將佛性視為實體的傾向，故推測其主張眾生的佛性是「現常」，這樣的話，佛性就成為於眾生內在的如來法身之意。吉藏（五四九—六二三）於《百論疏》卷下提到：「但大乘人解出世因果，有當現二常。明生死中，已有法身體用具足。」這即是傳達南道派的思想，所謂法身之體，是指「現常」佛性；而法身之用，是表示「當常」佛性。「現常」佛性，是指眾生內在的如來，且是恆常存在的。至於「當常」佛性，意味著成佛的可能性，亦即認為眾生原本係處於生死之中（即迷妄中）。從以上的說明可知，相對南道派立足於如來藏思想，北道派則試圖與如來藏思想有所區隔。

又，依據智顗的《維摩經玄疏》，北道派主張緣修作佛；南道派則主張真修作佛。緣修的「緣」，意指心朝向外界事物產生的作用，所謂緣修，是將真理客體化的修行，並將真理客體化所掌握的智慧稱為緣智，認為藉由緣智而悟道（即緣修作佛）是低層次的。相對於此，真修是指與真理一體化的修行與真理一體化的智慧稱為真智，並認為藉由真智而悟道（即真修作佛）才是究竟證悟，而所謂與真理一體化的悟道，正是內在佛性的顯現。就此處智顗的詮釋，應是根據南道派的文獻。

三、敦煌寫本中所見的南道派思想

近幾年，從敦煌文書之中發現了數十種南道派的文獻。其中，推測成立於法上、道憑年代（五三五—六〇前後）的，有註釋《十地經論》的《十地論義疏》卷一（S二七四一）、卷三（P二一〇四），《大乘五門十地實相論》卷六（北八三七七）及《十地義記》卷一（P二〇四八）。做為經疏的，有《勝鬘經疏》（S六三八八）、《涅槃經疏》（北六六一五、北八五七五、北六六一六）、《本業瓔珞經疏》（S二七四八）以及註釋《大集經》的《大乘五門實相論》（北八三七八）。戒律文獻方面，則有《毘尼心》一卷（S四九〇、P二一四八）。另外，新發現可視為地論宗文獻的《一百二十法門》（北八三八八、北八三八九），係由西魏的宇文泰令曇顯等人撰述的。其次是於慧遠、靈裕時代（五六〇—八五前後）撰寫的，諸如：《華嚴略疏》卷一（北八〇）、卷三（S二六九四）、《融即相無相論》一卷（北八四二〇）、《綱要書》（S六一三）、《綱要書》

（S四三〇三）。而地論宗末期（五八五—六一〇前後）的文獻，有《法界圖》（P二八三二B、S二七三四）、《三界圖》（S三四四一）。

之所以認定上述文獻隸屬於南道派，其根據之一是因為這些資料提到了南道派特有的緣起說是有為緣集、無為緣集、自體緣集三種緣集，和三乘別教、通教、通宗的三教判等。此外，法上時代的南道派，是依據五門來解釋諸經論的。法上所撰《十地論義疏》以及《大乘五門實相論》、《大乘五門十地實相論》等，即是說明五門的文獻。所以，本文將聚焦於五門說與緣集說，以進一步了解南道派的思想。

相傳由法藏（六四三—七一二）所撰的《華嚴經問答》卷上，提到「五門論者」，但長久以來，卻不清楚此五門是何意？以及五門論者所指何人？不過，經由《融即相無相論》的發現，情況已有所釐清。所謂的五門，是指佛性門、眾生門、修道門、諦門與融門。《融即相無相論》雖提出五門的項目名稱，但對於個別內容卻未曾述及。不過，由於五門的項目名稱的確立，因而得知法上的《十地論義疏》及《本業瓔珞經疏》係採用五門的架構。另外，宇文泰下令編撰的《菩薩藏眾經要》與《一百二十法門》，亦是以五門為基礎。綜合而言，五門是法上時代所興起的思想，而五門論者，是指活躍於東魏和西魏等地之南道派門人。

道宣於《大唐內典錄》卷五有《菩薩藏眾經要》與《一百二十法門》的相關紀錄。據此書所言，《菩薩藏眾經要》將諸經教說依五門分類整理，但並未留存下來。至於《一百二十法門》是《菩薩藏眾經要》目錄中部分的別行本，從敦煌文書中發現了其中的部分目錄，而那些斷簡殘編相當於《菩薩藏眾經要》目錄中的卷十到卷二十二。依內容研判，卷十到卷二十說明「菩薩藏修道」，卷二十一說明「菩薩藏諦門第四」，卷二十二則說明「菩薩藏融門第五」。一般而言，融門被認為是當中最重要的，並且在《一百二十法門》中的融門包含入不二法門、三空法門、十一空法門、十八空法門與法界體性門的五法門。其中，入不二法門出自《維摩經》。三空法門，即空解脫門、無相解脫門與無願解脫門，也稱為三解脫門或三三昧，可見於《涅槃經》、《大智度論》等諸經論。十一空是《涅槃經》所說；十八空是《大品般若經》所說。另外，法界體性則是於《華嚴經》、《大集經》、《法界體性無分別經》（《大寶積經．法界體性無分別會》）等所提及。上述典籍中的融門思想，是以不二、空、法界體性為基礎來說明諸法平等、諸法融即的思想。位居最後的法界體性門，則被視為最高的法門。

《融即相無相論》也採用「法界體性」一語來說明融即思想，其第三章〈轉無明以為明論〉，闡釋了生死即涅槃、煩惱即菩提。內容中提到：「一切有無名相，無不是法界體性，法界體性即是菩提。」是以法界體性為依據，來說明煩惱即菩提之義。法界體性是存於萬法根本的真理性，係為法界、法性、法界性等之同義詞。在印度如來藏思想史上，法

《一百二十法門》項目	《菩薩藏眾經要》卷次	五門
（北 8388）首部欠損		
48 二十二根法門 49 八大人覺法門 50 三慧法門 51 三乘法門 52 三乘共行十地法門 53 內身五無間法門 54 內十惡法門		
55 斷結法門 56 燈炷法門 57 五忍法門 58 人法二無我法門 59 金剛三昧法門 60 五法三自性法門 61 九法法門 62 六種決定法門 63 有盡無盡解脫法門 64 四勤行精進法門	第 10　十法門	修道門
65 三十七品法門	第 11　一法門	
66 六度法門 67 十波羅蜜法門	第 12　二法門	
68 離五怖畏法門 69 九賢聖法門 70 十地法門 71 十一地法門 72 十三法師法門	第 13　五法門	
73 四十賢聖法門	第 14　一法門	
74 四十二賢聖法門 75 人四依法門 76 有四種心能成因果法門 77 二智法門 78 四智法門 79 十一智法門	第 15　六法門	
80 菩薩藏清淨六根法門 81 五眼法門 82 二種闡提法門 83 三種意生身法門 84 菩薩五種生法門 85 四無量法門	第 16　六法門	

《一百二十法門》項目	《菩薩藏眾經要》卷次	五門
86 六通法門 87 四攝法門 88 四無礙法門 89 八光法門 90 五明論法門	第 17　五法門	
91 八萬四千法門	第 18　九法門	
（北 8389）首部欠損		
93 菩薩法身法門 94 淨土法門 95 三佛法門 96 十佛法門 97 真應二身法門 98 五種法身法門 99 五分法身法門		修道門
100 十力法門 101 四無畏法門 102 十八不法門	第 19　三法門	
103 十號法門 104 涅槃法門 105 三十二相法門 106 八十種好法門 107 四相法門 108 四一切清淨法門 109 三不護法門	第 20　七法門	
110 十六諦法門 111 十四諦法門 112 四諦法門 113 三諦法門 114 二諦法門 115 一實諦法門	第 21　六法門	諦門
116 入不二法門 117 三空法門 118 十一空法門 119 十八空法門 120 法界體性門	第 22　五法門	融門

《一百二十法門》與《菩薩藏眾經要》對應表

界體性的意涵逐漸發展為眾生本具真理的佛性。值得注意的是，雖然有從法性往佛性開展的趨勢，但南道派大致接受佛性與法界體性是同義的，並認為法界體性較佛性更貼近真理根源。融即論是以生死即涅槃、煩惱即菩提、一即一切、一切即一等語詞表達其核心思想，之後的天台宗、華嚴宗等，將這些語詞做更深入的探討，若溯其根源即是法上時代的地論宗。

雖然緣集說是南道派特有的緣起說，但也見於智顗的《維摩經文疏》與智儼（六〇二—六八）的《華嚴經搜玄記》，對後代帶來很大的影響。智顗的《維摩經文疏》採用其做為天台四土說的基本概念；而華嚴宗方面，則成為法界緣起說的源流。南道派起初僅提及有為緣集、無為緣集與自體緣集三種緣集，後來再加上法界緣集，而成為四種緣集。自慧光以來，傳統上係以三種緣集說為主，直到智顗晚年最後一部著作——《維摩經文疏》開始援用四種緣集說。比智顗年長十五至二十歲的靈裕和慧遠等人，係採用三種緣集說，到了靈裕和慧遠其弟子的世代，才開始使用四種緣集說，而智顗是同時期最早採取此說法的。靈裕和慧遠等人除了三種緣起說之外，另外將法界緣起一詞以個別使用的方式出現，故也可算是從三種緣集說，轉換至四種緣集說的過渡期。歸納而言，南道派緣集說的開展分為三期：首先，是三種緣集時期；接著是三種緣集說單獨使用法界緣起一詞的時期；第三期則是將法界緣起納入緣集說，成為四種緣集。另外，依據這些分判的觀點，可推定出敦煌文獻的成立年代。

所謂有為緣集，意味著生死是由染法緣起而來；無為緣集指因淨法緣起而有涅槃。南道派認為，生死與涅槃兩者最終都是從自體（即如來藏）而來，故稱之為自體緣集，至於自體緣集，是超越於有為緣集與無為緣集之上且包含此二者的如來藏緣起。

法界緣起一詞，最初是獨立於緣集說而個別使用的。一般認為此語詞係依五門說的思想而來，因法界體性緣起萬法而命名為法界緣起，因此其內涵也就是如來藏緣起，與自體緣集相同。但是《綱要書》（S四三〇三）提到「法界緣起，無障礙義」、「法界緣起，大用無方」，《融即相無相論》也提到「法界緣起，無方大用」，依據上述，法界緣起一詞似乎是用在說明諸法融即、無障礙的樣貌。另外，於《菩薩瓔珞本業經》所見「大用無方」一詞，係用以表現如來法身普遍作用的語詞。

不久之後，法界緣起被納入緣集說而成為法界緣集。如《法界圖》提到，自體緣集、無為緣集與有為緣集，分別對應於三身——法身、報身與應身，但是關於法界緣集，則說：「此三種身圓融不二，即是法界緣集身也。無方大用，無處不在，一切法皆是，即名法界緣集身也。」法界緣集遂成為比三種緣集更上一層的概念，最後被詮釋為諸法融即、無障無礙之義。之後，地論宗之法界緣起說，由華嚴宗繼承並發展下去。

區分	王朝	人物	緣集說
第 1 期　初期 （510 年～535 年）	北魏	慧光	三種緣集說 （有為、無為、自體）
第 2 期　發達期 （535 年～560 年）	東魏、西魏	法上、道憑	
第 3 期　展開期 （560 年～585 年）	北齊、北周	慧遠、靈裕	三種緣集說＋法界緣起
第 4 期　晚期 （585 年～610 年）	隋		四種緣集說 （有為、無為、自體、法界）

地論宗史與緣集說的展開

三種緣集說

自體緣集（如來藏緣起）	
有為緣集（染法緣起）	無為緣集（淨法緣起）

四種緣集說

法界緣集（法界緣起）		
有為緣集（染法緣起）	無為緣集（淨法緣起）	自體緣集（如來藏緣起）

《法界圖》三身之對應

三身圓融不二		
應身	報身	法身

緣集說的架構

四、攝論宗的興起

地論宗南道派傳統上使用三乘別教、通教、通宗三教判，這是依據《四卷楞伽》的說通、宗通的說法，三乘別教表示小乘教義；通教表示空的思想與唯識思想；通宗則表示如來藏思想。關於心識說方面，則認為三乘別教採用六識說；通教採用七識說；通宗採用八識說。通宗的八識，就是指眼、耳、鼻、舌、身、意六識與第七妄識（即緣智）、第八真識（即真智），第八真識即是如來藏，亦有認為係指阿梨耶識的說法。以上是南道派標準的心識說。而法上於《十地論義疏》卻提到：「緣起者，第七阿梨耶識，是生死本也。」乍看之下，其與南道派傳統的心識說不同，但實際上也可能是以通教七識說的立場來敘述的，若依通教即是指妄識的阿梨耶識。不過，由於法上的《十地論義疏》僅留存斷簡殘編而已，其完整的思想體系亦尚未釐清，所以結論還有待商榷，需待日後之研究考察。

總之，南道派的心識說與印度唯識有不少差異，隨著愈多唯識相關論書譯出後，可說是須加以辨別的必然結果。但意外的是，地論宗盛行後，緊接興起的攝論宗以及《大乘起信論》的出現等，都是以保存及支持南道派核心思想為重點，而所謂核心思想，係指將清淨真如視為萬法根源。攝論宗則是將印度唯識八識說，加上形式的無垢識而說第九阿摩羅識。另外，《大乘起信論》於《楞伽經》融合如來藏與阿賴耶識的觀點上建構更縝密的理

<table>
<tr><th colspan="2">佛國土</th><th>所在</th><th colspan="3">住人</th><th>緣集</th><th colspan="2">生死</th></tr>
<tr><td rowspan="4">染淨凡聖同居土</td><td rowspan="3">穢土</td><td rowspan="3">界內</td><td>凡居</td><td colspan="2">四惡趣、人天</td><td rowspan="4">有為緣集</td><td colspan="2" rowspan="4">分段生死</td></tr>
<tr><td rowspan="2">聖居</td><td>實聖</td><td>三藏教三果
通教六地以上
別教十住
圓教五品弟子、十信</td></tr>
<tr><td>權聖</td><td></td></tr>
<tr><td>淨土</td><td>界內（西方無量壽國）</td><td colspan="3">同上，但無四惡趣</td></tr>
<tr><td colspan="2">方便有餘土</td><td rowspan="2">界外</td><td colspan="3">三藏教阿羅漢、緣覺
通教三乘
別教十行、十迴向
圓教十信後心</td><td>無為緣集</td><td rowspan="2">變易生死</td><td>方便生死</td></tr>
<tr><td colspan="2">果報無障礙土</td><td colspan="3">別教初地以上
圓教初住以上</td><td>自體法界緣集</td><td>因緣生死
有後生死
無有後生死</td></tr>
<tr><td colspan="2">常寂光土</td><td></td><td colspan="3">圓教妙覺</td><td></td><td colspan="2">不生不滅</td></tr>
</table>

天台四土說與緣集說

地論宗三乘別教	地論宗　通教	地論宗　通宗	攝論宗
六識說	**七識說**	**八識說**	**九識說**
眼識	眼識	眼識	眼識
耳識	耳識	耳識	耳識
鼻識	鼻識	鼻識	鼻識
舌識	舌識	舌識	舌識
身識	身識	身識	身識
意識	意識	意識	意識
	妄識（＝阿梨耶識？）	妄識（＝緣智）	阿陀那識
		真識（＝真智、如來藏、阿梨耶識）	阿梨耶識
			阿摩羅識

地論宗與攝論宗之心識說

論，闡明由真如生出諸現象的如來藏緣起。

攝論宗是以研究真諦（四九九—五六九）所譯之《攝大乘論釋》（五六三年譯出）為中心的學派。《攝大乘論釋》係世親對無著《攝大乘論》之註釋書，為唯識學派系統論書之一。一般而言，雖稱之為攝論宗，但並不是因為要統合而成為一宗，反而更像是當時《攝大乘論》研究者的總稱。其主要係指真諦及其弟子慧愷、道尼、智敫、曹毘等，以及將《攝大乘論》由南地帶到北地的曇遷及其弟子，另外還有彭城的靖嵩與其弟子道基等人。而研究者中，亦包括不少由南道派轉移到攝論宗者。如本節之前所述，湛然曾指出「北道派認為阿黎耶識生一切法，主張黎耶依持說。而南道派則認為真如法性生一切法，主張真如依持說」。他還提到：「加復《攝大乘》興，亦計黎耶以助北道。」依據引文，也是有從北道派轉移到攝論宗的可能性，但若依據《續高僧傳》等歷史資料，相較於北道派，從南道派轉成攝論宗的人數較多，或許係因高度認同第九阿摩羅識說之故。

有關阿摩羅識的說明，可見於真諦譯之《決定藏論》、《十八空論》、《三無性論》、《轉識論》。如《瑜珈師地論》的異譯本《決定藏論》卷上提到：「阿賴耶識是無常，是有漏法。阿摩羅識是常，是無漏法。得真如境道，故證阿摩羅識。」此處被譯為阿摩羅識之語詞，在玄奘翻譯時，成為「轉依」。還有，真諦翻譯為阿摩羅識之語詞，在玄奘翻譯時，也有譯為「淨識」之情況。轉依是達到悟道境界，煩惱斷除，阿賴耶識轉換為清淨。淨識是做為轉依的結果持有淨位的第八識。所以，阿摩羅識本來是表示淨位的第八識，並不是與阿賴耶識並存的第九識。但是，攝論宗解釋阿摩羅識為第九識，其原因是把阿摩羅識與如來藏同一看待。

攝論宗的九識說，主張六識、執識（執阿賴耶識為我）的第七阿陀那識、真妄和合識的第八阿梨耶識、無垢識的第九阿摩羅識。阿梨耶識基本上是引起迷惑的妄識，但因認為其也具有解性（趨向證悟的性質）的一面，所以被視為真妄和合識。由於智顗、吉藏、圓測多人都有提到攝論宗之九識說，所以並無疑義，但可惜一些視為攝論宗門人著作的原始文獻資料幾乎都已佚失，現在遺留下來的，僅有從敦煌出土的一些攝論疏章（疏是註釋，章是項目別的解說），以及被推斷為道基撰述的《攝大乘義章》而已，其中，可於《攝大乘論章》（S二四三五）與《攝大乘義章》卷四找到九識說。

五、《大乘起信論》的出現

真諦所譯的《大乘起信論》出現於六世紀後半，之所以使用「出現」一詞，是因為其究竟是翻譯本或是中國的撰述，至今猶尚未決。另外，也有折衷的說法，認為係以印度傳來的文獻為基礎，而在中國添加部分內容。《大乘起信論》首先說明如來藏與阿賴耶識的融合，提到：「心生滅者，依如來藏故有生滅心。所謂不生不滅與生滅和合，非一非異，名為阿梨耶識。此識有二種義，能攝一切法、生一切法。云何為二？一者覺義，二者不覺義。」阿梨耶識被視為是不生不滅的如來藏與生滅心融合的結果（真妄和合識）。《勝鬘經》對於如來藏的定義是「如來法身不離煩惱藏，名如來藏」，此定義被採用為阿梨耶識說之中的形象。因為是真妄和合，所以有覺與不覺二義，而生一切法。使用始覺、本覺、不覺之語詞來詳述覺與不覺的關係，是《大乘起信論》帶來的新思想。尤其本覺一詞，是印度文獻中找不到的獨特用語，之後在日本佛教也成為重要的用語。

《大乘起信論》使用了體（本質）、相（顯現）、用（作用）三個概念。前文於地論宗南道派的緣集說曾提到，以如來藏為體，從如來藏緣起生死、涅槃之事為用。因為發現在法上所著之《十地論義疏》，已藉由體與用的關係來理解如來藏與生死、涅槃之事，所以可視為是地論宗南道派的傳統說法。而法上的觀點，亦被認為是「體用」首次出現於佛教。以體用論為前提的考量之一，是其本質是不變的，是靜，但同時卻具有作用，是動的思想。換言之，也就是靜與動之間矛盾而相即的思想。若欲探尋此思想的淵源，則勉強可歸結為《老子》「道常無為，而無不為」之語。或許可以這麼說，六朝佛教是從魏晉玄學（《易經》、《老子》、《莊子》的三玄之學）接受了體用成對的概念，並精煉為思想用語。不久之後，又從佛教回頭影響中國思想。在這股浪潮之中，南道派扮演了相當重要的角色。雖然本文並未探討有關《大乘起信論》的成立問題，但《大乘起信論》的出現，至少可以說是南道派的思想基礎。

在說明地論與攝論思想史的意義時，首先應提出的，是有關接受唯識思想的議題。但地論宗南道派的立場，最初是以如來藏思想為中心，意圖含攝唯識思想。至於攝論宗和《大乘起信論》，基本上也自然地支持這樣的立場。在中國，要到唐玄奘與法相宗成立之後，才算真正能夠解讀唯識思想。

（青木隆）

第二節　三論與成實的思想史之意義

一、「三論」與「成實論」

一般認為，中國佛教真正的開展，要自後秦弘始三年（四〇一）入京長安的鳩摩羅什（Kumārajīva）開始。羅什翻譯的典籍中，迄今對東亞佛教仍極具影響力的，要以《妙法蓮華經》為首。除此之外，羅什亦譯出許多內容豐富的重要經論，其中包括後人所稱的「三論」——龍樹造《中論》、《十二門論》、提婆造《百論》。另外，還有訶梨跋摩所造的《成實論》。而以研究「三論」、《成實論》為核心而形成的佛教學派，分別稱為「三論學派」與「成實學派」。

日本鎌倉時代的碩學凝然（一二四〇—一三二一）於所著的《八宗綱要》中，以羅什為「三論學派」（三論宗）、「成實學派」（成實宗）的祖師，因為這些學派研究所依據的論書都是羅什翻譯的。本節將嘗試對「三論」、「成實」二學派進行整體扼要的概述。

（一）《中論》

在探討「三論」、「成實」兩學派的歷史脈絡與思想問題之前，擬先就「三論」及《成實論》做簡要的說明。

眾所周知，大乘佛教的根本思想是「空」的思想。而龍樹（Nāgārjuna，一五〇—二五〇前後）所造的《中論》，可說是初次將「空」的思想予以邏輯系統化的論書。由於切中核心所在，後世從而尊稱龍樹為「八宗之祖」，意味將其視為佛教各學派的共同祖師。由此可以認為，羅什將此論傳譯至中國之後，正反映中國佛教才真正開始蓬勃發展。

《中論》計由四卷二十七品所組成，始於第一〈觀因緣品〉，終至第二十七〈觀邪見品〉。相較於梵文原典和藏譯本僅由龍樹的根本中頌（由四四五頌）所構成，羅什《中論》漢譯本最大的特色，在於將四世紀中前後的印度學僧青目（Pingala，音譯為賓伽羅，生卒年不詳）的註釋一併譯出。在中、日如果提到《中論》，係指包含青目註釋的羅什譯本。因此中國與日本佛教對《中論》的研究，從一開始即與印度和西藏有所不同，自成獨立的進展。

《中論》除了空的思想外，也處理佛教思想史上多項重要議題，堪稱是具有佛教概論書特色的一部論書。其核心課題是有關「空」與「緣起」和「二諦」——世俗真理與勝義真理的議題。接下來，試著引用〈觀四諦品〉中數則代表性的偈頌來陳述以上思想。

◎諸佛依二諦　為眾生說法
一以世俗諦　二第一義諦（二十四－八）
◎若人不能知　分別於二諦
則於深佛法　不知真實義（二十四－九）
◎若不依俗諦　不得第一義
不得第一義　則不得涅槃（二十四－十）
◎眾因緣生法　我說即是無
亦為是假名　亦是中道義（二十四－十八）
◎未曾有一法　不從因緣生
是故一切法　無不是空者（二十四－十九）

（二）《十二門論》

《十二門論》一卷相傳為龍樹所著，由於無梵文原典與藏譯本留存，再加上印度佛教史中鮮少提及與引用此論，故近年來，學界開始懷疑此論可能並非龍樹親撰，且逐漸成為主流意見。

《十二門論》顧名思義，係依十二種面向（十二門、十二章）來闡明空思想的短篇論書。當時其採用的風格，是將十二門的各門分別自《中論》中選取一偈，而為了解釋此偈頌，又再引用《中論》等偈頌來加以說明。雖然《十二門論》總計有二十六個偈頌，但十七個偈頌被認為可能引自龍樹的《中論》，兩個偈頌可能模仿《空七十論》，而其餘偈頌的內容，也與《中論》有極密切的關係。

依上述可知，此論顯然是《中論》的概要，或屬綱要書性質的一部論書。《十二門論》一開始的〈觀因緣品〉提到：「大分深義，所謂空也。若能通達是義，即通達大乘，具足六波羅蜜無所障礙。」另外，〈觀性品〉也提到：「若人不知二諦，則不知自利、他利、共利。」由此二則引文可明確看出，此論的立場延續了《中論》所處理的「空」和「二諦」等思想。

（三）《百論》

《百論》二卷，是龍樹的弟子聖提婆（Āryadeva，一七〇—二七〇前後）的著作，可視為徹底闡揚《中論》空思想的論書。此論的特色，是將當時流行的印度哲學諸派，如：Nyāya 學派（正理派）和 Sāṃkhya 學派（數論派）等視為邪說。其一方面論破印度哲學諸派，另一方面宣揚「空」和「無我」等思想。《百論》藉由破斥印度哲學諸派所主張 ātman（我）的存在，以彰顯其空性的立場。

現存漢譯《百論》計有十品，每一品係由聖提婆的短文與婆藪開士的註釋所構成。羅什的優秀門生僧肇（三七四或三八四－四一四）曾替此論撰寫序文，歸納了其要點：「《百論》者，蓋是通聖心之津塗，開真諦之要論也。」另外，僧肇亦提及有關《百論》名稱與現存本為十品的敘述：「《論》凡二十品（章），品各五偈（故稱《百論》）。後十品，其人以為無益此土，故闕而不傳。」由於現存漢譯本係由聖提婆的短文與婆藪開士的註釋文所構成，未必能清楚辨識偈文與註釋文的區別，再加上梵文原典與藏譯本都未流傳下來，雖遺憾卻無法確切證實僧肇的說法。此議題暫且擱置。先前曾提及《百論》內容以破斥異端為主，故帶給之後標榜「破邪即顯正」的三論學派很大的影響，而集三論學派大成的吉藏（五四九－六二三），於其撰述之《三論玄義》點出《百論》的意旨：「《百論》破邪，申明二諦。」可說精準掌握了《百論》的特色。

（四）《成實論》

《成實論》是訶梨跋摩（Harivarman，二五〇－三五〇前後。又譯為獅子鎧或獅子冑）的著作。此論書充滿未解之謎，不僅梵文原典與藏譯本都無留存，於印度佛教史中更稱不上流通，就連作者訶梨跋摩的名字都未能確認。因此，甚至有學者推斷，《成實論》或許是鳩摩羅什在西域所造。依據中國流傳的說法，訶梨跋摩係婆羅門出身，起初學習吠陀和一般印度哲學，並通曉此學。之後隨說一切有部的僧人鳩摩羅多（又譯為究摩羅陀，意譯為童受）出家（亦有文獻認為鳩摩羅多是經量部的人）。

《成實論》由十六卷（或二十卷）二〇二品（章）所組成，內容分為「發聚」、「苦諦聚」、「集諦聚」、「滅諦聚」、「道諦聚」五聚（五番、五篇）。其中，「發聚」相當於序論。其後的本論，則是依循佛教基本教理——「四諦」的順序，而文體主要以問答的形式來進行論述。值得注意的是，此五聚分類的架構並非一開始就有，一般認為係羅什門下的曇影（生卒年不詳）所完成。曇影有鑒於原本的內容繁雜，且未歸納整合，於是將其劃分為五聚，上呈羅什，羅什對曇影讚譽有加：「大善！深得吾意。」然而，此論的二〇二品被視為受到當時阿毘達磨論書很大的影響，意即此論承襲印度佛教傳統頗深，並認同此論具有一部分資料價值的傾向。

著者訶梨跋摩於此論開頭的〈歸敬偈〉提到：「諸比丘異論　種種佛皆聽　故我欲正論　三藏中實義」。吉藏於《三論玄義》中，將引文的「三藏中實義」詮釋為「小乘教的真實教義」，這是後人將《成實論》視為小乘論書的重要論據之一。然而，其理解實有待商榷。此處「三藏」較貼切的解釋，應指「經、律、論」之意，係藉由「三藏」來代表佛陀教說的全體。而《成實論》的「實」，則有「佛教教說的真實教義」之意。若具體而言，則係指「四諦教義」。亦即《成實論》是強調「成就真實即四諦（四個真理）的論書」的意思。

另外，訶梨跋摩於上述〈歸敬偈〉之前還提到：「廣習諸異論　遍知智者意　欲造斯實論」。承接此文，稍後有人提問：「汝經初言廣習諸異論，欲論佛法義。何等是諸異論？」而訶梨跋摩回覆有十種爭論，並進而闡明自己的見解：「於三藏中多諸異論，但人多喜起諍論者。所謂二世有、二世無；一切有、一切無；中陰有、中陰無；四諦次第得、一時得；有退、無退；使與心相應、心不相應；心性本淨、性本不淨；已受報業或有、或無；佛在僧數、不在僧數；有人、無人。」引文中的十種爭論為：

1. 過去、未來二世是否存在的問題？
2. 一切法有無與否的問題？
3. 中陰的狀態是否存在的問題？
4. 關於悟道是次第見，還是一時見的問題？
5. 阿羅漢是有退，還是無退的問題？
6. 心性是本來清淨，還是不淨的問題？
7. 隨眠與心是否相應的問題？
8. 關於過去行為（業）之有無的問題？
9. 三寶中的僧寶，是否包含佛寶的問題？

10. 有我與否的問題？

《成實論》對這些議題的思想立場，大體是以批判說一切有部為基礎，但若究其思想立場，則因學者的見解相異，不能說絕對一致。依據最新之研究成果，《成實論》的思想特色，是對「空觀思想」與「經量部」的重視。所謂經量部，是強調以經典為正量（認識依據），而非以論書（阿毘達磨）為認識依據。簡言之，是重視經典勝於論書的部派。此處暫且擱置經量部的議題，以下節錄〈一切有無品〉（《大正藏》三十二卷二五六頁中）與〈立假名品〉（同卷三二七頁中）中的文句，期證明《成實論》如同《中論》般，是處理「二諦」和「空」等課題，與「空觀思想」相關的論書。

◎佛法中以方便，故說一切有，一切無，非第一義。所以者何？若決定有，即墮常邊；若決定無，則墮斷邊。離此二邊，名聖中道。（〈一切有無品〉）

◎若說二諦則佛法清淨。（中略）……又若說二諦，則不墮斷常，不墮邪見及苦邊樂邊。（〈立假名品〉）

從引文可知，《成實論》與《中論》的教說是極為類似的，此點須特別加以關注。稍後本文將會提到，當初這些典籍在中國傳譯時，因皆係羅什所譯，故其弟子亦自然同時學習「三論」與《成實論》。但不可忽略的前提是，原本兩者的內容即具有同質性。

二、譯出與其研究

以上概略介紹了「三論」與《成實論》的思想內容，接下來將探討翻譯及相關之研究。其中，最先譯出的是《百論》，那是羅什入長安之後，弘始六年（四〇四）的事情。依據吉藏的《百論序疏》，《百論》於弘始四年（四〇二）初譯完成，由僧叡（三五二—四三六）撰寫序文。但當時羅什還未充分通曉中文，故有重新翻譯的必要，其再譯本就是現存的《百論》，而再譯本的序文，則由僧肇所撰寫。相對於《百論》，《中論》、《十二門論》及《成實論》譯出的時間，被認為是羅什最晚期的譯作。若這些論書是羅什晚年所譯，那麼就會涉及有關羅什生卒年的新研究，並產生種種的矛盾。依據近年的研究顯示，這些論書甚至很有可能是更早於羅什來長安之前即以草稿形式逐漸譯出。

由於「三論」和《成實論》皆係羅什所譯，再加上內容擁有諸多共通點，故羅什門下的弟子，很自然地開始研究這些論書。如前所述，曇影不僅將《成實論》分類為五聚（五番、五篇），同時亦因撰寫《中論》序文而享有盛名。至於僧叡則與僧肇、竺道生（三五五—四三四）、道融（生卒年不詳）同被稱為羅什門下「四聖」。他曾撰寫《中論》與《十二門論》的序文，但未留存下來。相傳僧叡亦為《百論》寫過序文。吉藏的《三論玄義》提及，僧叡曾講授《成實論》，並獲羅什讚賞。另外，僧叡也為《成實論》撰寫過序文。

至於何時開始將《中論》、《十二門論》與《百論》並稱為「三論」呢？姑且不深究其可靠度，根據諸說法之一，係始自於僧導（生卒年不詳）的《三論義疏》。僧導是羅什晚年的弟子，值得注意的是，其除了《三論義疏》之外，亦曾撰寫《成實論義疏》。遺憾的是，這兩部著述皆已散佚，未能得知其內容。

從以上例子可略微了解，由於「三論」與《成實論》皆處理「空」和「二諦」等共通問題，同時又具有思想的親近性，因此，當時羅什門下是一起學習兩者的。另外，有學者指出，著有《三論義疏》和《成實論義疏》的僧導，才是真正醞釀後齊、梁時代「三論」和《成實論》等教學與研究風潮的源流。大體而言，在這不久之後，又逐漸從一併學習「三論」與「成實」的趨勢，轉而演變為將重心放於《成實論》方面。再則，僧導曾為劉裕（宋武帝，四二〇—四二二在位）所迎請，於壽春東山寺講經說法，而後壽春東山寺系的成實學派，以僧導為開山祖師。此外，以北地的徐州彭城為中心，由僧嵩（生卒年不詳）至僧淵（四一四—八一）次第形成彭城系之成實學派，亦足以充分證明，當時對成實的研究占有優勢的局面。

那麼，「三論」何以會屈居「成實」之下呢？雖然此處無法詳究其由，但其中重大因素之一是，兩者間雖然有共通的課題，但由於《成實論》是以「四諦」為主軸，並巧妙探討佛教基本教理脈絡的論書，對於當時尚未展開的中國佛教界而言，做為入門書不是會普受歡迎嗎？

隨著《成實論》研究風潮之盛行，南齊的文宣王蕭子良（四六〇—九四）甚至下令，命慧次（四三四—九〇）與定林寺的僧柔（四三一—九四）將十六卷《成實論》摘錄為九卷的《略成實論》，始成定論。另外，慧次門下出現了梁朝三大師——開善寺知藏（四五八—五二二）、莊嚴寺僧旻（四六七—五二七），以及光宅寺的法雲（四六七—五二九）。此時，成實學派的發展也到達顛峰。雖然智藏所作之《成實論義疏》和《成實論大義記》等皆已佚失，但據傳其不僅活躍於當時，亦是成實研究的核心人物。

三、吉藏對成實學派的批判

總而言之，雖然隋代三論學派集大成者吉藏，與天台宗名聞遐邇的祖師智顗（五三八—九七），將《成實論》視為小乘論書而嚴加批判，但毫無疑問的，在羅什門下「成實」、「三論」兩者併習的時代，一直以來都認同《成實論》為闡述空觀的大乘佛教綱要書。另外，亦如前所描述的，整個南北朝時期研究《成實論》的風氣相當盛行，風靡一世。然而，在《成實論》研究發展及成實學派大幅成長的過程中，亦造成「三論」學習者逐漸產生學派的危機意識。亦即，研究三論的人，往往隱沒於《成實論》繁榮的陰影之下，若想證明自身的存在價值，那麼批判與超越成實學派就成為迫切的課題。三論學派集大成者吉藏，於《三論玄義》中鋪設「成實之破斥」一項，以十義詳密地破斥成實，整篇著作對成實反覆做激烈的批判，亦可說正是反映出三論者的處境。

到了智顗和吉藏的時代，隨著對大乘、小乘諸經論研究的進展，中國佛教逐漸形成大乘優越，即所謂的「大乘主義」。在這樣的時代背景下，智顗和吉藏等人將探討《成實論》究竟是大乘論或是小乘論視為課題。對此，吉藏從十點判定《成實論》是小乘論，也就是前述《三論玄義》的「成實之破斥」一項。以下簡述十點說明：

1. 舊序證：依據僧叡於《成實論》序文的記述，證明《成實論》是小乘。

2. 依論徵：依據《成實論》的主張，所謂「三藏」係表小乘之意，所以認為《成實論》是小乘論。

3. 無大文：《成實論》並未引用大乘經論，故證明《成實論》非大乘論。

4. 有條例：一般而言，大小乘經論的區別是大乘經論會提及小乘，而小乘經論則不會言及大乘。此特點亦與第3.有所關聯。依此，《成實論》明確屬小乘論。

5. 迷本宗：《成實論》說人、法二空等同《大品般若經》之所說，這是理解錯誤。《成實論》的二空，僅說明《阿含經》的二空，故認為《成實論》是小乘論。

6.分大小：雖然大乘與《成實論》都說明二空，但有以下四點區別：①析空與體空的區別；②界內與界內外的區別；③但空與不但空的區別；④住空與不可得空的區別。

7.格優降：與第6.「分大小」亦有關聯，《成實論》所說之空與大乘之空，有明顯的優劣差異。

8.無相即：《成實論》所說之空，並非空有相即。顯然與闡明空有相即的大乘之空有所不同。

9.傷解行：《成實論》執著於但空的觀點（大乘的實踐德目），認為布施行等是無用的。由於有損大乘解行（理論與實踐），故《成實論》無法稱為大乘論。

10.檢世人：驗證眾人之意見，《成實論》確為小乘論。

詳細檢視上述吉藏對成實的批判，可發現吉藏的論述有些牽強，亦缺乏邏輯的說服力，淪為恣意批判的事實。此事暫且不論。在前述諸點及吉藏整部著作中，最強烈的主張，認為與成實學派最大的差異點，是關於二諦「相即」的問題。因此關於二諦的問題，也成為吉藏教學的核心主題中最重要的議題。

如前所述，所謂「二諦」（二個真理），是指勝義諦（第一義諦）與世俗諦。勝義諦是以絕對的立場觀察現象界的存在，其本性是空；而世俗諦則是相對的立場，依世間一般常識的看法，認同現象界的顯現。依據吉藏的觀點，成實派者將二諦看作真理的形式本身，認為二諦是證悟世界與世俗世界各自存在的法則。亦即，吉藏認為成實學派對二諦詮釋的特色，是有兩個真理、兩個世界。另外，吉藏將成實學派這樣的立場，稱之為「約理二諦」。相對於此，吉藏則主張「約教二諦」，如《中論》的「諸佛依二諦說法」（〈觀四諦品〉），以及「涅槃之實際　及與世間際　如是二際者　無毫釐差別」（〈觀涅槃品〉）。吉藏認為，其中並沒有所謂證悟與世俗的二個世界、二個真理，二諦終歸是表現真理的手段、教化的方便，並不是真理本身。

歷來的「約理二諦說」，是將前述《中論》的「諸佛依二諦說法」一文解釋成凡夫說俗、為聖人說真，而未說明如「真、俗」、「有、無」之間對立與相關的關係（相即），嚴厲地批判這種導致解釋僵化的概念為「定性二諦」。

從佛教思想史的開展來看，「約理」或「約教」的二諦說是原始的，或是發達的學說之分歧處，吉藏的批判是否準確，亦有待商榷。但事實顯示，由於吉藏嚴厲批判成實，再加上智顗等人的批評，後來中國佛教甚至斷定《成實論》為小乘論書，《成實論》因而迅速從佛教研究的舞台銷聲匿跡。

吉藏與智顗等人對成實批判的影響甚鉅。此貶低《成實論》的趨勢，一直持續到近代。因此，就實際情況而言，至今對《成實論》的思想研究亦少有進展。故對「三論」與「成實」做中立、客觀的比較研究，正可成為日後的課題。

三論學派和天台宗人等之所以對成實學派嚴厲批判，亦應事出有因。雖然筆者於此無法詳述其由，但個人認為，重大的因素之一是與成實論師同時也身為涅槃學派的人有關。亦即，在三論學派和天台宗等興盛以前，當時中國佛教是由慧觀（生卒年不詳）等人的「五時教判」為主流，並賦予《涅槃經》最高經典的地位。一般認為，信奉此教判的涅槃學派，另一方面也是成實論師。三論學派和天台宗人既然不認同《涅槃經》為最高經典，因此在否定「五時教判」之時，必然會對《成實論》加以批判。依筆者淺見，吉藏和智顗等人之所以批判成實學派，與其說純粹係論書的思想問題，倒不如說是因為諸如上述的外在因素更為貼切。

（奧野光賢）

第三節　唯識思想史的意義

一、玄奘與唯識學派

（一）玄奘的求法與傳法

印度瑜伽行派的唯識學，經由地論、攝論學派開始將部分學說傳來中國，但是將唯識學有系統傳來的是玄奘（慈恩三藏、大遍覺，六〇二—六六四）。玄奘是洛州（河南省）人，大業十年（六一四）十三歲時出家，於洛陽學習《涅槃經》、《攝大乘論》。武德元年（六一八）為了逃避戰亂而遷至長安，於次年來到成都，從攝論學派的道基等人學習《攝大乘論》，並於武德五年（六二二）受具足戒。之後，參訪相州、趙州的高僧，並於隔年回到長安，跟隨道岳學習《俱舍論》。由於玄奘對當時唯識的解釋持有存疑，故為求得《瑜伽師地論》，於貞觀元年（六二七）出發前往印度。

玄奘在高昌（吐魯番）受到麴文泰的援助，越過葱嶺（帕米爾高原）、雪山（興都庫什山脈）來到印度，其於巡禮佛陀遺跡的同時，亦前往各地參學。玄奘以兩年的時間，於喀什米爾隨說一切有部的僧稱（Saṃghakīrti）學習《俱舍論》等；在那爛陀隨瑜伽行派的

玄奘三藏像（出自《佛祖道影》）

戒賢（Śīlabhadra，五二九—六四五）學習《瑜伽師地論》等五年；又向勝軍（Jayasena）學習《唯識決擇論》等兩年。玄奘在歸途中受到戒日王的幫助，終於在貞觀十九年（六四五）回到長安。此段長達十九年的西天取經之旅，詳細記錄於《大唐大慈恩寺三藏法師傳》和《大唐西域記》等書中。

玄奘歸國後，獲得太宗、高宗的應允，於弘福寺、大慈恩寺、西明寺、玉華寺等佛寺翻譯了《瑜伽師地論》、《解深密經》、《攝大乘論》、《成唯識論》等唯識經論；《俱舍論》、《大毘婆沙論》等阿毘達磨論書；以及《般若心經》、《大般若經》等般若經典，總計七十五部一千三百三十五卷佛典，其數量大約相當於歷代漢譯經典的四分之一，而其譯文忠於原文，成為日後翻譯的典範，並稱玄奘以前為舊譯，其後為新譯。

玄奘門下俊才輩出，尤以窺基、圓測為首，並風行唯識、俱舍、因明之學。故本節稱玄奘門人為「唯識學派」。

（二）基

基（窺基、慈恩大師，六三二—八二）是長安人，祖先為康居人（撒馬爾罕 Samarkand），十七歲時出家師事玄奘，顯慶元年（六五六）二十五歲時參與玄奘的譯場。其於顯慶四年（六五九）翻譯《成唯識論》時，擔任筆受一職，著有《成唯識論述記》、《成唯識論掌中樞要》，並確立其解釋。另外，他還著作了《大乘法苑義林章》、《法華玄贊》、《說無垢稱經疏》、《瑜伽略纂》、《唯識二十論述記》、《辯中邊論述記》、《因明入正理門論疏》等眾多註釋書，有「百本疏主」之稱。其弟子有慧沼等人，窺基一派後來成為中國佛教的主流，被稱為「唯識宗」或「慈恩宗」。

（三）慧沼

慧沼（淄州大師，六四八—七一四）十五歲出家，初侍於玄奘，後師事窺基學習唯識。其著述《成唯識論了義燈》，內容係彰顯窺基學說，而批判圓測學說。另外，亦著有《大乘法苑義林章補闕》、《能顯中邊慧日論》、《勸發菩提心集》、《因明論義纂要》、《金光明最勝王經疏》等。慧沼活躍於淄州（山東省）的大雲寺，但也參與義淨和菩提流志等人的譯場。弟子有智周、義忠、道邑、道獻等人。其中，義忠著有《成唯識論纂要》、《大乘百法明門論疏》；道邑著有《成唯識論述記義蘊》，但都未流傳下來。

（四）智周

智周（撲揚大師，六六八—七二三）十九歲出家，二十三歲時隨慧沼學習唯識。之後，活躍於撲揚（河南省）報城寺。著有《成唯識論演祕》、《成唯識論了義燈記》、《因明論疏前記》與《後記》等。其弟子如理，著有《成唯識論演祕釋》、《成唯識論疏義演》。

（五）圓測

圓測（六一三—九六）係新羅王族，十五歲出家入唐。最初學習攝論學派，後來從玄奘學習唯識。之後，住於西明寺，並於地婆訶羅（六一二—八七）的譯場擔任證義。圓測現存的著作有《解深密經疏》與《仁王經疏》等，其中《解深密經疏》還被翻譯成藏文。至於其所著述之《成唯識論疏》則已散逸。慧沼於著述中批判圓測的學說，將圓測及其一派視為異端，但這評論有失公允。圓測實媲美窺基，同為玄奘的高徒，所以更貼切的說法，反倒應是其學說較忠於玄奘的解釋。一般稱呼圓測一派為西明學派，其弟子有新羅出身的道證、勝莊等人，道證著有《成唯識論要集》、《中邊論疏》；勝莊著有《成唯識論決》、《瑜伽論疏》，但皆未流傳下來。

（六）其他弟子

玄奘在進行譯業之時，也講授新翻譯的經論，故譯場中輩出俊才。其中，道倫（遁倫，新羅人）著有《瑜伽論記》，這是唯一註釋整部《瑜伽師地論》的著書，收錄了大量玄奘一派初期的學說。神泰（新羅人）在譯場擔任證義，著有《十輪經疏》、《成唯識論要集》、《種性差別章》等。嘉尚同樣為證義，之後於地婆訶羅的譯場亦擔任證義。普光在譯場則多擔任筆受，其著有《俱舍論疏》。玄奘門下也盛行研究《俱舍論》，神泰和法寶著有《俱舍論疏》。一般將普光、神泰及法寶稱為俱舍三大家。另外，靖邁著有《譯經圖記》；玄應著有《一切經音義》。而著作《大唐西域記》的辯機和著作《大唐大慈恩寺三藏法師傳》的慧立、彥悰等人，也是玄奘的弟子。

參與譯場的，亦有其他學派的人，如：南山律宗的道宣，擔任筆受和潤文等。東塔律宗的懷素，亦是玄奘的弟子。還有靈潤和法寶等人，皆從學於攝論、涅槃學派，其在玄奘譯場，對新譯唯識說係採批判的態度。

（七）傳播到日本

唯識經由留學僧傳播至新羅和日本等地。道昭於六五三年從日本入唐，師事玄奘；智通、智達於六五八年入唐，師事玄奘、窺基。另外，於七〇三年入唐的智鳳、智鸞、智雄，以及於七一六年入唐的玄昉等人，則從學於智周。在日本稱唯識一派為「法相宗」，其尊崇窺基、慧沼、智周為法相三祖，並稱《成唯識論掌中樞要》、《成唯識論了義燈》、《成唯識論演祕》為唯識三疏，與《成唯識論述記》受到同樣的重視。

二、唯識學派的教義

（一）三時教判

唯識主張總合小乘與大乘為一切乘的立場。釋尊在世時曾三轉法輪，具有代表性的就是《解深密經》的三轉法輪說。在第一時，對聲聞乘闡述四諦等有的教義（阿含、阿毘達磨等）。第二時，為大乘闡述無自性空的教義（般若等）。第三時，為了普及一切乘，而闡述有空中道的無自性（唯識等）的教義。在中國認為這是唯識的教相判釋，稱呼為三時教判。

窺基於《法華玄贊》立三教八宗之判，所謂八宗，就是我法俱有宗（犢子部等）、有法無我宗（薩婆多部等）、法無去來宗（大眾部等）、現通假實宗（說假部等）、俗妄真實宗（說出世部等）、諸法但名宗（一說部等）、勝義皆空宗（《般若》、《中論》、《百論》等）、應理圓實宗（《華嚴》、《深密》、《法華》等）。

（二）五位百法

唯識將一切法分類為五位百法（心法八、心所法五十一、色法十一、心不相應行法二十四、無為法六），此是改變說一切有部當中的五位七十五法，但不同於說一切有部將七十五法視為實有，唯識把有為法的九十四法視為假有，並認為只有無為法的六法是實有。心法是心的本體，計有八識，相對於心所，也稱為心王。心所法是各式各樣心的作用，計有遍行、別境、善、煩惱、隨煩惱、不定六類。心所法與心法同時俱起，雖然產生精神的作用，但因緣所生，所以是假有。色法是物質，分為五根（眼、耳、鼻、舌、身）、五境（色、聲、香、味、觸）及法處所攝色。這些色法並非實存於外界，而是由心法、心所法顯現的結果，故被視為假有。至於不相應行法，如言語、時間和數量等，不隸屬於心法、心所法、色法三者任一。其是在心法、心所法、色法現象上被假設的存在，同樣被視為假有。從上可知，唯識將我們所認識的對象，看作是自己心（心王、心所）的顯現，而且全被認為是假有。無為法則有別於此，被視為實有。但由於真如被認為是識的本性，所以還是不離於心。

（三）阿賴耶識

心王有六識（眼識、耳識、鼻識、舌識、身識、意識）、第七末那識、第八阿賴耶

五位百法

- 一切法(100)
  - 有為法(94)
    - 心法(8)——眼識、耳識、鼻識、舌識、身識、意識、末那識、阿賴耶識
    - 心所法(51)
      - 遍行(5)——觸、作意、受、想、思
      - 別境(5)——欲、勝解、念、定、慧
      - 善(11)——信、慚、愧、無貪、無瞋、無癡、精進（勤）、輕安、不放逸、行捨、不害
      - 煩惱(6)——貪、瞋、癡、慢、疑、惡見
      - 隨煩惱(20)——忿、恨、覆、惱、嫉、慳、誑、諂、害、憍、無慚、無愧、掉舉、惛沉、不信、懈怠、放逸、失念、散亂、不正知
      - 不定(4)——惡作（悔）、睡眠、尋、伺
    - 色法(11)——眼根、耳根、鼻根、舌根、身根、色境、聲境、香境、味境、觸境、法處所攝色
    - 心不相應行法(24)——得、命根、眾同分、異生性、無想定、滅盡定、無想事、名身、句身、文身、生、老、住、無常、流轉、定異、相應、勢速、次第、方、時、數、和合、不和合
  - 無為法(6)——虛空無為、擇滅無為、非擇滅無為、不動滅無為、想受滅無為、直如無為

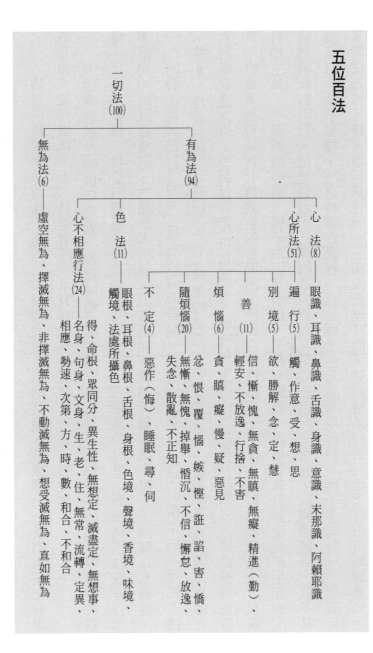

識。末那識與阿賴耶識是潛在的心，係唯識獨有的見解，認為心有善、惡、無記（非善非惡）的道德性，還有，稱呼心相應於煩惱作用為有覆，而心不相應煩惱作用的為無覆。

六識是五種感官，再加上思考，即我們通常所指的認識。唯識認為，我們所認知的世界是由六識所虛構，而六識是有覆，具有善、惡、無記其中之一的性質。

末那識是潛在的自我意識，誤認阿賴耶識為己，具有引起我執的功能。因為伴隨我癡、我見、我慢、我愛四煩惱，所以也稱為染汙意。末那識是有覆，而我執因為既非善也不是惡，所以是無記。六識與末那識，因為是從本識的阿賴耶識生起，所以稱為七轉識。

阿賴耶識能保持過去、現在所有的經驗，能讓我們產生認知的根本心。阿賴耶識（ālaya）是藏（儲存）的意思。七轉識的功能，能做善、惡、無記之業，其勢力被儲存於阿賴耶識之中，我們稱此作用為熏習。在阿賴耶識之中被熏習的勢力，雖然被稱為習氣，但是因為習氣為七轉識生起的原因，所以也被稱為種子。種子在阿賴耶識之中，反覆剎那生滅，不間斷地相續。種子由因緣引出，生起七轉識，再藉著執取對象而產生認知，我們稱此為現行，這是自心所造作的錯誤認知（虛妄分別）。還有，阿賴耶識中，種子被繼承時（種子生種子）有時間的過程，但是種子生起成為現行時（種子生現行），與現行熏習成為種子時（現行熏種子），卻未經歷時間，是同時進行的。像上述由阿賴耶識產生認知之事，稱為阿賴耶識緣起。另外，由於阿賴耶識攝持善、惡、無記所有的種子，所以

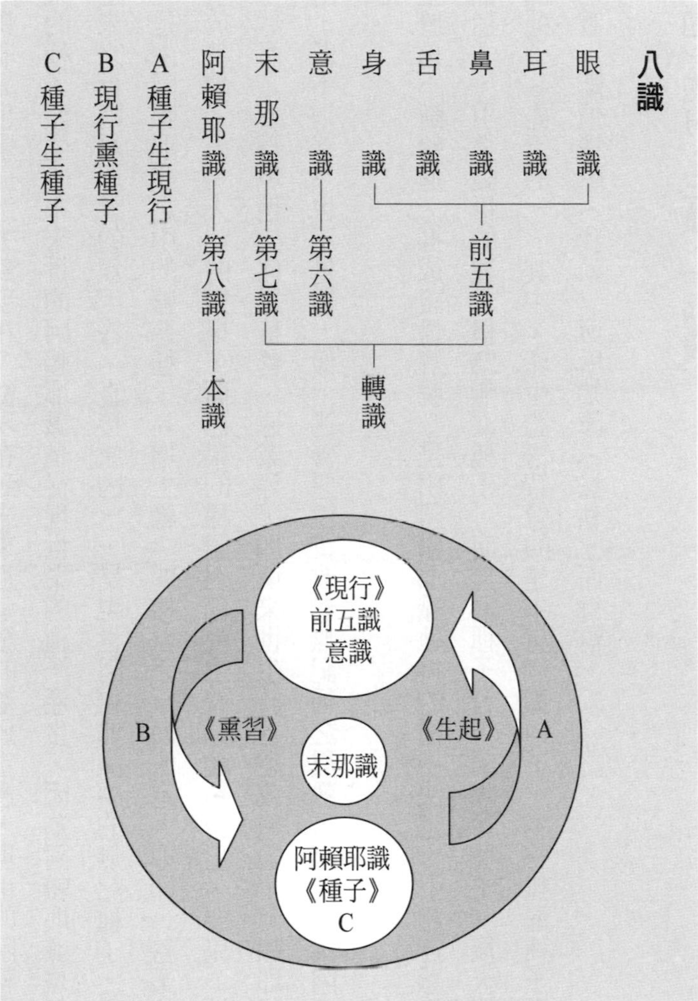
八識
眼識
耳識
鼻識
舌識
身識
前五識
意識
第六識
末那識
第七識
轉識
阿賴耶識
第八識
本識
A 種子生現行
B 現行熏種子
C 種子生種子
《現行》
前五識
意識
B
《熏習》
末那識
《生起》
A
阿賴耶識
《種子》
C

也稱為一切種子識。但阿賴耶識自身是無覆、無記。

阿賴耶識也是從過去到現在、從現在到未來被延續的輪迴主體，現世的阿賴耶識是從前世業的種子產生，未來世的阿賴耶識是從現世業的種子產生。因為阿賴耶識是無記，所以產生未來世阿賴耶識的親因緣（直接原因），是現世阿賴耶識中的無記種子。但來生的樣貌，是由阿賴耶識之中的善惡種子為增上緣（間接原因）而決定。亦即，善業的種子召感受生於善趣（天、人）的樂果，而惡業的種子召感受生於惡趣（畜生、惡鬼、地獄）的苦果。然而，不管現世如何累積善、惡業等，即使來世生於善趣或惡趣，阿賴耶識本身仍是無記，既不是善，也不是惡。像上述善惡性質改變無記稱之異熟，因此也稱阿賴耶識為異熟識。

至於是不斷輪迴，抑或證悟解脫？是由阿賴耶識執持的種子決定。引起迷惑的種子稱之有漏種子，引發證悟的種子稱為無漏種子，而無漏種子有正聞熏習種子（後天的）與本有無漏種子（先天的）。其中，產生證悟智慧的是本有無漏種子，本有無漏種子現行而得無分別智，斷煩惱障（我執）與所知障（法執）而得悟。

（四）四分、三量、三類境

唯識的認識論，除了八識之外，還有四分、三量、三類境等。所謂四分，是分析相分、見分、自證分（白體分）、證自證分四項而成立認知。相分是心變現的對象；見分是心認識對象的作用；白證分是對見分的作用加以證知的作用；證自證分是對自證分的作用，再行確認的作用。至於證自證分的作用，則由自證分來確認，並且心王、心所亦各有四分。

所謂三量，是依認識的妥當性，區分為現量、比量、非量三項。現量是不透過語言的直接覺知；比量是依據語言的認識（包含推論）；非量是錯誤的認識。

所謂三類境，是將認識的對象分為性境、帶質境、獨影境三項。性境是本性如實被認知的對象；帶質境是本性被錯誤認知的對象（錯覺等）；獨影境是本來沒有，卻被誤以為真的對象（幻覺等）。

四分

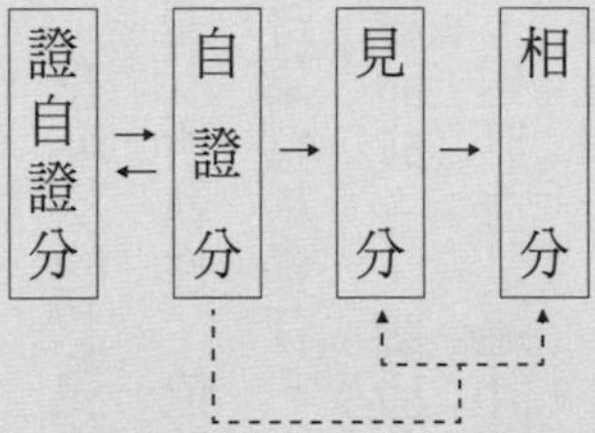

※關於四分的異說

一分說：安慧的說法。唯有自證分成立。

二分說：難陀的說法。相分、見分成立。

三分說：陳那的說法。相分、見分、自證分成立。

四分說：護法的說法。相分、見分、自證分、證自證分成立。

（五）三性、三無性

在唯識的認識論中，三性說與八識說受到同等的重視。所謂三性，是將認識的狀態分為遍計所執性，依他起性、圓成實性三項。遍計所執性表示藉由言語所思考之後，誤將認識對象視為實有。依他起性表示依藉他力而生起，主張認識的對象與認識的主體都是由於因緣而成立。圓成實性表示圓滿成就，是真如。還有，把三性各自無自性，稱呼為三無性。相無性是遍計所執性非實在，生無性是依他起性為假有，勝義無性是勝義（真如）為無自性。

（六）五重唯識

唯識的認識論是解明我們錯誤的認識過程，為了這一目的，唯識的實踐是觀察認識

三性、三無性

三性				三無性
遍計所執性	妄有	理無	相無自性	
依他起性	假有	實無	生無自性	
圓成實性	妙有	真空	勝義無自性	

的對象與認識的主體皆無實體，斷我、法二執，轉換錯誤的認識為證悟的智慧，並且稱此為唯識觀。窺基在《大乘法苑義林章》將唯識觀歸納為五個階段，亦即，第一重，遣虛存實識，是否定遍計所執，觀想只有依他起與圓成實。第二重，捨濫留純識，是否定被誤認為實際存在於外界的對象，觀想那些對象只是心的顯現。第三重，攝末歸本識，是否定心王、心所的見分、相分，觀察只有自證分（若自證分確認見分的作用消失後，也就沒有建立證自證分的必要）。第四重，隱劣顯勝識，是否定心作用的心所，觀想只有心本體的心王。第五重，遣相證性識，是捨棄依他起的事相，證悟圓成實的理性，並且稱此為五重唯識論。

（七）五姓各別

唯識依據修道論的觀點，將有情分為菩薩種姓、獨覺種姓、聲聞種姓、不定種姓、無性有情五姓。菩薩種姓是依大乘修行得大菩提、證大涅槃而成佛之人。獨覺種姓、聲聞種姓，是依小乘修行，而分別得到獨覺果與阿羅漢果，但因為入無餘涅槃而灰身滅智，所以無法成佛，並稱此二種姓為定性二乘。不定種姓，則是最初修聲聞、獨覺，但之後轉向（迴心向大）修菩薩行而成佛之人。無性有情其修行雖也能得到人天果報，但卻無法成佛。所以，稱上述為五姓（五性）各別。依據《成唯識論》，菩薩種姓、獨覺種姓、聲聞

五姓各別

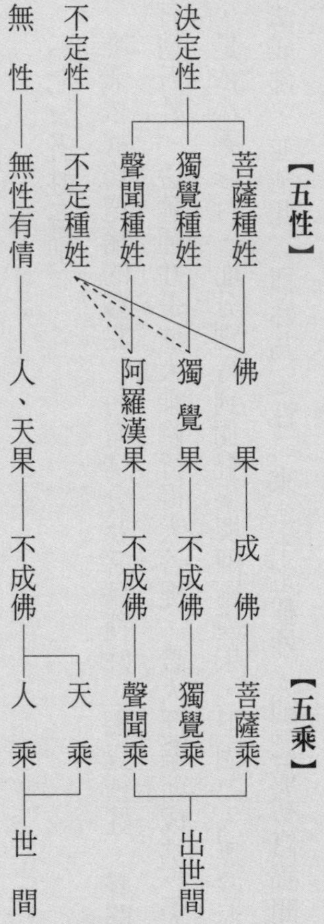

※不定種姓本來是迴心向大的成佛者，可分為四種類：具有菩薩和聲聞無漏種子者（菩薩聲聞二性不定）；具有菩薩和獨覺無漏種子者（菩薩獨覺二性不定）；具有聲聞和獨覺無漏種子者（聲聞獨覺二性不定）；具有菩薩、獨覺、聲聞無漏種子者（菩薩獨覺聲聞不定），有一部分是無法成佛。

種姓有各自的無漏種子，不定種姓有菩薩、獨覺、聲聞其中之一的無漏種子，但無性有情沒有無漏種子。亦即，若以成佛、不成佛來說，其中定性二乘與無性有情是無法成佛。一般認為五姓各別說，是由中國的唯識學派所提倡的。

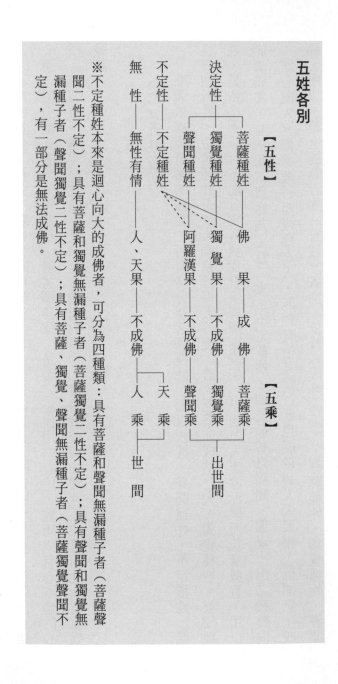

五姓與五乘（菩薩、獨覺、聲聞、天、人）亦被並列相比。此時，不定種性相當於菩薩乘；無性有情，相當於天乘與人乘。故唯識承認三乘和五乘等存在，也主張佛教具有普應各種機根（能力）的教義，唯識稱此為普一切乘（一乘），認為一乘與三乘、五乘並沒有矛盾。

（八）四十一位、五位

修行階位方面，《華嚴經》有四十一位（十住、十行、十迴向、十地、佛果）和《成唯識論》的五位（資糧位、加行位、通達位、修習位、究竟位）。唯識獨特的主張是五位，資糧位是發菩提心，做修行的準備，相當於十住、十行、十迴向。加行位，是實踐唯識觀，相當於四善根。通達位，是得無分別智，證真如，相當於初地的入心位。而後，錯誤的認識（虛妄分別）漸次消滅，生起正確的認識（後得智）。修習位，是於十地修行十波羅蜜。最後之究竟位，是證得佛果。從資糧位到究竟位，需長達三阿僧祇劫的時間，並於期間供養二十六恆河沙數佛。

（九）四智、四涅槃

唯識認為成佛是得人菩提（四智），證大涅槃（四涅槃）。其中，斷煩惱障，可證大涅槃；斷所知障，能得大菩提。

修習位的修行，於第十地出心時圓滿，迷執所依的阿賴耶識，產生質地的轉換，原本一直為迷執之因的前五識、第六識、末那識、阿賴耶識，分別轉換為成所作智、妙觀察智、平等性智、大圓鏡智。而此轉換稱之轉依，亦稱作轉識成智。成所作智，是成就眾生救濟之智；妙觀察智，是正知諸法、成就說法斷疑之智；平等性智，是思量自他一切平等之智；大圓鏡智，是明知一切之智。妙觀察智與平等性智是得於通達位，而成所作智與大圓鏡智是得於究竟位。

四智、四涅槃

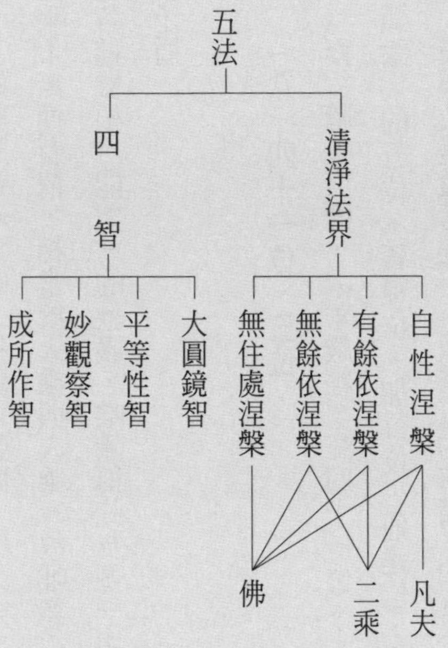

佛所成就的智慧是四智，相對於此成為智慧的對象是四涅槃，亦即自性涅槃、有餘依涅槃、無餘依涅槃、無住處涅槃。自性涅槃表示法界是自性清淨，是通於凡夫、二乘、佛。有餘依涅槃與無餘依涅槃，是遠離煩惱障的狀態，是通於二乘與佛。無住處涅槃是遠離所知障，是自利利他圓滿的狀態，這是佛才有的境地。又，清淨法界總攝四涅槃，而五法是指清淨法界與四智。

（十）三身

佛身有自性身、受用身、變化身三種佛身。自性身是以真如自性為佛身，也是法身。受用身是受用證悟圓滿的佛身（阿彌陀佛等），也稱之報身。受用身有自己受用證悟法樂的自受用身，與使初地以上菩薩受用法樂的他受用身。變化身則是隨應地前菩薩、二乘、凡夫機根而顯現的佛身（釋迦佛等），也稱為應身。

五法、三身

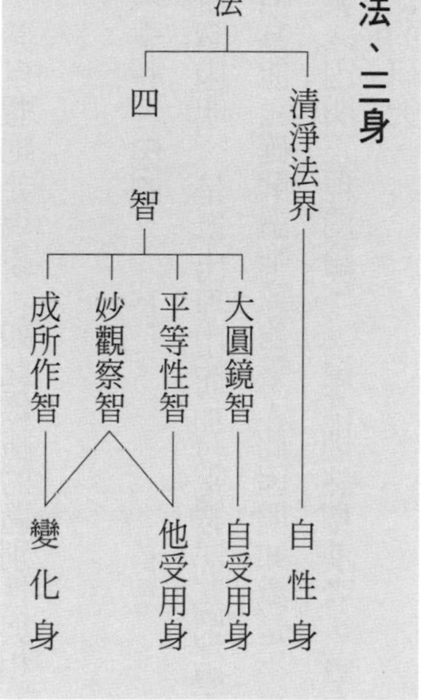

關於五法與三身的關係，清淨法界示現自性身，大圓鏡智示現自受用身，平等性智與妙觀察智示現他受用身，妙觀察智與成所作智示現變化身。清淨法界的真如，是不變的真理（理性、無為法），如同智慧，與變化的現象世界（事相、有為法）無關；真如是超越現象的

寂靜，其自體絕非現象。如此嚴格的區別性與相，是唯識學派學說的特徵。

（十一）因明

所謂因明，是舉出理由而加以論證的論理學。雖然這是印度使用於論爭時的論證程序，但為能正確解讀唯識論書，此因明知識是不可欠缺的，故而玄奘翻譯了《因明入正理論》與《因明正理門論》。窺基則註釋前者，著有《因明入正理論疏》，因明與唯識同時被廣泛的研究。

三、圍繞五姓各別與佛性的論爭

（一）攝論學派的衰退

自玄奘帶來唯識學後，自然地否定了之前攝論學派的學說。攝論學派主張九識說，建立阿摩羅識為無垢的真識，但是唯識學派並不認同真識，認為阿賴耶識轉依大圓鏡智的八識說才是正說。另外，攝論學派主張境識俱泯說，認為否定分別性（遍計所執性）與依他性（依他起性）兩者，即為真實性（圓成實性），但唯識學派主張二分依他說才是正確的，認為於依他起性，並遠離遍計所執性，才是圓成實性。因此，攝論學派急速衰退，而以玄奘門下的唯識學派為中心的唯識研究盛行，但自五姓各別說提出後，遭致悉有佛性說之信奉者的強烈批判，並引發極大的爭論。

（二）五姓各別說的登場

攝論學派將阿梨耶識（阿賴耶識的舊譯）和阿摩羅識等視同如來藏、佛性來解釋，而唯識學派之五姓各別說則加以全盤否定，認為有一部分人是無法成佛的。五姓各別說最早開始於貞觀二十三年（六四九）玄奘所譯的《佛地經論》，其中的說明提到，《涅槃經》的悉有佛性說和《法華經》的一乘說等，是闡述理佛性（真如法身佛性），或對於部分有情（少分一切）的方便說。據此，唯識學派提倡理、行二佛性和少分一切說等。所謂理、行二佛性說，是將佛性二分為理性與行性，其中因行性的有無而有種性之差別。至於少分一切說，認為悉有佛性說和一乘說等係以不定種性為主要對象的方便說。

（三）靈潤的批判

於玄奘譯場擔任證義的靈潤（—六五〇—），對上述說法發出批判之聲。靈潤一生前後講授《攝大乘論》三十餘遍，《涅槃經》七十餘遍，係攝論學派的代表人物。其對新來的唯識學說提出十四點以上的非難，其中第一點是關於存在無佛性的眾生；第二點是關於聲聞、獨覺入無餘涅槃後，無法轉向為大乘。靈潤的這些學說批判五姓各別說，認為無性有情與定性二乘是無法成佛的。

依據靈潤的觀點，悉有佛性是了義教，是對於一切有情（全分一切）所說的真實教義。相對於此，其批評於唯識經論之中並未有理、行二佛性說的證據，而在其他經論也沒有提到。他同時也提出，若有理性，則必定有行性，若要追溯其由，是因為主張理性是如來藏，而行性是其力能（業），故這可說是藉由如來藏思想來代替理、行二佛性說之詞吧。此外，靈潤還提到，雖然提倡五姓各別者，其闡述係由於《瑜伽論》提及依畢竟障種子之有無而有種姓的差別，但所謂的畢竟，其實只不過是無量時的比喻而已。

（四）神泰的反駁

唯識學派的學僧神泰（──六四五──六五七──）著有《俱舍論疏》，並於玄奘的譯場中擔任證義，對靈潤的批判展開反駁。

神泰主張，許多經論皆提到存在無佛性的眾生，《涅槃經》即提到五姓各別。依據神泰的看法，《涅槃經》所提到的一闡提（斷善根），是畢竟無性的無性有情。而《涅槃經》中佛性非有非無的一節，內容即是闡述行性的有無。神泰透過詳讀《涅槃經》本文之五姓各別說而反駁靈潤的看法。

此外，神泰還提倡理性（真如）、行性（能證的因、大乘種子）、凡夫佛性（大乘種子、厭離煩惱尋求悟道）三種佛性說。這是以凡夫的煩惱為緣而產生行性的解釋，也是批判靈潤主張以理性為因而產生行性的解釋。

（五）五姓各別說的完成

玄奘於顯慶四年（六五九）翻譯《成唯識論》，書中之無漏種子說，是詮釋有關五姓各別說的重要教義。無漏種子包含了正聞熏習種子和本有無漏種子，其中的本有無漏種子能產生證悟智慧。依此說法，即因本有無漏種子之有無而有種姓的差別。持有聲聞無漏種子者，是聲聞種姓；持有獨覺無漏種子者，是獨覺種姓；而持有菩薩無漏種子者，則是菩薩種姓；至於完全不具無漏種子者，是無性有情。

有關五姓各別與佛性之間的爭論，無漏種子說提供了一種解決方案。第一，在此之前，行佛性和大乘種子等，被視為是成佛之因。而無漏種子說認為，成佛之因是本有無漏種子，依此說法，則否定了靈潤將成佛之因視作理性的解釋。第二，無漏種子說界定種姓差別的原由，係視其是否具有本有無漏種子。雖然以往認定種性差別的原因，是由於是否有行佛性和畢竟障種子等，而此無漏種子說，呈現了明顯的理由。

五姓各別說隨著《成唯識論》的翻譯而完成，玄奘的高徒圓測和窺基等人，將五姓各別說與各種唯識學說揉合在一起，逐步建構唯識教學的體系。

（六）法寶的批判

對唯識學派的批判，可說是一波未平，一波又起。因為譯場成員之一的法寶（六二七？—七〇五？），其著之《一乘佛性究竟論》全面批判新來的唯識說。

依據法寶的看法，理性和行性存在於一切眾生，定性二乘也必定成佛，而一闡提並不是畢竟無性，認為主張無佛性眾生的是不了義教。此外，法寶還提到，第一義空（理：法界、真如、如來藏）與有情心（事：第八阿賴耶識）皆是成佛的正因，並提出獨有的佛性說，將佛性區分為理與事。根據法寶的看法，因為理性具有作用（力能），所以有理性則必能成佛。此與靈潤的看法一致，係將理性等同於如來藏之解釋。

法寶又解釋《瑜伽論》所提到的真如所緣緣種子，認為其意非指「以真如為所緣的種子」，而是「從真如緣生的種子」。還有，法寶主張真如所緣緣種子存於一切眾生之中，而將種姓差別歸因於新熏障種子之有無。法寶詳讀了《瑜伽論》中的真如緣起說（以真如為體而緣起諸法的主張），將此視為一切眾生皆能成佛的證據，並批判《成唯識論》的無漏種子說。

（七）慧沼的反駁

唯識學派的慧沼，於《能顯中邊慧日論》嚴厲批判法寶的佛性說。慧沼論證法寶對經論有錯誤的詮釋，並提到無性有情和定性二乘等無法成佛的學說是了義教，而理性遍在，但行性不遍在，理（第一義空、法界、真如、如來藏）和心（第八識）等不能成為成佛的正因，種姓差別並不是由於新熏種子，而是由於法爾（本有）種子。他並認為，將真如所緣緣種子解釋為「真如是緣生種子」是錯誤的，慧沼的解釋可說較忠實於《成唯識論》。依據《成唯識論》的說法，成佛之因是本有無漏種子，且因本有無漏種子之有無而五姓各別。此外，他亦不認同真如具有緣生種子的力用，以及心迷妄的原因是成佛的正因等。

另外，慧沼繼承神泰的主張，提倡理性、行性、隱密性三種佛性說。依據此說，行性包括有漏（正名佛性）與無漏（假名佛性）二種，凡夫之中欠缺行性無漏種子者，是無性有情。慧沼結合了種子說與行性，主張一分不成佛說。

（八）論爭的去向

由於唯識學派的五姓各別說即一分不成佛說，與在中國盛行的悉有佛性說即一切皆成佛說互不相容，因此引發靈潤和法寶等人的批判。但是藉由爭論，兩派的學說都有所進展，宗旨亦更加明確。唯識學派從行性和無漏種子等尋求成佛的原因，因此嚴格區別真理（性）與現象（相）。評判唯識學派者，從理性和如來藏等尋求成佛的原因採用真如緣起說。此兩者爭論的結果是互不相合，不久後，論爭的程度即逐漸趨緩了。

在那期間，唯識學派確立了獨自的教義體系，但靈潤和法寶卻未能形成如來藏的教義體系，後來則是由華嚴宗的法藏（六四三—七一二）完成了如來藏體系。法藏依據五教判提倡五種佛性說，並在其論辯中採用靈潤和法寶等人的學說。到此階段，有關於五姓各別和佛性的爭論，可算是告一段落了。

（吉村誠）

專欄二

盂蘭盆會與餓鬼

塩入法道（大正大學教授）

在日本，盂蘭盆會一般稱為「御盆」，係由祭祀第一次超度的亡靈，以及祖靈等的佛事、法會而固定下來的。原本於舊曆七月十三日到十五日或者十六日之間舉行，很多地區則晚一個月，於接近舊曆八月舉行。緊接於盂蘭盆會之後，寺院也舉辦施餓鬼法會，因此二者有被視為一體的傾向。雖說是施餓鬼會，但一般供養餓鬼的意味很少，而以供養祖先為主。

在中國，《佛祖統紀》（一二六九年成立）卷三十七提到：「梁武帝於大同四年（五三八），行幸同泰寺，並設立盂蘭盆齋。」此雖被視為盂蘭盆會之始，但至初唐時期，盂蘭盆會佛事才普及於民間，成為習俗而一般化。如《法苑珠林》（六六八年成立）卷六十二提到：「問曰：七月十五日既開道俗造盆獻供，未知得造寶盆種種雜珍獻佛以不？答曰：並得。若依小盆報恩經，略無寶物。依大盆淨土經，即有故。」一文中除舉行法會相關之具體方法，亦提出許多問題，由此可看出當時盂蘭盆會之盛行，及實際舉行的情況。

盂蘭盆會的典故，係出自竺法護（二三九—三一六）所譯的《盂蘭盆經》。據此經所言，目連（釋尊十大弟子之一）的母親因不樂於布施，死後墮入餓鬼道受苦。知此事由的目連請教釋尊後，釋尊開示，夏安居（從春季到夏季的修行期間）結束於陰曆七月十五日，該日是僧眾自恣，亦即發露懺悔自己罪業的日子，若於此日將盆器盛滿種種供物，供養僧眾極為殊勝。目連遵從釋尊的教導供養僧眾，據說藉此功德，其母親從餓鬼道之苦被釋放出來。此外，經文亦提到，藉由盂蘭盆供養，現世父母亦得以消災與長壽，而過去七世的父母，也能脫離餓鬼道，轉生天界。

《法苑珠林》所提到的「小盆報恩經」，應是指這部《盂蘭盆經》。此部經典之內容以報父母恩為背景，因其教義相契於中國人的祖先崇拜和孝道等思想，所以即使在民間也相當熟悉，並深受歡迎。再則，七月十五日亦正好是中元節，故可說盂蘭盆會流行的主因都具足了。

大體而言，一般認為《盂蘭盆經》是中國所撰述的經典，但此經所提到目連插曲，產生了佛教講唱藝術豐富多彩的變文，並獲致眾人的支持與共鳴，也是不容忽視的事情。因此，盂蘭盆會在中國，可說是代表宗教折衷調和的習俗之一。

關於盂蘭盆的語源，自古以來有各種說法。依唐代《玄應音義》卷十三的解釋，盂蘭盆的音譯是訛誤的，正確應是烏藍婆拏（ullambana），意譯為「倒懸」，即是倒吊著，如同目連的母親，代表墮入餓鬼道和地獄等處者的痛苦。但是，《盂蘭盆經》亦提到：「盡世甘美以著盆中……」、「以百味飲食安盂蘭盆中……」，所以盆也可以理解為像盆器一樣。同樣，唐代宗密（七八〇－八四一）所著之《盂蘭盆經疏》卷下，認為盂蘭是西域語，意思為倒懸；盆是中國之語，意思是救護之器，將盂蘭與盆組合後的意思就是「救倒懸盆」。意即為了救濟地獄、惡鬼之痛苦，而做為盛滿百味供物的盆器，並依循經典及實際舉辦法會等。

歷來，普遍採用《玄應音義》的說法，但近幾年，也有解釋為伊朗語系對亡者祭祀的 urvan，後由中國佛教所採用。另外，自恣的梵語原文 pravāraṇā，也有說係 uravāṇa 語法變化的音譯。總之，迄今一般將此佛事和法會理解為盂蘭盆。

盂蘭盆會，其信仰是始於救出身處惡鬼道的父母，施食予餓鬼也成為盂蘭盆會中的佛事之一，而後演變為兩者被視同一體。餓鬼（preta）係屬六道之一，但在古印度原本是指死者和亡靈等，若無舉行適當的祭祀，則會變作鬼魂，附身纏住眾人等。

經論之中，有許多描述生前因貪婪與嫉妒等罪業而後墮入餓鬼道，其樣貌係經常處於飢餓的狀態。對一般民眾來說，這是非常切身且印象深刻的。在中國，布施食物和水等給餓鬼，被視為是具有功德的行為，因此對祖先與第一次超薦的亡靈，皆做同樣的供養。在清代以後，施餓鬼會做為瑜伽焰口的佛事，盛行於寺院和民間等地，並普及到東亞華人社會。瑜伽焰口中的施食餓鬼，是依據不空所譯的《救拔焰口餓鬼陀羅尼經》，但此部經典與焰口一詞，在日本都並不普遍。另外，梁武帝最先舉辦大規模的水陸法會，這亦是廣義而言的施食餓鬼。

文獻介紹

1. 岩本裕，〈「盂蘭盆」の原語について〉（《金倉博士古稀記念　印度学仏教学論集》），平楽寺書店，一九六六年。

2. 井本英一，〈ペルシャ人の来朝と盂蘭盆会〉（《大法輪》四十五卷第九号），大法輪閣，一九七八年。

3. 鎌田茂雄，《中国の仏教儀礼》（第一部　第一篇第七章、第二篇第三章、第三篇第二章など），東洋文化研究所，一九八六年。

4. 入澤崇，〈佛説盂蘭盆經成立考〉（《仏教学研究》第四十五、四十六号），龍谷大学仏教学会，一九九〇年。

5. 松村巧，〈「盂蘭盆」と「中元」〉（《唐代の宗教》），朋友書店，一九九九年。

第三章

教學佛教的樣貌

林鳴宇
駒澤大學兼任講師

吉田叡禮
花園大學專任講師

第一節　草創期的天台宗

一、天台宗與天台山

智顗（五三八—九七）是天台宗之創立者，若從天台宗教理思想的形成過程來看，則會發現這絕非單由智顗一人所完成。除智顗之前的慧文（生卒年不詳）、慧思（五一五—七七）的學說具有重要的意義之外，智顗圓寂後，以灌頂（五六一—六三二）為首的國清寺僧眾也很重要。

天台宗之名的由來，是由於開山祖師智顗在中國浙江省台州市天台縣城北的天台山修行。智顗被尊稱為天台大師後，其尊稱也就成為宗派的名稱。智顗住於天台山長達十二年，入山當初在佛隴峰建立修禪寺，並在天台最高峰華頂峰得悟。最後，智顗的肉身遺骸被安置於佛隴的智者塔院。

天台山位於銜接福建、浙江兩省仙霞嶺山脈的東北側，是赤城、佛隴、東掖、華頂等諸山的總稱。唐朝詩人李白曾吟詠「天台四萬八千丈」，實際上，其超過標高一千公尺的山峰很少。依據唐朝徐靈府的《天台山記》，自古以來天台山即是福地，因其是相對應於

智者塔院（法鼓文化資料照片）

圍繞北極星之三台星宿（台宿、光輔、紫宸），所以被稱為「天台」。故而，「天臺」的寫法是錯誤的。

智顗圓寂之後，隋煬帝（六〇四－一八在位）勅令在具有「仙山佛國」別稱的天台山興建國清寺，從此成為中、日、韓三國天台宗的祖庭。日本的最澄、圓載、圓珍、成尋、重源、榮西、俊芿等僧人，都曾前往參拜。唐代以後，天台山還興建了華頂寺、高明寺、萬年寺等寺院，成為佛教修行的一大據點。在中國，王朝興替之際的戰亂與革命，使許多佛教寺院都遭致破壞，天台山的寺院當然也不例外，不過，元、明之後的歷代統治者，也積極修復天台的寺院。

二、慧文與慧思

《摩訶止觀》由智顗講解，灌頂筆錄。其中記載天台教學是一脈相承自釋尊的教法，並以龍樹思想為依據。之後，在湛然的《止觀輔行傳弘決》中，更明確的區分為「金口祖承」與「今師祖承」。依據「今師祖承」（又稱為「今師相承」）的主張，以龍樹為初祖，慧文、慧思分別為天台宗的二、三祖，而實際集大成者智顗為四祖。

《摩訶止觀》中，並沒有關於今師相承第二祖北齊慧文的傳記資料，文中只記載慧文是北齊著名的僧人，並且是南嶽慧思的師父，其教學是依據龍樹的《大智度論》。湛然認為，慧文觀法的特色在於覺心（一種心的運用方式，具體內容不明），經由修持重觀三昧、滅盡三昧、無間三昧（此三種三昧之具體內容不明），泯除對事物的分別心。《摩訶止觀》卷五雖未指名是慧文，但對於「覺覓」（覺心）之觀法，可看到「下乘」、「暗黑」字眼的嚴厲批判。如此看來，智顗似乎是否定了慧文的觀法。雖然慧文提倡的修行方法還存有許多爭議，但不容否認的是以《大智度論》為實踐方法的先驅。一般認為，智顗之所以尊慧文為祖師，是因為慧文的觀法是依據《大智度論》之故。

在日本，南嶽慧思（五一五—七七）也是享有盛名的人物。在平安時代有關聖德太子的傳記資料中，可看到「聖德太子慧思轉世說」，認為太子是慧思所轉生。慧思可說是中國僧侶轉生到日本的首例。此說法或許是由後來的鑑真和圓仁等人將慧思信仰帶至日本，並與奈良時代的太子信仰相互融合所產生。筆者認為，其中的主因是慧思乃天台宗開山祖師智顗的師父之故。

依據天台宗的「今師相承」說，慧思是第三祖，俗姓李氏，出生於北魏南豫州武津（河南省上蔡縣），十五歲出家之後，尋訪北齊諸多禪師，並精進禪修。當時隨慧文學習觀法，經過為期九十天的安居[1]修行常坐，終於悟入法華三昧。

中國的南北朝時代，是一個兵荒馬亂、動盪連連的時代。北地分裂為西魏和東魏，之後又各自更替為北周和北齊等政權。當時北地的佛教教團並不重於實踐——落實佛陀教義與救濟受苦的眾生，思想主流在於經典的研究與講解。慧思對此種風氣感到不滿，在足稱為其自傳的《立誓願文》中指出，為了救濟末法眾生及正確弘揚佛道，應盡量避免清談，而以修行禪定為主。

慧思悟入法華三昧之後，為趨避北地的混亂，同時整頓北方佛教教團的陋習，遂前往南嶽衡山，輾轉於各地持續弘化活動。據傳在那期間，慧思遭受種種迫害，遇惡僧和外道暗殺多達四次，幸未致死。四十一歲時，入光州（河南省光山縣）的大蘇山，停留約十年左右。大蘇山位於當時陳、齊兩國邊境，由於歷經長年戰亂，多數寺院已經荒廢，信仰佛教的人數也更為稀少。但即使如此，慧思還是毅然選定此處，由於迫切感受處於佛教末法時代，故率先主張佛教教團須加以改革。慧思於大蘇山組織教團的意義，並不只是為了要在山中修行佛道，而是想要堅持在佛法難以流傳之處持續進行弘法活動，以實踐來復興佛教。

慧思的《立誓願文》，因係中國首次提出末法思想的文獻而廣為人知，此書亦是完成於大蘇山時期。另一方面，慧思提到的發願懺悔思想、彌勒下生[2]的淨土思想，及以修內丹[3]為中心的神仙思想與禪定結合，對於之後智顗天台思想的建構產生很大的影響。

於《立誓願文》中可發現，慧思非常尊崇《大品般若經》與《法華經》。慧思思想的特徵之一，是將闡述空理論的《般若經》與宣說諸法實相的《法華經》相互結合。《續高僧傳》的〈慧思傳〉提到，慧思曾經以「《大品》次第意，《法華》圓頓意」一語指導在大蘇山求道的智顗。由此可知，那時慧思已主張《般若》、《法華》兩經具有互補之關係。而代表慧思思想的《法華經安樂行義》指出，《法華經》非次第分別，是具足圓滿的教義。這些觀點，可算是後來天台教學——圓融三觀與次第三觀思想的起點。

慧思思想的另外一個特徵，是主張從《法華經》的〈安樂行品〉體見法華三昧。雖然《法華經》提及各種三昧及法華三昧，但對於修行方法卻沒有多做說明。慧思是最先採用法華三昧來實修的，其主張法華三昧是《法華經》的精髓，亦是修行的最高法門。此種倡導，為天台宗教理的形成樹立良好基礎。另外，在實修上採納禪觀、懺悔、旋陀羅尼等作法，亦為智顗的修行論所沿襲，並於建立天台教學體系的教觀二門過程中扮演了重要的角色。

慧思於陳國光大二年（五六八）前往南朝陳國，進入嚮往的南嶽衡山，並住錫於此，直到示寂為止，活躍了近十年時間。在那期間，陳國宣帝（五六八—八二在位）聽聞慧思的盛名，對其寄予厚望，除迎請至京城，皈依慧思之外，並賜予大禪師的封號。但是，慧思自稱身處末法之世，目睹佛教界於北魏太武帝（四二三—五二在位）廢佛以來的墮落，三十六歲時，婉拒了北齊文宣帝（五五〇—五九在位）封其為大禪師的詔令。慧思對北方佛教界感到失望，抱持不信任的態度，反之，陳國興盛的佛教風氣，與北方有天壤之別，使他確信能於此弘揚嶄新的佛教理念。實際上，慧思進入南嶽之前，與智顗等部分弟子分別時，還交代在各地教化的宗旨。之後，智顗等人最先前往陳國的都城金陵（江蘇省南京），一般認為此與慧思的指示有很大的關聯。慧思將教化重心放在南朝，並強化與政權支配者之關係的作法，也影響了智顗。這對後來天台宗的創立動向有極深的意義。

繼承慧思學風的弟子，除了開創天台宗的智顗之外，在《僧傳》中列名的還有僧照、大善、慧成、玄光等十多人。據史籍記載，其中來自新羅的玄光，很快就將慧思的法華三昧介紹到新羅，但實際影響的情形並不清楚。

三、天台智顗

真覺寺位於天台山人煙罕至的深山之中，規模不大，平常參訪的人也很少，甚至連當地民眾也不清楚其所在地。真覺寺也稱為智者塔院，大約興建於一千四百年前的隋代，係天台智顗圓寂後安放遺骸的墓地。

天台智顗（五三八—九七）又稱為智者大師、天台大師。天台宗的史傳書《釋門正統》、《佛祖統紀》，認為智顗是相承於龍樹、慧文、慧思之後的天台宗第四祖，同時亦被尊為中國天台宗實質的開山祖師，或是日本天台宗的高祖。智顗於梁武帝（五〇二－四九在位）大同四年（五三八）出生於荊州華容縣（湖南省華容縣，另一種說法是湖北省監利縣），俗姓陳氏，是自晉朝以來的名門世家，與後來建立陳朝的陳霸先（陳武帝，五五七－五九在位）係同族關係。由於父親陳起祖曾多次擔任地方官，是南朝皇室的近臣及蒙受優厚禮遇的高官，因此幼年時期的智顗生活相當優渥。但智顗十七歲時，梁國因北朝西魏的侵略而滅亡，一家人淪為難民，翌年雙親又相繼亡故，智顗深切體會到國家與家族的盛衰無常，於是在父親舊友湘州（湖南省長沙市）刺史王琳的援助下，隨湘州果願寺的法緒出家了。不久，智顗從真諦三藏的門人慧曠受具足戒，並學習方等經典等。在那時期，智顗登上衡州（湖南省衡陽市）的大賢山，鑽研法華三部經（《妙法蓮華經》、《無量義經》、《觀普賢菩薩行法經》），同時也實踐方等懺法。二十三歲時，於大蘇山隨四十六歲的南嶽慧思學習，師事慧思大約八年的時間。據傳慧思在初遇智顗時非常歡喜，提到二人往昔曾同於靈鷲山聽釋尊說法的宿緣。慧思指導智顗四安樂行的修法，智顗因而掌握理解《法華經》的基本能力，並悟入法華三昧前方便。慧思讚許其為「初旋陀羅尼」，雖然僅算是通過體證《法華經》精髓的最初關口，但已具解析空理的能力，並悟得法華三昧的前階段，故稱讚是說法人中最為第一。

智顗在慧思座下的宗教體驗，一般稱之為「大蘇山妙悟」，是智顗前半生中備受矚目的重要事件。至於其後半生在天台山華頂峰證悟三諦圓融的體驗，稱之為「華頂峰妙悟」。此兩次開悟，成為智顗實踐法華教學過程中的兩大指標，亦為奠定天台教學體系基礎的要因。

隨著慧思遷至南嶽，三十歲的智顗秉受師命，與同學二十七人來到南朝的新國家——陳國的都城金陵，於瓦官寺演說法華經旨及弘揚禪法。當時南方的金陵，聚集許多躲避北地法難的流亡學僧，並盛行講說各種大乘經典及成實、三論等論疏。但智顗提倡講經與修禪並重的「定慧不二」，為當時只重視義解的金陵佛教界帶來很大的影響。不久，由於智顗論破法朗和慧榮等著名學僧的主張，不僅都城的僧侶向智顗參學，甚至陳國的重臣也相繼來請求指導。智顗在金陵的八年期間，除了講說《法華經》、《大智度論》之外，也講述《次第禪門》——有關禪定的實踐法，可說是有系統組織及整理大蘇山慧思座下所學的時期。

陳國太建七年（五七五），三十八歲的智顗突然終止了都城的教化活動，決定隱棲天台山。關於智顗隱棲的動機有各種說法，但主因是擔心在都城富裕的寺院生活會損減精進道心。另外，還有人認為，在智顗隱棲的前年，曾援助他出家的刺史王琳因陳國將軍吳明徹北伐而遭殺害，也帶給智顗很大的衝擊。同一年，北周武帝（五六〇—七八在位）大舉展開滅佛行動，一般認為，此事或許也與促使智顗內心產生「迎合世間的佛教，是否符合釋尊本意？」的疑問有關。於是，智顗不顧陳國君臣的慰留，進入天台山，邁出創設新教團的第一步。

來到天台山的第一年，智顗於佛隴建立小規模的道場，一方面省思既有的教化和教學，一方面進行經論的講說及禪法實踐，並著有坐禪入門書《天台小止觀》和佛教教理入門書《法界次第》等，致力於教觀雙資體系的建立。此道場後來被稱為修禪寺，成為天台宗的開山寺，「華頂峰妙悟」即是智顗於修禪寺時期之重要事件。因於華頂峰證悟法華圓頓，智顗的佛教思想於之後法華三大部的講說而終至成熟，甚至確立了天台教學體系的基礎。

陳國至德三年（五八五），四十八歲的智顗再度前往都城金陵。那時，陳宣帝已駕崩，經年輕的後主陳叔寶再三要求，加以其堂兄弟，虔誠皈依智顗的永陽王之強力勸請，智顗應允於金陵進行教化活動，除親授後主菩薩戒之外，並初次講說《法華文句》。智顗此時下天台山，實具有重大意義。智顗考量若直接面對世間，為社會和國家指引正確的方向，將可帶給眾生很大的利益，這才是相應於佛教的本質，於是於四十八歲時，決心結束天台山的隱棲生活，這成為其自身思想完成的重要轉捩點。

回到金陵的第三年（五八九），隋國軍隊已經統一了中國北方，在文帝（五八一—

六〇四在位）次子晉王楊廣（即後來之隋煬帝）的率領下，攻破金陵，滅了陳國。智顗雖再度遭受亡國之難，卻沒有打算立即返回根據地天台山，而是前往慧遠曾經結社念佛的廬山避難。

智顗居於佛教界的領導地位，各政權亦不敢忽視。陳、隋兩政權都意圖巧妙運用宗教力量收攝社會劇烈動盪的民心。陳國滅亡後的第二年，智顗受晉王迎請來到揚州，為晉王傳授菩薩戒，晉王賜予智顗「智者」之稱號。之後，智顗被尊稱為「智者大師」。數月之後，智顗婉拒晉王的慰留，於參拜廬山和南嶽衡山等地後，再度回到故鄉荊州。

智顗回到荊州時已五十五歲，於荊州建立玉泉寺，講說與實踐《法華經》的教理。此時，由門生章安灌頂所筆錄的《法華玄義》和《摩訶止觀》，與先前駐錫金陵時期所講解的《法華文句》，齊稱為「天台三大部」，或是「法華三大部」。

隋朝開皇十五年（五九五）春，智顗應晉王楊廣的邀請，再度駐錫揚州約半年期間，並獻給晉王其所著之《淨名玄義》十卷（《維摩經》的註釋書）。之後，智顗以天台山做為命終之地為由而離開揚州，當時正好是五十八歲。智顗回到天台山後，想在天台山修行的僧眾也急速增加，因此智顗制定了教團修行的規則——「立制法」十條，做為天台宗教團整頓與存續的要件。高句麗的波若（五六二—六一三），也是在此時期拜智顗為師。

另外，距天台山一百五十多公里遠，止住於會稽（浙江省紹興市）嘉祥寺的三論宗吉藏

（五四九—六二三），亦遣弟子向智顗禮敬，並邀其講說《法華經》，但智顗以健康狀況為由，並未答應其請求。

開皇十七年（五九七）十月，晉王派遣使者至天台山，傳旨欲恭迎六十歲的智顗前往揚州。智顗在下山途中，指著天台山麓的空地說：「此非小緣，乃是王家所辦。」此願望後來亦寫入遺書中，被呈予晉王，晉王亦按其所願，建設了「國清寺」的新寺，國清寺遂成為天台宗的祖庭，廣為後世所知。

由於高齡多病，再加上旅途積勞成疾，智顗在天台山西登山口的新昌縣（浙江省新昌縣）石城寺病倒了，雖然晉王立即遣大夫醫治，但十一月時，智顗命門人誦讀《法華經》與《無量壽經》，在確定能往生極樂國土的信心之中，憶念阿彌陀和觀音的來迎而結束其一生。之後晉王於其圓寂的石城寺建立了「智者大師衣鉢塔」，以茲紀念。智顗的遺骸則送返天台山，葬於遺言指定的佛隴西南（現在的真覺寺內）。

智顗一生，不僅將天台教學的教理系統化，令人印象深刻的是其後半生，因應社會轉變而開創出實踐教學的觀點。智顗名聞國都，被稱許為「說法第一」，在三十多歲時，卻選擇離開政治中樞，赴天台山專修，此行為乍看之下似乎是避世的隱者。然而，於天台山歷經十年修行之後，智顗重返俗世，又貌似受到陳、隋兩政權統治者的厚遇，顯現功利主義的逢迎姿態。但此看法是誤解，因為在這些行動中，可發現智顗的重大轉變，也可說是隨其思想發展之必然結果。智顗在天台山大悟法華三昧後，天台圓教的思想已趨成熟，智顗從青年時代即體驗到亂世之苦，於四十八歲時決心下山，乃因其認為將現世的問題做為自身的課題，才合乎佛教的本懷。之後智顗先後為陳、隋年輕的領導者授菩薩戒，並在他們的援助下發展天台教學，從《國清百錄》的諸多資料可證明，智顗不只是對政治的妥協，更是在實踐自己的思想，一方面置身於俗世間，一方面將佛教理念宣揚、傳達給統治者，努力想引導社會和民眾走上正確的方向。

四、智顗的教學

顯然，智顗依據「教觀雙修」的新見解，以研究《法華經》做為一生的目標。他雖然深受師父慧思的影響，但亦自創了法華教判理論、圓頓止觀（即《摩訶止觀》之究竟真實的觀法）的實踐方法等，被承認有如下的獨創性：

第一是「經體論」的確立。「五重玄義」係智顗提出的經典詮釋方法，從「名、體、宗、用、教」的角度，總結說明經典的思想和旨趣等。「經體」相當於其中第二項，係關於經典的本質，以及如何呈現與說明，是「五重玄義」最豐富且具有特色的內容。

依據《法華玄義》，古來諸師將「經體」（經典欲闡述的根本）與「經宗」（對經典所示本質的概念說明）等同視之的解釋是不充分的，所以他明確區別體與宗的意義，認為

《法華經》的體是「諸法實相」，在於空、假、中三諦圓融的真實、無差別的諸法真實（中道實相）。

此外，智顗認為古師以「因、果」來說明「經體」是有問題的，「因、果」的概念，反倒是說明經典的概念。此外，他還主張《法華經》的宗，是「佛自行因果」（佛自身的修行與悟道）。因此，《法華經》在體與宗的理解上呈現重大突破，他也明確指出，《法華經》本身即為佛身與其教義的實際體現。

第二是「教判論」的確立。他將佛教之種種思想和經典的優劣深淺等，歸納為藏、通、別、圓四階段的教判方法，之後因《法華玄義》而更明確化，在天台教學中被定型為核心理論——「五時八教」。

藏、通、別、圓四教，稱之為「化法四教」。「藏教」不包含大乘的教義，係依於經、律、論三藏原始佛教的教理。「通教」是通於三乘的大乘基本教義，與藏教具有共通性，亦可轉入別教和圓教等。藏教係不依大乘的空觀，而以分析的方式理解無常、無我；相較於藏教，通教是三乘全都體達物體本空、當體即空之理。「別教」是僅對菩薩而說的教義。藏、通二教只闡述空觀，相對於此，別教還採用了假觀、中觀，並以次第修行為特徵。「圓教」是空、假、中圓融相即的圓滿教義，亦是《法華經》真正所要闡述的教義。智顗依據空、假、中三諦圓融相即的觀點，創作出嶄新的基準來詮釋《法華經》。

除了「化法四教」之外，還有頓、漸、祕密、不定之「化儀四教」。雖然古師曾採用其中之頓、漸、不定三種於自己的教判，但《法華玄義》申明「名同舊，義異也」，主張係依據智顗全新的學說而摒除舊說。「化儀四教」是依教化的方法分類，頓、漸等語詞，並非顯示教說的優劣。「頓教」並不考量聽眾的理解能力，而是如實闡述教義的方法，相當於華嚴時的說法。「漸教」則是依聽眾的機根，採用適當的方便來闡述教義，相當於鹿苑、方等、般若三時的說法。至於「祕密教」也稱為祕密不定教，是指釋尊說法時，聽者相互之間並不知道有彼此及機根的差異，而讓聽者各自領會不同利益的方法。「不定教」也稱為顯露不定教，是指對機根不同的聽者授予相同的教義，而相應於此方式，讓聽者各自獲其不同利益的方法。祕密教與不定教是智顗依《大智度論》的顯、密二種法輪說所創，係針對不能理解頓、漸方法的聽者所使用的特殊方法。化儀四教亦適用於法華被闡釋前的四時學說。

如上所述，按說法內容分類的化法四教，及依說法方式分類的化儀四教，在與五時教判——釋尊說法的五個時期整合之後，天台教學可算是初次組織化為「五時八教」的教判體系。智顗的著作之中，的確未提到「五時八教」的用語，但若拘泥於此就斷定後世天台教學核心的「五時八教」並非依據智顗的主張，則是未經周詳思慮的判斷，因為《四教義》和《法華玄義》等提及有關教判的各種論述就是最好的證據，亦是不容忽視的事實。

第三是「觀法論」的確立。天台教學的建構，係透過理論與實踐、教相與觀心之相輔相成，其中最富獨創性的，即是以觀法為基礎實踐《法華經》教義的學說。智顗的著作之中，首次與觀法有關的是金陵瓦官寺時代的《次第禪門》，書中展現其所體解的觀法體系，亦成為之後《摩訶止觀》的思想原型。不過，《次第禪門》係以《大智度論》為核心，再從諸經論中集成歷代觀法，並嘗試予以分類，又非如《摩訶止觀》是新確立的實踐方法。

智顗於天台山隱棲時期，著作了一部連初學者也能實踐的觀法——《天台小止觀》，內容詳述調心、調身、調息的坐禪方法。雖然《天台小止觀》是一部簡短的作品，但很早即流傳於世，成為坐禪的指導書，並對後來中國佛教各宗派造成不少的影響。如：淨土教善導（六一三—八一）《觀經疏》中之定善義，華嚴宗宗密（七八〇—八四一）的《圓覺經道場修證義》，以及禪宗宗賾（生卒年不詳，活躍於十二世紀初）的《坐禪儀》等書所呈現的禪法，皆可看到引用了《天台小止觀》的教學。

《摩訶止觀》係智顗晚年於荊州玉泉寺的講說，由弟子灌頂筆錄整理而成。本書由「五略、十廣」構成，將佛道修行的諸多問題，開展為天台的實踐理論。其中，最核心且具獨創性的內容，係第七正修止觀所說的止觀修行方法，其篇幅高達全書一半，明示天台止觀就是「十境」與「十乘」（即「十乘觀法」）的觀法。

所謂「十境」，即佛道修行過程中所出現的十類代表性問題。當修行發生這些問題時，若未能及時處置，則無法成就修行。「十乘」就是處理「十境」問題時最重要的止觀法。依據《摩訶止觀》，「十乘」依序為觀不思議境（即體現超越思議心之境）、發真正菩提心（即生起智慧與慈悲之心）、善巧安心止觀（即依修行止觀而達成誓願）、破法遍（即依於禪定，徹底檢查各種迷執）、識通塞（即取捨揀擇由修行而造成的得、失）、道品調適（即適切地修行三十七道品）、對治助開（即若以「道品調適」無法解決問題，則加以六波羅蜜的助道對治迷執）、知次位（即確認修行者所屬藏、通、別、圓四教各自的位階後，合宜的修行）、能安忍（即知道障礙修行的原因，能徹底堅持修行佛道而不退轉）、無法愛（即斷除對佛法的執著心）等，就「十境」的各個問題而適用十乘觀法。《摩訶止觀》的「十境」與「十乘」（即十乘觀法）觀法體系的完成，使《次第禪門》和《天台小止觀》中簡易的觀法迅速增為十乘的觀法，並針對「十境」所產生的種種問題採取對應措施，再將十乘觀法具體實修的場域，拓展到行、住、坐、臥、言語、作務，認為日常生活都是在修行佛道，亦說明適用於四種三昧（即依據行儀而區分為四種實踐形式）的修行體系之學說，對日後天台宗豐富多樣的實踐方法提供了理論根據。

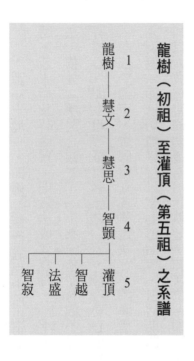

五、灌頂的功業

《國清百錄》是記錄天台宗教團成立之草創時期，以及與陳、隋兩政權複雜關係的歷史文獻，係由智顗的弟子灌頂增補編纂其同門智寂的遺稿而成，內容蒐集的資料從陳國太建七年（五七五）到隋大業三年（六〇七）長達三十二年，以智顗及其圓寂後的國清寺教團為核心的第一手書簡和資料為主，因此其可靠性無庸置疑。依據記載，智顗圓寂之後，由弟子智越繼承天台教團，住持於國清寺。但後世的天台史籍，皆推崇灌頂（五六一—六三二）才是繼承智顗教義的祖師，其中最主要的理由，係因灌頂筆錄了智顗講說之《法華文句》、《法華玄義》、《摩訶止觀》三大部，具體將智顗的教義流傳於後世。

龍樹（初祖）至灌頂（第五祖）之系譜

1 龍樹——2 慧文——3 慧思——4 智顗——5 灌頂／智越／法盛／智寂

灌頂於陳國天嘉二年（五六一）出生於臨海章安（浙江省台州市椒江區），七歲出家，二十歲時受具足戒。數年後登天台山拜智顗為師，不久隨智顗下山遷至金陵，並第一次聽智顗講說《法華文句》。之後，於揚州玉泉寺聽受《法華玄義》、《摩訶止觀》。智顗圓寂後，灌頂擔任天台教團之僧使，來往於天台山與其教團最大的外護者晉王楊廣之間，致力於國清寺的建設，以及教團的護持、營運等。灌頂傾注全力宣揚智顗的天台教學，除進行《維摩經疏》的增補，還撰述了《智者大師別傳》，編集《國清百錄》，以及天台三大部與《次第禪門》的修訂等。而灌頂的專著《涅槃玄義》與《涅槃經疏》，更補足智顗「五時八教」教判之「法華涅槃同醍醐」說，在天台教學上，將《涅槃經》視為與《法華經》同樣表現醍醐味——終極教義經典的理論化。灌頂七十二歲時圓寂於國清寺，其墓現在還被奉祀於天台山的智者塔院。

第二節　唐代的天台宗

一、外護者的喪失

楊廣三度遠征高句麗失敗，各地亦接連發生民眾叛亂事件。就在大業十四年（六一八），滯留於江都（江蘇省揚州）離宮的皇帝楊廣遭部下宇文化及等人殺害。唐朝取代隋朝統一天下，於武德五年（六二二）平定江南時，雖以天子禮法改葬了楊廣，卻賜予楊廣具有悖禮逆天之意的謚號「煬」。楊廣從智顗受菩薩戒，並受有「總持」的法名。對以國清寺為中心、新興的天台宗而言，楊廣是其最大的外護者。但楊廣駕崩之後，新政權對楊廣予以負面的評價，這對天台宗的發展亦造成不好的影響。所幸新政權唐朝對佛教全體是極具善意的，智顗生前所建設的天台山諸寺與荊州玉泉寺，皆倖免於政治迫害。在湛然復興天台教學之前，這些佛寺一方面護持著智顗的教義，一方面致力於教團之永續發展。

二、天台山系與玉泉寺系

灌頂圓寂之後，天台宗的主要道場分為天台山與荊州的玉泉寺。天台山系由智威

（？—六八〇）為指導者，以天台山國清寺為中心；玉泉寺系，則在道素（生卒年不詳）的帶領下，努力守護天台教學的根據地。智威與道素都是灌頂的弟子。

天台山系的法脈相傳，是由智威傳給慧威，再由慧威傳給玄朗。一般推斷天台山系鮮少在世間弘化教理，也未積極與當時的政權接觸，僅於天台山周邊地區專念於止觀實修。另一方面，玉泉寺系之傳承，是由道素傳予弘景，再由弘景傳予惠真，並大舉展開教化活動。由於玉泉寺所在的荊州位於南北要衝，文化與經濟皆高度發達，與政權和其他宗派的僧侶也很容易交流。事實上，其與同時期天台山系教化活動處於停滯的情況，形成鮮明的對比。玉泉寺系之中，法盛（生卒年不詳）係智顗的弟子，同時亦精於觀心要旨，曾對唐高祖李淵弘法，高祖並賜其悟真人師的稱號。另外，弘景（六三四—七一二）除與主持《華嚴經》譯業的實叉難陀於都城輔佐譯經之外，亦曾為武后則天和中宗等人三度進京，為其授戒師。

天台山國清寺（法鼓文化資料照片）

東大寺戒壇堂是由鑑真法師東渡日本後所建立（周玉勳攝）

弘景門下，則有惠真（六七三—七五一）和鑑真（六八八—七六三）等人。依據李華的《蘭若和尚碑》，惠真在遇見弘景之前，曾向義淨三藏學習律學，後又從弘景領受「荊南正法」（天台宗玉泉寺系），並兼修天台、律、禪。至於鑑真後來則東渡日本，於東大寺建立戒壇，傳授天皇、僧尼四百人菩薩戒，成為日本佛教登壇授戒之始。

惠真門下較著名的是一行（六七三—七二七）與承遠（七一二—八〇二）。一行年輕時隨惠真學習天台止觀，因精通戒律和曆法等，故奉唐玄宗敕令，制定《開元大衍曆》。之後參與善無畏《大日經》的翻譯事業，並撰述《大日經疏》等，因研究密教而廣為人知。承遠駐錫於與慧思頗有因緣的南嶽衡山講經，據傳從其學習者人數多達萬人。唐代宗與德宗聞其盛名，亦分別授予寺院匾額加以表彰。

若觀察天台宗在智顗入滅後的發展動向，則發現玉泉寺系的名聲遠遠超過天台山系。但後世天台宗卻未認同玉泉寺系是天台之正統性，理由是玉泉寺系的僧眾除了智顗的教學之外，對於禪、律、淨土等新學說也多有主張，試圖以兼修各宗思想取得教理融合性的趨勢，幾乎找不出智顗建構天台止觀學說的優越性，因此做為天台宗教團的存在意義，有日益淡薄的危險。

灌頂（第五祖）至湛然（第九祖）之系譜

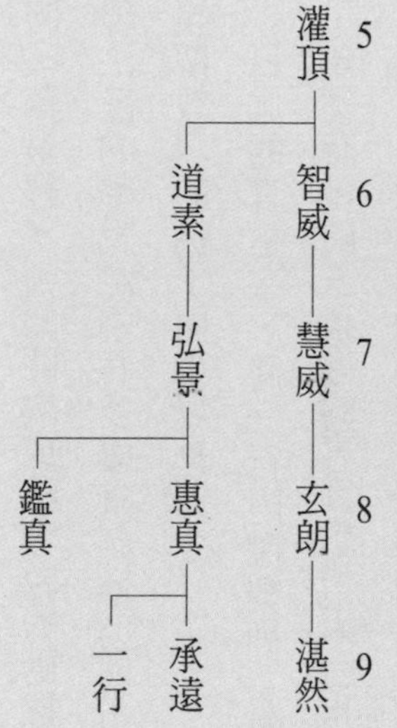

然而，不顧陷入困境的天台山系，玉泉寺系運用其地理的便利性，積極向外弘揚智顗的思想，此事在唐代李華和日本圓珍等人的記事中亦明確記載，以玉泉寺為中心的天台教學，帶給唐初佛教界的影響是不容忽視的。

三、唐初智顗教學的影響

智顗圓寂之後，智顗的教學已由玉泉寺的法盛弘傳至唐朝的京城。雖然以現存資料很難考證法盛與之後玉泉寺僧眾以何種形式將天台教學傳至各地，但智顗建立的止觀雙修教學體系帶予當時佛教界很大的影響，是不爭的事實。

開創南山律宗的道宣（五九六—六六七），於智顗入滅前一年出生於吳興（浙江省湖州市）。他以終南山豐德寺為中心，認為智顗的止觀學說古今罕見，並讚歎其為「行人之心鏡，巨夜之明燈」。另外，道宣的戒律觀亦採用止觀法門，主張持戒有為止息妄念的止持，與身體行儀的作持兩方面，為了實踐持戒，應依止觀的五停心觀。

華嚴宗的杜順（五五七—六四〇），其活躍時期稍晚於智顗。相傳《華嚴五教止觀》由杜順所撰，是一部闡明小、始、終、頓、圓五教的各別止觀面貌之著作，雖然內容與智顗的教說不同，但從其使用「止觀」語詞這一點，亦可視為是受到智顗的影響。另外，與弘景一起翻譯《華嚴經》的法藏（六四三—七一二），為華嚴宗的第三祖，其著作之《華嚴五教章》，有一段讚揚慧思和智顗的短文，顯示其相當關注天台宗。另外，從其將《華嚴經》判為圓教或祕密教的動機，亦可看出法藏意圖突破智顗教學的教判。由於發現法藏的學說之中有多處嘗試攝取天台宗的學說，因此湛然與知禮等人，提出這些學說以誤解教理的例子而加以批判。

日本的真言宗，將一行阿闍梨列為傳持八祖之一。他是唐代少數精通天文曆算的僧侶，年輕時曾隨玉泉寺的惠真學習天台止觀，之後亦於天台山的國清寺求學。其著作《大日經疏》，除應用智顗空、假、中三諦的思考方式來解釋一切真言根本的阿字門之外，並將真言誦持區分為世間念誦與出世間念誦兩種。其中，明白指出世間念誦的最上法門，是依圓教數息觀的天台誦經法；而出世間念誦並非以口念誦真言，而是採用觀法來觀真言字句。此外，表示真言誦持次數的用語——三落叉（本意是三億），有字（陀羅尼）、印（手印）、本尊（佛或曼荼羅）三相，此三相是依據阿字門，藉由身（手結手印）、口（口說陀羅尼）、意（觀想佛世界）而完成的，雖然原本是一相，但主張與智顗所說三諦圓融，三諦即一，其意涵大致相同。不過，一行以《大日經》為最高經典的考量點，可以看到與天台宗主張法華至上的思想立場之差異。

北宗禪之祖神秀（？—七〇六）於七十歲前後住持於玉泉寺。依《傳法寶紀》，神秀主張「漸修定慧」，與南宗惠能的「頓悟」思想剛好相反。又，依據張說所撰的《大通禪師碑》，神秀禪法的特徵是忘卻妄念、靜心、攝心。而依據《六祖壇經》，「住心觀淨」（恆常靜心，觀察清淨）才是神秀示眾說法的方式。

禪宗之永嘉玄覺（六六五—七一三）曾跟隨天台山系的慧威學習，之後尋訪駐錫於曹溪的南宗禪惠能，相互交談問答後，得到惠能的認可，當天在曹溪住了一晚後，繼承六祖之法並改宗禪宗。由於玄覺的思想為台禪融合，因此被後世天台僧人頻繁議論。宋代的神智從義（一〇四二—九一）就玄覺於《永嘉集》援用智顗的教理批判如下：「《永嘉集》全用天台圓頓法，而不言天台，豈不奪他成己？」但《釋門正統》對於《景德傳燈錄》記載玄覺改宗契機之「一宿覺」（稱呼在曹溪住一晚而改宗的玄覺，之後也有轉用為頓悟之意）表示存疑：「少留一宿，時謂一宿覺。據此問答，乃是勘辨之辭。問畢，具儀設禮，亦是比丘相見常儀。少留一宿，自是曲從主意。錄者卻謂一宿覺，抑又誣牧菴，謂逃逝天台螟蛉。」天台宗認為是禪宗單方面斷定為「一宿覺」，使玄覺蒙受不白之冤，並善意地將玄覺記載為天台僧人。

《佛祖統紀》奉善導為淨土教二祖。考察其思想背景，善導受到師父道綽（五六二—六四五）和華嚴宗智儼（六〇二—六八）等人教學的影響最大，而與智顗的淨土觀不同。但不可否認的，善導在《觀經疏》定善義中所述之坐禪方法是有意識到智顗的《天台小止觀》而書寫的見解。

天台宗從灌頂之後到湛然出世為止，看不到智顗教學蓬勃發展的情況。但是律、華嚴、密、禪、淨土等諸宗紛紛於唐初興起，在各宗興盛的歷史背景之下，由於玉泉寺系僧侶的活躍，使智顗教學時常被注意到，這是在天台宗的歷史上應特別記載之事。

四、湛然的生涯與教學

湛然（七一一—八二）被尊稱為荊溪尊者、妙樂大師，雖然有許多天台宗史籍記載為天台第九祖，但若從開山祖師智顗開始算起，則相當於第六祖。湛然俗姓戚氏，出生於晉陵郡荊溪（現在的江蘇省宜興市），十八歲左右離開故鄉，在金華（浙江省金華市）

從南宗禪惠能的弟子東陽玄策領受天台教觀，之後遇到天台宗的左溪玄朗，便傾心於天台教義。天寶七年（七四八），三十七歲的湛然於故鄉的淨樂寺出家後，不久即在吳郡（江蘇省蘇州市）的開元寺講授《摩訶止觀》。天寶十三年（七五四），在師父玄朗圓寂之時，湛然感慨天台宗的沒落，遂對門下弟子語重心長地說：「今之人，或蕩於空，或膠於有。自病病他，道用不振。將欲取正，捨予誰歸？」又指出：「智者破斥南北之後，百餘年間。學佛之士，俱以雙弘定、慧，圓照一乘為事，初無單輪隻翼之弊。豈期自唐以來，傳衣缽者，唱於嶺嶠，談法界、闡名相者，盛於長安。」湛然指出智顗開創天台宗後一百多年的期間，世間探求佛學的人，皆以天台教觀的止觀雙修為指南，但進入唐朝後，隨著禪、唯識、華嚴三宗興起，天台的傳統被捨棄，以致人心紛擾。於是湛然誓以復興天台為使命，自天寶末年到大曆初年約十年期間，堅決推辭玄宗、肅宗、代宗三代的敕命，以天台山佛隴為據點，期復興智顗的教學。湛然專志於《摩訶止觀輔行傳弘決》、《法華玄義釋籤》、《法華文句記》天台三大部的註釋研究，除與各宗抗衡，並確立「超八醍醐」（超越化法、化儀八教，宛若

湛然法師像（出自《佛祖道影》）

醍醐味最圓滿的教義）的法華至上主義。

湛然晚年與江南的僧人一起巡禮北方的佛教據點——五台山，在那裡從不空三藏的弟子含光聽聞天竺也有僧人想學習智顗的教說，並感嘆：「大唐有天台教迹，最堪簡邪正。曉偏圓，明止觀，功推第一。可能譯之，將至此土耶？豈非中國失法，求之四維，而此方少有識者。」因而更加強復興天台的志願。

建中元年（七八〇），湛然回到天台山，於建中三年（七八二）二月五日在佛隴入滅，其墓所與灌頂之墓並列，被奉祀於天台智者塔院。在家弟子翰林學士梁肅在其碑銘題字「煥然中興」（大舉復興天台教學），這是在智顗之後，對於湛然復興天台宗功績的最高讚辭。

不同於玉泉寺系融合諸宗的態度，湛然將智顗教學的獨創性發揮至極限，如下各點使天台教學能順應時代發展下去：

第一是天台相承說。湛然明確地闡釋灌頂之「金口」與「今師」兩種相承，並指出智顗教說是維續佛法之正統性。但由於在地理與歷史的隔閡很大，故如何將龍樹教學與慧文、慧思以及智顗等人的思想連結，成為亟待解決的重大問題。此外，天台教學相較於同時代其他的佛教學派有何殊異？亦即天台教學的權威及獨創性為何？此對天台宗的學者而言，亦是應解決的重要課題。對此，湛然於二種相承說之外，另提出「九師相承」的新說，認為智顗的天台教學，已經將同時代具有代表性之九師的實踐方法加以取捨抉擇，集其大成。《摩訶止觀輔行傳弘決》所介紹的「九師相承」，並非前後九代的師資相承，而是指迄於智顗為止，與天台教學有密切關係的九師名字與其實踐方法。依據目前現存的資料，雖難以究明諸師的實際情況，但可推測，當初智顗苦心地將各種「觀法」予以整合。以此觀點來看，湛然提出的「九師相承」主張，直接連結到天台教學，以頌揚教理與實踐統合為目標的「教觀相資」（湛然稱為「教觀相循」，而宋代的知禮稱為「教觀雙美」）的根本課題，具有重要的意義。

第二是天台教理的新開展。唐代時期，由於受到華嚴和唯識學等興起的影響，使天台教理的基礎也有所動搖。有感於天台教學若無新的作為，將無法重振以往的優勢地位，故湛然著眼於智顗所未提及的《大乘起信論》。《大乘起信論》主張「一心二門」（心具有真實與迷妄兩面，而兩者之間無法分離）。華嚴宗的法藏將「一心」看作是「一如來藏心」（本來清淨心）。而湛然將「一心」視為「眾生心」、「剎那一念心」，再次強調天台教學觀心說的優越性。湛然對智顗的觀心論擁有高度的信心，認為其深度為其他學說所無法企及。此外，湛然也注意到慈恩大師窺基的教學。窺基依玄奘的新譯經典著作了《法華玄贊》，對《法華經》做出有別於天台的新詮釋。為此，湛然著作了《法華文句記》，企圖修正《法華玄贊》的新詮釋。由於擁有政治勢力的慈恩一派的法華詮釋對佛教界的影響力也愈來愈大，這使湛然持有危機感。當時，屬於慈恩系統的安國寺不僅講說法華而已，甚至亦涉入法華的實踐，使得天台宗標榜法華實踐的根據地瀕臨崩解。針對此事，湛然在《法華文句記》挑明地批判窺基的學說，並警示道：「故知若修行、若解說，請依今師，方有所至。所以非《玄》文無以導，非《止觀》無以達，非此疏無以持，非一家無以進。」故認為不論是法華的實踐或是講說，皆須以天台智顗的學說為準——天台三大部的教義。

第三是菩薩戒的展開。智顗曾傳授菩薩戒予眾多道俗，包括陳國後主、隋朝晉王。智顗的《法華玄義》將五戒、八戒、十善戒、具足戒，定為聲聞戒；判定十重四十八輕的梵網戒，隸屬於別教、圓教的菩薩戒。還有，認為「持佛淨戒，佛戒即圓戒也」，指出圓戒才是最上之戒。在智顗時代，天台宗的菩薩戒儀已整理完備，並成為天台儀軌之一而廣為實踐。湛然的《授菩薩戒儀》更進一步在實修方面補足智顗的菩薩戒儀，《授菩薩戒儀》又稱為《十二門戒儀》，有開導（即說明持戒功德）、三歸（即皈依三寶）、請師（即請戒師）、懺悔（即懺悔罪業）、發心（即發四弘誓願）、問遮（即問有無七遮罪）、授戒（即傳授三聚淨戒）、證明（即證明受戒）、現相（即因受戒而現出瑞相）、說相（即說明十重戒的戒相）、廣願（即祈求受戒功德迴向眾生）、勸持（即仰仗持戒使願望實現）十二項目組成。其中，「懺悔」充分表現出天台教學的特色。

智顗原本就將「懺悔」做為天台儀軌的核心，不僅有關懺法的著作很多，亦實踐各種懺法。《摩訶止觀》提到：「小乘無懺法；若依大乘，許其懺悔。」而湛然確立受戒時的懺悔法，更進一步地規範應修行上、中、下三品懺悔的任何一品。湛然的《授菩薩戒儀》後來由最澄傳至日本，並發展為圓頓菩薩戒（即圓滿速成正覺的菩薩戒），對日本佛教戒律思想的形成帶來重大的影響。順帶一提，現存最古老的《授菩薩戒儀》抄本，是在八八一年抄寫於比叡山。然而，此抄本不知於何時被截斷成二片，目前分別由神奈川縣立金澤文庫與上海圖書館各保管一片。

在湛然出現之前，唐朝佛教界是各宗派繁榮活躍的時期。在法相、淨土、華嚴、禪、密教等學說蓬勃發展之中，如玉泉寺系，也能窺見企圖將智顗教學與其他宗派融合的趨向。然而，天台教學的發展始終無法趕上其他宗派的聲勢。在此情況之下，湛然復興天台宗，期能和唐代興起的各宗思想抗衡，於教理方面著重補足智顗的學說，再評定天台祖統說，並藉由菩薩戒儀與法華三昧補助儀等天台儀軌的制定，來強化天台教學的實踐面。

五、湛然以後的天台宗

中唐時期的天台宗，主要以湛然中興天台教學的事蹟為代表。湛然為和各宗教學抗衡，擴大了歷來天台教學的範圍，於《止觀輔行傳弘決》、《止觀義例》、《法華文句記》批判禪宗的觀法，並提倡「事理雙美」（即探究諸法與實相兩方）等學說。另外，在《金剛錍》、《五百問論》中，對法相宗的佛性說加以批判，並提倡無情佛性、草木成佛等學說。甚而在《釋籤》、《止觀義例》、《金剛錍》批判了華嚴宗的真如性起說，提倡法華超八、三處具法、真如緣起等學說。湛然重構了智顗教學，不僅豐富拓展其內容，亦充分顯示湛然及其教學之意義。

但自湛然入滅後，到進入宋代為止，這大約一百八十年期間，不僅遭逢「會昌廢佛」法難，也歷經中國史上屈指可數的亂世——五代十國時代，使佛教各宗勢力較唐代大為削弱。天台宗也不例外，雖承續智顗、湛然等祖師的學說，也持續於各地進行教化活動，但其思想未有重大突破，因此再度進入天台教學的停滯期。

湛然（第九祖）至物外（第十二祖）之系譜

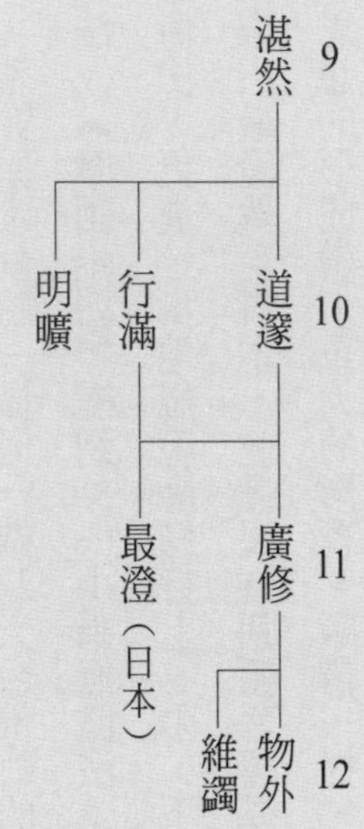

相傳湛然有嫡傳弟子三十九人，蒙其教義的士大夫有數十人。其中，道邃（生卒年不詳）和行滿（七三七—八二四）同為日本天台宗開祖最澄（七六七—八二二）之師父而聞名。

最澄於貞元二十年（八〇四）入唐，在台州龍興寺偶然與天台山修禪寺的住持道邃相遇，經由道邃的介紹入天台山，拜訪佛隴寺的住持行滿。最澄結束天台山的巡禮後，返回龍興寺，從道邃領受象徵天台法華宗與菩薩戒相承的血脈譜。在這血脈譜中，行滿與道邃並列，由於最澄尊行滿為師，所以推知行滿也曾傳法於最澄。最澄於入唐期間，向道邃呈示有關天台釋義的疑問，以及道邃應答的文獻，編為《天台宗未決》（也稱為《唐決》）而流傳下來，成為了解中日佛教思想交流史的重要資料。

明曠（生卒年不詳）亦是湛然的弟子，他依據智顗和湛然等人的菩薩戒思想，著作《天台菩薩戒疏》，將圓融菩薩戒的思想系統化。一般認為，此菩薩戒思想，是最澄成立圓頓戒之根據。

六、柳宗元與梁肅

唐代文人之中，以柳宗元（七七三—八一九）最受天台宗的高度評價。《釋門正統》卷八〈禪宗相涉載記〉，其內容係有關台、禪二宗正統性的問題，文中提到柳宗元所撰的〈大鑒碑〉、〈龍安碑〉、〈無姓碑〉三文（收錄於《全唐文》卷五八七），對禪宗予以批判，指出儒家學者似乎都認同天台的正統性，並清楚地指摘自古以來禪宗被視為異端邪說。另外，柳宗元歌頌淨土，著有《東海若》短篇，收錄於宋代天台淨土教文獻《樂邦文類》，該書編者宗曉讚揚為「東海若一篇，誠為樂邦文類之冠」。如同〈無姓碑〉所述，柳宗元的宗派意識對天台教學是相當友善的，與柳宗元同時代的士大夫——翰林學士梁肅，亦擁有相同的想法。

梁肅（七五一—九三）係湛然的在家弟子，三十六歲時刪補改定天台智顗的《摩訶止觀》而成《刪定止觀》六卷。中唐具代表性文人之一的韓愈，曾評價梁肅的文筆有如典範般出色；柳宗元也讚歎其「最能為文」。因此，之後的天台宗給予《刪定止觀》極高的評價。宋代吳克己的〈重刊刪定止觀序〉，將《刪定止觀》定位為救世明道之書，文中提及：「使王公大人知有此書，必不至信讒以廢毀。使縉紳先生知有此書，必不至立論以詆排。使啟禪關者能讀此書，其肯以教外別傳自欺乎？使尋經論者能讀此書，其肯以分別名相自困乎？」

即使在撰述天台宗的碑文方面，梁肅與柳宗元也有共通之處。據《釋門正統・梁肅傳》卷二，梁肅撰寫之〈天台山禪林寺碑〉和〈荊溪大師碑〉等，被譽為「至今山家金石之文，唯此二碑為冠」。據說此亦影響了同時代柳宗元和宋代晁說之等人所撰述天台宗關聯的碑文。

梁肅與柳宗元都於四十多歲即過世，兩人對於天台宗的態度也很類似。梁肅給予柳宗元何種程度的影響雖難以證實，但至少可從兩人的例子推知，當時有一些士大夫積極接觸佛教各宗派，並對各宗派的教義加以取捨揀擇。

七、五台山的天台教學

湛然晚年曾與江南的僧眾一同巡禮五台山。五台山是當時北方佛教的重要據點，自北魏時代起，即因是文殊菩薩的道場而廣為人知，來參拜者亦絡繹不絕。由於天台宗的史傳資料中向來少有五台山有關天台教學的紀錄，所以一般認為北地五台山與天台宗之間的關係淡薄。但實際上，五台山在唐代時期亦曾有天台教學的盛行時期。根據圓仁（七九四—八六四）於《入唐求法巡禮行記》的記載，其從志遠、文鑑等天台僧參學法華三昧，文中介紹五台山系的天台教學興盛，並與宗派起源之天台山國清寺並駕齊驅，為中國北方的天台研究中心。

一般認為天台教學擴展到五台山的原因之一，是因為天寶七年（七四八），楊銛（楊貴妃的堂兄）為了玄宗皇帝（七一二—五六在位）而獻給五台山清涼寺般若四教和天台疏論二千卷等。還有，天台玉泉寺系承遠的門弟法照（生卒年不詳）於大曆十二年（七七七）左右創建五台山竹林寺，依據智顗的念佛三昧說創立念佛道場，這也是天台宗北進的原因之一。

由於唐武宗會昌二年（八四二）到會昌五年的廢佛政策，五台山的天台教學遺憾地從歷史的舞台消失了，但經日本天台宗第三代住持圓仁將其於五台山所學的法華三昧及念佛法門傳至日本，並在日本獲致豐碩的成果，此在天台宗的發展史上，是不容忽視的。

八、立志於天台學的入唐僧

最澄從湛然的門人道邃、行滿承接天台法脈，回國後在比叡山的一乘止觀院開創日本天台宗，並藉由大乘戒壇的設置，使比叡山成為日本佛教的一大據點。但由於在教理方面仍有未盡之處，所以當時比叡山住持圓澄（七七二—八三七）等人準備了各種疑難，託入唐僧圓仁與圓載等人委請中國的天台高僧解決。日本承和五年（八三八），圓載攜帶圓澄的問題入唐，前往天台山，向繼承道邃天台山禪林寺的廣修（七七一—八四三）與其弟子維蠲請益。而這些解答，之後委由隨從僧仁好送回日本，並著為〈圓唐決〉、〈澄唐決〉而流傳下來。其名稱的由來，是將提問者圓澄的名字，分開為圓與澄二部分，再題於二師（最澄、道邃）的〈唐決〉之前。

另一方面，與圓載一起入唐的圓仁，並未獲得唐朝的允許進入天台山。然而，他遊學於五台山後，在長安醴泉寺的宗穎（生卒年不詳）門下學習止觀，將自日本帶來之德圓與光定的疑問呈上，並獲得了解答，即現存之〈德唐決〉與〈光唐決〉。但由於會昌五年（八四五）唐武宗的滅佛令，圓仁不得已只好返回日本，而前往天台山的圓載，則無奈地被迫娶妻還俗。

大約會昌滅佛九年後的大中七年（八五三），已擔任比叡山學頭的圓珍（八一四—九一）搭乘商船往天台山展開求法之旅。雖然會昌滅佛隨武宗之死而緩和下來，但到那時為止，天台宗已遭致重大打擊，而由廣修的弟子物外（八一三—八五）在天台山艱難地護持法脈。圓珍入唐期間，除了從物外學法之外，也從越州（浙江省紹興市）開元寺的天台僧良諝學習天台教義。圓珍在唐停留五年左右，除天台教學外，在長安也領受密教的教義。另外，圓珍在回國之前，重建了最澄曾興建於國清寺、於滅佛時荒廢的止觀堂，並將許多經典與天台宗的法脈從唐朝請至日本，甚至將天台山的泥土也帶回日本。現在，這泥土還埋於滋賀縣園城寺法明院的「唐土峰」。

九、天台宗的特色與之後的發展

從後漢時代（二五—二二〇）開始，佛教的教理和思想，經由絲路傳來中國。過了數個世紀，進入南北朝時代之後，由於漢譯經典與中國僧人撰寫論疏而達到飛躍的發展。另外，由於佛教受到王朝統治者的深厚信賴，而能於中國社會落地生根。再加上地論、攝論、涅槃、成實、三論等佛教學派相繼出現，後世評價當時的中國佛教呈顯了一個正在建構獨特性的新時代。不久，眾人尊崇活躍於南北朝末的天台大師智顗為宗祖，學習智顗建構之佛教思想與修行方法，並宣揚其教義，而形成了佛教教團——天台宗。天台宗的出現，在亞洲佛教史上可謂具有劃時代的意義。雖然天台宗之後亦隨著時代歷經興衰榮枯，但幸運的是，其教理理論很早就傳到日本和高麗，並在當地重新發展。近年來中國大陸以復興天台宗的寺院為始，由臺灣、香港的天台宗僧人主導之下，在東南亞諸國也建立了中國天台系寺院的情勢。

從六世紀末到現代為止，長期以來一直理所當然地將天台宗所傳承之「教觀相資」，亦即統合展開教理思想與禪觀等的實踐教學，評價為首屈一指卓越的佛教學。以下，試就另外兩個特色稍作說明。

第一是天台宗從開宗之際即具有明確的祖統說。亦即，草創時期的天台宗雖未明言自己是「天台宗」，但是不容忽視的，在強調其教團獨特性與正統性之時，基於與其他派別有著不同之教義，而樹立自己的祖統說。

智顗的《摩訶止觀》是天台宗開宗立教的「三大部」之一，內容闡述天台宗獨有的修行論。智顗的門人章安灌頂，在《摩訶止觀》的序文中雖讚揚止觀是其師父智顗親身力行的修行論，但也認為止觀並非智顗所新創，而是繼承印度佛教第十三祖龍樹的思想，並發揚其思想的結果。另外，根據記述印度佛教傳承的《付法藏因緣傳》，其中提到了「二十三祖說」，大覺世尊（釋尊）的教義係由龍樹傳至智顗，這也就是之後湛然（中國天台宗第九祖）所說的「金口祖承」（金口相承）說。灌頂據此相承說，認為慧文出《大智度論》吸收龍樹的思想；慧文的門弟慧思，則以《法華經》為中心重編教理理論，確立了教觀二門的架構與思想，以及法華三昧行法的雛型等。而在傳承之中，他認為智顗完成了《摩訶止觀》的修行論，強調由龍樹→慧文→慧思→智顗的「今師」相承。

天台宗迄今仍持續著重視祖統的態度。日本天台的開山祖師最澄（傳教大師）在結束唐朝的留學後，著重於有關日本設立大乘戒壇的問題，並與南都的僧綱展開反覆激烈的攻防，且將其著作的《顯戒論》上呈天皇。

當時，一起上呈的還有《內證佛法血脈譜》，此血脈譜是以中國天台系統的〈天台法華宗相承師師血脈譜〉為中心，結合「金口」與「今師」兩種相承，而使天台的祖統說更為明確，並主張最澄新立的日本天台宗才繼承了中國佛教的正統性。另外，宋代的知禮（中國天台第十七祖，九六〇—一〇二八）指出，天台寺院的住持須具備五德。五德中的第一，是告誡「舊學天台，勿事兼講」（恆常學習天台，不可摻雜他宗之學）。這是為了守護天台教理的正統性，故嚴禁在講解天台典籍的同時亦講說其他宗派的章疏。後來，由於知禮的弟子主張天台的祖統說才是正統，因而與禪宗的契嵩（一〇〇七—七二）展開論爭，這種維護自宗祖統說的態度，甚至受到後世天台史傳典籍的高度評價。

像天台宗這樣含有中國祖先祭祀要素的情況，一般認為未見於印度佛教中。尊敬祖先的血脈，即是意識到自己存在的延續性，並且肯定其價值。不只早期由最澄傳到日本的天台宗，現在中國南方的寺院亦持續守護天台系譜，除了考慮獨有的教理教學之外，還有在祖統、血脈譜、進一步祖師畫像等認同其精神性的關聯，以強化教團的向心力。

第二個特色，是天台宗的實踐與修行方式帶給之後佛教界深遠的影響。《摩訶止觀》與《天台小止觀》所提及的天台止觀行法，是智顗在思考如何實踐《法華經》教義的課題時開創的修行方法。其中，《天台小止觀》這本關於坐禪的指導書，很早即盛行於世。一般認為其不僅影響禪宗禪觀的形成，也在宣揚念佛的善導《觀經疏》中「定善義」所示的坐禪方法時引用了《天台小止觀》。此書整理了禪觀時所衍生的諸多問題，其分類多達為十境，尤其病患境和魔事境等，內容橫跨眾多領域，除了佛教外，同時也與中國傳統醫學有密切的關係，即使直到現在仍有人加以研究與實踐。

另外，天台宗的菩薩戒儀也值得加以注意。智顗親自傳授菩薩戒予陳、隋的皇帝和王族等人，他的《菩薩戒義疏》，也是中國佛教史上首次關於菩薩戒思想的研究文獻。後來，湛然將智顗所傳的思想和戒儀等整理為《授菩薩戒儀》，並由最澄請至日本，發展成圓頓戒，為日本佛教戒律思想的源流。到了宋代，知禮與遵式等人亦各自修訂了菩薩戒儀，授戒會的對象普及為占有多數的一般民眾，同時也是因應時代變化的必要措施。現代的中國社會也承續此授戒會的傳統，以傳授在家眾菩薩戒法會的形式存在。

智顗有關念佛的著述有《十疑論》、《彌陀經義記》、《觀經疏》、《五方便念佛門》等書流傳於世。雖然從很早以前，這些典籍撰寫的真偽問題就有所爭議，但是中國天台的遵式、智旭，日本天台的最澄、源信諸師，都受到著作中天台淨土思想的影響。此外，智顗在臨終之時亦念誦阿彌陀佛聖號，讚歎《無量壽經》，種種視為往生極樂國土的言行，也給予後世的淨土結社、念佛會的實踐，有很大的影響。

在禪宗方面，據傳唐代的百丈懷海（七四九—八一四）最先參照大、小乘戒律而制定禪寺的規則。但是，現存以寺院僧侶為對象的最古老修行規則，可追溯至智顗在天台山所制定的「立制法」。僧眾必須聚集一堂修行的「四時坐禪、六時禮佛」（一日四次坐禪與六次禮佛），其行儀相通於禪門清規的理念。除了「立制法」，智顗也制定了「敬禮法」、「普禮法」、「請觀音懺法」、「金光明懺法」、「法華三昧行法」、「方等懺法」、「觀心食法」、「觀心誦經法」等各種行法，但是這些都是依據《摩訶止觀》的「四種三昧」體系而制定的。智顗的修行方法由後世的天台僧人進一步補訂，迄今，成為代表性的佛教儀禮而固定下來。

天台宗的開山祖師智顗，開創出其同時代其他教團所沒有的修行論和實踐方法，為之後的東亞佛教帶來極大的影響，同時也扭轉人們對佛教的認知。開皇十七年（五九七）十一月二十四日，智顗一如平常說法，之後告訴弟子自己即將離世，並留下遺言：「我與汝等，因法相遇，以法為親。傳習佛燈，是為眷屬。若不能者，傳習魔燈，非吾徒也。」隨後便入涅槃。自此以後一千四百年期間，天台宗謹遵智顗遺言，雖與時代幾番榮枯盛衰，但迄今仍傳承其宗風。

（林鳴宇）

第三節　華嚴宗形成的基礎

一、地論學、攝論學發展為華嚴學

從南北朝時代開始，一直到隋代時期，在中國北地盛行繼承針對《十地經論》（地論學）與《攝大乘論》（攝論學）的研究傳統，進一步揚棄三論和天台的思想，並依精通《華嚴經》之性起、六相、十玄門等教義，來闡述一多之間的相即相入、重重無盡、圓融無礙等境界，展現宇宙事象的相互關係，具有此特色的佛教思想體系因而稱為「華嚴思想」。

華嚴思想廣泛地深植於東亞地區，也逐漸帶給周邊思想上的各種影響。以下將專門宣揚華嚴思想的佛教學系統，尤其是依據於稍後時代成立之祖統說——唐代僧人杜順、智儼、法藏、澄觀、宗密一系為「華嚴宗」，並稱華嚴宗所闡述的教學（教理理論）為「華嚴學」。

在中國佛教的教理學中，華嚴學是最晚成立的。因此，其累積了中國佛教發展以來，以教理與實踐建構兼容並蓄進而超越既有之基礎。不過，唐代華嚴學者個別的闡釋方式差異極大，或許此也可用來形容整個中國佛教。因為當時的佛教學者在建立適應時代、地域情況而反映問題意識與要求的學說。然而值得注意的是，與華嚴學同稱為中國佛教教理雙璧的天台學，從早期開始始終將標準設定於集大成者智顗的佛教學上；相對而言，華嚴學的情況，則是較自由地依闡述者而展開各自的學說。

雖然華嚴宗以《華嚴經》為所依經典，但是其思想和哲理未必僅出自經文。如前所述，華嚴宗是以累積中國成熟的理論與實踐為基礎，並含攝及超越此基礎而形成。在華嚴宗成立以前，亦即從南北朝時代至隋代，主要在北地展開的地論學之如來藏思想，與南地攝論學之唯識思想交涉之後，在北地展開新的攝論學。華嚴學先驅的至相大師智儼（六〇二—六八八），繼承了由地論宗轉變為攝論宗的教理研究，結合兩學派眾人之間淬鍊而出的思想，在此累積的基礎上來理解與詮釋《華嚴經》。由於地論宗與攝論宗現存的文獻資料有限，故未能釐清全貌，但仍能從殘存文獻的斷簡殘篇中發現，其與繼承該系統法脈的智儼教說有很多共通之處。即使智儼擁有自己的教說，但也只能說是屬於地論學、攝論學的延伸。

華嚴宗在智儼之後，意識到玄奘和其門下之法相唯識學與興起新勢力的禪宗，因此一方面對其批判，或一方面吸取其思想，促使如來藏思想的色彩增加，而唯識思想的部分減少，最終可說是呈顯出回歸地論學的現象。這種傾向可從法藏的後半生看出，尤其以安史之亂前後為分界線，中國思想史在巨大變動起伏中，愈加強化其程度。又，因應時代的趨勢，致使儒教、道教、佛教三教一致與教禪一致、相依、並修，亦漸促進了華嚴與天台的融會。

二、《華嚴經》的翻譯

《華嚴經》，全名《大方廣佛華嚴經》。大乘經典是早期（二—三世紀）在印度西北部一帶成立的獨立經典，而在四世紀中葉前的中亞（推斷為現今和闐附近），於特定的意圖和構想下有系統地編纂、集成，彙整為一大部經典。中國在很早期即已將一些相當於這部大經各品的華嚴單行本漢譯完成。

《華嚴經》是釋迦牟尼佛於菩提樹下證悟之後、決定說法之前，亦即釋尊成道後第二七日（十四天）期間所闡述的法義。內容描述在開敷法筵之時，釋尊處於三昧之中，而至天上、地上等處說法。因此，除了少數例子外，都不是佛自己親自說法，而是由雲集於各法筵的菩薩眾為說法主，其形式是以各自讚歎佛陀開悟的內容來呈現真理，而描繪於各法筵聽眾的讚頌、事事物物的運行，進而宇宙萬有紛然的躍動，都是釋尊證悟的顯現。此特色之說法方式，顯示出究竟的真理，是無法以言語表現（因分可說、果分不可說）的思想。

《華嚴經》所描繪的教主，並非具有肉身的釋迦牟尼佛，而是超越時空呈現宇宙真理的法身佛——毘盧舍那佛。毘盧舍那是梵文 vairocana 音譯的漢字，意譯為遍一切處或光明遍照等，具有如太陽照亮、養育、救濟一切的意思。

其說法形式和佛的形象，也展現了一即一切、一切即一、不動而動的宇宙真理。還有，其所描繪的世界觀提到：「三界虛妄，但是心作」、「心、佛及眾生，是三無差別」的唯心思想、「初發心時，便成正覺」等，之後也孕育出許多教理和思想等。

由於其內容是佛直接所示的證悟境界，故被稱為「自內證的法門」。其他經典為了引領眾生從修行（因位）朝向開悟（果位），說法者先屈居較低的階位，然後慢慢將眾生從較低的階位提昇至更高的階位，進而導向真理。《華嚴經》的說法者不同，其並不遷就受法者的位階，而是從證悟的角度直示其悟道境界。因此《華嚴經》的教義，也被稱為「果上現的法門」，此時既無因位，也無果位，遍一切處都是如實反映呈現相融相即佛的悟道世界。

同時，《華嚴經》整體的基本思想認為，大乘行者——亦即菩薩，應身體力行弘揚修行之道（菩薩道）。《華嚴經》在東亞之所以廣為接受，並經常被賦予較高的地位，也可說是依此基本思想之故。

現存的《華嚴經》有三種漢譯本與一種藏譯本：

（一）六十卷本

佛馱跋陀羅（Buddhabhadra 覺賢，三五九—四二九）於東晉元熙二年（四二〇）在揚州道場寺譯出由支法領從和闐帶回的梵本（Sanskrit），計由六十卷三十四品組成。起初似乎存有五十卷本，但後來固定下來的為六十卷本，所以略稱為《六十華嚴》或《晉譯華嚴經》、《晉經》、《舊譯華嚴經》等。

（二）八十卷本

實叉難陀（Śikṣānanda 學喜，六五二—七一〇）與菩提流志和義淨等人，於唐聖曆二年（六九九）在長安譯出從和闐帶回的梵本，由八十卷三十九品組成，略稱為《八十華嚴》或《唐譯華嚴經》、《唐經》、《新經》、《新譯華嚴經》等。翻譯期間法藏也列席譯場，武后則天亦曾親臨譯場撰寫序文。

（三）四十卷本

般若（Prajñā，生卒年不詳）於唐貞元十四年（七九八）譯出從南印度帶回的梵本，由四十卷一品組成，略稱為《四十華嚴》或《貞元經》、《普賢行願品》等，係增補《華嚴經．入法界品》而成。

（四）藏譯《華嚴經》

勝友等人於九世紀前後，以藏文翻譯而成，由一百一十五卷四十五品組成。

內容完整無缺的《華嚴經》梵文原本並未流傳下來，現存梵本只有相當於《華嚴經．十地品》的 *Daśabhūmīśvaro-nāma-mahāyāna-sūtra*，以及相當於〈入法界品〉的 *Gaṇḍavyūha-sūtra*。但稍後將會提到的智儼，曾於長安的大慈恩寺閱覽梵文的完整版本，並將其與當時流通的《六十華嚴》逐一核對每一品的內容，發現兩者間存有一些差異。故可知除上述版本之外，亦應存在許多異本。

三、研究《華嚴經》的先驅

在《六十華嚴》譯出之前，當時並不清楚有關華嚴系單行本的研究情況。但是《妙法蓮華經》的譯者鳩摩羅什（三四四—四一三，或三五〇—四〇九），與佛陀耶舍一起翻譯相當於《華嚴經．十地品》的《十住經》四卷；另外還翻譯了初地的註釋書《十住毘婆沙論》和《十住論》等。羅什的《大乘大義章》，在回答廬山慧遠的疑問時，一方面引用相當於《華嚴經．入法界品》的《不可思議解脫經》，一方面呈現自己的思想。因此一般認為，鳩摩羅什對於華嚴系的經典相當關注與理解。另外，鳩摩羅什與甫到長安的佛馱跋陀羅是莫逆之交，亦是廣為人知的一點。

佛馱跋陀羅本身也以「無自性、空」來闡述一微和眾微的緣起關係，一般認為此亦與華嚴宗闡述一多相即的法界緣起思想有所關聯。

雖然鳩摩羅什的門下主要是弘揚般若思想，但是其中也不乏《十地經》之研究者。雖然《高僧傳》只記載了著作《十地經義疏》的道融，但一般認為日後對《十地經》的研究是其承續者。

四、江南之《華嚴經》研究

佛馱跋陀羅在江南譯出《六十華嚴》之後，對《華嚴經》的研究仍持續進展著。佛馱跋陀羅譯出《華嚴經》時，擔任筆受的法業著作了《旨歸》二卷，可說是《華嚴經》註釋書的濫殤，並對曇斌教導《雜心論》與《華嚴經》。婆羅門出身的求那跋陀羅（三九四—四六八），於元嘉十二年（四三五）經海路來到中國，並應劉宋礁王邀請講授《華嚴經》多達數十次。

另外還有隨佛馱跋陀羅的弟子玄高（四〇二—四四四）學習的玄暢，為躲避北魏太武帝的廢佛，而於元嘉二十二年（四四五）來到江南揚州，在揚州得到劉宋文帝的尊崇，除了講解、註釋《華嚴經》之外，並兼講授三論學。江南的劉宋對《華嚴經》備加關注，奠定了研究的基礎，之後，主要在三論學者之間持續研究《華嚴經》。

三論教學之集大成者嘉祥吉藏（五四九—六二三），在其著作《華嚴遊意》中提到，開始於江南地區講授《華嚴經》的是攝山（江蘇省江寧縣）的勝法師，之後則由法朗繼承持續弘揚《華嚴經》。

三論教學由法朗的師父僧朗（五〇〇年前後）奠定基礎。其在講授三論的同時，亦傾注於《華嚴經》的講解。又，僧朗的弟子法朗（五〇七—八一）也隨僧詮學習，除四論、《大品般若經》外，亦修學《華嚴經》，並講授這些經論多達二十餘遍。

在僧朗的門下，與法朗同門的慧勇（五一五—八三），於學習《十誦律》、四論、《大品般若經》的同時，亦學習《華嚴經》，之後師事僧詮，且應文帝之請於太極殿講說，並駐錫於禪眾寺講授《涅槃經》、《大品般若經》、《華嚴經》各二十遍，四論三十五遍。

另外，慧覺（五五四—六〇六）跟隨僧朗的弟子法朗和慧布等人學習，之後講授《涅槃經》、《大品般若經》、《華嚴經》等二十餘部。同樣的，法朗的弟子小明法師，也因講授《華嚴經》與《大品般若經》而廣為人知。

三論教學集大成的吉藏認為《法華經》與《華嚴經》質量同一，對《華嚴經》給予極高的評價。吉藏研究華嚴思想而著作《華嚴遊意》，在形成自己的思想上，從《華嚴經》吸收很多的看法（木村清孝，一九七七）。

由此可知，在江南研究《涅槃經》和《大品般若經》的，主要是三論宗系的眾人，他們同時亦研究《華嚴經》。

五、北地之《華嚴經》研究

豐饒富足的江南地方，具有細密研究教理的風氣；相對而言，在北地則盛行禪修的實踐風氣。翻譯《華嚴經》的佛馱跋陀羅，和受北魏孝文帝賜令建立少室山少林寺的印度僧佛陀禪師（亦稱跋陀）等人持續傳授禪觀。在佛陀跋陀羅的門下，出現了之後廢佛時慘遭殺害的玄高。而佛陀禪師門下，亦出現了道房和僧稠等擅長禪觀的禪僧。

《十地經論》相當於《華嚴經．十地品》的獨立經典——《十地經》的註釋書，《十地經論》的譯者勒那摩提（生卒年不詳）也是受宣武帝的敕命而講授《華嚴經》，其弟子慧光（四六八—五三七）亦著作《華嚴經》的註釋，據傳華嚴宗二祖智儼，讀了這部註釋書而理解「別教一乘無盡緣起」。從南北朝到隋代，《華嚴經》的研究盛行，尤其是在北地的研究，建構了日後華嚴宗教理形成的基礎。

第四節　華嚴宗系譜

一、華嚴宗祖統說

傳統上華嚴宗的系譜是五祖說，主張初祖杜順，二祖智儼，三祖法藏，四祖澄觀，五祖宗密。

據目前所知，華嚴宗最早出現的祖統說，是圭峰宗密《註法界觀門》的三祖說。關於杜順，宗密提到：「是華嚴新舊二疎初之祖師；儼尊者為二祖；康藏國師為三祖。」亦即以杜順為初祖、智儼為第二祖、法藏為第三祖。因此，北宋時代在江南中興華嚴的晉水淨源（一〇一一—八八）依此訂定華嚴學的指標，亦即上述的五祖說（吉田剛，一九九七）。

當時很少人研究智儼的著作。在法藏的《華嚴經傳記》中提到了智儼「立教分宗」，而法藏建立了五教判，故被認定為華嚴學之確立者。到了宋代，甚至將華嚴宗稱為「賢首教」。因此，智儼與法藏無疑皆是華嚴宗具有重要地位的祖師。但有關杜順為初祖一事，歷來卻備受質疑。至於法藏與澄觀之間，實際上並沒有直接的師徒關係，澄觀僅隨天竺寺的法詵（銑）學習華嚴學，而法詵曾從法藏的弟子靜（淨）法寺的慧苑學習過。

那麼，何以杜順被視為初祖，慧苑與法詵卻被排除在祖統之外？在宋代時，五祖中以澄觀和宗密的思想影響尤大，當時人們透過他們的思想了解華嚴思想。尤其是宗密以後，從五代至宋初，杜順的《法界觀門》經過澄觀和宗密等人加以註釋之後，普為大眾所閱讀，而從僧俗皆為其撰寫註釋此點，亦可窺知當時風行的程度。杜順被視為初祖的理由，想必也與《法界觀門》的流行有很大關係。至於慧苑因為評斥法藏的「五教判」，另立「四教判」，並否定法藏在五教判中對「頓教」的解讀，所以澄觀在其著作中批判慧苑。一般認為，法詵忠於慧苑的主張，所以慧苑和法詵都從祖統中被排除了。

北宋時代的淨源，主要提倡七祖說。七祖是指初祖馬鳴，第二祖龍樹，第三祖開始則是對應前述提到的五祖。據傳《華嚴經》是龍樹由海底龍宮取得，所以將龍樹列為華嚴祖師並無不妥，但是馬鳴是《起信論》的作者——雖然現在一般認為該書並非馬鳴所著，與華嚴沒有直接的關係。儘管如此，淨源還是以馬鳴為華嚴初祖，這反映了當時人們將《起信論》與華嚴同等看待，而淨源本身正好也有那樣的思想。可以確認的是到南宋時代為止，在淨源駐錫過的杭州慧因院等地依然繼承此七祖說，但程度上似乎沒有五祖說來得普遍。

與淨源大約同時期活躍於江南的道亭（一〇二三—一一〇〇），對淨源的七祖說是給予批判的。其於《華嚴經大疏玄文隨疏演義鈔會解記》中贊同其他系統的祖統說，而以龍樹為初祖，世親為二祖。

另外，南宋的笑菴觀復（一一四一．一一五二一）在《華嚴一乘分齊章義苑疏》介紹海東（朝鮮）的相承說，以地論宗南道派的慧光為初祖，並尊崇慧光的師父佛陀三藏為高祖。另外，其亦曾從學於淨源的高麗僧人義天，參照上述各種相承說，訂定了九祖說，將馬鳴、龍樹、世親、佛陀三藏、慧光置於杜順、智儼、法藏與澄觀之前。

依上可知，華嚴宗有別於其他宗派的祖統說。舉例來說，禪宗等宗派之祖統說，極重視相續不斷的師資相承，而華嚴宗則未將師資相承視為必要。華嚴宗的祖統說，是華嚴在宋代復興時自認是正統的唐代華嚴學者所提倡，或是羅列當時深具影響力的唐代華嚴學者做為華嚴學的標竿之故。但這畢竟只是由提出祖統者自行訂定的正統，因此除了祖統說所列舉的祖師之外，實不能忽略仍有許多實踐並精於華嚴學的人。

對華嚴學來說，另外如新羅的義相（義湘，六二五—七〇二）、李通玄（六三五—七三〇）、靜法寺慧苑（六七三？—七四三？）、天竺寺法詵（七一八—七七八）等人，也是不容忽視的重要人物，但礙於篇幅有限只好割愛，以下擬就五祖做簡要說明。

二、華嚴五祖與其教學

（一）杜順

杜順（也稱為法順，五五七—六四〇）稍晚於天台宗之大成者天台大師智顗（五三八—九七），雍州萬年（陝西省咸寧縣）人，十八歲時出家，師事因聖寺的僧珍。之後，隱棲於驪山專心修禪。〈杜順傳〉收錄於《續高僧傳．感通篇》，傳中提到杜順將惡人轉變為善人、治療民眾疾病等，因具有神通力而廣為人知。撰於南宋時代的《佛祖統紀》提到：「文殊今住終南山，杜順和上是也。」記載杜順為文殊菩薩所化生。貞觀六年（六三二），唐太宗賜其帝心尊者的稱號，後來杜順在義善寺圓寂，安葬於樊川北原。

杜順法師像（出自《佛祖道影》）

雖說杜順平常修普賢行法，但不清楚其具體之修行方式與教法。其著作有《法界觀門》與《五教止觀》，但不少學者認為，這些著述是後代（法藏門下）假託杜順所著。

傳統上是以杜順為華嚴宗初祖，因為在成立祖統說時，《法界觀門》正好非常通行，大家也相信此書為杜順所作。不過，華嚴既然為一活躍的宗派，像杜順那樣示現神通的修行者被立為初祖，實具有重要意義。

（二）智儼

智儼（六〇二—六八）建立華嚴學的雛型，並奠定之後開展的基礎。他十二歲時師事杜順，並從其高徒達法師學習，又於長安郊外的終南山至相寺隨一梵僧（印度僧人）學習梵文。十四歲時，正式成為僧人，之後，從曇遷弟子普光寺的法常（五六七—六四五）學習《攝大乘論》，並隨辨法師和琳法師等人學習。此外亦聽聞至相寺的智正講授《華嚴經》。智儼所隨學的法師，皆隸屬於地論系攝論宗的僧人。此外，智儼因讀了慧光的《華嚴經疏》而了解「別教一乘無盡緣起」，又向一位神異僧人學習，思維推求《十地經》或《十地經論》的「六相」之義，最終領悟一乘真義。

智儼於二十七歲時撰寫《華嚴經》的註釋書——《大方廣佛華嚴經搜玄分齊通智方規》（《搜玄記》）五卷，之後又著作了《華嚴五十要問答》二卷、《華嚴內章門等雜孔目》（《孔目章》）四卷等。雖然闡述「十玄門」的《一乘十玄門》有留存下來，但有不少學者認為，此書大約晚智儼一個世紀完成。不過，即使是後人撰寫的，其中智儼的思想表露無遺（石井公成，一九九六）。另外，智儼的《攝大乘論無性釋論疏》雖已佚失，但透過其他著作的引用而能保留下來片段，對於了解智儼之唯識思想而言是很重要的。

華嚴學特有的思想，基本上幾乎都可見於智儼的著作之中。首先來看五教判與同別二教判：

所謂「五教判」，是將佛教分為五類，並說明各別的特色：①小乘教（部派佛教的經論）、②始教（大乘入門的經論）、③終教（大乘成熟的經論）、④頓教（禪宗視為所依的經論，重視無分別）、⑤圓教（闡述重重無盡的《華嚴經》）。根據歷來的研究，智儼還未將五教做完善的整理，僅呈現其原形，而是由智儼的弟子法藏確立名稱與各教義之間的差異。不過，應可說從智儼的《搜玄記》開始，五教判的架構即已建立。然而，法藏強調五教各別的差異，特別想要將《華嚴經》與其他經論劃清界線，所以個別分開予以說明。相較於此，智儼接受各類教義不同的機根，將焦點置於如何從較低層次的教義轉移至更高的教義。因此，相同的經論可能橫跨於始教與終教等。整體而言，其著重於各個教義的連續性，而不太強調差異點。另外，智儼的《搜玄記》依歷來的定義，有些地方將《華嚴經》的教義視為圓教，有些地方則視為頓教，但法藏則明確區別頓教與圓教，這是因為法藏的教判著重於強調華嚴圓教的獨尊性。

還有，智儼認為，除了小乘教與頓教之外，始教、終教、圓教都說「八識」，此係根據唯識學說來解釋，並認為識的本體是如來藏。此看法繼承了攝論宗的思想，特別是以曇遷的《華嚴經明難品玄解》所代表的攝論學為基礎，並藉由其弟子辨相與辨相的弟子靈潤的三性說等做為理解相即相入的方法。另外，他也標顯出華嚴經的特色為闡述「無盡」之意，以攝論宗的唯識說來說明無盡。

其次，所謂「同別二教判」，是說明圓教的兩個面向。首先，別教意指《華嚴經》是有別於其他經典，或各教之間存有個別差異；另一方面，同教則說明，若從佛眼來看，所有教義皆來自於如《華嚴經》中佛所證悟的境界，歸根究柢還是回歸於華嚴世界。

華嚴宗的五教判，似乎可說是智儼引用了慧光的教判，其中可看到以地論宗常用的漸教、頓教、圓教三教判為基礎，並採用《攝大乘論》對小乘、大乘、一乘的區分。另外，亦可以說同別二教判，主要是延續了地論宗南道派所採用的別教、通教、通宗三教判而來。雖然有天台宗人批判華嚴宗的教判改編自天台宗的四教判，但那終究只算是宗派的門戶之見，因為兩者都是在地論宗既有的基礎上建立各自的教理理論，因此具有共通之處，並不足為奇。

其次，「六相」亦被後世視為華嚴學的特色之一。六相是由總相、別相、同相、異相、成相、壞相所組成，透過綜觀一（全體）與多（個個）相互之間處處皆是彼此關聯的情形，而能理解宇宙萬有的調和與相互關係的一種觀法。智儼年輕之時，以此觀法思惟，加深對緣起思想的理解。六相原出自於《十地經》，淨影寺的慧遠等人也曾對六相之意加以解釋，因此智儼可算是繼承了地論宗的傳統。不過，智儼只有列舉名稱，並未詳細解釋。

再者，以顯現華嚴學特色的「十玄門」為例。智儼認為所有一切相互之間皆是自在相即、相互融通，並以十個面向來顯示「十玄門」：①「同時具足相應門」、②「因陀羅網境界門」、③「祕密隱顯俱成門」、④「微細相容安立門」、⑤「十世隔法異成門」、⑥「諸藏純雜具德門」、⑦「一多相容不同門」、⑧「諸法相即自在門」、⑨「唯心迴轉善成門」、⑩「託事顯法生解門」。

雖然十玄門所表顯一切事物之相關性可應用於現象世界中，但是華嚴學闡述十玄門的真正核心，在於實現菩薩行的一層一層修行階梯，和顯示佛的各種教義的相關性。尤其，智儼注意到種種教義所顯示的「識」的各式各樣的樣態。相對於此，其弟子法藏於中年後，從十玄門之中祛除了「唯心迴轉善成門」，而為了維持十門，故在重組各門順序之後，新增了「主伴圓明具德門」來取代。這反映了中年之後的法藏，想從華嚴學中祛除唯識的要素。雖然法藏又闡述了與十玄門不同的「十重唯識」，但那是將諸教經論的唯心論思想分類為唯識思想、如來藏思、華嚴思想三階段，然後進一步將觀點轉而分為十個方面，其中，並未將歷來的唯心思想納入華嚴思想之內，而是歸類至層次較低的如來藏思想的領域。值得注意的是，智儼思想與法藏晚年的思想之間產生很大的差異。或者，說智儼是最後的攝論學者也不為過。

另外，智儼認為華嚴有別於其他教義之特有思想，正是主伴同時具足的「無盡」關係。此思想應是從慧光的《華嚴經疏》獲得很大的啟發。此外，智儼特別重視《華嚴經》眾多三昧之中的「海印定」，認為華嚴獨有的教義亦是根源於海印定，此立場也為後世的華嚴宗所繼承。

智儼駐錫於終南山的至相寺，晚年時在長安城內的雲華寺講課，之後遷至清淨寺。智儼被稱為至相大師、雲華尊者等，主要是因駐錫過的寺名而來，而弟子之中的義湘與法藏，皆分別弘揚了華嚴思想。

（三）法藏

法藏（賢首大師，六四三—七一二）被認為是華嚴學之確立者。祖先世代都擔任康居國的丞相，自祖父一代移居長安。法藏十六歲時，在佛舍利塔前燃燒一指供養，十七歲時，為求法而進入終南山的一峰太白山，數年後，因獲悉母親患病而回到京城。在此時期，法藏在長安的雲華寺聽智儼講解《華嚴經》而進入智儼門下。一直到智儼臨終之際，法藏還未出家，於是智儼將法藏託付予當時長安知名的道成、薄塵二位大德。之後，地婆訶羅（日照）三藏在譯經之時，道成、薄塵與圓測和意應等人一起受召，列席譯場擔任證

法藏法師像（出自《佛祖道影》）

義，尤其道成是法礪的弟子，屬慧光一系的律宗流派。據日本鎌倉時期的凝然（一二四〇—一三二一）所書寫的《梵網戒本疏日珠鈔》，法藏亦曾隨道成學習華嚴。

武后則天於其親生母親榮國夫人過世後，興建太原寺以做供養，法藏奉旨剃度，並駐錫於此寺，其授戒師就是道成的弟子滿意。當地婆訶羅、提雲般若，彌陀山、義淨、實叉難陀等高僧在譯經之時，法藏除了與玄奘門下高徒一起擔任校勘、筆受、證義等工作，同時亦講解《華嚴經》三十餘次，並著書立作宣揚華嚴，此外亦對武后則天解說華嚴思想，還舉行了幾次祈雨法會，據說頗為靈驗。有關法藏此一面向，也是不容忽略的。

法藏流傳下來的著述很多，主要作品有華嚴學的綱要書，至今亦廣為流通的《華嚴教分記》（《五教章》）四卷，以及對武后講解華嚴學的講經紀錄《金師子章》一卷等；有關經論的註釋書，則有註釋《六十華嚴》的《華嚴經探玄記》二十卷、《入楞伽心玄義》一卷、《梵網經菩薩戒本疏》六卷、《大乘密嚴經疏》四卷、《般若波羅蜜多心經略疏》一卷、《十二門論宗致義記》二卷、《大乘起信論義記》五卷、《大乘起信論義記別記》

一卷、《大乘法界無差別論疏》一卷等。還有，有關論述華嚴思想與觀法的《華嚴經文義綱目》一卷、《華嚴經旨歸》一卷、《華嚴發菩提心章》一卷（或二卷）、《華嚴遊心法界記》一卷、《華嚴經義海百門》一卷、《華嚴經明法品內立三寶章》二卷、《華嚴經關脈義記》一卷、《華嚴三昧章》一卷、《修華嚴奧旨妄盡還源觀》一卷、《華嚴經普賢觀行法門》一卷等。另外，還有記錄與《華嚴經》有關的人物事蹟的《華嚴經傳記》五卷等。雖然如同《華嚴經問答》一樣，也有人強烈質疑這些著作之中有後人附加法藏之名的作品，但也可以說，這是因為法藏被公認為華嚴學確立者之故。

法藏的思想極為豐富，在此不可能一一論述其特色，但是將《華嚴經》或華嚴學與其他宗派的教義相比，尤其是與華嚴同樣闡述一乘的《法華經》和天台學，還有玄奘的唯識，由於法藏過於強調自宗教義的優異，反而顯得與其他教義的聯繫性不足。雖然法藏將教理整理縝密齊備，但不能否認的，與智儼的教理相較之下，卻感到有一致性的印象。另外，法藏於「同別二教判」之中僅凸顯華嚴別教一乘的獨尊性，將表徵華嚴圓融的同教一乘視為闡述會三歸一的法華一乘，將其定位於較低的階位，此外亦切斷五教各別之間的連續性。法藏在中年之後，從智儼的學說之中袪除了唯識的要素，同時提昇如來藏（佛性）思想的地位，其代表性論典之一的《大乘起信論》，也有愈來愈受重視的趨勢。

對法藏而言，處理玄奘一系的唯識學是重要的課題。即使是早期著作的《五教章》，亦可看出其融攝了唯識學派的三性說，將之重組為華嚴思想。中年之後，法藏更積極地對與佛性思想相關的若干論典撰寫註釋書，多半也與此有關。尤其唯識學派闡述的五姓各別說，認為「無性有情」是無法開悟的；但對於繼承了中國所展開的「所有人都具備佛性，都具有開悟成為佛陀的可能性」（一切皆成）思想立場的法藏而言，當然會與五姓各別說互不相容。另外，智儼將《大乘起信論》列為五教判的始教，而法藏提高其地位，置於終教，並親自為其撰寫註釋。此外，法藏還提出了與五教判不同的四教判（①隨相法執宗、②真空無相宗、③唯識法相宗、④如來藏緣起宗）。雖然一般認為，這是因為法藏聽日照三藏談及印度戒賢與智光的空有論爭，故自然以強調如來藏思想來與當時的唯識學派抗衡。從結果來看，也可以看作是重返容受攝論宗唯識思想之前的地論宗。或者，法藏也可能是因隨慧光一系的道成學習華嚴思想而受影響。當時的律宗，也有傳承慧光一系地論宗的可能性，不過此處僅做問題的指摘。

《大乘起信論義記》和《大乘起信論義記別記》被指出也有受到新羅元曉的影響。《大乘起信論義記》更成為日後在閱讀《起信論》時參考必備的註釋書，而此書也終結了有關五姓各別與佛性的論爭。

《八十華嚴》譯出之後，雖然法藏也想為《八十華嚴》撰寫註釋，但卻未能完成，之後由弟子靜法寺慧苑繼承此志業。

先天元年（七一二）十一月十四日，法藏圓寂於以小雁塔聞名的西京大薦福寺。其門下弟子有文超、宏觀、智光、宗一、惠英、慧苑，還有將華嚴學帶至日本的審祥等人。

（四）澄觀

澄觀（七三八—八三九）是一位傾全力弘揚法藏教學的人物。由於法藏生活於貴族社會之巔峰時期，而澄觀生活於社會變動最劇烈——以安史之亂（七五五—六三）前後為分界的時期，故兩者自然對於華嚴思想的詮釋方式也會有所不同。日本江戶時期的鳳潭（一六五九或一六五四—一七三八）等人，將智儼、法藏的教學與澄觀、宗密的教學加以區分，認為前者是正統的華嚴學，甚而排斥後者。

但若觀察中國後來的思想動向，則可發現澄觀與宗密的思想影響極為重大，遍及全中國，因此其屬於華嚴思想的關鍵人物地位是不可動搖的。

澄觀曾隨天台中興之祖荊溪湛然（七一一—八二）學習天台學，從澄觀教學中，可看出受到天台思想的影響。而湛然受華嚴性起說，以及智顗未採用的《起信論》真如說的刺激而重視自性清淨心，因此，《起信論》漸漸走入再次被考察的時代。以東大寺為中心的日本傳統華嚴學，雖將智儼、法藏、澄觀、宗密的教學統合解釋，但是將智儼、法藏分類為「緣起門趣入」，澄觀、宗密則為「性起門趣入」，前者主要著重於闡述圓融無礙的緣起思想，後者重於性起思想。

「性起」是從智儼開始論述華嚴學特色最重要的概念之一。相對於歷來的如來藏思想以佛性為淨（悟道）與染（迷執）的根本，華嚴性起思想，是以體達一切都是佛智慧的功能作用，遠離是非兩端，並且皆是清淨佛性所現起為特色。

澄觀是越州山陰（浙江省）人，由於晚年居住於清涼山（五台山），所以又被稱為清涼國師。除了華嚴學，澄觀也學習相部律、南山律、三論、起信論、涅槃、天台、南北二宗禪等所有系統，其導入天台學，被指出也受到密教的影響。

澄觀係以彰顯法藏的華嚴學為目標。他之所以批判慧苑，也是因為慧苑的四教判與法藏的思想不同。不過，實際上澄觀的確有受到慧苑和李通玄等人的影響。

澄觀主要的著作，有註釋《八十華嚴》的《華嚴經疏》二十卷及其復註之《華嚴經隨疏演義鈔》四十卷、註釋《四十華嚴》的《華嚴行願品疏》（《行願品別行疏》、《貞元疏》）十卷、註釋《法界觀門》的《法界玄鏡》一卷、簡要整理《華嚴經》的內容為《華嚴經綱要》三卷、《華嚴經略策》一卷、《華嚴經七處九會頌釋章》一卷，還有為回答當時尚是太子的順宗的問題，而講述華嚴學大綱的《答順宗心要法門》（《五台山鎮國大師澄觀答皇太子問心要》）一卷。另外，有關觀法的著作有《三聖圓融觀》一卷、《五蘊觀》一卷、《十二因緣觀》一卷等。

澄觀的思想之中，帶給後世影響最大的是四法界說。一心（自性清淨心）收攝全宇宙，為了表明一心與現實中事物和現象的關係交涉，而有四種觀法的四法界。亦即：

1.事法界：指相對差別的現象界。事事物物各有其差別，各守其本性，各自相對，各保有其界限的差別世界。

2.理法界：指絕待平等的真理世界。位於現象之背後，各式各樣的現象皆依其成立的真理範圍。具體上是以「無自性、空」表示緣起理法。

3.理事無礙法界：指現象界與真理互相無礙，是一體的關係，說明絕待即相對、相對即絕待、互相無礙的關係。做為現象的「事」與做為理體的「真如」是相即圓融的世界，理是真如、是無自性，既然理是由於各種條件（緣）而顯現為現象，所以理與事互融、不相妨礙。

4.事事無礙法界：指藉由佛的智慧觀察實際存在森羅萬象的世界。觀察現象界本身，並不妨礙彼此各自的存在，並且互相互融，觀察事事物物雖然各自獨立，但同時又相互調和，世界處處皆是融通的。當拿起任一事物時，此任一事物之中亦包容其他一切，而另一事物之中也含攝了一切。雖然是絕待獨立，但亦是無限地相互交涉、融合的緣起觀。

四法界說是結合杜順著作的《法界觀門》之三重觀與法藏的十玄說而成立的（吉津宜英，一九九一）。

《法界觀門》的三重觀是：①真空觀、②理事無礙觀、③周遍含容觀。真空觀是依據空觀，觀察事物的本質是無自性，同時也是空，相當於四法界說的理法界。理事無礙觀是明確地觀察理與事的相即無礙，相當於四法界說的理事無礙法界。在觀察諸法事事無礙的華嚴學之中，周遍含容觀是具有特色的觀法，相當於四法界說的事事無礙法界。

澄觀的四法界說，同樣具有教判的要素。若究澄觀的四法界說與法藏的五教判之對應關係，則小乘教，相當於事法界；相始教，相當於事法界；空始教，相當於理法界（為了方便起見，將始教區分為表示唯識思想的相始教，與表示空觀思想的空始教）；終教，相當於理事無礙法界；頓教，相當於理法界；圓教，相當於事事無礙法界。

透過這樣的對應關係，可發現終教與頓教的位階顛倒，另外，唯識思想的定位非常低。雖然澄觀在別處明確指出頓教為禪宗，但一般認為那是因為意識到視一切皆空的牛頭禪等之

四法界與五教判對應表

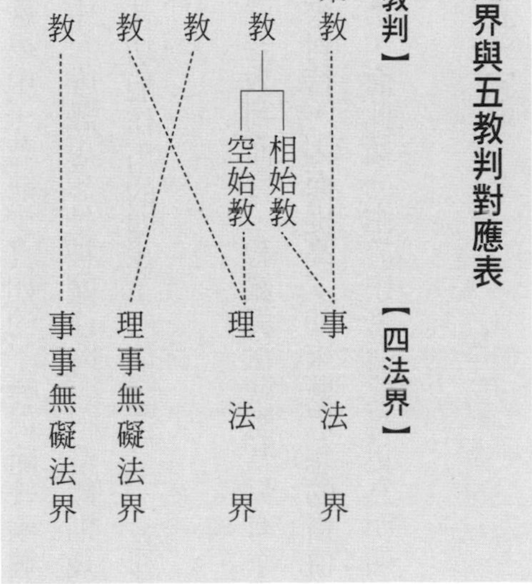

故。華嚴學中，若缺少真如的不變與隨緣兩個面向，就不被認為是完整的。還有，法藏的五教判中，唯識思想是被關注的，但澄觀則幾乎沒有。整體來說，澄觀專注於理與事，或佛性與其功能作用的關係，一切歸於「一真法界」，此立場並由弟子宗密繼承為「一心法界」。

若就五教判而言，智儼與法藏認為只有華嚴的圓教是一乘，但澄觀將終教、頓教也視同一乘來對待，因而提高了如來藏思想的價值。這亦反映出《起信論》再次進入被考察的時代趨勢，而此傾向由於宗密而變得更為明顯。

（五）宗密

宗密（定慧禪師，七八〇—八四一）晚年居住於終南山的草堂寺，所以被稱為圭峯宗密、草堂禪師、圭山大師等，並與精通儒學的宰相裴休（七九一—八六四）有所往來。

宗密是果州（四川省）西充人，七歲左右時開始學習儒學；並於十八歲左右，以在家眾的身分學習佛教三年；又在二十三歲時，於義學院再度學習儒學兩年的時間，之後參學大雲寺的道圓，不久便出家了。道圓的法系是繼承弘忍↓資州智詵↓資州處寂↓淨眾無相↓淨眾神會↓聖壽南印。據傳在此時期，宗密偶遇了《大方廣圓覺修多羅了義經》

（《圓覺經》）而身心歡喜，並有所省悟。元和三年（八〇八）受具足戒，並在益州南印和洛陽神照等人門下修禪。元和五年（八一〇），在恢覺寺遇見澄觀的弟子靈峯，並獲得澄觀撰述的《華嚴經疏》與《演義鈔》。隔年，前往東都（洛陽）禮拜祖塔，並住於永穆寺講授《圓覺經》。在這時期，宗密與澄觀有書信往來，之後謁見澄觀，受其華嚴學。此時，宗密是三十二歲，而澄觀是七十四歲。宗密師事澄觀兩年之後，在元和十一年（八一六）居於長安終南山的智炬寺，撰述《圓覺經科文》與《圓覺經纂要》二卷等。另外，元和十四年（八一九）於興福寺著作《金剛經論疏纂要疏》一卷與《金剛經論疏纂要疏鈔》一卷，之後又經保壽寺而退居於終南山草堂寺。長慶二年（八二二）於終南山的豐德寺著作《華嚴綸貫》，之後於草堂寺專志於有關《圓覺經》的著述，計有《圓覺經大疏》三卷、《大疏鈔》十三卷、《圓覺經略疏》二卷、《略疏鈔》四卷、《圓覺經道場修證儀》十八卷等。太和二年（八二八），文宗（八二六—四〇在位）於慶成節詔令宗密入內殿，賜予紫衣，宗密短暫居於京城，之後再度返回草堂寺。會昌元年（八四一）一月六日，宗密圓寂於興福院，世壽六十二歲，僧臘三十四歲，至宋代時，被尊稱為華嚴宗第五祖。

宗密一生最關注《圓覺經》，除以澄觀的華嚴學為基礎著作許多相關的註釋書籍，亦仿照天台智顗的法華懺法，依據《圓覺經》制定禮懺儀，並著作了前文所提到的《圓覺經道場修證儀》十八卷、《禮懺略本》、《道場六時禮》。如同宗密自己所言：「指體投機、無偕圓覺」，《圓覺經》對其可說是最值得依靠的經典。以教義來說，宗密雖認定華嚴是最高教義，但從救濟眾生的角度來看，《圓覺經》是出色的。即使說宗密的佛教學是以華嚴學為基礎的「圓覺經之學」，也並非言過其實。

依宗密所言，在他之前，惟愨、悟實、堅志、道詮等人，也曾撰寫《圓覺經》的註釋書，但現在無法確認其存在與否。《圓覺經》因宗密的註釋書問世之後而有許多人閱讀，也帶給東亞佛教思想不少影響，宗密從《圓覺經》所導出「眾生本來成佛」的思想，在考察本覺思想的展開上是重要的（吉津宜英，一九八三）。雖然宗密的本來成佛論只限定於有情（具有生命的動物），但到了宋代之後，其解釋也適用於無情（不具有生命的物質）了。

宗密除了前述著作外，主要的作品還有註釋《華嚴行願品疏》的《華嚴行願品疏鈔》（《華嚴行願品隨疏義記》）六卷、註釋《法界觀門》的《註法界觀門》一卷、註釋《大乘起信論》的《起信論疏》四卷、註釋澄觀所撰《答順宗心要法門》的《註華嚴心要法門》，還有《禪源諸詮集都序》四卷、《原人論》一卷，以及回答裴休質問的《中華傳心地禪門師資承襲圖》（《圭峯答裴相國宗趣狀》、《圭山答裴休問書》等），並流傳至今。

宗密所處的時代，正值唐王朝的權威趨於衰微，那時貴族社會幾乎瀕臨崩壞，而近代的初期即將來臨。此外，掀起新風潮的真言密教，在宗密二十四歲時，惠果阿闍梨（？—八〇五）已經圓寂，由空海傳到日本之後，在中國也喪失了勢力，其他學派亦未能出現足以帶給後世影響並擅長於教理學的學僧。在思想動盪起伏之中，華嚴思想的面貌也改變了。在玄宗皇帝之前的貴族社會，華嚴學被視為果上現的法門，而開展出高遠的法界緣起思想；但之後，攝論學的傳統已完全銷聲匿跡，當時所呈顯的情況，是重返攝論學傳到北地以前的地論學所論述的如來藏思想。雖然法界緣起思想的圓融無礙和一即一切等為華嚴思想的特色，也一直深受重視，但此時實際上已歸向於一真或一心是一體的思想。雖是稍做概念性的表達，但是從佛的角度所闡述的教學的觀點，轉移到眾生角度的觀點，而真理與自己的關係，也從被真理所含容的自覺，轉為自身中含攝真理的自覺，於是更重視關於切身的實踐性。宗密雖然尊崇《華嚴經》的權威，但為了救度眾生而認為《圓覺經》較為出色。一般認為宗密之所以重視《圓覺經》，也有其時代背景的因素。

當時的佛教界因失去國家的保護而更形混亂與對立，其中，較引人注目的是禪僧的活躍。禪宗接受節度使和觀察使等新興地方官僚的皈依與外護，因而飛躍地發展，所謂的教家（佛教教理學的流派）與禪家（禪宗的流派）各自分道揚鑣，比起教家，禪家更為生氣蓬勃。宗密與臨濟義玄（？—八六六）、趙州從諗（七七八—八九七）等禪僧屬於同年代，宗密自己也隸屬禪宗的系譜。

在這樣的時代背景下，宗密著作了《禪源諸詮集都序》，將禪分類為：①息妄修心宗（北宗）、②泯絕無寄宗（牛頭宗）、③直顯心性宗（洪州宗與荷澤宗）三宗；將教分類為：①密意依性說相教（a人天因果教即人天教、b斷惑滅苦教即小乘教、c將識破境教即法相唯識宗）、②密意破相顯性教（三論宗）、③顯示真心即性教（華嚴宗）三種之後，將之配置禪三宗與教三種，並闡明教與禪一致，提倡不應偏於教與禪的其中之一。

在宗密的教禪一致說中，雖然洪州宗與荷澤宗被歸為華嚴宗的教義，但相較於當時興盛的馬祖系統的洪州宗，宗密卻認為法脈應已中斷的荷澤宗較為優越。宗密的主張之所以與事實相反，說自己承自荷澤神會的法系，也應是企圖復興荷澤宗之故。在時代的思潮之中，宗密的教禪一致說，可說是來自教家對於禪宗遠離教理現狀的警鐘。宗密敲響警鐘的聲音，在其圓寂了百餘年之後，以一心為基礎，融合諸教的法眼宗永明延壽（九〇四—七五），也聽到了這聲音。之後的中國佛教，便走向諸教融合之路，雖然宗密的思想影響了後世，不過荷澤宗並未因此復興起來。

宗密敏銳地認識到時代的潮流，以當時中國代表的思想，亦即儒、釋、道三教全體為對象，試圖將所有思想體系化，這也說明他強而有力的視野。因此，針對所處時代接近的韓愈（七六八—八二四）的《原人》、《原性》、《原道》等作品論述階級的人間論和

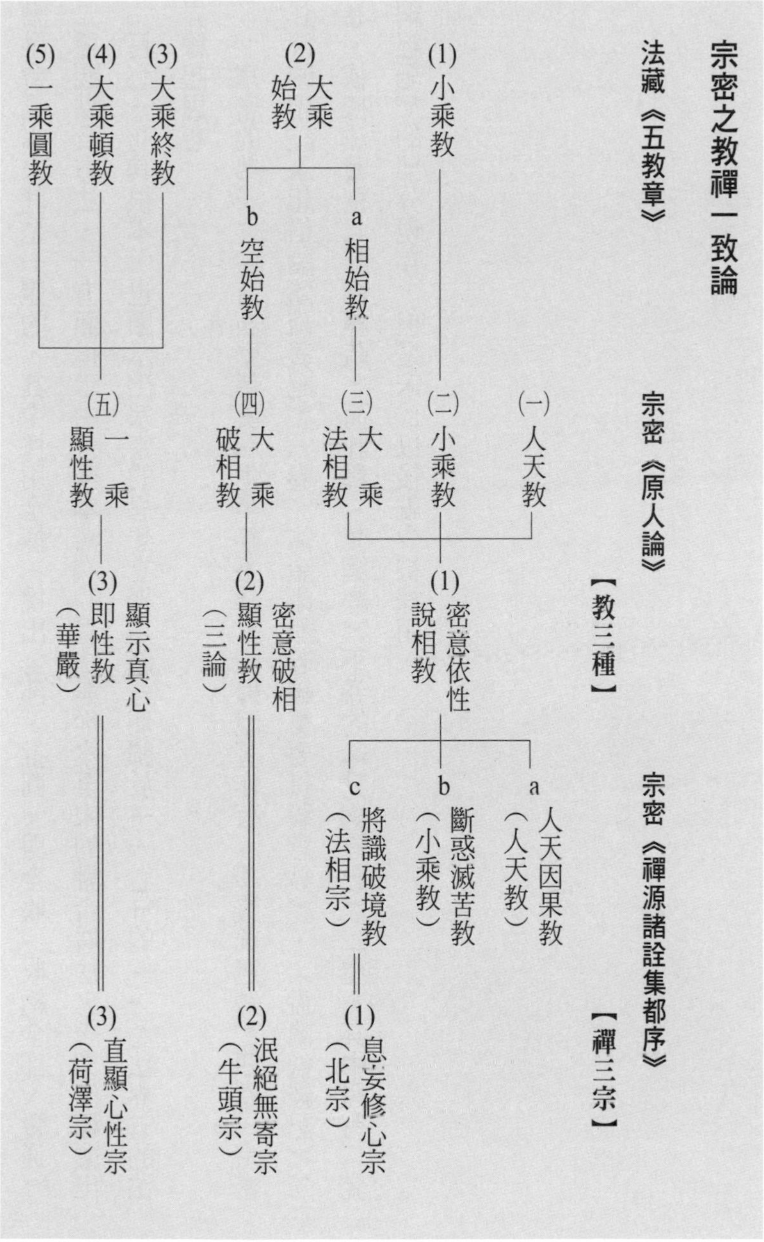
宗密之教禪一致論
法藏《五教章》
(1) 小乘教
(2) 大乘始教
a 相始教
b 空始教
(3) 大乘終教
(4) 大乘頓教
(5) 一乘圓教
宗密《原人論》
(一) 人天教
(二) 小乘教
(三) 大乘法相教
(四) 大乘破相教
(五) 一乘顯性教
【教三種】
(1) 密意依性說相教
a 人天因果教（人天教）
b 斷惑滅苦教（小乘教）
c 將識破境教（法相宗）
(2) 密意破相顯性教（三論）
(3) 顯示真心即性教（華嚴）
宗密《禪源諸詮集都序》
【禪三宗】
(1) 息妄修心宗（北宗）
(2) 泯絕無寄宗（牛頭宗）
(3) 直顯心性宗（荷澤宗）

對佛教的批判，宗密著作《原人論》，不僅究明人的本源，並主張所有思想和教義等都和諧融會且本來就是一體的。其中採用全揀（挑出全部、批判）與全收（收納全部、會通）二種觀點及方法，一方面指示由末至本漸次的看法與從本至末的融合看法，一方面標顯出「真心」為其根本，也顯示出宗密的思想立場是將一切歸於「一心」的「一心法界」的法界緣起思想。

宗密的弟子之中有石壁傳奧（生卒年不詳），據說著作有《華嚴錦冠鈔》四卷、宗密註釋的副註《起信論隨疏義記》六卷、《金剛般若經纂要貫義意鈔》、《盂蘭盆經記》二卷、依據法藏撰《梵網經疏》而註釋《梵網經》下卷的《梵網經記》二卷，其中只有《梵網經記》的部分現存，但是宋代以後就少被採用。

第五節　會昌廢佛後的華嚴學

一、正統與思潮

宗密圓寂之後，發生了會昌廢佛，隨即進入五代動亂時期。因此不單是華嚴學，要從有限的史料中窺知此時期佛教教學的詳細發展是很困難的。若論華嚴學，已知至北宋初期為止，在僧俗間廣泛流傳的主要是《法界觀門》，以及許多相關的註釋書，其中多半是透過宗密的《註法界觀門》而了解。

宋代之時，在北方遼與西夏的統轄地區，澄觀的華嚴學成為佛教學的主流。澄觀不僅影響中國之後的發展，同時也為東亞帶來非常深遠的影響。但在吳越地區，則是由北宋初期復興的天台學成為主流，因此也有天台宗的學僧講授華嚴相關章疏的情形。

活躍於浙江省嘉興和杭州、後被列入華嚴宗祖師的長水子璿（九六五—一〇三八），試圖會通華嚴學與天台學。子璿從華嚴學的立場，撰述《楞嚴經義疏注經》十卷、《起信論疏筆削記》二十卷、《金剛般若經纂要刊定記》七卷等。其中尤以《楞嚴經義疏注經》對往後《楞嚴經》的詮釋影響甚鉅。

此時期，吳越地區是以《起信論》所闡述的「一心」為思潮主流，以華嚴學「唯心緣起」所闡述的「總該萬有之一心」、「一法界心」，即包含森羅萬象而又歷然顯現的「一心」來加以說明，並以此思想為基礎，提倡諸教融合。而吳越地區的天台學僧，則展開了縝密的教理論爭，過程中，雖然四明知禮視浙江省杭州一帶的天台學為異端，認為其中參雜了華嚴學，但他們其實是創造了反映當地思潮的先進教理。此論爭並不像後世價值觀所說的正統與異端的論爭，而應解釋為正統與思潮的相互爭執。

二、華嚴教團的形成與衰退

正當天台宗內部論爭越過高潮之際，子璿的弟子晉水淨源（一〇一一—一〇八八）振興了華嚴。淨源一直致力蒐集經五代動亂而散佚的華嚴文獻，淨源弟子之中，有為了編纂高麗續藏的大業而入宋、對淨源執弟子禮的高麗義天（一〇五五—一一〇一），透過義天取得了許多高麗所傳的華嚴文獻，對淨源成立華嚴教團提供了充分的條件。

淨源將這些文獻與在中國殘存的寫本進行校對及治定，除將許多文獻開版之外，他自己也撰寫著作，制定禮懺儀軌，與同道法友們一起共修，並獲得州、縣官吏的護持，於其所住的幾個寺院收藏典籍，建立賢首教藏。淨源又確立了五祖說、七祖說的華嚴祖統，並將華嚴學標榜稱為賢首教。

淨源於歷來住過的寺院中建立了華嚴學的傳統。其蒐集典籍，充實相關研究，設置活動據點，確立獨有的宗教儀禮，並培養傳法的僧人、施主及信眾等，此外，為了表明教學立場而確立了祖統、教團名稱等，至此，教團成立所需的條件都具足了。淨源示寂之年，其所住持的慧因院被認定為華嚴宗的十方教院，其傾注一生心力復興華嚴的宿願，終於得以實現。淨源的思想並非是華嚴至上的本位主義，而是將《法華經》等其他諸經與《華嚴經》同等看待，此亦充分反映融合特色的思潮。

到了南宋，曾經駐錫於慧因院、依華嚴學論述念佛的僧人圓澄（證）大師義和（—一一三八．一一六五—）開始著手華嚴章疏的蒐集、校訂及刊行，並將淨源還未完成的智儼著作重新雕版。可堂師會（一一〇二—六六）、頤菴善熹（善喜、善憙，一一二七—一二〇四）、武林希迪（—一二〇二．一二一八—）等人亦趁此時機，以慧因院為根據地，在研究法藏的《五教章》進行華嚴教判的整理過程中，採用智儼的教說，主張華嚴學至上、具有強烈宗派色彩的學說。此時，慧因院儼然是學僧與文獻匯集的華嚴學中心。

最後，雖然宗派化的華嚴宗勢力並無法遍及全中國，但是華嚴思想之後也不斷活躍於融合佛教的潛伏主流，而那時正好處於近世與現代[4]交界之際，也形成一種期待革新的理念背景。

佛教傳至中國以來，中國佛教以既有研究成果為基礎，持續發展著批判與挑戰。在中國佛教的開展過程中，華嚴學是最晚出現思想體系的教理學，而就其意義來看，華嚴學是中國佛教教理史上到達最顛峰的學說。而與華嚴學極盛的同時期，除了從印度傳來昌盛一時的密教之外，並沒有產生新的學派。之後，在歷來教理學的成果與累積背景下脫胎換骨，以實踐為重心，發揮生活性與救濟力，並在貴族社會崩壞之後快速發展出極富中國（漢族）特色的禪宗與淨土教。

（吉田叡禮）

註解

❶ 教團於一定期間的集體修行。

❷ 不用等到未來，於未來成佛的彌勒菩薩，於現在即現身於世間解救眾生。

❸ 道教的修行方式，藉由呼吸練氣，氣息在體內產生不老不死的仙丹。

❹ 歐洲歷史學界將人類歷史分為四階段（古代、中世紀、近世、近代）。一般而言，日本史學者將江戶時代（一六〇三—一八六七）定義為近世。

專欄三

禮敬之爭——從東晉到唐代

礪波護（京都大學名譽教授）

佛教自印度東渡而來，在漢代（西元前二年前後）初次傳到遵循儒家禮教、以君臣父子禮法來維繫國家秩序的中國。但從四世紀東晉之後、南北朝統治之前，當政者開始對佛教教團的勢力抱持警戒，具體而言，有關王法與佛法的論爭，係因禮敬問題而浮上枱面。

最初有關禮敬的論爭，雖然是輔佐幼主成帝（三二五—四二在位）的庾冰在東晉咸康六年（三四〇）提出主張沙門也應禮拜君王，但當時受到何充等人反對而撤回提案。六十年之後，欲篡奪帝位的桓玄，於元興元年（四〇二）致書朝廷官僚部門的八座、王謐與沙門慧遠（三三四—四一六）後，下令實施沙門禮拜王者。但桓玄於篡奪晉朝之日又撤回了禮敬王者的命令。桓玄沒落之後，慧遠執筆《沙門不敬王者論》五篇，主張將佛教徒區分為出家與在家兩類，而出家的沙門沒有必要禮拜王者。之後，繼承東晉的南朝宋武帝（四二〇—二二在位）、南齊武帝（四八二—九三在位）等人，也曾試圖壓迫沙門，但沒有成功。

有關禮敬的問題，在胡族統治下的華北、北朝，與在東晉、南朝的情況大不相同。五胡十六國時期，夏國的君主赫連勃勃（世祖，四〇七—二五在位）雖然命令沙門向自己禮拜，此命令隨即因夏國的滅亡而於極短的期間內結束。另外，在北魏擔任道人統——統監僧尼事務——的沙門法果（生卒年不詳），因為太祖（道武帝，三八六—四〇九在位）即是當今如來，主張沙門應向其禮敬致拜。

對於對此趨勢抱有危機感的人們而言，《梵網經》二卷中明白地指出「出家人法，不向國王禮拜，不向父母禮拜」，出家人不拜君王與父母。此書在五世紀中葉由後秦的鳩摩羅什（三四四—四一三，或是三五〇—四〇九）譯出，內容闡述大乘菩薩戒，實際上卻是中國撰述的經典。

北周武帝（五六〇—七八在位）廢佛之後，開創王朝的隋文帝（高祖，五八一—六〇四在位）傾力復興佛教與道教。在其統治期間，完全沒有強制沙門禮拜君親的行動。然而，繼位的煬帝（六〇四—一八在位）於大業三年（六〇七）頒布大業律令之時，在雜令之中增添僧尼和道士、女冠（女性道士）必須對皇帝與官吏禮拜的條文。但是僧尼們一如往昔並未予以禮拜，禮拜皇帝的嘗試也因受挫而終結。

到了唐代，太宗（六二六—四九在位）於貞觀五年（六三一）正月發布詔書，命令僧尼道士禮拜父母，但僅僅二年便撤回詔令。禮敬議題的白熱化，是在高宗繼位之後（六四九—八三在位）與武后則天（六二四—七〇五）在位期間。武后則天執政後，於龍朔二年（六六二）發出勅令❶，針對沙門是否應禮拜君主與雙親一事進行檢討，但由於遭致佛教界的強烈反對，故令九品以上的文武官僚與京畿的州縣官員千餘人進行詳議，最後主張僧尼不拜君親的有五三九人，而主張僧尼應拜君親的有三五四人，依此意見的結果，高宗與武后撤回僧尼須禮拜君后的勅令，但下令仍應向父母禮拜。不久之後，連禮拜父母的詔書也被撤回了。此時期的爭議紀錄，由當事者道宣（五九六—六六七）收錄於其編著的《廣弘明集》卷二十五，以及彥悰（生卒年不詳）編纂的《集沙門不應拜俗等事》六卷，其中二卷彙集了東晉到隋代有關禮敬的議論；另外四卷則是唐代論爭的過程報告。

玄宗（七一二—五六在位）即位之後，依宰相姚崇的提議，對佛教、道教教團實施壓抑政策，做為肅正綱紀的一環。開元二年（七一四）閏二月發出詔書，命令僧尼道士禮拜父母，又於開元二十一年（七三三）十月下令僧尼禮拜君主，並再度重申禮拜父母。圍繞著佛法和王法優先權的爭論，最終以王法勝利、佛法屈服的結局暫時告一段落。

不過，天寶十四年（七五五）安史之亂爆發，玄宗逃出長安到蜀避難。皇太子肅宗（七五六—六二在位）即位之後，其與張皇后熱衷於佛教。上元二年（七六一）九月，肅宗於誕辰——天成地平節❷之日，在宮中三殿設置道場，命令大臣面向由宮女裝扮成的

禮拜王者的立場（王法優先）	不拜王者的立場（佛法優先）
【東晉～五胡十六國】 **庾冰**　第一次建議沙門禮拜王者 **桓玄**　命令禮拜失敗 **赫連勃勃**　命令禮拜王者	**【東晉～五胡十六國】** **何充**等朝廷官僚、知識分子之反對 **廬山慧遠**　《沙門不敬王者論》
【南北朝】 **宋　武帝**　壓抑沙門政策（失敗） **南齊　武帝**　壓抑沙門政策（失敗）	**【南北朝】** **《梵網經》**　清楚表明出家人「不拜王、父母」 ※據傳為中國撰述經典
【北魏】 **法果**　禮拜「太祖為當今如來」	
【隋】 **煬帝**　命令僧尼禮拜王者（失敗）	
【唐】 **太宗**　命令僧尼拜父母（撤回） **高宗、武后則天**　審議結果命令「只禮拜父母」 **玄宗**　確定王法和佛法的上下關係	**【唐】** **道宣**　《廣弘明集》 **彥悰**　《集沙門不應拜俗等事》 **肅宗、張皇后**　撤回僧尼禮拜君王的詔書

禮敬之爭

佛、菩薩等禮拜。接著，撤回七三三年所發布命令僧尼禮拜君主的詔書，不須對天子禮拜，也不須自稱為臣。入唐僧圓仁（七九四－八六四）於《入唐求法巡禮行記》卷二提及，開成五年（八四〇）三月，在登州親眼目睹頒布詔書時「僧尼與道士不拜」的記事。這是經過七十九年的時間之後，正式證明確實可以不拜的珍貴紀錄。

自七三三年十月到七六一年九月，短短二十八年的期間，僧尼被迫禮拜君王。在平定安史之亂、正式撤回僧尼禮拜君王的詔命之後，宋代與金代也依然沿襲不拜的立場。

註解

❶〈命有司議沙門等致拜君親勅〉。

❷日文原書為「天平地平節」，應是「天成地平節」。

文獻介紹

1. 板野長八，〈東晋における仏徒の礼敬問題〉（《東方学報》，東京一一－二），一九四〇年。

2. 塚本善隆，〈シナにおける仏法と王法〉（宮本正尊編，《仏教の根本真理》），三省堂，一九五六年。

3. 道端良秀，《唐代仏教史の研究》，法蔵館，一九五七年。

4. 島田虔次，〈桓玄——慧遠の礼敬問題〉（《慧遠研究　研究篇》），創文社，一九六二年。《中国思想史の研究》，京都大学学術出版会，二〇〇二年再收錄。

5. 礪波護，〈唐代における僧尼拜君親の断行と撤回〉（《東洋史研究》四〇－二），一九八一年。後再收錄於《唐代政治社会史研究》，同朋舍，一九八六年，和《隋唐の仏教と国家》，中公文庫，一九九九年。

第四章

民眾佛教的系譜

齊藤隆信
佛教大學副教授
西本照真
武藏野大學教授

第一節　淨土教的開展——民眾佛教

一、中國淨土教的黎明

高祖（李淵，六一八—二六在位）從太原南下，攻陷長安並消滅隋朝，成為大唐帝國的開國之父；接著繼承的是第二代皇帝太宗（李世民，六二六—四九在位），在位期間被世人歌頌為「貞觀之治」；一直到第三代高宗（李治，六四九—八三在位）與妃子武后則天（六九〇—七〇五在位）在位為止，這段時期不僅國政安定，對宗教活動也採取自由政策。貞觀九年（六三五），阿羅本（Alopen）傳入基督教的景教，在義寧坊建立大秦寺（波斯胡寺）。稍晚，於延載元年（六九四），來自波斯的傳教士傳入了摩尼教，同樣也在長安創建大雲光明寺。而在唐代之前就傳來的祆教，除了崇化坊的波斯寺之外，又另外建立了三所寺院。

在這樣異國諸教共存的長安城中，還有稱其擁有唐朝皇室李姓、並為老子（李耳）後裔而受朝廷保護的道教，以及傳入中國六百年後徹底中國化的佛教，這兩者也與其他宗教一起在朝政規範下欣欣向榮，互不排斥。處於以長安為中心、宗教文化百家爭鳴的漩渦之中，淨土教究竟是如何開展的呢？

本節將從唐代的宗教儀禮與民眾之間的關係做為切入點，論述有關淨土教於民眾佛教的擴展。唐代是各種佛教儀禮盛行的時代，淨土教也不例外，在往生傳一類的傳記中，記錄了對民眾講經和禮讚的儀式等，但由於傳記中所獲得的資訊是片段的，因此有必要以目前現存的儀禮文獻為基礎，對其進行考證。其中，特別可從善導與法照的禮讚儀禮，摘錄與檢證唐代淨土教儀禮中與民眾有關的部分情形。

二、唐代以前的中國淨土教與民眾

（一）廬山慧遠的結社念佛

說到中國的淨土教之祖[1]，一般認為初祖是東晉廬山東林寺的慧遠（三三四—四一六）。如同《高僧傳》卷六中提到的：「遠乃於精舍無量壽像前，建齋立誓，共期西方。」（《大正藏》五十卷三五八頁下）在廬山聚集了名僧雅士，一起結社念佛。雖然後世稱之「白蓮社」，但在慧遠圓寂後，其活動並未有持續的跡象。一直到唐代初期為止的佛典之中，甚至找不到隻字片語提及有關白蓮社和慧遠的淨土教信仰。初唐迦才（生卒年不詳）在《淨土論》的序文中提到：「然上古之先匠，遠法師、謝靈運等。雖以僉期西境[2]，終是獨善一身。後之學者，無所承習。」（《大正藏》四十七卷八十三頁上）文中

廬山東林寺（法鼓文化資料照片）

諷刺批判慧遠等人，這也清楚顯示初唐以前對於慧遠的評價。

然而在八世紀後半完成的《往生西方淨土瑞應刪傳》中，慧遠是淨土往生立傳者中第一人，另外依據《淨土五會念佛誦經觀行儀》，結社念佛也逐漸獲得正面的評價。不久，在宋代之後，《樂邦文類》和《佛祖統紀》等書，甚至賦予慧遠中國淨土教始祖的地位與角色。慧遠在初唐時為迦才所批判；中唐時，則被視為往生西方與結社念佛的重要人物；到了宋代之後，又被推崇為中國淨土教初祖，由此可知慧遠被尊為淨土教祖師的角色，是隨著時間而慢慢形成的。即便如此，有關結社念佛的實際情形，現在仍有許多模糊之處。說起來，並非一開始就有所謂白蓮社的稱呼，而且儘管是結社念佛，但那並不是稱名念佛的方式，而是依《般舟三昧經》的觀想念佛。再者，參加共修的人，文人、高級知識分子之名就名列一大串，在如此的團體中，一般民眾參加的情形是微乎其微。更何況，在《高僧傳》卷六中提到：

自遠卜居❸廬阜，三十餘年影不出山，迹不入俗。每送客遊履，常以虎溪為界焉。（《大正藏》五十卷三六一頁上）

如同上述，慧遠進入廬山後，終其一生為止，一次也未越過虎溪下山，所以與一般民眾深交和教化的情形，可說完全沒有。目前現有的資料顯示，對於賦予慧遠中國淨土教始祖的評價，只不過是把透過唐代淨土教的濾光片在宋代所形成的虛像，逐漸轉為實像而已。

（二）關於曇鸞的《讚阿彌陀佛偈》

在北魏曇鸞（四七六—五四二？）的傳記之中，可看到有關於民眾教化的描述。《續高僧傳》卷六的〈曇鸞傳〉中提到如下內容：

晚復移住汾州北山石壁玄中寺。時往介山之陰❹，聚徒蒸業❺。（《大正藏》五十卷四七〇頁下）

文中雖說到聚集信眾一起修行，但如此的描述還是欠缺具體性。另外，迦才於《淨土論》卷下的〈曇鸞傳〉提到：

法師撰集《無量壽經奉讚》，七言偈百九十五行，并問答一卷，流行於世。勸道俗等，決定往生，得見諸佛。（《大正藏》四十七卷九十七頁下）

所謂的《無量壽經奉讚》，正是現存的《讚阿彌陀佛偈》。而所謂的「聚徒蒸業」的意思，大概就是在玄中寺和其周邊（介休山）等地，僧俗大眾一起依《讚阿彌陀佛偈》舉行盛大的禮讚儀禮吧！

雖然不清楚儀禮具體上是以何種型態來進行，但依據《讚阿彌陀佛偈》的內容，可稍微推知一二。《讚阿彌陀佛偈》蒐集了有關阿彌陀佛與往生淨土等讚偈詩集，內容是依據《無量壽經》並以七言一句、五十一拜所構成的讚偈，各偈的最後一句，必定是以「歸命禮」、「頂禮」、「稽首」、「頭面禮」、「稽首禮」、「禮」、「歸命」、「歸」結束，可知這不僅是口業的讚歎，同時也伴隨身業的禮拜。也就是說，其目的是為了實際的儀禮儀式而編纂的。只是有關中國傳統韻文規則的押韻和平仄等認識，卻完全沒有被考慮的跡象。以下舉出一例並稍做說明：

若聞○阿彌○陀德●號　歡喜●讚仰●心歸○依
下至●一念●得大●利　則為○具足●功德●寶
設滿●大千○世界●火　亦應○直過●聞佛●名
聞阿○彌陀○不復●退　是故●至心○稽首●禮

※註：「。」表平聲、「•」表仄聲。（《大正藏》四十七卷四二二頁下）

確實是為了維持音樂的韻律，雖然不具有被必要的押韻與平仄，但是其詞彙並沒有像跨越文句間對不上的割裂現象，再加上在七言句中，即使有節奏點，也大致是被放置於前四字與後三字（○○○○／○○○），藉此作法來取代押韻與平仄，算是勉強地保持了一定的節拍。對音樂這般用心，是淨土教儀禮前所未有的事，而這對於大眾聚集一堂齊唱讚偈，無疑會有很大的效果。

總之，曇鸞的功績，是將過往的身業禮拜和口業的讚歎結合成為禮讚，再增添若干音樂性，因而讓僧俗大眾具體化地實行於儀禮的現場。

（三）從造像銘❻來看南北朝的淨土教信仰

南北朝時的佛像很多是金銅像與在北朝開鑿石窟內的石像，其中大多數為釋迦牟尼像，其次是多寶佛像和彌勒佛像、觀音像等，較稀少的是藥師佛像，稍晚也出現盧舍那佛的造像。雖然阿彌陀佛像是以「無量壽佛」之名來塑造，但數量絕不是很多。

表現淨土教信仰的銘文，被發現附於無量壽佛造像上的數量出奇稀少，反倒是刻記在釋迦像和彌勒像上的數量比較多，這種情形成為此時期的特色。這些造像銘的共通點，是將對往生的父母和過去七世父母的追思供養當成目的，像此類的造像銘文數量最多，銘文的內容有：願彼等亡者遠離苦難，出生於安樂之處，並能謁見諸佛，且附帶祈求皇室繁榮與家族幸福；也有些造像單純只是為了自己想要積善、長命富貴、出人頭地等，為了祈求現世利益而存在；更有甚者，還有祈願來世轉生（即輪迴）為王侯長者而塑造的佛像。總之，與其依靠阿彌陀佛的濟度往生，倒不如祈求現世的利益，這才是當時民眾追求淨土教信仰的實際情況。故而，塑造無量壽佛像、願往生西方淨土、為了往生西方而念佛，這三者還未結合在一起。

不過，在南北朝末期的銘文上，同時出現塑造無量壽佛像與願生西方。其中最早的例子，是北齊的〈李神景兄弟等造像記〉（五五五）和〈比丘尼如靜造像記〉（五五六）。也許那些銘文與《觀無量壽經》的漢譯並不是毫無關係。若要從經典中探求淨土教的理論根據，不論是在任何時代，都非《無量壽經》莫屬，但若就實踐根據，具體上是整理完備為三福、十六觀想、口稱念佛的《觀無量壽經》。在此以前，雖然具體的因行（往生行）與果報（往生淨土）的因果關係是模糊不清的，但是藉由《觀無量壽經》所闡述的實踐體系而釐清了這個問題。因此，《觀無量壽經》雖於五世紀前半完成漢譯，但在那之後大約經過一百年，亦即南北朝進入末期時代，才終於受到注目，後來對隋、唐的淨土教尤其帶來極大影響。藉由此經，以修道和行儀為中心，在實踐方面也逐漸傳播給一般民眾的契機，使淨土教持續朝向新的局面發展。

第二節　唐代禮讚儀禮所見之民眾淨土教

一、善導在長安的弘化

五陵年少金市東
銀鞍白馬度春風
落花踏盡遊何處
笑入胡姬酒肆中（李白，〈少年行〉）

在中國歷史上，唐代是相當引人興趣的朝代。其原因或許是透過絲路，許多不同的民族與文物遠從西方流入，因而有了新的東方文化能開花結果的憧憬？也或許是由於遣唐使將唐代的制度和技術傳到日本，形成絢爛的天平文化的根基？耽溺於與楊貴妃之間風流韻事的玄宗皇帝李隆基（七一二—五六在位）治世之時，由於節度使安祿山的擾亂而動搖國家根基，但在此之前大約長達一百三十年的時間，大唐帝國是東亞文化圈的信息發報源，而且持續展現強大的權勢與威信來牽引周邊諸國。無疑，國都長安更是向四方開放的國際都市。

本章節一開始所引用的詩，是盛行於唐代的七言詩（絕句）。若與文壇上嚴謹的五言詩相較，七言詩具有新鮮與輕快的特質，所以即使在民間也普受歡迎。這首詩的作者李白（七〇一—六二），留下了為數眾多爽朗豪放的作品，被譽為詩仙，並且也與晁衡——亦即阿倍仲麻呂❼（六九八—七七〇）結成莫逆之交。

來自五陵地區時髦的年輕人們，朝位於金市東側的繁華地區來了。
白馬的背上裝飾著銀製的華麗馬鞍，在春風中氣概軒昂地走過，
紮實地踏著舞落至路上的花朵，到底要前往何處呢？
一面笑著一面進入了那有著藍眼睛美女的酒館。

以上所述是這首詩的大意。所謂五陵，是指位於長安西北郊外的五位皇帝陵墓，也有很多高官和富裕階層住在此處。所謂金市則是指位於長安城內的西市，西市也就是從西域方向進城時的入口，很多從國外來的商人，便是定居此四通八達的城市中。在這個金市的稍東之側，有個特別華麗的熱鬧地區。那裡的酒館櫛比鱗次，有很多來自伊朗等地區或者西域綠洲城市的美女（胡姬）在此處工作，而具有男子氣概的年輕人們，意氣風發地慕名

而至，他們的目標，當然是來自西方的美女與葡萄美酒。

在長安這個大都市中，金市是最醇厚璞美的衢巷，是東、西方各民族交會往來之處，充滿讓人耳目驚豔的文物。鄰接於金市正南方，是由棋盤狀市街區域構成的懷遠坊❽，在懷遠坊的東南角落，有超過三十公尺的七寶台閣，其與東西兩側一對地基佛塔，以及聳立其間的光明寺，構築了寺院的格局與樣式。這座光明寺，正是唐代淨土教的改革者善導（六一三—八一）展開弘法活動的寺院。另外，隔著貫穿南北方向的街道、緊鄰在東側的是剛竣工的西明寺。這座大寺院以道宣律師（五九六—六六七）為上座，並以玄奘（六〇二—六四）、道世（生卒年不詳）為首，還有其他多位才智優異、學識廣博的高僧曾在此駐錫，同時，中印度的

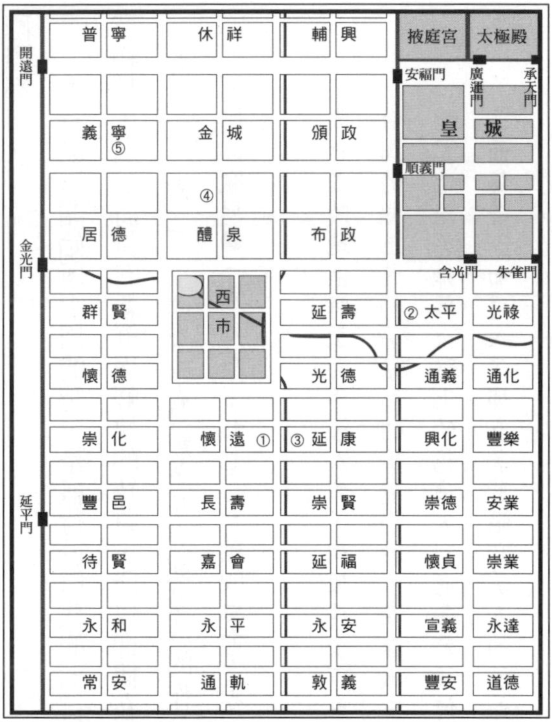

長安城坊市復原圖（部分）
①光明寺 ②實際寺 ③西明寺 ④醴泉寺 ⑤化度寺

善無畏（Śubhakarasiṃha，六三七—七三五）、北印度的佛陀波利（Buddhapāli，生卒年不詳）、新羅的圓測（六一三—九六），以及日本的道慈（？—七四四）、空海（七七四—八三五）、圓載（？—八七七）等人也都曾經在此掛單過，可說是富有國際色彩的學問寺院。此外，西明寺也被歌頌為風景勝地，甚至有提到長安就聯想到牡丹，而提到牡丹就聯想到西明寺的說法，寺院外植以青槐圍繞四周，寺內還引水開鑿了河渠。光明寺與西明寺兩座寺院距離金市都只有數百公尺而已。

善導常住起居的寺院為實際寺，這座寺院也位於金市東側，隔著一坊（延壽坊）而建於太平坊內。寺內附設的淨土院，其莊嚴的程度被讚譽為「京城之最妙」，在長安城中聲名大噪。

總之，無論是光明寺或實際寺，與金市東側都是近在咫尺的距離。然而，善導對於城內民族融合的異國芳香與喧囂，以及規模最大的花花世界無動於衷，只管持續地奔走於淨土教的宣揚。

二、道綽的淨土教與民眾教化

年輕時的善導，其師父是僧人道綽（五六二—六四五）。從隋朝到唐初，道綽活躍於遠離都城的北都太原，並駐錫於曇鸞圓寂後的山中寺院——玄中寺。他在致力宣揚淨土教的同時，還撰述《安樂集》二卷和《行圖》一卷，並且要求自己日課念佛七萬遍。貞觀十九年（六四五），道綽以世壽八十四歲圓寂。當其耗盡心力、自行化他的一生落幕之時，正是三藏法師玄奘從印度遊學歸來三個月之後。

有關於道綽在民眾教化方面的事蹟，散見於各種傳記類文章之中。在《續高僧傳》卷二十的〈道綽傳〉中提到：「道俗子女，赴者彌山。」❾（《大正藏》五十卷五九三頁下），又，在講授《觀無量壽經》時說：「詞既明詣，說其適緣。比事引喻，聽無遺抱❿。」（同五十卷五九三頁下）。另外《往生西方淨土瑞應刪傳》中也有提到：「勸人念佛，語常含笑。」（同五十一卷一〇五頁中）。他在說法時，對於聽眾總是傳達著無微不至的關心。再者，依據迦才的《淨土論》卷下的敘述：「示誨并土晉陽、太原、汶水三縣道俗，七歲已上，並解念彌陀佛。」（同四十七卷九十八頁中）。可知其感化影響之巨大。又如《續高僧傳》中所說：「纔有餘暇，口誦佛名。日以七萬為限，聲聲相注，弘於淨業。」（同五十卷五九四頁上）。可見其在精進努力的同時，也勤奮不懈於宣揚教義。

至於道綽對民眾的說法方式，在《安樂集》第二大門⓫的結尾上，記載著令人深感興趣之事。依據那段文章的說法，說明了念佛等同於禁咒（咒語）。此說法在曇鸞的《往生論註》中也敘述過，是同在太原的山寺——玄中寺，擔任教化的兩位宗教師所共同關懷的吧！換言之，關於用念佛能袪除煩惱（曇鸞認為是能「滿願」）的理由，是以「名即法」

來回應。認為念佛就是名（名稱、音聲）對應於法（內容、現象），等同於禁咒（咒語）一樣。道綽舉例說，若被狗咬傷的話，可用火烤熱了虎骨來摩搓患部，或若腳抽筋，可用烤熱的木瓜來摩搓腳，據傳這樣做就可以痊癒。但是我們不可能會隨時攜帶虎骨與木瓜，因此遭遇上述情況時，說明即使嘴裡只是連續呼喊「虎來！虎來！」、或是「木瓜！木瓜！」，患部也能夠治癒。總之，如同大聲高喊「芝麻開門！」（名），門就打開（法）一樣。同理，若是呼喊阿彌陀佛名號，就能蒙受其救助。一般說來，並不是藉由法藏⑫的傳說故事來闡述念佛往生的理論，而是借助民間療法的口傳來說明，而這根本不被認為是可以對出家眾談論的內容，但道綽就是採用民間周遭盛行的風俗習慣，來對三縣的民眾說明念佛的教義。

另外，「數量念佛」也是道綽所提倡的。為了勸請民眾數量念佛，教導他們使用隨手可得的細小豆類如麻、豆、木欒子等，用來計算念佛次數。這些都是道綽在教化民眾當場的用心。他也更進一步提倡依點數制的念佛往生。也就是說，即使是一生造惡的人，依臨終的十念也能往生西方，那是因為累積了從過去世以來的功德所致，然後再加上在今生臨終的十念，終於可以得生淨土。照理來說，此處應該也要用法藏菩薩的誓願成就來加以說明，但若按教科書似的理由，對於聚集在玄中寺的信眾來說，是沒有意義的吧！這也是道綽教化民眾的一部分情況。

另外，迦才著述的《淨土論》嚴厲地批判《安樂集》有點煩雜。但那煩雜，正可以反過來推測，《安樂集》是來自講經和俗講⑬之類教化民眾現場的產物。在《安樂集》的本文中，可以看到有「今，此觀經……」、「今，觀經……」，還有「今日座下聞經者……」的若干文語，同時也使用了很多譬喻故事，若將這些方式假想成是針對聚集於實際法會會場的聽眾而不是讀者，那麼就顯得合理了。總之，道綽講授《觀無量壽經》多達二百遍，而當時的講經說法聲，被認為摻雜融進了《安樂集》之中，令人聯想起透過穩健溫和的口吻和日常熟悉的譬喻，一邊對七歲的孩童做淺顯易懂的說明，一邊對民眾進行法義宣揚的道綽德風。

三、從傳記來看，身為唱導僧的善導

在唐代初期的淨土教，善導到底完成了什麼樣的任務？若是翻閱傳記和其著作，從那些資料中都會浮現共同的面貌，以下首先從傳記來確認。

從許多善導傳記所傳達的訊息中得知，善導絕不是一位沉悶地在僧房中閉門不出、只專志於著書立作的學問僧，反倒可稱之為唱導僧⑭，或是講經師。其具體的事蹟有：闡述淨土法門；持守戒律；親自力行乞食；修繕恢復所有破損毀壞的塔寺；製作多達三百幅的淨土變相圖；書寫《阿彌陀經》十萬卷；在營造洛陽龍門石窟的大盧舍那佛像時，擔任現場監督的任務……等。以上被認為並非各自分開的獨立活動，而是一方面以有機體的方式循環運作，一方面逐步構成對民眾的弘化活動。

例如：從淨土變相圖的繪製數量與《阿彌陀經》的書寫數量來看，是為了提供講經與誦經之用，藉此分發給寺院和信眾等，是有助於淨土教的擴展行動吧！而且實際上應該要雇用工匠繪師和寫經僧等來進行，因此可以推測，龐大的費用，應是依據說法和講經所獲得的布施來供給。在《高僧傳》[15]中特別記載了一則故事，似乎是要讓世間引起騷動般，內容是善導在光明寺說法時，受到感動的信徒爬上位於門外的柳枝，而投身自絕。這是呈現出善導說法感化力的街談巷議。另外，在善導的《法事讚》中，依序記錄受施主委託所舉辦的法事儀禮的經過。由此可知，在進行此類儀禮之時，理所當然會提到來自「今施主」、「今日施主」、「我施主」等有關施主的布施供養，而此布施供養，應該就會成為下一次教化活動的資金。以講經和說法等方式所得的供養金，被認為使用來達成諸多事業；因為那些事業也直接和新的教化活動有關，所以便成為了更多布施供養的引玉之

善導大師像（出自《佛祖道影》）

磚。一般普遍認為，善導便是如此展開循環式的弘法活動。

有一位比善導大約年長六十歲、也是以講經馳名的法海寺高僧寶巖（五五五前後—六二七），其心胸豁達與和藹可親的說法，總是聚集很多民眾前來聆聽。據說他光是登上講壇的高座，供養金便會被拋擲進來，數量多到堆滿整個講台。據《續高僧傳》所述，那是為了籌措在長安城中建立塔寺所需的巨額經費而舉行的說法，那些供養金是對於不論講經或唱導都富有聲望的高僧毫不吝惜的布施之舉。再者，在入唐求法的沙門圓珍（八一四—九一一）的《佛說觀普賢菩薩行法經記》卷上（《大正藏》五十六卷二二七頁下），也可以看到如下的記載：

> 言講者，唐土兩講：一、俗講，即年三月就緣修之，只會男女，勸之輸物，充造寺資，故言俗講。僧不集也，云云。二、僧講，安居月傳法講是。不集俗人類也。若集之，僧被官責。

俗講的目的，不單只是為了弘揚佛法，根據前述文章的內容，可了解也有籌措資金建造寺院的目的吧！所以一般認為，善導經由此類的講經、說法（俗講）來籌募足以修繕維護塔寺、繪製淨土變相圖、書寫《阿彌陀經》的資金。從那些資料中逐漸浮現出來的實際影像，與其說是學問僧，倒不如說是置身於大眾之中，被要求須具備：聲（美聲）、辯（口才）、才（才智）、博（學識廣博）的唱導僧（說法師），或是講經師。

四、從著作來看善導的教化活動

善導遺留下五部九卷著作，這些著作也與其傳記一樣，可從其中確認與民眾之間有強烈的關係，因為每一部都是記載有關儀禮的著作。關於被當成淨土教教理書的《觀經疏》是《觀無量壽經》之註疏一事，雖無可異議之處，但其構造和內容與其他經疏相比，卻具有不同性質，反倒是做為儀禮書的特徵還比較顯著。以下的敘述，便是有關善導在禮讚儀禮方面所具有的庶民特性（嶄新性、通俗文學性、韻律的通俗性）。

（一）在《觀經疏》所見之民眾特色

善導所著的《觀經疏》，是五世紀中葉左右漢譯的《觀無量壽經》的註疏。不論就文體、詞彙語法、內容任何一項而言，都無法看出試圖在思辨、論理上對深奧的佛典做正確解讀的態度，反而有很多地方是設想對民眾講述解說的構成要素。舉例而言，其文體（散文部分）並不是從南北朝以來由知識分子制定的詞藻華麗修飾的四六體。再者，在關於詞彙和語法上，也表現出了豐富的口語性。更進一步從內容上來看，也可以指出其通俗性的部分。其書之特徵，可整理如下：

1. 說書般冗長的譬喻故事（二河白道）。
2. 對於深奧的佛教用語，除非必要，否則不加以解說。
3. 可以看到沒有整合前後的敘述。
4. 使用很多口語上的表達方式（詞彙與語法）。
5. 對於三福[16]中之「孝養父母」的解說篇幅過大。
6. 在「定善義」與「散善義」[17]中插入讚偈。

上述這些特徵，呈現出《觀經疏》的方向性。善導的師父道綽開筵講演《觀經》多達二百次，善導的弟子懷惲（六四〇—七〇一），也講授《觀經》數十次左右。善導同樣也舉行講經儀禮，並將此類活動所累積的成果彙整為經疏的體裁，即《觀經疏》。

法眼宗第三代祖師延壽（九〇四—七五），在其著作《萬善同歸集》中引用善導《觀經疏》中提及的「上都儀云」。所謂的「上都儀」並不是專有的典籍名稱，而是表示彙整在上都（長安）所舉行的儀式、儀軌的典籍之意。也就是說，在延壽身處的時期，善導的《觀經疏》被當成為儀禮（講經儀禮）之書而為大眾所認識。

再者，在《觀經疏》中穿插了很多「讚偈」。除了〈歸敬偈〉之外，也出現在定善義的水想觀、寶樹觀、寶池觀、定善義之末，以及散善義的上輩、中輩、下輩之中。雖然在經典註疏中出現讚偈是稀奇之事，但在講經儀禮使用讚偈，實際上是司空見慣的表達方式。在本書中就有很多的讚偈，在押韻的同時，也添加各種修飾。

極樂莊嚴安養國　八德寶池流遍滿（上聲緩韻）
四岸含暉間七寶　水色分明映寶光（平聲唐韻）
體性柔軟無堅觸　菩薩徐行散寶香（平聲陽韻）
寶香寶雲成寶蓋　寶蓋臨空覆寶幢（平聲江韻）
寶幢嚴儀圍寶殿　寶殿寶鈴垂珠網（上聲養韻）
寶網寶樂千重轉　隨機讚歎寶宮樓（平聲侯韻）
一一宮樓有佛會　恆沙聖眾坐思量（平聲陽韻）
願此有緣常憶念　捨命同生彼法堂（平聲唐韻）

（《大正藏》三十七卷二六五頁上）

偶數句句末的押韻，與句中的平仄配置（二四不同，二六對）等，雖稱不上很好，但自由的寫作風格，未受當時權威的音韻字典《切韻》的拘束，換言之，可以被評定為宗教歌曲或民間歌曲。又，在前一句的句末與後一句的開頭，以同樣的詞彙做連接來取代不工整的押韻與平仄，成功營造出一定的韻律效果。此是由善導獨創產生的音樂風格，在同樣也是善導所著的《法事讚》中也可見到若干，此種形式也為後世淨土教儀禮所接納。

此外，不僅在《觀經疏》，善導所作的讚偈也有很多是七言偈。從後漢以來，五言一句是文壇上的傳統，但就如同之前出現過的李白的〈少年行〉，到了唐代之後，民間逐漸開始流行七言一句，七言詩的創作實例也持續增加。善導創作了很多七言偈，被認為是試圖與時代趨勢和民眾的喜好並肩而行的關懷表現。善導的讚偈導入了不拘形式而獨創的嶄新風格，也就是現今所說的流行最前線，這不就具足了吸引國都長安民眾的魅力嗎？

總之，《觀經疏》自始至終都一貫是以說話的口吻來撰寫。考量於文中安插被當成儀禮條件之一的讚偈並非是為讀者設想彙整的，可以說，如果是為了聽眾——在家信眾以及一般民眾的存在而設想，就無法解釋清楚其文章的構造、內容與格律。

另外，能讓人想起如上之民眾特性的特徵，只有在善導的《觀經疏》中是明顯易見的，由同時期學問僧所著述的《觀經》註疏類作品，以及其他的淨土教文獻等，皆未發現如此的特徵。

（二）在《往生禮讚偈》所見之民眾特性

《往生禮讚偈》是善導編集的淨土教儀禮書，將一日區分為六時（日沒、初夜、中夜、後夜、晨朝、日中），在每個時段分配各自要做的禮拜與讚偈，所以也稱為《六時禮讚偈》。此六時之內，最後的日中是善導自己所作的讚偈。此日中禮讚，若做為韻文詩歌來看，則未必能符合其有關押韻和平仄的規則，是觸犯了寫詩的禁忌；若是當成文學作品來評價，不能否認是會有些相形見絀。但若是放在與大眾共修的儀禮現場時，則可說是勇於打破作詩的正格規定，並依據當代當地的漢字發音，自由表現出通俗的風格。

第十偈

彌陀身心遍法界（第一句不用韻）　影現眾生心想中（平聲東韻 [-ng]）

是故勸汝常觀察　依心起想表真容（平聲鍾韻 [-ng]）

真容寶像臨華座　心開見彼國莊嚴（平聲嚴韻 [-m]）

寶樹三尊華遍滿　風鈴樂響與文同（平聲東韻 [-ng]）

（《大正藏》四十七卷四四六頁上）

第十七偈

下輩下行下根人（平聲真韻 [-n]）　十惡五逆等貪瞋（平聲真韻 [-n]）

四重偷僧謗正法　未曾慚愧悔前愆（平聲真韻 [-n]）

終時苦相如雲集　地獄猛火罪人前（平聲先韻[-n]）
忽遇往生善知識　急勸專稱彼佛名（平聲清韻[-ng]）
化佛菩薩尋聲到　一念傾心入寶蓮（平聲先韻[-n]）
三華障重開多劫　于時始發菩提因（平聲真韻[-n]）
（同四十七卷四四六頁下）

雖然於偶數句的句末安置韻腳，且全是用帶有鼻音的韻腳，但是其收束音（[-n]、[-ng]、[-m]）並非同時拿來押韻。舉例來說，在詩文中，[-n]和[-ng]雖可屢見於通俗詩，但是[-ng]和[-m]用來押韻的例子，從三國到隋唐時代幾乎是不存在的。況且，[-m]和[-n]通押，也只有少數幾個例子而已。依照上述例子，若把[-n]、[-ng]、[-m]拿來通押，押韻的結構就會變得非常鬆散不嚴謹。這種在文壇正統詩中不會存在的民間通俗押韻，卻可確認存在於善導自己所作的讚偈中。

讚也就是辭，對於辭予以修飾（即修辭，rhetoric），如果想隨其唱和，就必須配合適當的節奏（rhythm）而發聲。在這當中，應可看透作者在文學上的創意與創新。若從結論而言，可以說，善導的禮讚偈，是將從印度以來對於佛的「記錄讚詞的偈」，與根據中國傳統韻文的「記錄讚詞的詩」兩者加以折衷的作品，也就是詩偈。除吸取雙方精華，還附帶身業的禮拜而成為「禮讚偈」，並且更進一步讓讚擺脫從第三者鑑賞和評價的期待，因而調動大眾至宗教儀禮現場，這才是其角色與價值。

若比較善導的禮讚偈與前時代的淨土教禮讚偈，可發現如下顯著的特色：

1. 偶數句的句末押韻（是韻文不可或缺的要素，可確保基本的音樂性）。
2. 句中的平仄配置（在韻文方面是必要的要素，可確保基本的音樂性）。
3. 在句間插入和聲（取代押韻與平仄，確保一定的韻律）。
4. 句末與句首詞彙的重複唱誦（輔助押韻與平仄，確保一定的韻律）。
5. 從古典文學中借用詞彙（藉由使用典故，以確保概念的具體化）。

這些都是由善導所完成的嶄新創作。依據做為宗教作品的「讚偈」，與做為文學作品的「讚詩」相結合，從而創造出迄今未有的作品——「詩偈」。

在善導以前，中國淨土教的各種儀禮是完全沒有文學成分的。但善導依據實際舉辦儀禮的經驗，在與民眾共修的禮讚儀禮中添加了文學的成分，而在至此時為止肅穆的宗教儀禮中予以調和。但他並不是要創造純粹的文學作品，也絕不偏重於修飾華麗的詞藻，相反的，也不陷入沒有嚴肅氣氛表現的作品。換言之，善導的讚偈，兼具俗文學與宗教性，成為符合民眾所喜好的佛教歌謠之類的音樂作品吧！因此善導使用讚偈來進行的儀禮，在其圓寂後長達數百年的期間，成為中國淨土教儀禮方面的權威。

於是，在可能是繼承善導的禮讚儀禮的弟子之中，有位名叫道詮的弟子，在偽撰戒珠集的《往生淨土傳》中提到以下敘述：

釋道詮者蘇州人也，少出家從導禪師習淨土業。（導禪師）授以六時禮懺曰：此業能超生死至淨剎。一生行業即往生⑱大事，詮歡喜入道場，專心行禮懺。……（原文出自真福寺善本叢書《傳記驗記集》八十一頁）

上述文中，所謂的「導禪師」就是善導吧，而傳授所謂的「六時禮懺」，可以認為就是基於《往生禮讚偈》而產生的禮懺儀禮吧。在《往生禮讚偈》中，也講了很多關於懺悔的內容，故也被稱之為禮懺。禮懺與禮讚，是在禮佛時，於對內（自己）的感情「懺悔」與於對外（佛）的感情「讚歎」的不同差異。總之，善導的儀禮確實為弟子所稟承，之後至中唐時，由受到近體詩洗禮的法照禪師繼續傳承下去。

五、法照禮讚偈之通俗性

若說到陝西省漢中市洋縣，就會聯想到是以貓熊、朱鷺、金絲猴的棲息地而聞名，是自然生態豐富、純樸而抒情的城市。在洋縣境內，以秦嶺山脈為水源發源地，而流入漢水的瀛河之水，正往南悠緩地流動著。這條河的附近有座稜線幽美的小山，稱為釋子山，法照就是在此地出生的。

法照（七四六—八三八）以中唐淨土教大師而聞名，之後，也被尊稱為後善導（善導的轉世再來）。另外，在繼承廬山慧遠的淨土教祖師之中，是接續於第二祖善導之後的第三祖。他所編著的《淨土五會念佛誦經觀行儀》三卷，以及《淨土五會念佛略法事儀讚》一卷，收錄了從隋朝到中唐期間所作的讚偈，與其所唱誦的讚偈的淨土教文選集，並在其中增加念佛、誦經等，是為了切合實際的儀禮而組成的一大儀禮書。法照即於五台山、太原、長安舉行此類的儀禮。

法照大師像（出自《佛祖道影》）

法照所作的讚偈，特別是從：①詞彙、②插句、③韻律的觀點來看，可指出其通俗性和針對民眾特性之處。

首先關於①詞彙的通俗性方面，舉例而言，可以指出如是：「……裡」（表示場所的接尾詞）、「……頭」（表示物品的前端或是場所的前方等的接尾詞）、「……得」（同時表示動詞及其結果的結果補語）、「耶孃」（對於母親的通俗稱呼，即「娘」）⑲、「會當」（「當」的加強語氣）⑳、「但使、但令」（假定副詞）、「去來」（在行為或情緒上催促、勸誘的助詞，即「喂」、「來」）、「急手」（「手」是接尾詞，即「趕快」）等的詞彙。再者，使用很多的「時時」、「聲聲」、「一一」、「個個」、「處處」等重疊字，也是構成口語化的要素，這些都是法照在民眾日常生活的語詞使用上多加關心留意之處。

其次是②插句，此種方式原由善導開創，但法照也採用了。舉例而言，〈淨土樂讚〉就是在各讚之間的句中插入了「淨土樂」的文字：

彌陀住在寶城樓　淨土樂　傾心念念向西求　淨土樂
到彼三明八解脫　淨土樂　長辭五濁更何憂　淨土樂
寶樓寶閣寶金鑿　淨土樂　池水金沙映底清　淨土樂
法曲時時常供養　淨土樂　蓮花會裏生無生㉑　淨土樂

（《大正藏》八十五卷一二四七頁中）

從例句可看出，在每一個句子之後夾放進「淨土樂」的插句，因而形成整齊劃一的類型。其他也有「我淨樂」和「歸去來」等多種插句用語。藉由在句子之間穿插相同文字的反覆讀唱，並透過如此合唱的疊句效果形成一種「插曲」，擔負起產生一定節拍上的任務。在盂蘭盆會舞蹈表演的民謠盛會中（這也還是一種宗教儀禮），於歌詞的間隔之間會增添「嘿喲（よいしょ）」、「哼喲（どっこい）」㉒的叫喊聲來當成插曲，與此是一樣的道理。因此也可以知道，淨土教的讚偈，是為了要與民眾一起唱和的宗教歌曲。

再者，從③韻律也可以確認其通俗性，因為在韻律上有很多不符合《切韻》系韻書㉓的例子。

淨土樂讚

西方○淨土•七重○欄（平聲寒韻）　七寶•莊嚴○數百•般（平聲刪韻）
琉璃○作地•黃金○色　諸臺○樓閣•與天○連㉔（平聲仙韻）

（《大正藏》八十五卷一二四八頁上）

依阿彌陀經讚

釋迦○悲智•廣無○邊（平聲先韻）　先開○淨教•利人○天（平聲先韻）
菩薩•聲聞○無量•眾　其時○聽在•給孤○園（平聲元韻）

（同八九五卷一二五六頁中）

淨土法身讚

碎末為金礦　礦中不見金（平聲侵韻）
智者用消鍊　真金腹內現（去聲霰韻）
佛相空無相　真如寂不言（平聲元韻）
口談文字教　此界忘相禪（平聲仙韻）
三乘元不識　外道未曾聞（平聲文韻）
小根多毀謗　誓願不流傳（平聲仙韻）[25]（同八十五卷一二六四頁下）

在法照的讚偈中，如同句中的二四不同和二六相對的格式，大致上是符合正格的規定，但是有如反法與捻法成了破格般，在其平仄的配置上，也有若干不符合近體詩的格律。若是將法照的讚偈與其收錄於《全唐詩》和《全唐詩補編》的五首詩相較，就可以看出，兩者在完整度方面有明顯的差異。此差異可假想出如下情況：當成「詩」而寫的作品（文學作品），與當成「偈」而寫的作品（宗教作品），兩者之間有所謂的差異。首先，文人、知識分子的詩，是想要創作出技巧更講究、修飾更完美的高雅作品，同時因會受到第三者的評價，所以即使在韻律方面，也要讓其符合具有權威的官韻《切韻》的音韻體系，不得不依照標準音來作詩。但是，「偈」的對象並不是知識分子，它是在寺院的宗教儀禮現場使用的歌曲。正因為是儀禮使用的歌曲，所以在讀唱上應該具有當代那個地域的發音，因此必須遵照標準音的規定是完全沒有道理的。如果在發音上反而刻意利用措詞加以修飾成標準音，對當地實際儀禮而言，將成為毫無實效的歌曲。藉由製作唱誦時容易發音、聽起來身心舒暢的歌曲，才能保證當時禮讚儀禮的盛行。

出現於唐末五代的敦煌變文[26]和講經文，在內容文字的用韻上，主要是強烈反映出使用了西北地方腔的方言口音，因而被認為已經不再使用官方的韻書來作詩。在唐代積極創作的淨土教讚偈，不僅處於既傳統又保守的文壇詩文，以及寫詩相對較自由的唐末敦煌變文、講經文時期的中間點，其風格也介於純文學與通俗文學之間。

漢字的發音，具有明顯的地域特性。在幅員遼闊的中國，即使是同樣的漢字，發音也會有所不同。因為這樣的背景，當僧俗大眾一起舉行禮讚儀禮、齊聲唱誦時，就會產生實際上的問題。在儀禮的現場，當然也就必須先統一發音後再讀唱。對於南來北往、遷移活動地點遍及南嶽衡山、五台山、太原、長安的法照而言，想必帶來了深刻的親身體驗。關於這點，在《淨土五會念佛誦經觀行儀》卷中，法照的敘述如下：

上都南岳，念誦音旨，雖有稍殊，而根本體同，不離念佛，皆歸淨土，同見彌陀，更無別耳。……演微妙淨法音，供養一切諸如來。既音聲無量，何妨五會念佛誦經種

種音聲。（《大正藏》八十五卷一二五三頁上）

漢字發音的地域差異，的確有礙於讚偈在音樂的統一性，但重要的是在於念誦，所以不能拘泥在漢字的發音。由此可判斷，在國都就應以國都的漢字發音來唱和，在地方就應遵照當地的漢字發音來讀唱。

如上所述，在禮讚儀禮上讚偈的發音，被認為是左右該地區儀禮盛衰的癥結。也就是說，由於漢字發音包容了不同的地域性，也因而決定了該地區儀禮儀式的繁榮。

大谷光照[27]曾經列舉以下四點，做為唐代佛教儀禮的特徵：強烈的國家色彩、不被認可宗派之間的差異、非常複雜化、祈禱的目的取代了原本的目的（大谷光照，一九三七）。另外，小野勝年[28]在這四點之外又加上一點，指出增加擴大法會的音樂性與大眾化（小野勝年，一九六四）。而在法照的五會念佛儀禮上，上述特徵之中，除了儀禮的複雜化、音樂性與大眾化有顯著的增加擴大之外，在此可以更進一步新增一點：文學性（通俗文學性）。因為法照活動的年代就在詩仙李白（七〇一—六二）與詩聖杜甫（七一二—七〇）之後不久，法照無疑是一面受他們所建構的、在社會非常流行的近體詩的洗禮，一面創作宗教歌曲。儘管是宗教家，不，正因為是宗教家，所以想要與國都長安的民眾繼續領先於流行的最前線，此種情形與善導是一樣的。這也是法照之所以被尊稱為後善導（善導的轉世再來）的原因。添加了他們兩位所制定的文學性禮讚偈，對於之後淨土教的讚偈風格發揮了一定的約束力。

本節主要透過對儀禮及若干具體實例的呈現，敘述做為民眾佛教系譜的唐代淨土教，特別是透過其核心人物善導與法照的角色，逐漸窺見了做為民眾佛教的淨土教之面貌。唐代的淨土教以僧伽為中心，動員大眾舉行的禮讚儀禮，對僧團而言，是具有效果的弘化場所，而對民眾而言，不也是引發興趣的娛樂場所？

（齊藤隆信）

第三節　三階教的思想、實踐特質與其民眾性

一、創教始祖信行的生平

為了隨應民眾各自的祈願和需求，中國以淨土教為首，展開了多樣化的諸佛、菩薩信仰。不過另一方面，也出現了批判此種對特定佛或菩薩信仰的獨特宗派——三階教，主張應禮敬所有一切諸佛、菩薩。三階教是中國佛教的宗派之一，以活躍於南北朝時代末期到隋朝的佛教修行者信行（五四〇—九四）為創教始祖。隨著隋朝統一天下，信行受隋朝功臣高熲的禮請，在長安活動且擁有了信眾。即使信行圓寂之後，三階教派的規模發展也日益盛大，推測其在唐代初期的國都長安所獲得的民眾支持程度，也許並不亞於淨土教吧？若是看過信行留下的文章就會發現，在祈願文之中所祈求的利益與對象層面很廣，上至以皇帝為首的國家統治階層的安寧，下至一般民眾的幸福等。這與淨土教相同，由於其信仰階層並未限定在特定階層，因而廣受人們的信仰吧！

首先概述有關創教始祖信行的生涯。信行禪師俗姓王，於五四〇年出生在魏州衛國（河南省安陽市周邊）的名門之家。據說信行幼年即富慈悲心，四歲時見到牛為拉起陷入

泥中的牛車的艱困痛苦，心生憐憫而悲泣不止，後來相當年輕就出家，在相州（河南省安陽市附近）的光嚴寺、法藏寺等地累積修行的資糧。至於相州地區，從東魏（五三四－五五〇）到北齊（五五〇－七七）皆在此設置國都鄴城，因成為政治文化中心而繁榮，佛教在此地也極其昌盛。據說，北齊時代在國都的大寺院約有四千座，僧尼約有八萬人，講席有二百多處，聽眾經常在一萬人以上。信行的思想以及宗教的實踐基礎，可說就是奠定於此地。而構成三階教思想基礎的如來藏、佛性思想和末法思想，也都是在此時代、此地區流行的思想。此外，頭陀乞食、禮佛、懺悔、禪觀等，對於三階教而言都是不能欠缺的實踐要素，也是北方地區共同採用的修行方式。

對信行最後確立自身思想帶來決定性影響的，是北周的廢佛（五七四－七八）。五七四年，北周武帝以富國強兵為目的，斷然施行廢佛，經文、佛像遭到破壞，僧眾被迫還俗。五七七年，北周消滅北齊後，廢佛亦波及北齊之地。信行親眼目睹由國家權力來滅佛，對他而言，必定強烈感受到末法時代的到來。在他的主要著作《三階佛法》之中，以及從《大集經．月藏分》到《薩遮尼乾子經》等經典裡，多處一再引用有關國王不予護持三寶的闡述。不過，信行的思想作為並不僅限於對國家和社會的批判，同時也關注引起廢佛的藉口——佛教界腐敗墮落的實情，並更進一步逐漸深化，以覺察自己的內心狀況為方向。三階教核心思想之一的「認惡」思想，就是如此產生的。

北周廢佛結束後，五八一年，對佛教懷有善意的隋王朝成立，信行也開始公開進行活動。僧邕（五四三—六三一）因為逃避廢佛之難，進入白鹿山森林裡修行，而信行派遣人前往彼處，並勸他：「修道立行，宜以濟度為先。獨善其身，非所聞也。宜盡弘益之，方照示流俗。」據說僧邕聽從了信行的勸告而決心下山，之後並與信行一起行動。不久，在信行圓寂之後，僧邕便繼續領導三階教團。此則逸話清楚顯示了三階教團的特徵，亦即三階教團並不是山林佛教，而是處於民眾之中，為了度眾生而修行佛道，以都市型佛教展開弘化。

信行的名聲愈來愈高。五八九年，信行五十歲，受左僕射高熲的禮請而進入長安，駐錫於真寂寺，之後一直到五九四年五十五歲圓寂為止，停留於此寺中大約五年期間，不分僧俗地弘揚三階教義，並透過以《三階佛法》、《對根起行法》為代表的眾多著作來表彰其教義。信行圓寂之後，如同文章開頭所述，遺體捨身供養於終南山的森林之中，之後拾其遺骨，安奉於現在的百塔寺之處所建立的墓塔。

二、三階教思想與實踐的特質

信行所創立的「三階」教義，就是依人、時、處皆區分為第一階、第二階、第三階的三個階段，於各個階段中，教導說明其合適的佛法實踐，闡述正法、像法、末法的三時，與末法思想在構造上具有類似的一面。依人區分第一階是一乘的眾生，第二階是三乘的眾生，第三階是邪見的眾生，信行並判定自己所處時代的眾生，是生於惡時、惡世界之第三階的惡眾生。如果只有一乘或是三乘根機的人才能悟入佛道的修行之路，那麼第三階的眾生，原本就已斷了悟入佛道之路，並沒有被救度的資格。或者也可以說，根本已確定會墮往地獄了。既然救度的可能性被永遠切斷，那又如何找出救度之道？信行的宗教困境，可說即存乎於此。

再者，信行是如何突破此絕對的矛盾呢？其實不僅三階教的信行有此矛盾，即使對淨土教而言，依照他們的認知，在自己生存的時代，眾生的能力是低劣的，而該如何救度此類劣機眾生？於是在具有矛盾的苦惱中，找出其救度之道。具體而言，淨土教的方式，是接受救度者——阿彌陀佛的絕對性與其力量做為解決的方針，並藉由念佛等簡單容易的實踐方法而獲得救度。對三階教的信行而言，並非尋求救度之道的本身，而是找出阻礙救度的原因，亦即首先要正視自己的內心世界。第三階眾生的本質為邪見（對事物的看法顛倒），而信行看透，以《涅槃經》為首的諸多經典所闡述的邪見，其實就是空見與有見。所謂空見，是否定如來的常住性，輕視所有的眾生都具有如來藏、佛性，否定一切事物的看法。也可以說，其看法否定了有關其他人的存在性質的根本之物。另一方面，所謂有見，是對於自己的思想、實踐的現狀、達到目的等感到自我滿足、驕傲自大或是有過度評價的傾向，更說明是有不單純的動機和為了自身利益而修行佛道的人。如此，信行領會到，人的存在本質其性向是帶有否定他人與肯定自我的雙重弊病存在。因此，不可避免的，就變成帶有想要隔絕阻斷與一切事物的關聯性的弊病。那麼，若想袪除此弊病，就必須停止邪見，走在回歸正見的正路上，也就是要徹底放棄以自己的價值觀來判別善惡，對於所有的對象，應懷抱崇敬之念而行跪拜之禮。若能普遍地尊敬、禮拜、供養一切的佛、法、僧與眾生，那麼價值判斷錯誤的可能性就會漸漸消失。藉由上述作法，邪見的弊病得以斬除，也能開啟頓入一乘之路。克服了因自己邪見所產生恣意妄行的價值判斷，逐漸回歸一乘佛法，信行將此綜合性的佛法教理取名為「普真普正佛法（普法）」或是「第三階佛法」，並且將「普敬」做為其實踐核心，普遍地尊敬一切佛、法、僧與一切眾生，並逐漸承認自己一身是惡，設置「認惡」的實踐方法。

三階教的「普敬」思想，以南北朝時代盛行的如來藏、佛性思想為基礎而形成，意即三階教也吸收了當時普遍的思想架構，做為其教義核心。不過，在當時此種普遍性的思想之中，三階教的獨特性很明確地徹底實行，也就是在實踐上嚴格區分自己與他人，只有在面對他人時，才適合用「普敬」來實踐。

換言之，就是把自己以外的一切眾生看作是「如來藏、佛性、當來佛、佛想佛」，普遍予以尊敬。一切眾生之體（本體）就是如來藏、佛性。邪見眾生看到的並非本體，只是看到表面的外相而添加價值評價，但是在第三階佛法，必須進行不看外相而看本體的佛性觀實踐。還有，要效法如《法華經》中的常不輕菩薩的禮拜行，將一切眾生看成當來佛（未來的佛）來瞻仰、禮拜，這種實踐方法也很重要。藉此，「普敬」就不會局限於思想和觀法層面，而是能用於身、口、意三業的全面實踐。信行與同時期的淨影寺慧遠、天台智顗、三論宗吉藏等人，將《法華經》中的〈常不輕菩薩品〉做為闡明佛性思想的論證，又在思想上做了處理與正確的比對。對於往來於長安街道的人們而言，三階教徒呈現出禮拜行之實踐者的形象，又所謂的佛想佛，是對於現在眼前的一切眾生抱持著皆是佛的想法而予以尊敬，此是《華嚴經》和《十輪經》等經典中所宣說的觀念。簡而言之，即是所謂「如來藏、佛性、當來佛、佛想佛」，可說是以綜合了體、因、果、現的觀點來領會一切眾生存在的本質，從而提出了普遍地尊敬的思想。

三階教以「普佛普法」的教義做為宗旨，主張廢止個別佛教有特定專門之信仰對象及集中特定的實踐方法，倡導應無分別地尊敬一切信仰對象，並全力逐漸完成所有的佛教實踐。這與認為只有阿彌陀佛是唯一的信仰對象，並且專門限定念佛為實踐方法的淨土教的宗教實踐，自然形成針鋒相對的局面。兩者之間的爭論情況，在懷感的《釋淨土群疑論》中有詳細的描述，不過簡單來說，站在三階教的立場，將淨土教當成是「別佛別法」的宗教而徹底批判，另外一方淨土教的立場，則反擊對於末法時代實踐能力陋劣的眾生，「普佛普法」的實踐是有困難的。如此兩者對立的情況，並非只是單純思想的對立，在當時的國都長安，因為雙方都是以一般民眾為基礎的宗派，為了獲得更多信眾的支持，或許這也是不可避免之事。

再者，高舉「普佛普法」旗幟的三階教，在該時代的宗教中，何以能被當時社會各種階級、不論身分高低的人們接受？原因之一是從南北朝分裂到隋朝國家統一，接著又擴展為唐的世界帝國，在此過程之中，將全體視為統一的、融和的思想體系，是必要的。從而以一切的存在為「普」的思想為軸心，將全體的、統一的觀念納入三階教的思想，可以說正好符合時代潮流的思想吧！

另一個原因是宗教上的實踐極為具體易懂，所以對一般民眾也是容易接受的內容吧！在三階教中，不僅是抽象的佛，在眼前的每個人都可當成如來藏佛、佛性佛、當來佛、佛想佛而奉為禮拜的對象。只要是人，無論是誰都會有想受他人肯定的欲望，而三階教的宗教實踐為滿足此欲望，採用了相互尊敬的「人間禮拜」。這個實踐方法可說是自《法華經》中常不輕菩薩的行為學習而來，但在三階教的思想與實踐中可發現，歷來以佛為信仰中心的佛教，逐漸展開了以人為中心、尊重人們的宗教契機。

其次是「認惡」的實踐，此是要承認自己一身都是惡的弊病，並且持續懺悔的實踐方法。引用經典所述，具體上大致區分有十二種類的顛倒（從本來應有的正確型態變成為錯亂的狀態），細分的話，有將近七十種類的顛倒。那些顛倒的基本構造，是做為顛倒之本體的心，以善惡的顛倒做為開始，產生了各式各樣的顛倒相出現。本來是善的看成了惡，本來是惡的看成了善，自己喜歡的就當成善，自己不喜歡的就當成惡等等，諸如此類顛倒一切事物的看法。至於顛倒的原因，是在於自己的內心有貪（執著於自己喜歡的對象）、瞋（嫌惡於自己不喜歡的對象）、癡（對於對象的愚昧無知）三毒，而外緣不外乎是神鬼魔。在如此顛倒的基礎構造之下，衍生出所有一切的顛倒。承認自己一身有顛倒情況的實踐方法，就是「認惡」。信行敏銳地洞徹，人的存在不可避免的帶有否定他人與肯定自我的雙重弊病，為了破除這些弊病，就要走在徹底肯定他人與否定自我的實踐之道上。

三、成為社會經濟活動的無盡藏

像三階教如此尊重人的思想，其在社會經濟的實踐就是展開無盡藏的活動。《像法決疑經》是一本在中國完成的偽經，係記載三階教社會經濟實踐理論基礎的經典之一。在此經中提到：「敬田者，即是佛、法、僧寶。悲田者，貧窮、孤老乃至蟻子。此二種田，悲田最勝。」以此勸誘對社會中的弱者給予布施。信行深受如此的經典思想所影響，所以立下無盡藏的誓言，發願奉獻所有自己的身體、生命、財產，對於佛、法、僧及所有一切眾生，供養食物、食器、衣服、房舍等。信行於開皇三年（五八三）的遺文中，條列出了

「願施飲食無盡」、「願施衣服無盡」等的誓願。

信行圓寂之後，其精神也被傳承下來。在三階教的總本山——長安的化度寺（改稱真寂寺）設有無盡藏院，信眾們競相布施，據說累積下來的金銀財寶，數量多到無法計算的程度。如此龐大的財富，不僅分配予已廢弛的各地寺院、修復經文卷軸，也供經濟窮困和生病的人不需要立下字據就可以貸款，並且還舉辦無遮大會……，將其所得還諸於社會。於此，可以說大乘佛教的思想已真正扎根於中國，並可發現在實踐方面已有具體化的典範了！

然而，宗教勢力一旦抬頭，也可能會威脅到國家的權力支配。在中國的佛教史上，像三武一宗的法難等廢佛狂風大作，曾經襲捲過整個佛教界，但是單獨只針對三階教的鎮壓行動共有五次，分別發生在：隋文帝時一次（六〇〇）、武后則天時二次（六九五和六九九）、玄宗時二次（七二一和七二五）。之前已提及，三階教具有都市型佛教的性格，但是一個宗教建置道場於皇帝所在之國都長安的中心位置，並且展開如此盛大規模的活動，這會造成國家危機感，也是理所當然的。玄宗時期的壓制執行得非常徹底，因而使無盡藏院的活動陷入禁止狀態，另外，三階教獨特的宗教活動也遭禁止。此後，三階教雖然於九世紀初曾有恢復原本盛況的時期，但旋即於九世紀中葉以後便逐漸衰微，最後從中國佛教史的舞台上銷聲匿跡。

此外，隋唐時代，三階教的活動被認為是佛教在社會經濟上的活動的明顯代表，若是依據大乘佛教利他行的根本精神，在某種意思層面上，可以說是佛教徒理所當然應該肩負的行動吧！如前文提及的《像法決疑經》，經由三階教徒增補為《瑜伽法鏡經》，除此之外，也流行《佛說諸德福田經》等以福田為中心主題的經典。該經中宣說若是做到以下七福田，可得生於梵天之福：①建立佛寺、佛塔、僧房、堂閣。②建設果園、浴池、樹木，使得清涼。③時常布施醫藥，救助眾人之病。④建造堅固的船，濟度眾人。⑤安設橋樑，便利羸弱的人行走。⑥於道路旁掘井，使渴乏者得飲。⑦建立公眾廁所，便利除穢與維護清淨等。敦煌莫高窟第二九六窟的壁畫，據說畫的就是此部經典的變相圖，可說是得以窺視福田思想流傳的珍貴資料。當時的福田思想與根據福田思想來實踐的各種樣貌，若是看過道世《法苑珠林》中的〈福田篇〉、〈興福篇〉、〈慈悲篇〉，道宣的《續高僧傳》中的〈興福篇〉，同是道宣所著的《廣弘明集》中的卷二十八〈啟福篇序〉等資料，可能在一定程度上就可以清楚明瞭了。然而，雖說東亞佛教是彰顯利他思想的大乘佛教，但總體而言，將慈悲精神具體化的社會實踐卻略嫌不足。類似中國三階教在社會、經濟上所見的活動，雖然在日本也可找出聖德太子的悲田院與敬田院的活動（不確定是否為史實）、奈良時代的行基[29]，以及鎌倉時代的叡尊[30]、忍性[31]的社會實踐等，但不得不說，信仰對象是諸佛、菩薩、經典等敬田的信仰活動相之下還是扣人心弦的力量。

第四節　民眾信仰的各種型態

一、佛教特定活動與儀式對民眾的滲透

統一南北朝的隋、唐，在強而有力的中央集權國家體制下，原是異國宗教的佛教增添了愈來愈多的中國色彩，深廣地滲透到國家活動及一般民眾的生活中。其信仰對象和活動的多樣、混雜化，也可以說是在國家統一之下，國家和民眾對現實政治和社會想保持多樣化需求的態度反映在宗教上的結果。在強大帝國經濟上的成長和繁榮之下，人們對現世欲求不斷增加，希望藉由宗教的手段和方法來滿足龐大欲求，同時，也想仰仗宗教的手段和方法，來解決現實社會上存在的危機和矛盾。佛教成為國家的權力中樞，具有重大的影響力，而寺院和佛塔的興建、譯經事業的推動，以及大規模的佛事，都是以國家專案計畫的方式來進行。如此因國家政策而繁榮的佛教，若列為當時佛教主流地位，那麼滲透到民間的佛教也只能說仍處於伏流的地位，但無疑確實已開始形成一股潮流。本章節試圖站在隋、唐的立場，全面觀察不久之後民眾佛教經歷宋、元、明、清時期並成為更大潮流的種種面貌。

在前一節中，我們看到三階教的思想與實踐，是對於一切佛、法、僧不預設輕重之別，普遍地尊敬，並以深入全部佛教的信仰為目標。但如此提出「普」口號的宗派，其背後繁榮昌盛的原因，應該是成為「普」的構成要素的「個別」教義，以及對信仰對象的信仰為了在人與人之間廣泛地傳播開來，而備齊容受各式各樣佛教實踐方法的宗教環境吧！到了隋唐時代，以佛教因果應報思想為基礎的經典讀誦和鈔經、對諸佛菩薩的禮拜和稱名、陀羅尼的讀誦、佛像的造立和佛寺的興建、齋會和持戒等，藉由多樣化的宗教實踐，一方面懺悔並了結過去世或現在世的罪業，另一方面想更進一步在現世或來世中得到心中想要的利益，如此的信仰，被推測也已開始廣泛滲透到一般民眾之中了。

關於佛教的教義和信仰之所以能在民間傳播開來，佛教特定的活動和儀式發揮了重要的功能。佛教的特定活動源自印度，如在佛陀的誕生日（一般是四月八日）舉辦佛誕會（浴佛會），另外還有成道會（十二月八日）和涅槃會（二月十五日）等。這些特定活動，據推測應該在南北朝時代就已經盛行，就算在隋唐時代也還是持續著，但實際上，有關這些特定活動的紀錄大多已無法看到了，因此一般認為，慶祝諸佛菩薩聖誕日的特定活動真正在民間固定舉行，是在宋朝以後的事了。另一方面，汲取儒教的孝道思想而成為中國獨特且固定舉行的佛教活動，則有盂蘭盆會。此佛教特定活動的依據，是《盂蘭盆經》所宣說有關佛陀弟子目蓮為拯救墮入餓鬼道的母親，其最早被確認的紀錄，是南朝梁武帝於五三八年在同泰寺設盂蘭盆齋，在唐代，並不限於宮中的內道場，即便在民間也已經盛行。這個特定活動與道教的中元節同樣都是在農曆七月十五日舉行，也可以說是中國特有的活動。姑且不論佛教採用供養祖先儀式的功過，在綜觀東亞佛教史的發展後，有加以慎重評價的必要。在當時社會上，做為異國宗教的佛教若要讓不同階層的人們都能接受，而且能廣泛深入地滲透其中，無疑是因為有供養祖先的儀式。

除此之外，中國獨特的佛教儀式還有：於天子的誕生日和先帝的國忌日，在宮中和天下各地的寺院中設置法會、舉行設齋行香的儀式、八關戒齋、講經等固定舉辦的儀式。如此特定的活動雖從南北朝時代就開始舉行，但是到了唐代後，規模才益形盛大，一般民眾也開始參加此類的儀式。如唐朝般強大的國家，確立及強化其體制的作法，是將宗教儀式當成國家的特定活動來舉行，動員官吏與人民，做為確認其對於國家的忠誠度，也可以看出佛教教團肩負著強化國家意識的任務。如此的情形，也發生在道觀中，此是宗教在維持國家權力上所肩負的特別責任。

在如此的法會中舉行的佛教儀式，不只是讀經，還有為了請佛而焚香、行香；為了禮佛而繞佛（右繞）、讚歎佛德的梵唄、講經、高聲念誦教義、宣唱法理、開示等各式各樣的儀式。在敦煌寫本之中，如《阿彌陀經變文》、《維摩經押座文》、《父母恩重經變文》、《目連變文》、《八相押座文》、《降魔變文》等，諸多經典的內容為了解釋宣說教義而用講故事的變文風格寫作。此種變文將經典內容畫成圖相，在教化民眾的俗講場地中廣泛應用。此外，還舉辦供養數百或數千僧俗的無遮大法會，甚至在各地區和村落中組織被稱為義邑、邑會、社邑的佛教社團，形成信仰共同體，禮請化俗法師巡禮教化僧來舉辦法會，並為其共同信仰建造佛像，在當地展開扎根活動。

此種透過參加佛教儀式與行事、舉辦佛教的實踐方法，在佛教內部當然是給予肯定的，且依照所做的善行，保證會有相應的利益與享受；但另一方面，佛教逐漸普及，發展出清算關於負面評價已知行為的儀式。原本在佛教當中，做了不好的行為時，依照惡因惡果的道理，是一定要受報的。但是察覺到自己所做的惡行時，佛教開闢了懺悔罪惡的儀式，稱之為懺悔法（懺法），是迴避或者清算惡果的方法。在南朝梁和陳的時代就開始舉行各種懺法。在《廣弘明集》卷二十八的悔罪篇第九中，就收錄了梁武帝和陳文帝等撰述的各種懺悔文。不久，天台智顗整理出南朝各式各樣的懺法，如：《法華三昧懺儀》一卷、《金光明懺法》一卷、《方等懺法》一卷、《方等三昧行法》一卷、《請觀世音懺法》一卷等。此類懺法逐漸普及，到了唐代，有善導的《轉經行道願往生淨土法事讚》二卷、《往生禮讚記》一卷、《依觀經等明般舟三昧行道往生讚》一卷，及法照的《淨土五會念佛略法事儀讚》二卷等，做為淨土教行者依循的禮佛、懺法之方法。禪宗的宗密也著作了《圓覺經道場修證儀》十八卷，在唐智昇撰寫的《集諸經禮懺儀》中，不僅編纂了行儀文，也蒐集了各個派別的禮拜、懺悔法，如善導的日中禮讚與六時禮讚、三階教信行禪師撰寫的〈晝夜六時發願文〉，以及依據七階佛名而作的佛名禮懺等等。又，在中國偽造翻譯了許多佛名經典等，其中主要是以菩提流支翻譯的《佛說佛名經》十二卷為首，以及再增廣為三十卷的《佛說佛名經》。依以上述經典，稱無數佛名號來懺悔的佛名懺悔行法也隨之盛行了。

二、從佛教來看民間信仰的具體相貌

回溯過往來看，南北朝在諸佛、菩薩的信仰方面，以彌勒菩薩的信仰為其先驅。這是從造立的佛像、菩薩像中彌勒菩薩像所占的數量推測而知。經典中說，彌勒菩薩現在住於兜率天，將於五十六億七千萬年後，下生娑婆世界。人們期望死後，往生於彌勒菩薩所住的兜率天，並於五十六億七千萬年後，能參與彌勒佛的說法盛會，此是深入民心的彌勒信仰。不久，從南北朝後期到隋唐，祈願往生阿彌陀佛極樂淨土的信仰逐漸興起。在有關淨土信仰者的行狀㉜和得益上，到了唐代，從迦才的《淨土論》和少康的《往生淨土瑞應刪傳》等淨土宗典籍中，可以看到包括一般民眾在內的許多具體事例。

另外，觀音菩薩、藥師如來的信仰也變得興盛，不久之後，地藏菩薩等信仰也開始流行起來。以經典信仰來說，從南北朝到隋唐，不僅是淨土經典，《法華經》、《華嚴

供奉彌勒菩薩的上海龍華寺（法鼓文化資料照片）

經》、《金剛般若經》等，根據個別的經典宣說教義、民眾實踐信仰的情形，也著作成典籍。根據《法華經》關於修行的信徒行狀，可以從惠詳的《弘贊法華傳》和僧詳的《法華經傳記》中看到。又，依據《華嚴經》關於修行的信徒行狀，可以從法藏的《華嚴經傳記》和惠英的《華嚴經感應傳》等書中看到。再者，依據《金剛般若經》關於修行的信徒行狀，有孟獻忠的《金剛般若集驗記》與段成式的《金剛經鳩異》等著作。此外，記載多樣化的佛教信仰的作品還有：唐臨的《冥報記》、懷信的《釋門自鏡錄》、唐代道世的《法苑珠林》（大部佛教百科辭典）中的感應緣、道宣的《續高僧傳》等。從此等資料之中，如唐臨的《冥報記》，可以看到隋唐佛教信仰的多樣化，並可透過彼等資料，對當時民眾佛教的特質加以考察。

一般推測，《冥報記》編纂於六五三年前後，編者唐臨於初唐時期曾任吏部尚書，也是隋朝功臣左僕射高熲的外孫。如前一節所述，高熲是三階教的虔誠護持者，為了禮請創教祖師信行到長安，甚至布施自家住宅建立真寂寺。因為與三階教有緣分深厚的家世關係，所以在《冥報記》卷上的開頭，就記載了信行及弟子慧如的傳記，包含了靈感故事。書中收集的靈感故事，是唐臨以實際見聞的故事為中心，其人物以官吏占大多數，雖然未必能如實呈現民眾信仰佛教的情形，不過，由於佛教思想和實踐廣泛滲透到民眾之中，由此可以一窺人們對佛教信仰的虔誠。

且說《冥報記》在序文上，感嘆很多人不相信因果的道理，認為善惡無報，於是就佛教因果報應的教義闡述如下：

> 釋氏說教，無非因果；因即是作，果即是報；無一法而非因，無一因而不報。然其說報，亦有三種：一者現報，謂於此身中作善惡業，即於此身而受報者，皆名現報。二者生報，謂此身作業，不即受之；隨業善惡，生於諸道，皆名生報。三者後報，謂過去身作善惡業，能得果報，應多身受；是以現在作業，未便受報，或於後生受、或五生十生，方始受之，是皆名後報。

如此以因果報應思想為基礎來介紹各式各樣的靈感故事。為了說明方便，以下試分為（一）彰顯善因善果、（二）彰顯惡因惡果的靈感故事來加以介紹。

（一）彰顯善因善果的靈感故事

在佛教的倫理觀中，所謂最好的善因，就是力行佛教經典中所宣說的善行。進入隋唐時代，與淨土經典一起廣為普及的經典，有《法華經》和《金剛般若經》等。在《法華經》中，隨處都在闡述經典的受持、讀誦、書寫、釋義的功德。尤其是〈觀世音菩薩普門品〉獨立成為《觀音經》而廣泛流傳，經言遭遇火難、水難、羅剎難、王難、鬼難、枷鎖難、怨賊難等七難時，若是稱念觀音菩薩的名號，就可以獲救。

《冥報記》中屢屢宣說信仰《法華經》能得無上的功德，以下從中介紹二個例子。中書令岑文本從年輕時就開始讀誦《法華經．普門品》。有一次搭船要渡大河時，突然船壞損破裂，搭船的乘客都溺水而亡，但是文本在水中三次聽到有聲音說：「但念佛！必不死也。」便從波浪間浮出，到達岸邊，倖免於難（《冥報記》卷中）。又，隋武德年間，都水使蘇長的小妾經常讀誦《法華經》。據說有一次搭船，突然船被風捲起而沉沒，六十多人溺死，只有她獲救，平安無事（《冥報記》卷中）。

以下再談幾則《法華經》的靈感故事。魏州刺使崔彥武在巡察管轄地區時，來到某個村莊，突然驚喜地說出如下之語：「吾昔嘗在此邑中為人婦。」想起了之前的家，便去拜訪，結果有一位老主人出來迎接。他進屋一看，在東側牆壁上有個隆起的地方，便說：「吾昔所讀《法華經》，并金釵五隻，藏此壁中，高處是也。經第七卷尾後紙，火燒失文字，吾至今，每誦此經，至第七卷尾，恆忘失不能記。」果然，如刺史所言，在鑿開的牆壁中，收藏著卷尾燒焦的經卷和金釵（《冥報記》卷中）。此則靈感故事是顯示轉世的例證，也可看出佛教所說的輪迴思想已廣泛地滲透到當時人們的心中。

另外，也有收錄讀誦《法華經》從地獄生還的故事。左監門校尉李山龍於隋武德年間突然因病而亡，但因胸口還是溫熱的，未下葬，經過七天後生還。依據李山龍自己的描述，他被拉到閻羅王的面前，因誦過《法華經》的誦經功德而得以釋放，之後，他遊歷地獄後就甦醒過來了（《冥報記》卷中）。

另一方面，《金剛般若經》中說：「百千萬億劫，以身布施。若復有人，聞此經典，信心不逆，其福勝彼，何況書寫、受持、讀誦、為人解說。」反覆說明受持、讀誦經典的功德。禪宗六祖惠能因聽聞《金剛般若經》而開悟的故事是很有名的，而《冥報記》中，也有如下的故事。據說陳夫人豆盧氏為了祈福而讀誦《金剛般若經》，在剩下最後一頁時停了下來。當天傍晚，劇烈的頭痛與身體疼痛來襲，在睡夢中，疼痛也愈轉愈烈。她想到若是此刻痛死，不就留著《金剛般若經》的最後一頁沒有讀完，於是起床想要讀經，但是家中已熄火了，隔壁鄰居也熄火了。正在嘆息時，突然庭院燈火通明，燈火距地面大約有三尺，但卻看不到人影。那光源直接進入夫人的房間，房中便宛如白天般明亮。夫人驚喜不已，頭痛也痊癒了，並將經卷讀誦完畢。從此以後，夫人每日讀五遍《金剛般若經》，並且將讀誦功德迴向給患了瀕死之病的弟弟。她因此讀經功德，不僅疾病痊癒，延年益壽到百歲，死後還往生善趣（《冥報記》卷中）㉝。

由上述的靈感故事可推測，當時的人們會相信且力行受持、讀誦或書寫《法華經》、《金剛般若經》、淨土經典中所宣說的功德。除此之外，諸如藥師如來、地藏菩薩、彌勒菩薩等信仰，雖然沒有一一舉出具體實例加以說明，但在各式各樣的傳記中也被廣泛地介紹。

（二）彰顯惡因惡果的靈感故事

另一方面，靈感故事也介紹與善行相反、因行惡而遭到惡果的事例。隋大業年間，有個嫁於河南之地的媳婦非常憎恨其婆婆。婆婆因為眼睛看不到，所以媳婦有時就將蚯蚓剁碎，做成湯讓她食用。婆婆覺得味道怪異，私下拿給兒子看後，才知道是蚯蚓。兒子氣得斷絕夫妻關係，將媳婦送回娘家。途中，雷聲轟隆作響，突然發現媳婦不見，隨即就看到她從天而降，但頭變成白色的狗頭了（《冥報記》卷下）。

還有像以下這樣的故事。隋朝時，卞士瑜的父親因平定陳國，有功在身，但本性非常慳悋。他雇人來修建宅邸，不但沒有支付費用，還鞭打雇工，工人因懷恨而說出「若實負我，死當與我作牛」的怨言。不久，卞父就去世了。隔沒多久，說出怨言的工人家裡的母牛便懷孕了，剛出生的小牛，外觀居然和士瑜之父穿著的服裝花紋一模一樣。飼主說：「卞公何為負我？」說完，小牛就屈起前面的膝蓋，以頭叩地，悲傷嘆息（《冥報記》卷下）。從如此的故事來看，可以知道，佛教彌補了儒教的孝道思想、世俗倫理道德不足之處，擔負了教導不合常理過錯之責。佛教所闡述的因果報應思想，在當時的社會上達到了防非止惡的效果，因此民眾依此等設置來規範善惡。

對於因果報應，最讓人害怕的是墮入最下層的地獄。在《冥報記》中，介紹了很多去過地獄的生還者，並描述地獄景象的故事。舉例而言，武德年間，在四川官府擔任書記[34]的孔恪有一天突然因病去世，但經過一天卻又復活，並談到其在冥界的官署中因生前的善惡受冥官審問的經過。冥官根據調查結果告訴孔恪，他生前因為惡業比善業多，所以應該先受懲罰，但因為冥界的記錄官員沒有記錄到孔恪的善業，孔恪嚴重抗議後，冥官處罰了記錄官員，對於本應受懲罰的孔恪給予七天的緩行，告誡他在七日期間應行善迴向超度。而後他便甦醒了過來。於是孔恪禮請僧尼，於七日期間專心修行、懺悔後，便又去世了（《冥報記》卷下）。

又，聽說在唐代貞觀年間，有一位名叫殷安仁的富人也被認為是從地獄生還歸來者。時為貞觀三年，安仁在路上行走時，有人自稱冥官使者，告訴安仁明天會來拘捕他。安仁聽到此種恐怖的消息，嚇得發抖，立刻來到慈門寺，坐在佛堂中徹夜念佛、讀誦經文。隔天，三位騎馬的鬼吏帶著數十名鬼差要來拘捕他，但是由於念佛的力量，使得鬼無法靠近他，最終只留下一位護衛之鬼看守，其他的鬼差先行離去。彼鬼告訴安仁，其罪狀是過去殺過驢，而那匹驢子提出了申訴，於是安仁便拜託彼鬼帶口信給在冥界的驢子。原來，實情是之前有客人寄宿在安仁家，客人偷盜殺害別人家的驢，又將那匹驢的皮革當成禮物送給了安仁。因此安仁希望請鬼傳話給驢子，並約定今後也會為驢子做善事，迴向超度牠。於是鬼回應說：「如果驢子無法原諒你，我就隔天再來吧！」說完之後便離去了。果真到了隔天，雖然安仁等待鬼差，但是鬼並沒有再出現。安仁歡喜地為驢子做了善事迴向超度牠，並在家中持戒、設齋會而修善根（《冥報記》卷下）。

如此，讀了《冥報記》等書中介紹的在現世與地獄之間往來的故事，可看出佛教所說的地獄之地，已進入當時人們生活空間的一部分，同時人們也接受其是真實存在的。依據《歷代名畫記》和《寺塔記》等資料，在佛教寺院的迴廊等地方有地獄與極樂世界的繪畫，描繪出生動鮮明的作品，被認為是擁有當時最高水準的藝術表現。每當接觸到如此寫實的繪畫，或是聽從地獄歸來之人的故事，當時民眾的腦海中，就會浸染上地獄的恐怖景象，與對極樂世界的憧憬。隨著果報真實感的提高，對於決定因果的日常生活行為，也會愈來愈依據佛教的價值基準來取捨與實踐。

在民眾之間各式各樣的佛教信仰，從宋、元到明、清時代，又更廣泛深入地滲透到人民的生活之中，漸漸成為中國佛教的主流。在本節中，只是依據《冥報記》等極為有限的資料來介紹迄今尚是伏流的民眾佛教的一部分。今後，還可擴展運用本章節沒有充分介紹到的許多傳記類和話本之類的資料，深入探討民眾佛教的種種樣貌，亦可藉由仔細解讀各地區的造像銘等石刻資料，更加生動鮮明地描繪出隋唐民眾佛教的整體面貌。

（西本照真）

註解

❶ 蓮宗十三祖：初祖廬山慧遠、二祖光明善導、三祖般舟承遠、四祖竹林法照、五祖烏龍少康、六祖永明延壽、七祖昭慶省常、八祖雲棲袾宏、九祖靈峰智旭、十祖普仁行策、十一祖梵天省庵、十二祖資福徹悟、十三祖靈巖印光。

❷ 「僉」有都、皆之意。「僉期西境」即有咸皆祈願往生淨土之意。

❸ 此處「卜居」應是擇地居住之意。

❹ 介山之陰，指介山北側。

❺ 召集信眾勤修淨土行。

❻ 造像銘是指記有製造佛像之願主（發願者）、佛師（製作者）、由來、年代等之銘文。

❼ 阿倍仲麻呂，出身日本的唐朝政治家、詩人，在中國時取名為晁衡，字巨卿。

❽ 唐代的城市格局與制度，是一種布局嚴整、功能分區明確的「坊市製」：平面呈長方形，宮殿位於城北居中，全城做棋盤式分割，將居民與市場納入這些棋盤格中組成「坊」。

❾ 意旨聚集了出家眾和男女在家眾，使玄中寺山上滿坑滿谷都是人。

❿ 明本「抱」字作「拘」。

⓫ 《安樂集》一部之內，總共有十二大門。

⓬ 阿彌陀佛過去生曾為一國王，出家為「法藏」比丘。

⓭ 俗講是古代寺院講經中的一種通俗講唱，流行於唐代。多以佛經故事等做為通俗淺顯的文體，用說唱形式宣傳一般經義。

⓮ 唱導是法會或齋會時，宣說教理用以開導民心的說法方式。為一種較淺近之教導方法。主持唱導的僧人，即稱為唱導僧。

⓯ 應為《續高僧傳》。

⓰ 所謂「三福」，也稱「三淨業」，即是孝養父母，奉事師長、慈心不殺。

⓱ 《觀經疏》全書分為玄義分、序分義、定善義、散善義等四篇，每篇各一卷。玄義分總說觀無量壽經之要義，兼破古今各家之謬解，並疏通經中疑難之處，其餘三篇則就經文之文句逐一解說。

⓲ 此字原稿無法判別。

⑲ 耶孃（ㄧㄝ ㄋㄧㄤ）是指父母、雙親。亦作「爺娘」。但作者在此只說是指母親。

⑳ 會當是唐朝人口語，意即一定要，合當。

㉑ 《大正藏》中，此句原文應為「蓮花會裏說無生」。

㉒ 日文よいしょ是扛重物時發出的聲音，どっこい是用力搬運重物時的吆喝聲，在盂蘭盆會上這類的語氣詞，多用來當成節拍、振作精神、統一動作、炒熱氣氛等。

㉓ 《切韻》由隋朝音韻學家陸法言所編，是漢語音韻學的第一經典，其他韻書均以《切韻》為基礎修改演變而成，因此，音韻學的重要相關系列著作稱為《切韻》系韻書。

㉔ 《大正藏》中，此兩句原文應為「琉璃作地黃金界諸臺閣與開天連」。

㉕ 《大正藏》中，此句原文應為「小相未曾聞誓願不流傳」。

㉖ 變文是寺院僧侶做為通俗宣傳的文體，一般是透過講一段、唱一段的形式來宣傳佛經。而一般所說的敦煌變文，實際上包括了宣講佛經的作品，以及其他通俗講唱文學作品，其中宣講佛經的主要有講經文和變文兩類。

㉗ 大谷光照（一九一一—二〇〇二），日本宗教家，為淨土真宗本願寺派第二十三代宗主。

㉘ 小野勝年（一九〇五—一九八八），日本歷史學家（東洋史、佛教史）。

㉙ 行基（六七七／六六八—七四九），日本僧侶。除了廣泛傳教、建寺，也在各地架橋、蓋窮困者的布施屋等，從事社會事業。被尊稱為行基菩薩。

30 叡尊（一二〇一—一二九〇），日本真言律宗的僧侶，謚號興正菩薩。以復興戒律聞名，並依經典而行不殺生、慈善救濟、修繕宇治橋等活動。

31 忍性（一二一七—一三〇三）師事叡尊，一生全力傳教，行慈善救濟，建寺、蓋塔近百所，另建供養堂一百五十四所，給予病患衣服三萬三千件、架橋一百八十九所、修路七十一所、掘井三十三所、築造浴室、病房等五所。

32 行狀為文體的一種，記述亡者一生行誼及其相關資料的文章。

33 日書可能採用不同版本，依《大正新脩大藏經》，應是芮公臨死前，對門盧氏說她因誦《金剛經》功德，而可以活到百歲，往生善處。《冥報記》：「自此日誦五遍以為常。後芮公將死，夫人往視。公謂夫人曰：『吾姊以誦經之福，壽百歲，好處生……。』」

34 依《大正新脩大藏經》之《冥報記》中記載孔恪為遂州總管府記室參軍。

專欄四

頓悟與漸悟——從道生到禪

伊吹敦（東洋大學教授）

「頓悟／漸悟」是中國佛教特有的概念，前者的立場是，在開悟上不認為有時間的過程和階段性，相對的，後者的立場認為有。若從歷史上來看，通常是先標榜頓悟，再設想相對的漸悟。另外，頓悟的內容也與時俱進，將開悟朝向現實生活的方向推近，而從此變化之中可以看透中國人的性格。

道生首倡的「頓悟」，與禪宗的頓悟說

首先提倡「頓悟」說的人是道生（三五五—四三四）。他認為，所謂的開悟是從世俗諦悟第一義諦而得無生法忍，而歸屬於世俗諦的知識範圍，無論累積多少，都是無法達到開悟境界的。道生的主張雖然終歸是理論的問題，他把歷來認為修行至七地得無生法忍的觀點更改為十地，因而受到注目。因為依據道生的論點，我們只要將目標設定為獲得無

生法忍就可以。在如此的變更之中，無疑道生是意圖將開悟，即使是一點點也好，更加推近於可能實現的作用。禪宗繼承了如此的想法，將頓悟說盛大推展開來。

禪宗雖然開始於菩提達摩傳法給慧可，但慧可受到在都市盛行的教學佛教之影響，卻也以嚴格批判的眼光來看待教學佛教，甚至明確表示，要實現開悟才是修行人最究竟的目的，並為此而追求具體的方法。慧可雖然過著四處遊化的生活，但是他的繼承者也傳承其精神，選擇定居山林，深化思想，以完備修行方法的道路。應可稱得上直接孕育禪宗發展基礎的東山法門❶，就是其中之一。道信（五八〇—六五一）和弘忍（六〇一—七四）吸收山林佛教的傳統，以獲得開悟為前提，用心於方法上，稱之為「方便」。在以方便聞名的東山法門中，據說聚集了多達數百名僧眾，他們過著一面分擔生活上必要的工作，一面以獲得開悟為目標的共同生活。其中雖然也包括明確違反戒律而從事農務工作等情形，但在他們之間，得度和受戒幾乎不成為問題。同時，為了要將此種生活合理化，因而也醞釀形成了所謂開悟與現實生活必須是一體的思想。由東山法門所孕育出的如此思想，被後世稱為「頓悟」。

神會對北宗的批判與頓悟說

聚集於東山法門的僧眾雖然分散至全國弘揚教義，並在各地成立了教團，但到了弘忍徒孫的時代，種種差異的傾向逐漸凸顯出來。其中蒙受最大變化的，便是在中原拓展的神秀（？—七〇六）的弟子們。他們獲得朝廷顯貴的支持，成為東山法門存續的代表，但由於以大都市為據點，很難繼續維持之前在山林中的生活型態。此外，基於種種考量，也不得不重新重視戒律。另一方面，由於有必要提出禪宗的獨特性，所以比以往更重視禪定的開悟境界。因此，原本應是一體的開悟與日常生活，此時卻產生了分離的傾向。

這顯然已經脫離東山法門的精神。因此，荷澤神會（六八四—七五八）挺身而出，對其展開批判。神會到中原之後，揪住神秀弟子們的思想為「漸悟」而加以批判，主張自己在南方的師父惠能（六三八—七一三）所繼承的思想，才是真正的頓悟，足以稱為「南宗」之名（原本的「南宗」是指「南天竺一乘宗」之意，與「禪宗」同義），並認為禪宗的生命不是沉浸在開悟的境界，而是將般若的智慧運用於日常生活之中，稱之為「知」。另外，他也強調禪定與智慧的相即（定慧等持），甚至連否定打坐的主張都提出來了。此是為了批判北宗，否定北宗所依的禪定體驗的意義。

不過，取而代之提出的「知」，在實現上絕對不是容易之事，於是他便提倡「頓悟漸修」。神會比喻，母生子雖然只需要一點點的時間，但是養育小孩就需要很長的時間，強調頓悟之後，修行也是不可或缺的。因此，理念歸理念，實際上，即使在神會門下，應該也鼓勵以坐禪為主的修行。

馬祖道一、石頭希遷的登場與頓悟說的完成

神會的基本立場是東山法門以來既有的基礎，絕對不是新創的學說，不過卻以批判北宗做為契機，促使在肯定原來的現實生活方向上更邁進了一大步，而徹底貫徹此方向的，便是馬祖道一（七〇九—八八）與石頭希遷（七〇〇—九〇）。神會的思想與行動經常以針對北宗為前提，馬祖道一和石頭希遷則是定居於地方，踏實地繼承東山法門的思想與方法，並持續發展。正是他們二人制定了清規，再度確認東山法門以來的修行方法的意義，同時並深入探究頓悟的思想，讓其成熟為「平常心是道」的思想。馬祖道一和石頭希遷肯定存在於人間的一切都具有絕對的價值，只追求完全專注於日常生活中。在此種情況，是沒有餘地認同如「知」般的理念，甚至連「頓悟」一詞都被視為不可靠，因而不被採用。

由於安史之亂而使得中原荒蕪不堪，雖然依靠地方勢力的節度使也想加強獨立的傾向，但是當時的政治與社會情況，促使進入中原的其他派別皆招致衰退，對馬祖道一和石頭希遷而言，反而成為有利的形勢，是因為其禪風與當時正在擴張的實力主義風潮互相諧調。是故其門派大為興盛，並從中創造出迄今依然有法脈傳承的臨濟宗和曹洞宗。

相較於馬祖和石頭，不得不說神會的思想是不究竟的。但是，隨著在中國的時代推進，圭峰宗密（七八〇—八四一）從神會傳承了「頓悟漸修」，逐漸受到很高的評價。

這大概也可以說，其理由便是在於其不究竟吧！生處於混亂時期的馬祖和石頭，其思想中包含了歌頌人間自由的根本主張，但在皇帝專制被逐漸強化時，那是絕對不被允許的思想。

註解

❶ 指五祖的法門，因五祖弘忍禪師住在蘄州黃梅縣之黃梅山，其山在縣之東部，因而叫做東山。

文獻介紹

1. 石井修道，《禅語録》（《大乘仏典〈中国・日本篇〉》十二），中央公論社，一九九二年。
2. 小林正美，《六朝仏教思想の研究》，創文社，一九九三年。
3. 伊吹敦，《禅の歴史》，法蔵館，二〇〇一年。
4. 唐代語錄研究班，〈神会の語録——壇語〉，禅文化研究所，二〇〇六年。
5. 小川隆，《神会——敦煌文献と初期の禅宗史》，臨川書店，二〇〇七年。

第
五
章

禪宗的形成與開展

小川隆
駒澤大學教授

第一節　初期禪宗

一、兩京法主，三帝國師

這件事發生於初唐的武后則天久視之年（七〇〇）：

久視年中，禪師春秋高矣。詔請而來，趺坐覲君，肩輿上殿，屈萬乘〔王者〕而稽首，灑九重〔宮中〕而宴居。傳聖道者不北面，有盛德者無臣禮。遂推為兩京法主，三帝國師，仰佛日之再中，慶優曇之一現。（張說撰，〈荊州大通禪師碑銘〉／以下，引文〔〕的內容為作者補記）

年長的禪僧乘坐轎子被迎請至宮中，禪僧盤坐覲見武后，受到武后的禮拜，並對宮中之人施以清淨教化。因為弘傳無上佛道的人，不應侍奉君主，其高山景行，不適用於臣下禮法。之後，禪師在長安、洛陽兩都受到武后、中宗、睿宗三代皇帝的尊崇，被尊為「兩京法主，三帝國師」，如同佛陀再來，光輝赫赫，又如優曇花開，甚為罕見。

碑文中，這位備受尊崇的老僧即是神秀（？—七〇六），圓寂後被尊稱為大通禪師。禪宗在經歷一段很長的傳說時期後，終於登上中國歷史的舞台，其契機應是神秀入內接受武后供養之盛事。中國的正史向來以儒家思想的價值觀為核心，因此有關佛教的紀錄多半未受重視。然而，編纂於五代時期的唐朝正史《舊唐書》中，立有玄奘、一行以及神秀的專傳，這些傳記也記錄了其他禪僧的略傳，以及達摩以來的禪法系譜等，因而成為一種禪宗概說。一般認為，在唐朝歷史中，禪宗登場所具有的意義和影響力，與玄奘的譯業相較之下，可謂有過之而無不及。

神秀禪師坐轎被迎請至宮中（出自《御制釋氏源流》）

《舊唐書．神秀傳》中提及神秀是「蘄州雙峰山東山寺僧弘忍」的弟子，將弘忍一系稱為「東山法門」，並記錄其傳法系譜如下：

菩提達摩——二祖惠可——三祖僧璨——四祖道信——五祖弘忍

〈大通禪師碑〉中亦同樣記有前述的系譜。若依《續高僧傳》以及敦煌出土的初期禪宗史書《傳法寶紀》、《楞伽師資記》等資料的記載，以達摩為始祖的初期禪宗，似乎是一群在山中的苦行者，其避世修行禪定與頭陀行，並奉持《楞伽經》。在道信、弘忍時期，這群僧人在蘄州黃梅（湖北省）之地形成「東山法門」的大規模教團，在武后則天時代又重新受到矚目，獲得王朝的大力支持。

其轉捩點，來自同為弘忍門下的僧人——法如（六三八—八九）。法如圓寂後，於其〈法如禪師行狀〉可見到如下一段文字：

即南天竺三藏法師菩提達摩，紹隆此宗，武步東鄰之國，傳曰神化幽賾。入魏（北魏）傳可，可傳粲，粲傳信，信傳忍，忍傳如。

若是將系譜中所列之「達摩——惠可——僧粲（璨）——道信——弘忍——法如」刪去最後的法如，那麼即與前述《舊唐書．神秀傳》和〈大通禪師碑〉的系譜是共通的，也與後世一般所知的禪法系譜並沒兩樣。但在這之前《續高僧傳》的記述，只能挑出「達摩——惠可——僧璨」與「道信——弘忍」二段隔別的系譜。至少在現存文獻中，上述引文是首次明確指出初祖達摩到五祖弘忍的傳承法系。

依據〈行狀〉記載，唐咸亨五年（六七四）弘忍遷化之後，法如曾短暫於淮南地區進行教化，不久又北上至嵩山少林寺。從那時起約有三年期間，其隱匿於僧眾間，過著沒沒無聞的生活，但在垂拱二年（六八八）突然被推戴出來，開示達摩以來的「禪法」。前述的系譜，是法如向嵩山少林寺昭示自己禪法的由來，即使是對當地的僧眾而言，大概也是初次聽聞此系譜。

二、嵩山與武后則天

乍看之下，以上好像只是法如個人的生平事蹟，但實際上，同時期正好是武后則天以東都洛陽為根據地擴張政權勢力的時期，兩者恰巧相互重疊。武后則天為了以宗教鞏固統治地位，迅速加深與洛陽近郊嵩山之宗教勢力的交涉。舉例而言，武后於光宅元年（六八四）將洛陽改稱為「神都」，又於垂拱四年（六八八）將嵩山稱之為「神岳」，由此可感受到，武后企圖將洛陽政權與嵩山宗教權威的神祕性融合一體。若由佛、道二教的立場來看，此不僅是與政權緊密連結千載難逢的大好機會，也是二教在嵩山的共同舞台上競相宣揚各自傳法系譜的時期。吉川忠夫於〈道教道系與禪的法系〉一文中說明其發展的來龍去脈，摘錄如下：

自先於唐朝之北魏以來，位於東都洛陽東南的嵩山即是佛道二教的聖地，蘄州黃梅的東山法門和潤州茅山派道教，皆以此為據點，向華北發展。其中佛教的核心人物是法如；道教的核心人物是潘師正。當時正值唐高宗計畫於嵩山封禪，隨後由武后則天承擔實現的時期，唐朝與嵩山的關係，也比起歷來更為緊密。此段期間，道教茅山派——潘師正的地位提高，其師王遠知的地位也隨之提昇，最終形成陶弘景、王遠知、潘師正、司馬承禎一系。至於佛教的東山法門，則強調嵩山是達摩、惠可之所在。值得注意的是，在似乎被後世遺忘的法如〈行狀〉中，記載著達摩、惠可、僧璨、道信、弘忍、法如的傳承法系，可算是授予法如六祖的地位。然而，在後來出現的法系當中，卻以神秀為六祖，其原因為何？（吉川忠夫，一九八九，二十六頁）

仔細研讀右邊的論文，法如特別於此時千里迢迢北上嵩山少林寺，並宣告「達摩——惠可——僧璨——道信——弘忍——法如」的法系，這絕不僅是個人的生平歷程而已，更反映出武后政權與佛、道二教互蒙其利的整體趨勢，也可說是佛教略具投機意味的一部分政治活動。法如在成就達到巔峰後不久即於永昌元年（六八九）圓寂，最終是由神秀受到武后一朝的迎請。如本節一開始所述，久視元年（七〇〇）武后隆重迎請神秀入內道場供養，此事件亦可稱是一連串活動的盛大終結。總之，姑且不論法如與神秀等人真正的立意為何，禪宗在中國王朝的歷史中已占有一席之地。

神秀在入內之後，不出數年也去世了。神龍二年（七〇六）神秀示寂後，弟子普寂（六五一—七三九）奉中宗勅命，接掌其教團。其實最初普寂是想拜在嵩山法如的門下，但由於法如圓寂而作罷，隨即轉入神秀門下，並因國師神秀的威德光環，成功地獲得唐朝的支持。普寂係以嵩山的嵩岳寺為根據地，宣揚其法系：

菩提達摩——惠可——僧璨——道信——弘忍——神秀——普寂

普寂又為彰顯神秀而於嵩岳寺建造浮圖（塔）與靈廟（李邕《嵩岳寺碑》）。盛唐時代，普寂奉玄宗勅命移居長安，《舊唐書》記錄為：「開元十三年（七二五），勅普寂於都城〔長安〕居止。時王公士庶，競來禮謁。」之後，普寂於國都長安廣為「王公士庶」所崇信，直到開元二十七年（七三九）八十九歲圓寂為止。普寂圓寂之後，位於嵩山的墓塔也與神秀並列，同為長期受參拜的聖跡。盛唐以後，載有上述法系的碑文數量很多，杜甫（七一二—七〇）詩中的「身許雙峯寺　門求七祖禪」（〈秋日夔府詠懷〉詩），現今普遍都認為那是指普寂。另外，中唐的宗密（七八〇—八四一）稱普寂為「二京法主、三帝門師」（《圓覺經大疏鈔》卷三下）。當然，這說法是依神秀曾被譽為「兩京法主、三帝國師」而來。神秀成為武后、中宗、睿宗的國師，是其晚年最後五、六年之事；而普寂在長安、洛陽歷經中宗、睿宗、玄宗三代長達約三十年時間，相較之下，這稱謂對普寂應更為貼切。

三、南能北秀

開元二十年（七三二）前後，普寂等人聲勢顯赫之際，一位默默無名的僧人神會（六八四—七五八），突然展開驚人之舉非難普寂一派。當時神會住於南陽龍興寺，被稱為南陽和上，之後又因住於洛陽荷澤寺，所以通稱為荷澤神會一系。

正月十五日，神會於滑台（河南省）的大雲寺舉行「無遮大會」。所謂「無遮大會」，就是不分道俗，任何人皆可參與的公開法會。正月十五日「元宵節」（上元節），在「元宵觀燈」這個節日，人們徹夜觀賞街道上裝飾著五顏六色的燈籠，而神會特別選定那一天，並以「無遮大會」的形式來舉辦法會，與其說是對佛教界內部的宣告，不如說是神會刻意向社會大眾發表自己的主張。

在二十世紀前半期，胡適（一八九一—一九六二）於敦煌文獻中發現了《菩提達摩南宗定是非論》的寫本，人們才首度詳知法會的內容。依據此書，在法會一開始，神會先以巧妙的話術闡述達摩與惠可等人的故事，接著提到：

> 達摩遂開佛知見，以為密契；便傳一領袈裟，以為法信，授予惠可。惠可傳僧璨，璨傳道信，道信傳弘忍。弘忍傳惠能。六代相承，連綿不絕。

此處大膽提出如下的系譜，明顯地否定了之前神秀、普寂等人的系譜，並與之針鋒相對：

達摩——惠可——僧璨——道信——弘忍——惠能

神會之所以在法會中極力宣說這個法系，目的是要讓世人知道，繼承弘忍成為第六祖的是惠能，而不是神秀。雖然神會建立惠能為第六祖的系譜，以「一領袈裟」代代相傳做為傳法證明（「法信」）的說話，全是後來禪宗普遍的傳承，但最初神會其實是為了要非難神秀、普寂一系而在法會上提出衝擊性之說。

儘管此時惠能和神秀早已圓寂，不在世間，但神會卻依然追究第六祖是誰，無非是為了與身處長安的普寂爭取第七祖的地位。法會中另一方的辯論者崇遠法師提問：「普寂禪師自稱第七代，復如何？」而神會回答如下：

> 今秀禪師實非的的相傳，尚不許充為第六代；何況普寂禪師是秀禪師門徒，承稟充為第七代？見中岳〔嵩山〕普寂禪師，東岳〔泰山〕降魔藏禪師，此二大德□□秀禪師是第六代，未審秀禪師將□信充為第六代？我韶州一門從上已來，排其代數，皆□達摩袈裟□□□普寂禪師在嵩山豎碑銘，歷七祖堂，脩法寶紀，排七代數。□□□□其付囑佛法。並不□秀禪師已下門徒事。何以故？為無傳授，所以不許。❶

文中神會指出，就連神秀禪師都不屬於正統法系，更何況其弟子普寂禪師何以能稱為第七祖？又問難普寂禪師與降魔藏禪師，以何根據稱神秀禪師為第六祖？神會強調自己韶州惠能一系，才是代代以達摩袈裟做為傳法依據。此外，他也質疑普寂禪師在嵩山建立碑銘與七祖堂，以及編纂《法寶紀》記錄七代系譜的正當性，神會認為其沒有正統的傳授，所以不予以認同。

如文前所述，普寂於嵩山的嵩岳寺建造塔廟，並為彰顯神秀而立「嵩岳寺碑」。此處之《法寶紀》，即是之前曾提及的《傳法寶紀》，其內容中確實有提到以神秀——普寂為正統之禪宗歷史，但在當時算是前所未有、唯一的正統說。儘管如此，神會一方面指責系譜是普寂所捏造，另方面主張其在南方韶州（廣東省）的師父——惠能，才是真正的六祖。神會又順勢抨擊，將神秀被譽為「兩京法主、三帝國師」之事，譴責為「從達摩以下，至能和上，六代大師，無有一人為帝師者」。正因為神秀受到世俗權勢的推崇，所以反而成為非達摩禪正統的最好證明，神會此番批判，表面上是針對已過世的神秀，實際上，倒不如說是要非難當時正在長安享有權勢的普寂。

神會進一步提出後世眾所周知的「南能北秀」——惠能的「南宗」與神秀的「北宗」，明顯二分對立之局面。

為秀和上在日，天下學道者號此二大師為「南能」，「北秀」，天下知聞。因此號，遂有南北兩宗。普寂禪師實是玉泉學徒，實不到韶州，今口妄稱南宗，所以不許。

神會指出，惠能與神秀並稱「南能北秀」是天下皆知，因而形成「南北兩宗」（「南宗」、「北宗」二個宗派）。而普寂禪師是玉泉寺神秀禪師的弟子，其實並未去過惠能所居的韶州。因此儘管普寂禪師標榜自己為「南宗」，但神會卻不認同此事。

雖然並非普寂親自所說，但與其同一系的人在文章中確實有稱神秀一系法門為「南宗」的例子。「南宗」一詞，其實是來自菩提達摩的「南天竺一乘宗」之意，與中國地理上的南、北並無關係。雖然神會將「南宗」的意涵轉變為北方神秀與南方惠能的宗派之意，不過仍保留了原本達摩禪的正統意味，故神會難以認同普寂等人宣稱自己為「南宗」的情形。

四、皆為頓漸不同，所以不許

不過，提出「南宗」相對「北宗」的對立情勢，不僅僅是系譜相爭的問題而已，更具有思想重大轉變的意義，同時亦進一步決定禪宗日後之特色。崇遠法師質問神會，既然惠能與神秀皆是隨五祖弘忍學習的「同學」，那麼兩人的教法，不是也理應相同嗎？神會則回覆如下：

> 今言不同者，為秀禪師教人凝心入定，住心看淨，起心外照，攝心內證。

神會指出這是因為神秀禪師所教的禪法與惠能不同。將心凝聚進入三昧，定心觀想本性清淨，起心照見外在世界，攝心體會內在世界──「凝心入定，住心看淨，起心外照，攝心內證」，雖然在神秀、普寂的學說之中並未發現完全一樣的句子，但與其同系的行者的確很重視持續性、次第性的禪定、觀法的實修。如前所述，神會自行將神秀、普寂等人的禪法定型化，批判其為「愚人之法」，不過是將心設想為客體，並加以「調伏」而已。接著說明「離此調伏、不調伏二法，即是能禪師〔惠能〕行處」，從達摩到惠能的六代祖師之中，沒有一位是修行「凝心入定，住心看淨，起心外照，攝心內證」。崇遠法師針對此說明，反問神會：「如此教門豈非是佛法？何故不許？」接著神會展開如下的批判：

> 皆為頓漸不同，所以不許。我六代大師一一皆言，單刀直入，直了見性，不言階漸。夫學道者須頓見佛性，漸修因緣，不離是生，而得解脫……。

神會之所以不認同這樣的禪法，是因為「頓」與「漸」不同。其所謂的「頓」，是指瞬間、無次第之意；而所謂「漸」，意指有時間性、階段性。從達摩到惠能的六代祖師，都是闡述「單刀直入、直了見性」的「頓悟」法門。而以次第方式來「調伏」心的「北宗」禪法，只不過是違背「頓悟」的「漸悟」教義。後世將頓悟的「南宗」與漸悟的「北宗」，對比為「南頓北漸」（《景德傳燈錄．薦福寺弘辯章》卷九）。

那麼，如何達成頓悟？對照「北宗」的次第禪定，神會提出「坐禪」的定義如下：

今言坐者，念不起為坐。今言禪者，見本性為禪。所以不教人坐身住心入定。

神會提到，如實見到自己的本性，不起想念，稱之為「坐禪」，而無須採取以身打坐的修行方法。這並非提倡新的禪法，也不是給予坐禪新的意義。雖借用「坐禪」一詞，但實際上卻是揚棄以身做為修行方法的坐禪，其主要是將禪轉換為本性覺醒的思想問題。以下藉由對「定慧等」的說明，其意義會更為明確：

言其定者，體不可得。言其慧者，能見不可得體，湛然常寂，有恆沙之用，故言定慧等學。

神會所說的「定慧等」，已經不是禪定與智慧均等修學的意思。所稱的「定」是自己之「體」不可得，「慧」則是現見其不可得之「體」，既是恆常寂靜，同時又具有無限大用。相同的說法，在神會的語錄中也再三提到。簡言之，即所謂的「定」，是指通達無礙的本性，而「慧」則是親見其無礙的本性，其內容與先前「坐禪」的定義並無不同，也就是以上述的本性為基礎，並以本性自覺為核心。依此觀點，以身打坐的坐禪是沒有用處的。再則，更要摒除「愚人之法」的造作與干擾，拒絕其對無礙本性的壓迫。有關神會

「頓悟」一詞，也是此思維的另一種表達。神會所說的「頓悟」，絕不是開悟的遲速，而是指自己親見自己的本性，其中，時間不存在，前後過程也不存在的意思。

五、與王維的問答

神會語錄中，有許多神會與當時士大夫的問答紀錄，由此可知神會與士大夫階級之間的互動頻繁。其中也可看到在盛唐時期與杜甫、李白等著名詩人齊名的王維（六九九？—七六一？）的名字。王維虔心於佛教，此係眾所周知，而其似乎與普寂一系的禪者往來密切。王維曾為《楞伽師資記》的作者淨覺（六八三—七五〇？）撰寫〈淨覺師碑銘〉。另外，當嵩岳寺（嵩山）蒙肅宗賜予神秀與普寂塔額時，王維亦曾替該寺僧人代寫對御賜致謝的文章（〈為舜闍黎謝御題大通大照和尚塔額表〉❷）。另外，王維亦提到其母曾「師事大照禪師（普寂）三十餘年」（〈請施莊為寺表〉），弟弟王縉也自述「因學於大照（普寂），又與廣德（普寂的弟子）素為知友」（〈大證禪師碑〉）。上述資料，也足以佐證先前《舊唐書》中的記述，證明普寂在都城廣為「王公士庶」所崇信。此外，神會與王維也有所往來，之後為了惠能請託王維撰寫〈六祖能禪師碑銘〉。在往來過程中，神會也對王維闡述有關「定慧等」之說。

侍御史王維問神會，其禪法與惠澄禪師何故不同？神會回答：

今言不同者，為澄禪師要先修定，得定以後發慧。會則不然。今正共侍御語時，即定慧等。《涅槃經》云：定多慧少，增長無明。慧多定少，增長邪見。定慧等者，名見佛性。故言不同。

接著，王維詢問神會，所謂「定慧等」是怎麼樣的狀態？神會回答：

言定者，體不可得。所言慧者，能見不可得體，湛然常寂，有恆沙巧用，即是定慧等學。（《神會語錄》石井本・二十九／胡適本・三十八）

雖然惠澄禪師的事蹟不詳，但似乎與先前無遮法會的崇遠一樣，肩負起代表「北宗」的角色。或如惠澄禪法要意所提的「要先修定，得定以後發慧」，其說法更強調禪定與智慧的先後關係，但卻與神會「定慧等」的主張相反。值得注意的是，神會指出，那並不是依修行而獲得的特殊境界，而是「今正共侍御語時，即定慧等」——像現在與您談話的同時，那就是「定慧等」。既然「定慧等」是本性自覺之意，那麼本性無時無刻皆是「定慧等」的。即使在談話的當下，自己同時仍是清清楚楚的「定慧等」。對坐禪的否定，從另一面來說，也就意味著對日常現實的肯定。至此，唐代禪宗的基本思想已開始萌芽，也成為禪宗在家士大夫的思想持續發展的重要原因。

六、安史之亂與諸派興起

神會之後遷至洛陽的荷澤寺，大舉展開相同的行動。雖然一時聚集廣大支持，但其動員的盛大排場卻為當局所忌諱。天寶十二年（七五三），神會遭流放到南方，隔年蒙受恩赦，落腳於荊州開元寺。據神會一系的資料顯示，此壓迫是來自於「北宗」的勢力。乾元元年（七五八），神會於開元寺圓寂，但在此之前的天寶十四年（七五五），爆發了撼動唐朝國本基礎的「安史之亂」（七五五—六三）。《宋高僧傳．神會傳》卷八記載，唐朝當時以賤賣度牒（出家許可證）來籌措軍餉，由於神會對此極具貢獻，故受詔入內受肅宗供養。但這記載與其他傳記資料的差異很大，難以被認定為史實，不過，並不排除神會在各地舉行之販售度牒中，曾有參與的可能性。

然而，相較之下，更重要的是禪宗以「安史之亂」為分水嶺，逐漸在各地興起新的派別。其背景因素被認為是因為（外部的）戰亂之故，使政治、經濟的中心從中原分散至各地，再加上（內部）神會的論爭，使得禪宗的正統意識產生對立化，產生內外兩面的多元化——核心價值喪失的趨勢所造成吧。中唐的宗密，將當時的禪宗諸派列舉了如下新舊七宗（依據《圓覺經大疏鈔》卷三下和《裴休拾遺問》）：

1.「北宗」長安——神秀、普寂
2.「淨眾宗」四川——淨眾寺無相
3.「保唐宗」四川——保唐寺無住
4.「洪州宗」江西——馬祖道一
5.「牛頭宗」江南——牛頭法融
6.「南山念佛門」四川——果閬宣什
7.「荷澤宗」洛陽——荷澤神會

雖然不得不省略對各宗的詳細說明，但新興的各派，常依據所謂的增添之說，自稱起源於更古老的系譜。例如在江南興起的「牛頭宗」，創造出四祖道信在傳法予五祖弘忍之後，再傳法於牛頭山（南京近郊）法融的傳承，並主張如下的系譜：

達摩……道信┬弘忍
　　　　　　└牛頭法融——智巖——慧方——法持——智威——玄素——法欽

另一方面，「保唐宗」依據新奇的傳說，宣稱武后則天將惠能的傳法袈裟賜予智詵，之後又經處寂、無相，傳給了無住，其系譜如下：

達摩……弘忍──惠能──神會
　　　　　　　└智詵──處寂──淨眾寺無相──保唐寺無住

在思想方面，這一派大概算是立場最為激進的。舉例而言，敦煌出土記錄其系譜與思想的《歷代法寶記》，有如下有關無住與律師們的問答，最後無住論破諸律師，使其完全捨棄戒律：

> 律師聞已，疑網頓除。白和上：「小師傳迷日久，戒律盡捨，伏願慈悲攝受。」一時作禮，雨淚而泣。
>
> 和上云：「不憶不念，一切法並不憶。佛法亦不憶，世間法亦不憶。『只沒閑』，問得否？」律師咸言：「得！」和上云：「實若得時，即是真律師。……」
>
> 和上更為再說：「起心即是塵勞，動念即是魔網，『只沒閑』。不沉不浮，不流不轉，『活鱍鱍』，一切時中總是禪。」律師聞已。踴躍歡喜。默然坐聽。

無住所說的內容是：不憶一切法，甚至連戒律也捨去，「只沒閑」，因此，在日常反而是「活鱍鱍，一切時中總是禪」。同樣的說法在《歷代法寶記》之中也再三出現。故無疑這是無住的根本主張。雖然有關「只沒閑」一轉成為「活鱍鱍」的論理還需要更進一步的分析，但總之，顯然源自於神會的揚棄坐禪與肯定日常作務當下即是的思想，並將其發揮到極致。宗密描寫無住等的樣貌：「謂釋門事相一切不行，剃髮了，便掛七條，不受禁戒。至於禮懺、轉讀、畫佛、寫經一切毀之。皆為妄想，所住之院，不置佛事。」「不議衣食，任人供逆。逆即暖衣飽食，不送，即任飢任寒。」等（《圓覺經大疏鈔》卷三下）。這或許可從反面來領會肯定日常性的當下思想，是對揚棄規範與自甘墮落安於現狀的批判吧！雖然未特別指出什麼宗派，但信奉天台宗的梁肅（七五三—九三）在下文中充分反映出當時禪宗脫軌的傾向及其重大影響，以及傳統佛教徒對於那種情況的危機感：

今之人正信者鮮，遊禪關者，或以無佛無法，何罪何善之化。化中人已下，馳騁愛欲之徒，出入衣冠之類，以為斯言至矣。且不逆耳，故從其門者，若飛蛾之赴明燭，破塊之落空谷。殊不知坐致焦爛，而莫能自出，雖欲益之，而實損之，與夫眾魔外道，為害一揆。（〈天台法門議〉）

第二節　唐代的禪

一、馬祖的禪法

在經歷「安史之亂」後百家爭鳴的時代，九世紀初，於中唐德宗、憲宗時代，馬祖道一（七〇九—八八）一派以洪州（江西省）為根據點，確立了禪宗的霸權，也就是宗密所說的「洪州宗」。首先，德宗貞元年間（七八五—八〇四），馬祖的弟子鵝湖大義成為內道場的供奉（宮中專屬僧人），接著，憲宗元和三年（八〇八）與隔年，同為馬祖法嗣的章敬懷暉（七五四—八一五）與興善惟寬（七五五—八一七）亦相繼入內，奠定了馬祖禪在京師的優越地位。馬祖的弟子為了連結自己師父與六祖惠能的正統嫡系關係，於是在長安展開表彰南嶽懷讓（六七七—七四四）的行動，並宣揚如下系譜：

菩提達摩……六祖惠能（南宗）——南嶽懷讓——馬祖道一

《宋高僧傳》卷九的〈南嶽懷讓傳〉記載：「元和中，寬（惟寬）、暉（懷暉）至京

馬祖道一像（出自《佛祖道影》）

師，揚其本宗，法門大啟，傳百千燈。」若從另一個角度來看，彰顯行動之前，南嶽懷讓的名號是世人鮮為所知的吧！宗密亦提到，馬祖原本是四川淨眾寺無相的弟子，之後偶遇南嶽懷讓而蒙受其教。南嶽懷讓原本只是自己修行，並未開演佛法，但由於馬祖的表彰而被視為「一宗之源」（《圓覺經大疏鈔》卷三下），上述系譜形成不久之後，即被確立為禪宗的正統法系，至於其他各家林立的系譜與思想，在二十世紀敦煌文獻被發現之前，有很長一段期間被遺忘隱沒。

敦煌文獻（即初期禪宗）和傳世資料（即馬祖之後的禪）之間為何存有明顯的斷層，其具體經過並不清楚，現存資料也不夠明確。其實際年代，雖然也有不少相互重疊的部分，但在敦煌出土的禪宗文獻中，幾乎沒有關於馬祖之後禪的資料；另一方面，除了宗密著作和一些碑文外，在傳世的資料中，幾乎也未發現同時代初期禪宗的紀錄。敦煌文獻之所以未呈現關於馬祖之後的禪，可思考係與敦煌地理、歷史情況有關。何以傳統的禪宗文獻未保留初期禪宗的樣貌？這顯示馬祖之後的禪者成為唐代禪的主流，因此判定之前初期禪宗的傳統已沒有傳承的必要了嗎？在那之前百家爭鳴的各家系譜最後被一掃而空、不留痕跡，筆者認為這亦是表明斷然終結的決心。

二、即心是佛，平常心是道

那麼，將所謂的初期禪宗劃分為一時期，因而被視為唐代禪宗實際起始的馬祖禪，究竟是什麼呢？

燈史和語錄中一致記載了馬祖開示的開頭，其中有如下的一段話：

> 汝等諸人，各信**自心是佛**，**此心即是佛心**。達磨大師從南天竺國來，躬至中華。傳上乘「一心」之法，令汝等開悟。又引《楞伽經》文，以印眾生心地。恐汝顛倒，不自信，此心之法，各各有之。故《楞伽經》云：佛語心為宗，無門為法門。（《景德傳燈錄》卷六〈江西道一禪師章〉）

「自心是佛，此心即佛——自己的心是佛，此心正是佛。」此係馬祖禪的根源，而其旨趣被概括為「即心是佛」或「平常心是道」等常見的句子。

> 道不用修，但莫「污染」。何為「污染」？但有生死心造作趣向，皆是「污染」。

若欲直會其道，「平常心是道」。（《景德傳燈錄》卷二十八〈江西大寂道一禪師語〉）

馬祖提到，心就是佛。但那並不是用修行將迷惑的心轉為佛心，也不是從染汙的內心引發清淨覺悟的心，而是那平常當下的心，原原本本就是「道」。接續上述引文，馬祖提到：「只如今行住坐臥、應機接物，盡是道。」（《景德傳燈錄》卷二十八）。亦即日常起居動作、諸事的應對，無不是道。在另一文中，馬祖也這樣提到：「一切眾生，從無量劫來，不出法性三昧，常在法性三昧中。著衣喫飯，言談祇對，六根運用，一切施為，盡是法性。」（《馬祖語錄》）。在這裡，實際上被同等看待為「道」（「法性」）的，不是稱為「心」的獨立實體，而是在日常作為，每一個極其平常的舉止動作中自然流露的「平常心」。那既不是重新獲得，也不是被完成的結果，只是自己如實地察覺到當下的事實。

以下列舉馬祖「即心是佛」的開示，那是與原先為教理學者的弟子汾州無業（七六〇—八二一）的一段因緣。

馬祖見其狀貌魁偉，語音如鐘。乃曰：「巍巍佛堂，其中無佛。」師禮跪而問曰：「三乘文學，麁窮其旨。常聞禪門，『即心是佛』，實未能了。」

馬祖曰：「只未了底心即是，更無別物。」

師又問：「如何是祖師西來密傳心印？」祖曰：「大德正鬧在，且去別時來。」

師才出，祖召曰：「大德！」

師迴首。祖云：「是什麼！」

師便領悟禮拜。

祖云：「這鈍漢禮拜作麼！」（《景德傳燈錄》卷八〈汾州無業章〉）

即使是說「即心是佛」，但並不是有什麼特別的「心」。馬祖提到不明瞭就說不明瞭的那個「心」，即是佛。但期待著馬祖說明「即心是佛」教義的無業，卻無法切身領會馬祖的回答。接著，馬祖不耐煩地趕走想要探聽達摩祕傳的無業。於是，正當無業不得已要踏出屋外的時候。就在那一剎那，馬祖從背後喊：「大德！」並向不自主回頭的無業厲聲問道：「是什麼！」——現在，頓時回望你自己活生生的心，那到底是什麼？放下那心，也想想等同「佛」的特別的「心」在哪裡？

至此，無業豁然領悟而拜。馬祖可能是一邊開懷地笑著一邊說：「嗯，這呆子，到現在才知道要禮拜！」

三、自馬祖、百丈以來

「自心本來是佛」的學說，主張摒棄修行，認為舉凡日常作務皆是佛作佛行❸，這些看法，在初期禪宗之中皆有先例，未必為馬祖所獨創。文前曾提及神會的「今正共侍御語時，即定慧等」和保唐寺無住的「活鱍鱍，一切時中總是禪」的說法，都相當接近馬祖所說。這意味馬祖的思想其實也是自初期禪宗的脈絡推演而來。馬祖之後的禪者雖未傳承初期禪宗，但將其告終，並非要否決初期禪宗，而是因為認為馬祖禪已具足初期禪宗的完整思想。再則，馬祖禪與初期禪宗被歸為同一時期的論點，相較於思想本身而言，或許更如上例中馬祖個人的接引方法。馬祖並不是在闡述開悟，而是希望讓行者能當下悟道。

在初期禪宗文獻中，有關對話的紀錄也不少，但那由對理論相關的徵問，與針對問題的回覆所構成。在對話中，修行者的目的是從師父之處領受正解；而師父的目的，是將自己的思想傳授予對方。但是，在馬祖之後的問答似乎就不是這種情形了。師父往往沒有回覆對方的問題，而對於質問，甚至經常以反提問的方式來回應。但那並非不負責任地岔開話題，也不是故做神祕、有所吝惜。為師者的手段，是想讓提問者自身去發現答案。禪者經常所說的：「從門入者，不是家珍。」「即心是佛」，這些並非是由師父授予的，因為那是活生生的事實，是每個人一出生身上皆已具備的，所以為師者必須讓修行者自己看清這個事實。在馬祖的弟子大珠慧海（生卒年不詳）以下的問答中，雖然對方仍未能掌握此意味，但相當簡明地展現其宗趣與手法。

有行者問：「『即心即佛』，那個是『佛』？」
師（大珠）云：「汝疑那個不是？指出看！」
行者無對。（《祖堂集》卷十四〈大珠慧海章〉）

一般日語辭典中對「禪宗」的定義為：藉由坐禪，以開悟為目標的宗教。不過，坐禪是佛教普遍的修行，甚至更非佛教獨有的產物。中國禪者所追求的，反而是將坐禪視為不必要的，而日常生活所為，即一如佛作佛行般的世界。這並不是說禪僧是不坐禪的，而是至少不能以坐禪做為區分禪宗與其他宗教的標幟。

只從遺留下的文獻來看，禪的特色莫如問答。透過問答，讓行者自己契悟，那才是馬祖之後禪宗的特色。而那些問答常常是莫名其妙、突兀的，呈現出所謂「禪問答」的型態；老師主動徵問，並不是傳授解答，而是希望從受質問者自身內在自然而然蹦出答案（可於「北宗」禪所謂的「指事問義」找到早先的例子）。禪的思想，並非一般的教義，而是記錄了在各個場合與人密切接觸一次性的無數問答，亦即以「語錄」的形式呈現，而傳承的根據也在於此。即使都是以對話體記錄，初期禪宗文獻想要傳達的，是為師者的教義；而馬祖之後的「語錄」則想呈顯出，不論修行僧是自己開悟或者是失敗，其間活活潑潑的對話與情景。

夢窗疎石（一二七五－一三五一）提到：「馬祖、百丈以前多示理致，少示機關。馬祖、百丈以來，機關多理致少。」（《夢中問答》八十一）。百丈就是百丈懷海（七四九－八一四），是馬祖最重要的弟子之一。「理致」是普遍的理法，而「機關」是指實際臨機應變的對話。當然，夢窗並不是依據敦煌文獻等歷史學的知識，但夢窗這段話，恰好確切地提到禪宗史特質的轉換是以馬祖為分界。

四、平常無事與清規的形成

自心是佛，平常心是道。馬祖道一的禪法，已如前所見，在對日常生活、動作舉止肯定當下的思想上極自然地開展出來。例如在家禪者龐居士（？－八〇八）以下這首廣為人知的詩偈，即吟詠了馬祖禪的旨趣：

> 日用事無別　　每天的日用之事，並沒有別的，
> 唯吾自偶諧　　只是自己自由地任運而行，

頭頭非取捨　　對任何一物，皆沒有取捨，
處處沒張乖　　於一切處無不吉祥。❹
朱紫誰為號　　不知朱衣、紫衣的稱號頭銜？
丘山絕點埃　　山中不染半點塵埃，
神通並妙用　　若問神通與妙用為何？
運水與搬柴　　那就是運水與搬柴。

（入矢義高《龐居士語錄．禪的語錄七》，筑摩書房，十五頁）

馬祖一系的禪者，常以「平常」、「無事」等語詞來表達諸如不需要修行、當下肯定一般日常生活的觀點。有人問長沙景岑（生卒年不詳），什麼是「平常心？」景岑回答：「要眠則眠，要坐則坐。」但對方還是不了解這個答案，於是繼續追問，景岑依舊若無其事地回答：「熱則取涼，寒則向火。」（《祖堂集》卷十〈長沙章〉）。另外，還有臨濟義玄（？—八六六）的「無事是貴人，但莫造作，只是平常」。以及下面所引用之「隨處作主」的一段話等，更是廣為人知！（引自《臨濟錄》示眾）

佛法無用功處，只是平常無事。屙屎送尿，著衣喫飯，困來即臥。愚人笑我，智乃知焉。古人云：「向外作工夫，總是癡頑漢。」爾且隨處作主，立處皆真。（《臨濟錄》）／以上古人云與「困來即臥。愚人笑我，智乃知焉。」引自懶瓚的《樂道歌》）

百丈懷海禪師於大雄山創建了百丈禪寺，建立起「一日不作，一日不食」的農禪家風。（法鼓文化資料照片）

另一方面，將日常作務視為與佛法等同的想法，也促成了禪宗「清規」的形成，亦做為禪寺規範集體生活的原則。在百丈制定「百丈清規」之後，有很長的期間，它成為禪宗個人修行生活的規範。百丈原本所制定的條文並未流傳下來，現在只能依《景德傳燈錄》卷六〈百丈章〉所引用的《禪門規式》和陳詡的〈唐洪州百丈山故懷海禪師塔銘〉等資料而略知其梗概。但其實「規式」也並非是百丈在世時所作，似乎是因後代確立於百丈山而追溯係為懷海所制定。

依據「規式」的說法，一開始禪僧們多居於「律寺」，但由於雙方規矩不一，因此到了百丈之時別立「禪居」。這裡不立佛殿，只建法堂，早晚由長老（住持）上堂，僧眾依序排列聆聽說法，與長老進行問答，並努力激盪宗要。這顯示從佛陀以來歷代親炙佛法的長老精勤修行住持佛法。禪僧以團體形式過著樸素簡約的生活，並上下均力進行共同作務的「普請」，依據「塔銘」，並未持有農地。這與自印度以來傳統戒律中禁止之身體勞動與生產勞動正好形成相反的立場，認為農耕與土木作務等也是佛行之一，亦即如百丈著名的「一日不作，一日不食」之語。上述這些特色，將在世的自己當作是佛，視平常作務為行佛道，可說是將馬祖禪的思想化為實際的制度吧！以下這則有關百丈的逸聞表現出當時禪院自在灑脫的氣氛，令人莞爾：

有一日，普請次。有一僧忽聞鼓聲，失聲大笑，便歸寺。
師曰：「俊哉俊哉！此是觀音入理之門。」
師問其僧：「適來見什摩道理，即便大笑？」
僧對曰：「某甲適來聞鼓聲動，得歸吃飯，所以大笑。」
師便休。（《祖堂集》卷十四〈百丈章〉）

問答在百丈過早論斷的誤判中結束[5]，但從以上對話可看出，百丈禪師也與眾人一起在戶外從事「普請」。因此，聽說勞動的現場，同時也自然地被認為是求道的現場等。至於其他關於聚集師徒大眾共同從事農務時的問答紀錄，亦不勝枚舉。

有時候，「平常」與「無事」看起來甚至是趨於安逸的自足，但另一方面，又依循「清規」的個人紀律，勤勉地過集團生活。乍看之下，這二者的立場似乎是相反的，不過，實際其根本上有共同的信念，即是將從事日常生活的自己看作是佛。

五、選官與選佛

中唐著名詩人之一白居易（七七二—八四六）虔心於佛教與道家思想，也親近淨土與禪。《景德傳燈錄》卷十甚至立有專傳，其中提及白居易為馬祖弟子佛光如滿（生卒年不詳）的法嗣。但如同傳記所載，白居易參禪，每到各地赴任上官，便參訪當地的禪者，所以是「學無常師」。實際上，順著傳記往下閱讀，可知白居易年輕時，在洛陽跟隨了可能為「北宗」系的僧人法凝（生卒年不詳）學習八階段的禪定，而留有「八漸偈」[6]。之後，又與同在洛陽、奉荷澤神會為祖師的宗密等「荷澤宗」門人結成莫逆之交，並為其留下不少詩文。此外，白居易與長安的興善惟寬、江州（江西省）的歸宗智常（生卒年不詳）、洛陽的佛光如滿也有往來。雖然與馬祖弟子的交往較為人矚目，不過那是自然反映出當時馬祖門下風行的盛況，似乎並非白居易刻意揀擇宗派的結果。根據留下的詩文來看，雖然無法確知白居易涉入禪的體證多少，但他為興善惟寬所撰寫的〈傳法堂碑〉等不少作品，成為禪宗史的珍貴資料。

在《祖堂集》和《景德傳燈錄》中，除了白居易之外，還記錄有陸亘（七六四—八三四）與南泉（七四八—八三四）、李翱（七七二—八四一）與藥山（七五一？—八三四？）、于頔（？—八一八）與紫玉（七三一—八一三）等中唐時期一些士人夫與禪僧之間的問答。其中，諸如裴休（七九七—八七〇）、黃檗（生卒年不詳）、宗密、潙山（七七一—八五三）等傑出的禪僧往來，甚至還有人留下自己編著的有關禪的一手資料。在中唐時期，禪法已開始扎根於士大夫階層。

丹霞天然（七三九—八二四）素以燒木佛之事而聞名，以下為其出家因緣。引文中，「秀才」是對科舉應試生的稱呼，而「選官」是指科舉選拔官員之事。

丹霞和尚嗣石頭。師諱天然，少親儒墨，業洞九經[7]。初與龐居士同侶入京求選，因在漢南道寄宿次，忽夜夢日光滿室。有鑒者云：「此是解空之祥也。」又逢行腳僧，與吃茶次，僧云：「秀才去何處？」對曰：「求選官去。」

僧云：「可惜許功夫，何不選佛去？」

秀才曰：「佛當何處選？」

其僧提起茶碗曰：「會麼？」

秀才曰：「未測高旨。」

僧曰：「若然者，江西馬祖今現住世說法，悟道者不可勝記，彼是真選佛之處。」

二人宿根猛利，遂返秦遊而造大寂[8]……。（《祖堂集》卷四〈丹霞天然章〉）

接續上文之後，《祖堂集》還提到丹霞與馬祖進行對答，並聽從馬祖的指示，轉往石頭希遷（七〇〇—九〇）門下出家。

至於龐居士，據傳在與馬祖的對答之後開悟。其後，終生以「儒形」[9]過著隱居的生活。以下為其開悟偈：

十方同一會
各各學無為
此是選佛處
心空及第歸（《祖堂集》卷十五〈龐居士章〉）

此處宛如都城的測驗考場，聚集了十方俊秀之才，大眾皆修學佛道。馬祖的道場不是「選官」，而是「選佛」場。並不是要科舉中第，而是要心「空」合格，歸返本來的故鄉❿。

這些故事中，尤以「江西馬祖現在住世說法，悟道者不可勝數」一句話，證實了先前的推測：修行者在實地悟道的觀點，正是馬祖締造劃時代突破的關鍵。將禪的修行道場稱之為「選佛場」，也與此故事有所關聯。姑且不論是史實與否，此處由「選官」轉為「選佛」的主題，實極為鮮明，深具吸引力（《祖堂集》卷十五）。亦可見馬祖與五洩靈默有相同的逸聞。

中唐是科舉制度大舉興起的時代，即使規模遠不及其後的宋代，但亦形成了相當規模的應試人數，因而，隱含於錄取者背後的，是開始生出數倍未錄取者的時代。其中，多半也有不少人想在禪的世界另覓新的生路與暫避之處。從某一時期開始，依律句（如成為詩句、具備完整平仄與修辭的句子）形式的禪問答數量驟增。筆者認為這應該也是受到科舉應試階層流向禪門趨勢影響的結果。

六、石頭系的禪法

丹霞參拜了馬祖之後，轉入石頭門下而悟道。雖然不知確切的開始時期，但「青原——石頭」一系，逐漸被認為是第二主流，與「南嶽——馬祖」一系並列。唐代的禪宗系譜，是否一開始就是如此？最終固定成如下：

菩提達摩……六祖惠能（南宗）
- 南嶽懷讓——馬祖道一……（南嶽系）
- 青原行思——石頭希遷……（青原系）

從現存的資料來看，以這兩系統為主軸所編的禪宗燈史之中，最早的一部是編輯於五代的《祖堂集》（九五二），而中唐時期的碑文和宗密的著述之中，仍未發現將石頭等人視為獨立一派的記載。不過，在宗密的著述裡已提及石頭之名；另外，中唐時期的《寶林傳》（八〇一）被視為馬祖一系的燈史，也似乎同時立有石頭與馬祖的傳記（此部分並無現存資料，係藉由佚文的研究而推定）。中唐時期，石頭的名聲稍晚於馬祖，不久在中唐末到晚唐之間，新形成了以石頭為祖師的獨立法系意識。以目前來看，那樣的看法最為合理。

而建立石頭法系意識的人，本身與馬祖禪法是如何區分的呢？《祖堂集》中流傳著道吾圓智（七六九—八三五）所說的「石頭是真金鋪，江西是雜貨鋪」的句子。石頭是純

石頭希遷像（出自《佛祖道影》）

金店，而馬祖是雜貨店。但這到底要表示什麼樣的對比關係呢？

以下，舉一最佳的例子，請看如下石頭的問答——那是弟子大顛寶通（七三二—八二四）初次拜訪石頭時的一段對話：

> 潮州大顛和尚初參石頭。石頭問師曰：「那箇是汝『心』？」
> 師曰：「言語者是。」
> 便被喝出。
> 經旬日，師却問曰：「前者既不是，除此外，何者是『心』？」
> 石頭曰：「除却揚眉動目，將『心』來。」
> 師曰：「無『心』可將來。」
> 石頭曰：「元來有『心』，何言無『心』？無心盡同謗！」
> 師言下大悟。（《景德傳燈錄》卷十四〈大顛章〉）

馬祖提過：「只如今行住坐臥、應機接物，盡是『道』。」「一切眾生……長在『法性』三昧中，著衣喫飯，言談祇對。」另外，馬祖也說：「汝若欲識『心』，祇今語言，即是汝『心』。」（《宗鏡錄》卷十四）

在馬祖禪身上已經看到「言語」和「揚眉動目」，或「行住坐臥」和「著衣喫飯」，現實生活的作用、作為，等同當下自己的本性⑪——「道」、「法性」、「心」等。在上述對話中，年輕的大顛是站在馬祖禪的基本思想上，也具足相當的信心。但是，石頭不僅嚴加斥退大顛，並且對其逼拶，要他出示與認知「言語」和「揚眉動目」等不同的那顆「心」來。若借用道吾的話，相對於將現實中雜亂無章的自己當作商品的「雜貨鋪」，這裡則是經營純粹本性的「真金鋪」。

所謂現實狀態中的作用、作為，其層次是不同於純粹本性。不久，石頭將本性賦予人格象徵，並稱之為「主人公」或「渠」，或者「伊」、「他」等（「渠」、「伊」、「他」都是唐代口語，第三人稱代名詞）。接著，探求真正的「主人公」、「渠」與現實中活著的「我」之間的不即不離之關係，成為此宗派的一貫主題。例如道吾與其師兄弟的弟子雲巖曇晟（七八二—八四一）之間，有如下問答：

師煎茶次，道吾問：「作什摩？」

師曰：「煎茶。」
吾曰：「與阿誰吃？」
師曰：「有『一人』要。」
道吾云：「何不教『伊』自煎？」
師云：「幸有『某甲』在。」（《祖堂集》卷五〈雲巖章〉）

「一人」與「伊」代表自己的本性（「渠」）；而「某甲」則代表現實狀態作用中的自己（「我」）。但是，這裡並非有二位雲巖，而是自己泡茶，自己喝，就只是如此。但是，在只是如此之上，石頭等人努力嘗試，想探求本性與現實之間是二同時也是一、是一也是二的玄妙關係。雲巖的弟子洞山良价（八〇七—六九）謳歌其宗旨為：「『渠』今正是『我』，但是，『我』今不是『渠』。」（《祖堂集》卷五〈雲巖章〉）。這是將活著的自己看作是真實，或從超越活著的自己的層次中，想努力嘗試找出真正的「主人公」。這兩種對立的觀點，之後也成為禪宗思想史上長期的爭論點。

《景德傳燈錄》卷六〈馬祖章〉可看到如下的註記：

讓之一，猶思之遷也⑫。同源而異派，故禪法之盛始于二師。劉軻云：「江西主大寂；湖南主石頭。往來憧憧，不見二大士，為無知矣。」

以上引用中唐文人劉軻（生卒年不詳）所說的內容，似乎是劉軻為石頭撰寫碑文的一部分，但現在並未流傳下來。當時修行者為了求道，積極往返於江西的馬祖與湖南的石頭之間，而兩大師雖然宗風不同，但被認為不是競爭，而是互補的關係。實際上，有不少的禪者因參訪馬祖和石頭雙方而開悟，丹霞就是如此。就這樣，禪的黃金時代——所謂的「純禪的時代」——的歷史，即是以「南嶽——馬祖」系與「青原——石頭」系這兩支系譜當成主流歷史來回顧、來憧憬。

七、會昌滅佛，黃巢之亂

以南方為中心順利發展的禪宗，到了晚唐時代，也無法避免那大規模、殘酷的苦難時代。

首先突襲而來的法難，眾所周知是武宗發動的「會昌滅佛」（八四一—四六）。會昌滅佛與北魏太武帝、北周武帝、五代後周世宗的滅佛，並稱為「三武一宗法難」。雖然此次滅佛主因是武宗傾向道教，但其背景中，民族主義的排外思想，以及經濟上寺產擴大與出家眾增加，使財政收入吃緊等因素也產生很大的影響。對這次會昌滅佛來說，共有四千六百多間大寺、僧院，以及四萬以上的招提、蘭若（非官方的小型寺院）遭受破壞，還有數千萬頃的寺院領地被沒收。另外，隸屬寺院的十五萬奴婢被迫遷為一般戶籍，二十六萬五百的僧尼被強制還俗（《舊唐書．武宗紀》）。

當然禪僧也未能倖免於法難。對禪僧而言，雖被強迫還俗，但至少思想不會受到打擊。因為以禪而言，是將活著的自己看作是唯一的依靠，所以伽藍和佛像、經典和戒律、僧衣和法具等外在條件就不是那麼重要了。例如溈山靈祐（七七一—八五三）的碑文即反映了當時的情況：

> 武宗毀寺逐僧，遂空其所。師遽裹首⑬為民，惟恐出蚩蚩⑭之輩，有識者益貴重之矣。後湖南觀察使故相國裴公休酷好佛事，值宣宗釋武宗之禁，固請迎而出之。乘之以己輿，親為其徒列。
>
> 又議重削其鬚髮，師始不欲，戲其徒曰：「爾以鬚髮為佛耶？」其徒愈強之，不得已笑而從之。（鄭愚撰〈靈祐禪師碑〉⑮）

另外，巖頭全豁（八二八—八八七）於滅佛期間的情形如下所示：

師在鄂州遇沙汰⑯，只在湖邊作渡船人。湖兩邊各有一片板，忽有人過，打板一下，師便提起楫子⑰。

云：「是阿誰？」

對云：「要過那邊去。」

師便划船過。（《祖堂集》卷七〈巖頭章〉）

雖說成為渡舟的船夫，但並未停止禪法的修學。當詢問叩板的人，「是誰——是阿誰？」即含有禪問在其中，想要渡往「彼岸」的你，到底是何人？但一般人卻無法從問話中領會其意，巖頭則只是沉默地划著扁舟，將客人運送到對岸。就這樣默默地往返於此岸與彼岸之間，暗自等待著能與之談論禪法的道友相遇。

禪者一面於紅塵中打滾，一面等待著滅佛風暴過去。雖好不容易度過滅佛時期，但後來仍有禪者悲慘地喪命於「黃巢之亂」（八七五—八八四）。在滅佛當時，由於唐朝的向心力低落，因此也有滅佛政令未被貫徹的區域，另外，也有權勢者將僧人藏匿於別墅。但各地在經歷十多年的戰亂後，黃巢之亂導致了唐朝的崩壞，實不可赦。例如傳說巖頭之死，即是在黃巢死後隔年遭黃巢殘黨或其他趁亂出現的盜寇所殺害。

> 師平生預有一言：「老漢去時，大吼一聲了去。」以中和五年乙巳歲（八八五年），天下罹亂，兇徒熾盛，師於四月四日償債而終。臨刃之時，大叫一聲，四山迴避之人悉聞其聲。春秋六十，僧夏[18]四十四。（《祖堂集》卷七〈巖頭章〉）

所謂「償債」，是指死因不合常理，為了結前世宿業之語詞。但是那並非將死亡美化與合理化。用「償債」一詞所記錄的死亡，必定是淒慘、死於非命的。巖頭臨終時響徹周山的吶喊，無論怎麼解釋，都還是讓人難以接受，並永遠撕裂著聽聞者的心。

八、五家的分類

雖歷經如此苦難的時代，禪宗不僅獲得外護者，並且在各地扎根。從唐末到五代，禪宗形成了一些具有特色的教團。不久，這些教團被概括為「五家」的架構。所謂「五家」，是指「潙仰」、「臨濟」、「曹洞」、「雲門」、「法眼」五個宗派。以下附上相關的人名，並簡單圖示此五個宗派：

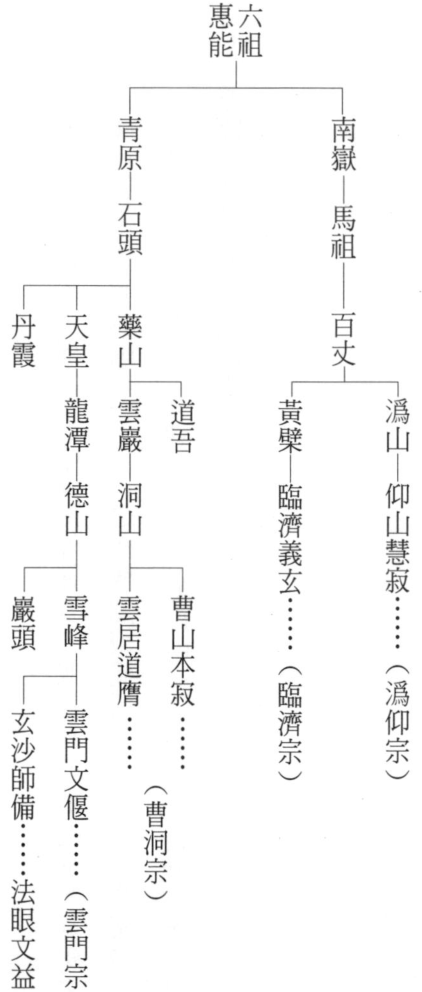

「五家」分類的原型，首次出現於五代時期法眼文益（八八五—九五八）的著作《宗門十規論》，之後，其同系統者所編的《景德傳燈錄》也採用此原型，禪宗系譜因而定型。但法眼所做的分類，目的並非要對整體禪宗史進行整理。依據近年的研究，這是法眼駐錫撫州曹山之時（九二四—二八），由於實踐的需要而個別分析當時活躍於周遭的禪者宗風（石井修道，一九九七）。若依此看法，其中的確也未包括如趙州般知名的禪僧，還有，洞山一派取名為「曹洞宗」的不自然之處也得到說明。洞山的法系，整體上雖以雲居系統為主流，但當時活躍於洞山之地的是曹山的法孫——慧敏等人一派。

隨著時代變遷，南宋的晁光武（生卒年不詳）略記上述系譜的同時，又敘述以下《景德傳燈錄》一書的成立背景，可當作想像唐末五代禪的時代背景來解讀吧！（引文中的「洞下宗」是指曹洞宗）

夫禪學自達磨入中原，世傳一人，凡五傳至慧能，通謂之「祖」。慧能傳行思、懷讓，行思之後，有良價，號「洞下宗」；又有文偃，號「雲門宗」；又有文益，號「法眼宗」；懷讓之後有靈祐、慧寂，號「潙仰宗」；又有義玄，號「臨濟宗」。五宗學徒遍於海內，迄今數百年。「臨濟」、「雲門」、「洞下」，日愈益盛。嘗考其世，皆出唐末五代兵戈極亂之際，意者，亂世聯明賢豪之士，無所施其能，故憤世嫉邪，長往不返，則其名言至行，譬猶聯珠疊璧，雖山淵之高深，終不能掩覆其光彩，而必輝潤於外也。故人得而著之竹帛，罔有遺軼焉。（《郡齋讀書志》卷十六）

第三節　宋代的禪宗

一、禪的制度化之時代

五代亂世在建隆元年（九六〇）被統一，隨之成立了強大的絕對君主制國家——宋王朝。如上節晁光武的文章中也有提到，在所謂的「五家」之中，於宋代仍持續保有勢力的是臨濟、雲門、曹洞三宗。若配合時代先後而言，在北宋前期以雲門宗較有影響力，到了北宋中期以後，禪的主流先移轉至臨濟宗的黃龍派（以黃龍慧南為祖師），接著轉至同樣為臨濟宗的楊岐派（以楊岐方會為祖師）。而一般常聽到的「五家七宗」，即是「五家」再添加黃龍、楊岐二派。南宋時期，禪的流派陸續傳到日本，其中以臨濟宗楊岐一系的派別占絕大多數。曹洞宗在各派之間雖然屬勢力弱小地位，但仍持續傳承有異於臨濟宗的獨特宗風命脈，並由道元（一二〇〇—五三）傳至日本。道元在〈辨道話〉記載：「現在大宋國，獨臨濟宗，遍於天下。」道元此言記錄了宋代禪臨濟宗具有全面優勢的實際情形，同時也埋下伏筆，為聲明自己的宗旨而與臨濟宗劃清界限。

簡而言之，宋代禪宗是禪宗制度化的時代。此處所說的制度化，意指禪宗被編納到社會制度之中，而且是按照禪宗內部的組織型態和修行方式來進行制度的整理及規範，也可以說，其含有內、外兩層面的意涵。首先，以清規最能充分顯示如此的情況。先前已提及，清規被推為唐朝百丈所立，但詳細內容並未流傳下來，且無法確認是否有條文化的著作。現存最早成書的清規，是北宋長蘆宗賾（生卒年不詳）的《禪苑清規》。書中可看到有條不紊的職事體系和人事制度、例行儀禮、行事格式，還有上堂和大小便的作法等都鉅細靡遺有詳細的規定。這與之前百丈時期所見開闊的田園風光迥然不同，反而令人想起像官僚體系般大規模、有組織的中央機構之面貌。以下《水滸傳》的一段文章，雖並不清楚其具體反映的是何時的情況，但足以顯示宋朝之後近世禪院的情形吧：

你聽我說與你。僧門中職事人員，各有頭項。且如小僧，做個「知客」，只理會管待往來客官僧。假如「維那」、「侍者」、「書記」、「首座」，這都是「清職」，不容易得做。「都寺」、「監寺」、「提點」、「院主」，這個都是掌管「常住財物」（寺院的財產、器物）。你纔到的方丈（住持的居所），怎便得「上等」職事？還有那管藏的喚做「藏主」，管殿的喚做「殿主」，管閣的喚做「閣主」，管化緣的喚做「化主」，管浴堂的喚做「浴主」。這個都是「主事人員」「中等」職事。還有那管塔的「塔頭」，管飯的「飯頭」，管茶的「茶頭」，管菜園的「菜頭」，管東廁的「淨頭」，這個都是「頭事人員」，「末等」職事。假如師兄你管了一年菜園好，便陞你做個「塔頭」。又管了一年好，陞你做個「浴主」。又一年好，纔做「監寺」。（容與堂本，《水滸傳》第六回）

魯智深在五台山造成騷動之後，被送至都城開封的名剎相國寺，在那裡被任命擔任「菜園」的管理，但他非常不服氣。以上引文，是魯智深抱怨想要當都寺、監寺時，戒長法師對他的責備之詞。本文在此省略對職事的解說，也不多加篇幅詳細探討一些奇特的用語（如「菜頭」是管菜的人；而管理菜園的人稱為「園頭」。還有，「塔頭」是指墓塔之事，一般稱之管理的僧人為「塔主」）。總之此處只要感受到因各種職事被誇張的威迫性，禪院官僚體系的階層與其權威主義的氛圍就可以了。

當然制度化並不一定就是墮落之意。北宋著名的儒者程明道（一〇三二―八五）有一則出名的逸聞，提及他看到禪院過堂具足端正威儀的情景，不禁感嘆「三代禮樂」在此（《獨醒雜志》卷八、《能改齋漫錄》卷十二）。暫且不論其真假，那口耳相傳的逸聞本身，也可說反映了禪堂紀律的生活成為社會評價禪宗的重要因素。然而，難以否認的，唐代百丈《禪門規式》不建佛殿，只設法堂，住持本身可說活生生體現佛法的精神，在宋代已慨為過去之物了。從《禪苑清規》之中可見到「每日晚參於佛殿前禮佛，竝須專心唱禮」的規定（卷九〈訓童行〉），還有關於住持的職務，也可以看到關於「尊宿住持……官請焚修⑲。蓋為祝延聖壽⑳」的解說（卷七〈尊宿住持〉）。禪院已經轉變為禮拜佛像與祝禱皇帝長壽的場所。不久，臨濟宗楊岐派的五祖法演（？—一一〇四）——圜悟克勤（一〇六三—一一三五）——大慧宗杲（一〇八九—一一六三）一系，成為宋代禪宗的主流。例如在法演的語錄中，也可見到如下的上堂紀錄：

聖節上堂提到：「十二月初八日，今上皇帝〔北宋哲宗〕降誕之辰，不得說別事。」乃高聲云：「皇帝萬歲！皇帝萬歲！」（《法演禪師語錄》卷三）

其同一類的紀錄，不勝枚舉也散見於宋代禪者的語錄中。宋代期間，也有各式各樣制度的變遷和社會環境的變化等，雖然不能一概而論，但簡而言之，宋代的寺院是藉由「係帳」（向官方登記），並由朝廷賞賜「勅額」等措施來確保其合法地位。另外，由直系師徒間繼承住持的系統，稱為「甲乙」制；而超越法系，延請諸方住持的系統，稱之為「十方」制。宋代多數禪院，在住持就任方面是遵從「十方」制，並以獲得官方的許可與認同為必要。南宋的「五山十剎」制度，是由朝廷一元性階層化及管理禪院，無非是禪院官寺化的完整型態。如眾所知，日本也是倣效此制度。在此情況下，祝禱皇帝萬壽無疆，成為宋代禪院最重要的行事之一，而與士大夫往來，也成為禪僧不可或缺之事，這些情況都不足為奇。以下為南宋或菴師體（一一〇八—七九）對此風氣的感嘆：

況當今之際，在處叢林據位禪師者，但占名字。陞堂入室，聊表不空。師家見學者，學者見師家，邪正不分，互相溷淆㉑。……間有負笈擔簦㉒，寄人烟焰之下，多是求飽暖溫和。游泳外典㉓，圖資談柄㉔而已。正宗下事，杜口不講。加之尸席望剎，有福緣趍㉕陪上位，結識貴人以為外護。得其自便之計，遂致習以成風。遞相倣傚，鮮有知非者。（《叢林盛事》卷二）

當然，這並未囊括宋代禪宗全部的情形。但實際上，同樣的感嘆不只出現於這一文段而已。在《禪苑清規》中，也可看到處理專門業務的部署與職事規程，內容包括對於在家信眾的開示與善款募集、莊園的管理營運、將穀物去殼製粉、糧食買賣等。這些事項說明禪院已被編入廣大的商品經濟與貨幣經濟的結構中，也可以說是一種經濟實體。前文提及的五祖法演曾流傳以下的逸聞：

演祖自海會遷東山，太平佛鑑、龍門佛眼，二人詣山頭省覲。祖集耆舊主事，備湯果夜話。

祖問佛鑑：「舒州熟否？」對曰：「熟。」祖曰：「太平熟否？」對曰：「熟。」

祖曰：「諸莊共收稻多少？」

佛鑑籌慮間，祖正色厲聲曰：「汝濫為一寺之主，事無巨細悉要究心。常住歲計，一眾所係，汝猶罔知，其他細務不言可見。山門執事知因識果，若師翁㉖輔慈明師祖㉗乎！汝不思常住物重如山乎！」（《禪林寶訓》卷一）

佛鑑慧懃（一〇五九—一一一七）和佛眼清遠（一〇六七—一一二〇）兩位與佛果禪師圜悟克勤同被並稱為「三佛」，是法演門下具代表性的禪師。當他們一旦成為一寺住持，不只悟境的深度，還被要求須通曉大小實務與諳悉寺院經營的數字。雖然斷定世俗化即是墮落還有點言之過早，但至少制度化和世俗化為表裡一體的現象是正確無誤的。宋代的禪宗已不是「方外」的獨立勢力，而是成為宋朝政治體系和經濟結構中之有機的一部分。

二、士大夫與禪宗

在如此的時代，禪和士大夫階層轉為更深廣的關係，是自然的趨勢。據說在宋代，士大夫與禪僧往來的人數飛躍地成長，士大夫文化與禪宗文化之間的相互滲透，也擴及多方層面。在唐代，兩者只不過是點的接觸；到了宋代，則成為面的接觸，「選官」的世界與「選佛」的世界已不是對立的，而是成為同質性並不斷擴大。

舉例而言，東坡居士蘇軾（一〇三六－一一〇一）拜訪東林常總（一〇二五－九一／黃龍慧南的法嗣）而悟得「無情說法」之說（無生物演說佛法之學說、無生物的存在本身就是具體表現佛法的思想），留下一首著名的詩：

溪聲便是廣長舌
山色豈非清淨身
夜來八萬四千偈
他日如何舉似人（《嘉泰普燈錄》卷二十三）

溪谷的流水聲是佛說法的聲音，山的風光是佛的面貌。從昨夜就不斷聽見這無盡的說法，日後，到底要如何傳達給其他人呢？最末一句的意涵，是自己雖然清清楚楚地聽到，但卻無法將那說法轉為語言來說明。道元的《正法眼藏》溪聲山色卷，一面介紹此詩，一面讚歎蘇軾求道、參拜佛印了元（一〇三二－九八，雲門宗）時的情景，如下讚曰：

「居士有時與佛印禪師了元和尚相見，佛印授以法衣、佛戒等。居士常搭法衣修道矣，居士獻佛印以無價之玉帶。時人謂：非凡俗所及之儀。」大意是，東坡居士從佛印禪師領受法衣和佛戒，親身躬行，一心一意努力於修道，其用功的程度，絕非一般凡俗能及。

另外，蘇軾於文學方面的弟子山谷居士黃庭堅（一〇四五—一一〇五），在參訪晦堂祖心（一〇二五—一一〇〇，黃龍慧南的法嗣）時，有一段對話如下：

〔太史黃庭堅〕往依晦堂祖心禪師，乞指徑捷處。心曰：「只如仲尼道：『二三子以我為隱乎？吾無隱乎爾者。』[28] 太史居常如何理論？」

公擬對。心曰：「不是！不是！」

公迷悶不已。

一日。侍心山行次，時巖桂盛放。

心曰：「聞木犀華香麼？」

公曰：「聞。」

心曰：「吾無隱乎爾！」

遂釋然，即拜之曰：「和尚得恁麼老婆心切……。」

心笑曰：「只要公到家耳。」（《嘉泰普燈錄》卷二十三）

以上不過是眾多故事中的兩個例子，雖然都是來自禪宗一方的紀錄，但足以窺知宋代禪僧與士大夫交涉的一部分。相對於唐代的王維和白居易等人是來自禪宗外部的友好支持者，宋代的蘇軾和黃庭堅，則已是親身參與其中的當事人。

當然，參禪並非只為高層次的求道。有些士大夫將其做為社交手段，或是拓展人脈的門路，因而突然親近禪的人也不少；也有因宰相呂公著（一〇一八—八九）好禪而使得士大夫競相參禪，世人將此稱為「禪鑽」——藉由禪來鑽營的紀錄（《卻埽編》卷上、《朱子語錄》卷一〇七）。

儘管士大夫被納入禪宗文化是片面的看法，但在士大夫與禪門交涉的風潮之下，若僧人通俗化，自然難以避免如前或菴師體所感慨的「游泳外典，圖資談柄而已」，或如大慧宗杲說過有關如下失笑之事：

> 圓通方秀禪師因雪下，云：「雪下有三種僧。上等底僧，堂中坐禪；中等，磨墨、點筆，作雪詩；下等，圍爐說食。」予丁未年冬在虎丘，親見此三等僧，不覺失笑，乃知前輩語不虛耳。（《宗門武庫》第一〇八條）

無論在什麼時代，上等僧與下等僧的面貌，大概都是相似的吧。此處讓人覺得中等僧的情況的確像宋代禪門的故事。若逢下雪之時即執筆研墨，勤於作雪詩，這可以說是禪僧與士大夫出自同性質的教養，或者有很多禪僧與士大夫來自同一階層的故事逸聞。在蘇軾隨筆的《東坡志林》中，書寫了與自己往來的禪僧的短評。其中，「秀州本覺寺一長老」描述如下。一般認為，當時類似如此的僧人應該為數不少。

> 少蓋有名進士，自文字言語悟入。至今以筆、硯作佛事，所與游，皆一時文人。
>
> （卷二〈付僧惠誠游吳中代書十二〉）

在如此的時代氛圍中，其思想方面流行儒佛一致說與儒佛道三教合說，文學方面，則流行詩禪一味論。大慧提到：「三教聖人立教雖異，而其道同歸一致，此萬古不易之義。」（《大慧語錄》卷二十二，法語〈示張太尉〉）。此外，蘇軾吟詠：「暫借好詩消永夜，每逢佳處輒參禪。」（〈夜直玉堂，攜李之儀端叔詩百餘首，讀至夜半，書其後〉）。佛日契嵩（一〇〇七—七二，雲門宗）詳論儒佛一致立場的《輔教編》，以及嚴羽（生卒年不詳）闡述詩禪一味的《滄浪詩話》等作品，更是廣為人知。當然，在宋代，來自儒家正統主義立場、強烈批判佛教與禪宗的言論也很多。但正因其如此激烈地排除異己，所以更應可視為是受佛教與禪宗影響深遠所致。

宋代士大夫與禪僧的交流，建立於士大夫文化的共通基礎之上。經由儒家教育而領悟禪，透過古籍詩文素養來表達悟境，對士大夫文化而言，禪已經沒有隔閡，即使對於禪僧而言，士大夫的文字文化也是必須的教育。禪之所以能在宋代文化中發揮很大影響力，絕不是單方顯示禪宗的優越地位，反而呈現禪成為士大夫社會中不可或缺的因素。如同「五山文學」所代表的，與其說禪僧（到日本的中國僧人，和入宋、元的日本僧人）是宗教師，還不如說他們在如此的背景之下，因介紹最新的中國文化而活躍於日本社會。宋代的新儒學對佛教與禪宗批判激烈，而所謂的「朱子學」，實際上就是由禪僧之手移植到日本的，果然極具象徵性。

三、文字禪與看話禪

在如此的趨勢之中，禪的實踐型態在宋代完成均衡的制度化與合理化，並加深與士大夫文化的一體化。

就思想、實踐面而言，宋代禪宗是「公案」㉙禪的時代。雖然「公案」是近代的中國用語，原本是表示官府的文書、資料，以及其中所記載的事件、案件，但在禪宗，「公案」是將古人問答的語錄做為參禪者修行的題材，亦即將之前蒐集、分類的語錄做為禪門共同的典籍，以課題的形式來參究，並當作修行的重要方法。由於將古來的典籍和先人的著述視為典故，因而寫成詩文，互相鑑賞、評論，或以自作來唱和等，因此很容易與士大夫的文字文化視為同質的作為。

參究「公案」的方式，可概略區分為「文字禪」與「看話禪」二種。所謂「文字禪」，是透過對公案的評判與詮釋來進行探求禪理，具體上又有以下幾類：對原本公案的回答再行思考的代案㉚和別解㉛（「代語」、「別語」）；吟詠問答旨趣的詩歌（「頌古」）；加以評論的散文（「拈古」），還有，對上述的解說（「評唱」）等。至於「看話禪」，則是集中心力於特定的公案，將人的意識心逼至臨界點，在極限時意識發生激劇性的激發、爆破，因而能實際體證大悟。

最早有系統進行以前人的語錄做為典範處理成「文字禪」的，是北宋初臨濟宗的汾陽善昭（九四七—一〇二四）。汾陽留傳的著作有《汾陽頌古》與《汾陽十八問》等，前者挑選古人語錄百則，並附上詩句；後者則依發問類型，將禪宗語錄予以分類。繼汾陽之後，達到「文字禪」巔峰的是雪竇重顯（九八〇—一〇五二，雲門宗）的《雪竇頌古》，以及圜悟克勤（臨濟宗）對《雪竇頌古》評唱的《碧巖錄》。《雪竇頌古》與汾陽的形式相同，由雪竇挑選百則公案（本則），再附詩（頌）於後，而《碧巖錄》是圜悟依序評釋、唱頌（評唱）這百則公案與雪竇詩偈的紀錄。以下舉《雪竇頌古》第五十三則馬祖與百丈的問答為例：

馬大師與百丈行次。見野鴨子飛過，大師云：「是什麼？」丈云：「野鴨子。」大師云：「什麼處去也？」丈云：「飛過去也。」大師遂扭百丈鼻頭。丈作忍痛聲。大師云：「何曾飛去？」

雪竇頌此本則，並附加詩偈如下：

野鴨子　知何許
馬祖見來相共語
話盡山雲海月情
依前不會還飛去
欲飛去　卻把住
道！道！

乍看之下，有點像語意不清的謎語，但其內容就是如此。馬祖詢問百丈有關野鴨子的話題，其著眼點為何？在馬祖兩次詢問之中，其實已表明其意，然而百丈未能理解，結果野鴨子依舊飛過去了。但馬祖抓緊那就要飛過的瞬間。說！說！馬祖所抓住的是什麼呢？

圜悟克勤像（出自《佛祖道影》）

那是每個人須自己去領會的。

總之，馬祖的著眼點並不是飛過去的野鴨，而是見到野鴨飛過的自己——百丈。就在百丈的心被飛過的野鴨吸引、徒勞不解之時，馬祖即時用力地揑了百丈的鼻子，讓百丈重返馬祖的本意。但這不單是古早之前百丈的問題，其意涵正是我們自己在此時在此地也應領會的。

圜悟克勤在《碧巖錄》，評唱雪竇的頌如下：

雪竇劈頭便頌道：野鴨子　知何許？且道有多少？馬祖見來相共語。此頌馬祖問百丈云：「是什麼？」丈云：「野鴨子。」語盡山雲海月情。頌再問百丈什麼處去？馬大師為他意旨自然脫體，百丈依前不會，却道飛過去也。兩重蹉過。「欲飛去，却把住。」雪竇據欵結案。又云：道！道！此是雪竇轉身處，且道作麼生道，若作忍痛聲，則錯；若不作忍痛聲，又作麼生會？雪竇雖然頌得甚妙，爭奈也跳不出。垂示云：透出生死，撥轉機關。等閑截鐵斬釘，隨處蓋天蓋地。且道是什麼人行履處？試舉看。

若只看上述資料，並不能理解最末的文意。前一段是圜悟克勤批判一般人對這則公案的通俗理解。根據圜悟克勤的看法，當時若要人回答這則公案的意思時，似乎全都會說捏鼻的忍痛聲「痛……」，並詮釋馬祖所抓住的瞬間，是要大家將自己當作是百丈般，去體會那個感受痛癢的自己。雖然那些理解似乎膚淺，流於極庸俗的觀點，但至少在思想方面，可說仍是於唐代馬祖禪一貫之主軸上的想法。但圜悟克勤一再反對自己原本就是佛的看法，並主張必須要有打破現狀、決定性的大悟體驗。圜悟一面依據上述的主張，一面指責就連雪竇的頌也與當時多數人一般，無法超越極限。

圜悟克勤借以評論與解說《雪竇頌古》的方式，卻對當時通俗的說法展開批判。雖然話題涉及多方面，但其中一貫的基本論點，可摘要為以下三點：①如實肯定當下的自己是迷妄的想法。②在主張自己本來就是佛之上，必須要獲得大悟徹底的體驗。③為了獲得大悟體驗，就必須捨去以字義來合理解釋公案，並且公案應被視為絕待而超越意義與邏輯的一個單字。

雖然《碧巖錄》是文字禪的代表之作，但呈現了朝向實際開悟的強烈實踐意向。話雖如此，上述三點是整理摘錄自《碧巖錄》的個別言論，並不是圜悟克勤自己明確指出的主張。再者，圜悟克勤也沒有說明要如何處理③一般的公案，摒除知識上的理解，進而能夠大悟，達到②目的的關聯點。要統一這些論點，並彙整為具體的實踐方法，那就必須等待圜悟克勤的弟子大慧宗杲的出現。

四、大慧宗杲的看話禪

大慧宗杲是宋代的禪僧代表，活躍於北宋末到南宋之際。在宋代當時，金是圍繞在中國北方的異民族王朝，對於應對金的措施，朝廷的講和派和主戰派之間展開激烈的政治鬥爭。大慧宗杲與主戰派的士大夫關係很深，並因被視為與其中的張九成（一〇九二—一一五九）同黨而受到迫害，除被剝奪僧籍之外，甚至被流放到邊地。從另一角度來看，此事件也可說證實了大慧宗杲與士大夫階層的關係很深，影響力也相當大。大慧宗杲以口頭和書面等方式對士大夫說法，留下了為數龐大的紀錄。另外，《水滸傳》記載，在魯智深舉辦葬儀時，擔任主法的即是徑山大慧禪師。當然，這只不過是虛構的故事情節而已，但也代表大慧宗杲在一般民間的知名度很高。因此若要在故事角色中推舉一位在宋代首屈一指、人人知曉的禪僧，大慧宗杲首先即為眾望所歸。

大慧宗杲像（出自《佛祖道影》）

至於大慧宗杲的禪法為何物？大慧將前述圜

悟克勤的三點主張總括為一點，並全力闡述「看話」禪的方法。所謂「看話」，就是「話頭」，亦即「看」公案。具體而言，是持續全心專注於不可解的公案，在極限點時引爆心的粉碎，而達到大悟。雖然大慧宗杲藉由批判曹洞宗的「默照」禪——透過坐禪，不斷澄淨自己內在本性的禪而完成此法門，但也不可忽略的是「看話」禪所必須的要素，其實在圜悟克勤的學說中都已經具備了。有關「看話」禪的方法，以下舉大慧宗杲回覆士大夫的一書信為例，文中所說的「應緣」是指日常生活，而「噴地一下」、「噴地一發」是指意識心的激發：

若有進無退，日用二六時中，「應緣」處不間斷，則「噴地一下」亦不難。然第一不得存心在「噴地一下」處，若有此心。則被此心障却路頭矣，但於日用應緣處不昧，則日月浸久，自然打成一片。

何者為應緣處？喜時、怒時、判斷公事時、與賓客相酬酢時、與妻子聚會時、心思善惡時、觸境遇緣時、皆是「噴地一發」時節。千萬記取！千萬記取！世間情念起時，不必用力排遣。前日已曾上聞，但只舉僧問趙州：「狗子還有佛性也無？」州云：「無！」纔舉起這一字，世間情念自怗怗地矣。「多言復多語，由來返相誤」〔懶瓚《樂道歌》〕千說萬說，只是這些子道理，驀然於無字上絕却性命，這些道

理，亦是眼中花。（《大慧普覺禪師語錄》卷二十一〈示鄂守熊祠部（叔雅）〉）

在圜悟克勤和大慧宗杲的公案已不再個別解釋每一則的意思，畢竟無意義、不可解之事，其實是具有意義的。正因如此，公案可截斷參禪者的思路，而能獲得超越相對的意義與邏輯的大悟。因此不論使用哪一個公案都可以，但大慧宗杲在實地指導時，使用最多的就是上述曾提及的趙州「無字」公案。「無字」席捲了宋代禪門，幾乎成為看話禪的代名詞。被道元禪師尊稱為「古佛」的恩師——曹洞宗的天童如淨（一一六三—一二二八），甚至於上堂時也使用「無字」（《如淨和尚語錄》卷下、《枯崖漫錄》卷上）。

五、朱熹與無字

眾所周知，朱熹（一一三〇—一二〇〇）被視為「朱子學」之祖，其年輕時曾參訪大慧的弟子開善道謙（生卒年不詳）。《枯崖漫錄》卷二〈江西雲臥瑩庵主〉㉜中有如下記載，姑且不論其史實之正確性，但足以顯示出，參話頭的方式被簡化為使用「無字」的方法，及其於宋代士大夫階層廣泛滲透的情形。

徑山謙首座（道謙）歸建陽，結茅于仙洲山。聞其風者，悅而歸之。如曾侍郎天

> 游、呂舍人居仁、劉寶學彥脩。朱提刑元晦〔朱熹〕以書牘問道，時至山中，有答元晦，其略曰：「十二時中，有事時隨事應變，無事時便回頭，向這一念子上提撕[33]——『狗子還有佛性也無？』趙州云：『無！』將這話頭，只管提撕。不要思量，不要穿鑿，不要生知見，不要強承當。如合眼趒[34]黃河，莫問趒得過趒不過，盡十二分氣力打一趒。若真箇趒得，這一趒便百了千當也。若趒未過，但管趒，莫論得失，莫顧危亡，勇猛向前，更休擬議。若遲疑動念，便沒交涉[35]也。」
>
> 謙嘗從劉寶學請，住建之開善。向與雲臥同侍大慧宬久。劉朔齋云：「文公朱夫子，初問道延平。篋中所携惟《孟子》一冊，《大慧語錄》一部耳。」

由於「看話」禪的成立，開悟已不是單獨偶發機緣的個人事件，應是成為方法上達成的共同目標。這種可在日常作務和家庭生活中持續提念公案的方法，不難想像會如此廣受在家士大夫階層的歡迎。自初期禪宗以來，禪的特性即是切合知識分子的宗教，到此階段，更已能完全運用於日常生活之中。不能否認的，這個方法可能會讓「開悟」變成再產生一種沒有個性的理念，但正是因為無分別的特性，使得「看話」禪能超越固有語言和文化傳統而普及於東亞各地。在二十世紀時，又因為鈴木大拙（一八七〇——一九六六）等人的努力而得以遠播至歐美社會。

註解

❶ 引文所依版本為胡適〈新校訂的敦煌寫本神會和尚遺著兩種〉、《胡適校敦煌唐寫本——神會和尚遺集》。引文中之□表示脫文。

❷ 日文原書為〈為舜闍梨謝御大通大照和尚塔額表〉。

❸ 佛作佛行一詞在日本使用較為普遍，此處意指日常生活之行住坐臥、著衣吃飯等，皆如佛的行持與威儀，並符合佛道的真正精神。

❹「張乖」係乖張、怪癖之意，亦有不順、不相合等意。此處日書詮釋為禍難或不吉祥的意思。

❺ 經查，《祖堂集》中此則對話止於「師便休」，但在《五燈會元》等典籍為「師乃笑」，日原書作者解讀為百丈誤判此情境，而其解釋可能有待斟酌。

❻ 白居易於唐貞元二十年作〈八漸偈〉，係由觀至捨，次而贊之。即所謂觀、覺、定、慧、明、通、濟、捨等偈。

❼ 意指通曉儒家九部經典，關於此九部經典，有不同之說法，若依《漢書・藝文志》係為《易》、《書》、《詩》、《禮》、《樂》、《春秋》、《論語》、《孝經》及小學。

❽ 馬祖道一禪師。

❾ 龐居士與丹霞禪師原本係為儒生，因有心於功名，入京求選官，後龐居士遇馬祖對答開悟，《祖堂集》中描述其悟後「不變儒形，心遊像外」。

⑩ 即指本性、本來面目。
⑪ 此處「本性」，日文原書作「本來性」，即指佛性。
⑫ 懷讓（南嶽）與道一（馬祖）的關係，就如同行思（青原）與希遷（石頭）的關係。
⑬「裹首」係以巾束髮，此處指成為一般老百姓。
⑭「蚩蚩」有敦厚或無知之意，此處義為後者。
⑮ 即〈潭州大溈山同慶寺大圓禪師碑銘〉。
⑯「沙汰」為淘汰、揀選之意。此處係指滅佛事件。
⑰「楫子」係指船槳。
⑱ 指僧尼受戒後的年數，即戒臘。
⑲ 法會、佛事。
⑳ 祝禱皇帝福壽綿延。
㉑ 互相支吾搪塞。
㉒「負笈」指背著書箱，此處有游學外地之意。「擔簦」則背著傘。謂奔走、跋涉。
㉓ 指佛典以外的典籍。
㉔「談柄」是古人清談時所執的拂塵，或指談話的資料。
㉕「趍」有眾多之意，或同「趨」。

㉖ 指楊岐方會。

㉗ 指石霜楚圓。

㉘ 出自《論語·述而篇》。

㉙ 公案的內容，通常是禪宗祖師的一段言行或故事，並與開悟因緣或教學的過程有關。

㉚ 「代案」即「代語」，是指公案中原本只有問話而沒有回答，或所回答的不符合旨趣而代為作答。

㉛ 「別解」即「別語」，是指公案中原本已經有答案但作者另作別有含義的答語。

㉜ 江西雲臥瑩庵主，即仲溫曉瑩。

㉝ 提撕有教導、提醒、振作等意思，此處有努力參究之意。

㉞ 跳躍、雀行。

㉟ 意指偏離目標。

專欄五

正史中的佛教

氣賀澤保規（明治大學教授）

中國的正史始於司馬遷的《史記》和班固的《漢書》，之後並持續添補記載，若是將最後的《清史稿》也加進來，就成為二十六史的「正統」史書。若提到正史，必定是採用「紀傳體」的獨特風格，亦即採用的架構依序是：匯集皇帝事蹟的本紀（紀）放在最前面，之後是採用人物傳記的列傳（傳），處理制度與文物的志（在《史記》中稱為書）和表等。由此可知，正史的中心始終是在本紀，其內容總括了王朝的歷史。本紀的主角就是皇帝，因為其是秉承天命、君臨天下的存在，而正史理所當然具體表現了中國固有的思想與倫理，外來的佛教原本就沒有摻雜在內的餘地。

但是，翻閱正史，常常會看到有關佛教的記事，雖然很多只算是片段的簡短記述，不過其中應該稱得上唯一例外的就是《魏書》的〈釋老志〉。所謂的釋老，指的就是釋（佛教）與老（道教）之事。〈釋老志〉匯集整理出佛教與道教各自在北魏時期的發展，以及其前期歷史（在佛教立場看來是受容史），此後，如此的正史「宗教志」就絕跡不復存在了。由此可知，直到北齊天保五年（五五四）前後，編纂《魏書》的當時雖是一個非常傾向宗教的時代，但進一步來說，在〈釋老志〉中篇幅的劃分，是按照佛教是二、道教是一的比例來分配，而在道教的內容中，大部分是記載創始者寇謙之的事，所以筆者很想說，〈釋老志〉本來就是被導向為了佛教而編纂的誘惑。

〈釋老志〉中的佛教記述，前段是從印度佛教的概說開始起筆，其次清楚地說明佛教在中國被受容的過程，以及佛教史上重要的發展順序。接著在後段的本論部分，是對應於歷代皇帝的治理和行跡的描述，同時呈現佛教在北魏時期的發展。彙整這些資料的魏收（五〇六—七二），是活動於北魏後期到北齊中期的人物。他出生於熟悉佛教的家庭，本身對於佛教有一定的造詣，而且身為官史，具有資格可使用保存於朝廷的國家文獻，因而能完成這部著作。其著作不偏頗於教義，也注意到了政治和社會上的動向，在本論最後之處，還可看到他批評北魏佛教過度發展的情形為「猥濫之極」，令人印象深刻，無法忘懷。他對佛教保持著一定的距離，又為確保史料的可靠性，在正史中應對處理宗教的微妙問題。

佛教是何時傳入中國的呢？至於答案，站在佛教的立場，是盡可能地讓時間往前追溯，藉此迴避所謂外來的、夷狄的教義之批判。譬如，在隋朝費長房（生卒年不詳）的

《歷代三寶紀》，在秦朝的始皇帝四年（前二四三）曾有記載：有諸沙門「釋利防等十八賢者」帶來「經典」，而在那之前，中國就已經有佛舍利和佛塔的存在等等之事。顯然這並不符合歷史事實，只是荒唐的無稽之談。那麼，確實的情況為何？能夠回答此問題的，不是內典（佛教的經論書籍）的史料，而是所謂的正史。

正史之中，最早出現有關佛教記事的史書是《後漢書》的〈楚王英傳〉。楚王英（？—七一）是東漢第二代皇帝明帝（五七—七五在位）的弟弟，依據其傳記所言，在紀元六〇年代，楚王英在封地楚國（徐州）為「浮屠（佛）齋戒祭祀」，崇敬「浮屠之仁祠（或是寺？）」），「潔齋三月（可能是結夏安居？）」，供養「伊蒲塞（優婆塞）、桑門（沙門）」，而且浮屠是與「黃老（黃帝、老子）」一起被供奉祭祀著。在位於首都洛陽東南方的都市徐州，佛教已經用此型態向下扎根，由此事推知，在後漢前期確實進行著滲透了。還有，在徐州的佛教是很有意思的。從《後漢書》中的〈陶謙傳〉，和《三國志》中的〈劉繇傳〉等資料都明確地提到，在後漢末年有位叫做笮融（？—一九五）的人，他蓋了規模宏大的「浮屠寺（浮圖祠）」，內有金銅佛像，聚集了人數眾多的信眾，舉辦「讀佛經」等的活動，再度展現出佛教的盛況。附帶一提，在徐州附近的連雲港孔望山，遺留有被推測為是後漢初期的佛教線刻像。

從魏晉南北朝開始到隋唐時期，若說到最熱衷於佛教的皇帝，筆者會毫不猶豫地舉出南朝的梁武帝（五〇二—四九在位），再加上隋文帝（五八一—六〇四在位）吧！眾所周知，梁武帝是非常崇佛之人，多次捨身（捨棄皇帝的身分，而為寺院的奴僕）於寺，每次皆讓群臣用巨額捐獻將他贖回。至於隋文帝方面，雖未採取那樣引人注目的行動，不過，正史《隋書》的本紀〈高祖（文帝）帝紀〉一開頭就記載著：出生於「馮翊般若寺」，當日有「紫氣充庭」，而且幼兒時期由「比丘尼」躬自撫養，這暗示著其與佛教有很深的因緣。梁武帝在其他的文獻沒有如此的記述。

接著經過了六十年，在高祖帝紀中，仁壽元年（六〇一），高祖滿六十歲當日頒布了史無前例的詔書，提到教導儒學之道的學校沒有達成人才養成的任務，因此只保留國子學（國家的最高教育機關）的一部分，其他全部廢除。在這之後，又簡短記錄著：「其日，頒舍利於諸州。」這是前後三次宣告實施仁壽舍利塔運動❶的開始，不過若是一併考量在前段廢止學校之事，就能從短短的記事之中看出，從儒教轉向佛教、以佛教為基礎來建國的重大問題逐漸浮現。

在唐代，特別是在唐代後期，新舊《唐書》中均收錄的佛教事件有：長安（西安）西方的鳳翔的法門寺，三十年一次的「真身」舍利供養；三武一宗的法難其中之一的會昌廢佛等話題，在此就不再觸及。在很多的情況下，從正史中的佛教可以窺見其在社會上的真實存在感，同時與內典不同的史料，亦可成為可靠資料的指標。

註解

❶ 指在仁壽元年，文帝詔敕奉送三十枚舍利到三十州，選擇高爽清淨處起舍利塔之事開始，之後共三次分送舍利，建塔百餘處供奉之事。

文獻介紹

1. 鎌田茂雄，《中国仏教史》，岩波書店，一九七八年。
2. 塚本善隆，《魏書釈老志の研究》（《塚本善隆著作集　第一卷》），大東出版社，一九七四年（初版一九六一年）。
3. 吉川忠夫，《六朝精神史研究》，同朋舍出版（之後由京都大学学術出版会出版），一九八四年。
4. 氣賀澤保規，《中国の歴史6　絢爛たる世界帝国　隋唐時代》，講談社，二〇〇五年。

第六章

密教的傳播與滲透

岩崎日出男
園田學園女子大學教授

第一節 中國密教的歷史

一、定義與問題

近幾年，在說明中國密教的歷史之時，特別是以年代做為區分的場合，多數是借用印度密教依教理上、歷史上的分類方法來解說所謂初期密教、中期密教、後期密教的概念。具體來說，初期中國密教是從東晉到盛唐（四—七世紀），中期中國密教是從中唐到晚唐（八—九世紀），後期中國密教是五代、北宋以後（十世紀以後），像這樣的說法，就是以歷史做為分類來說明（賴富本宏，一九八八）。

而這種概念被引用的主要理由，被認為在擁有長遠歷史與廣泛領域的中國佛教歷史中，定位密教的教理與歷史方面是極其容易的事吧。然而借用印度密教的分類方法應用於中國密教上，並非毫無問題。這種分類方法雖然考慮到含有說明在教理、思想，以及在社會上的認知與信仰狀況等的展開與發展的內容，但是若依上述內容來定義，原始中國密教中所謂的初期、中期、後期，是否就如教理上、歷史上所認定的「密教」？甚至懷疑其根本就不存在？

舉例而言，歷來研究初期中國密教起始之時的，有北宋的贊寧（九一九—一〇〇一）著述的中國佛教史概要書《大宋僧史略》卷上〈傳密藏〉，其中規範了密教就是陀羅尼法，亦即是具體上使用神咒的咒法，並且列舉東晉（三一七—四二〇）的帛尸梨蜜多羅是中國最初傳授咒法的僧人，提供了這個時期是中國密教的初傳等的參考資料。另外，書中也指出，出生於月支（于闐地方）的吳國僧人支謙，早就翻譯了闡述神咒和咒法的經典，因為之後的西晉、東晉時代比竺法護（二三九—三一六）和前述的帛尸梨蜜多羅翻譯的數量還要多，所以也有看法認為，中國密教的開始，是更早的三世紀前半。

只是，如同上述之神咒經典的出現和開展，當然還有翻譯和流傳，與其說只是在中國密教的教理與歷史之中占上一席之地，毋寧說是在淵博的大乘佛教整體的教理與歷史之中占有一席之地吧！贊寧是道地的中國人，雖然應該尊重他對於密教教理與歷史的闡釋，但是贊寧的闡釋，實際上來自於唐代某個時期至贊寧為止，中國一般社會上對於密教的認知（後述說明），所以其闡釋終究只能做為參考之用。

二、中國人的密教認知時期與內容

那麼，以上所謂的初期密教、中期密教、後期密教，除了以中國密教教理的、歷史的分類概念以外，應該如何思考分類概念呢？若依筆者的看法，關於中國密教的歷史，應該是以中國人將密教視為異於歷來佛教的認識時期做為其歷史的起點吧！

關於中國人將密教視為異於歷來佛教的認識時期，雖然「純密」的概念是依據善無畏、金剛智兩三藏翻譯《大日》、《金剛頂》兩經之後而來，不過被認為有點籠統含糊。然而此種解釋也被指出有待商榷，迄今尚無真正的爭議產生。嚴格來說，將開始傳持密教的高僧來到中國、密教經典的翻譯時期認為是中國人認識密教的時期，這是混淆了其他問題的爭論。

事實上，當善無畏三藏等人已經來唐十年，而《大日經》的翻譯也已經完成於開元十八年（七三〇），在智昇（生卒年不詳）編撰的《開元釋教錄》卷十中，卻完全無法窺知密教僧人的情況，從這樣的事實來看也就很明顯了吧。簡而言之，草率地把善無畏、金剛智兩三藏翻譯《大日》、《金剛頂》兩經等的內容稱為純密，把密教傳來時期當成中國人認識密教的時期，存在很多的問題。

那麼，依據何種其他事件來思索中國人認識密教的時期會比較好？那就是在善無畏三藏來唐之後三年，金剛智三藏於開元七年（七一九）來到京城長安，他們在長安、洛陽的行動，被認為有如此價值。具體而言，金剛智三藏在傳播自己所傳持的密教之時，會盛大舉行稱為「灌頂」的密教儀禮。順道一提，為何灌頂是關係中國人認識密教的事件？首先，金剛智三藏是最初在中國舉行密教儀禮灌頂（結緣灌頂）的密教僧（附帶一提，善無畏三藏並無舉行灌頂）。再則，在舉行灌頂的寺院，傳授密教的對象除了住在裡面的僧侶外，自然還有官員和一般老百姓，甚至連九歲的幼兒也包含在內。因此，這項儀禮被視為金剛智三藏為在中國傳播密教極為重要的方法。

藉由灌頂儀禮來傳播密教的活動，由弟子不空三藏承續，且次數比之前更多規模也更加盛大。根據記載，不空三藏所授予灌頂的人數達到數萬人之多，不空三藏本身也親自說明了灌頂之於密教的重要性，因而又有「南天竺執獅子國灌頂三藏」、「皇帝灌頂國師」等的封號。由此種種可以了解，灌頂在密教的傳播上扮演極為重要的角色。此外，根據以上所述，從金剛智三藏以來，這個灌頂儀禮是最能讓中國與其社會認識密教的事實現象，換句話說，灌頂儀禮是最能理解區別一般佛教與密教的方式。

基於上述事件，在歷史上，中國人認識密教是金剛智三藏來唐（七一九）以後的事，而能代表有關教理、儀禮的，可以說是以灌頂儀禮最能區別一般的佛教與密教。

再者，在認識相關金剛智三藏與灌頂有關的中國人密教事項中，也必須注意所謂密教美術的存在。依據金剛智三藏的傳記和張彥遠的《歷代名畫記》等資料可知，金剛智三藏是佛畫名家。此外，相傳在洛陽建立「毘盧遮那塔」之時，為了莊嚴佛塔內部，他親自描繪了佛像等作品，當作品完成，當時的民眾莫不驚歎其超脫凡塵之美。這些事物就算是在莊嚴的灌頂儀禮上也同樣重要吧！在進行灌頂儀禮時，曼荼羅是最不可欠缺的，而曼荼羅和法器等所展現的尊像姿態和圖案設計，與其儀禮同樣讓中國人感到瞠目結舌。這從前述金剛智三藏傳記中的軼事趣聞裡也可得到證實。由此足以推測，在認識密教時，密教美術與灌頂儀禮同樣能產生相當大的作用。

若是彙整以上所說，金剛智三藏來唐以後，中國人將密教當成與歷來的佛教有別的佛教來認識的時期，此外界定為中國密教歷史的起點。而在教理、儀禮方面，灌頂儀禮與伴隨其莊嚴的密教美術，被視為是區別一般佛教與密教的方式吧！如果想嘗試修正解說中國密教在歷史以及教理上的定義，其起點就必須從唐代開始。而即使是唐代後世，對於善無畏三藏、金剛智三藏、一行禪師、不空三藏、惠果和尚等被認定是密教傳持與付法的祖師，應先概略地了解他們的行動與思想吧！

第二節　中國密教的祖師們

一、善無畏三藏（Śubhakarasiṃha）

（一）傳記資料

若是按照完成的年代順序列舉善無畏三藏主要傳記等的史料，應如下所列：《續古今譯經圖紀．沙門戍婆迦羅僧訶》與《開元釋教錄．沙門輸波迦羅》為智昇撰；《大唐東都大聖善寺故中天竺國善無畏三藏和尚碑銘並序》與《玄宗朝翻經三藏善無畏贈鴻臚卿行狀》皆為李華撰；《貞元新定釋教目錄．沙門輸波迦羅》為圓照撰；《宋高僧傳．唐洛京聖善寺善無畏傳》為贊寧撰。其中，智昇所撰寫的資料是在善無畏生前所做的紀錄，因此有做為參考資料的價值。李華所撰寫的資料中，前者是最詳細的善無畏傳記，後者雖然同樣被當成李華所撰，但被認為可能是後世所作、假託李華之名的著作，其資料的參考價值較低。圓照所撰寫的資料是根據智昇撰寫的資料而來，雖然有點簡短，卻是歸納完整的傳記。至於贊寧所撰寫的資料，不僅適當參考上述資料，並且增添傳說的、軼事的故事，是屬於綜合性的傳記。

（二）家族與經歷

善無畏於六三七年誕生於東印度奧里薩地方的烏荼國，為國王佛手王的王子。據說其家族也是釋迦族，是釋尊的叔父——甘露飯王的後裔。他於十三歲時繼承王位，但隨即讓位於兄長，而後出家。之後，雲遊至中印度的那爛陀，師事年齡八百歲、通曉顯教及密教的達磨掬多，從其處學習密教。完成密教授法後，再度雲遊中印度，其間論破外道，又為了眾生而祈雨等，有許多很了不起的事蹟，但就在此巔峰之時，師父達磨掬多告訴他，中國係其有緣之地，於是善無畏遵從師父的勸告，決定前往中國。

（三）在長安的活動

善無畏攜帶許多經典，經由陸路來到唐朝的首都長安，進京時是玄宗（七一二—五六在位）治世期間的開元四年（七一六）五月十五日，此時他已屆八十歲高齡了。而關於善無畏的來唐，記載中也提到，他從北印度離開之後，名聲早已遠播至長安，當時的皇帝睿宗為了迎接高僧，特派遣僧侶若那與將軍史憲做為使者，出玉門關外，等候他的到來。

到達長安的善無畏，首先在宮中覲見玄宗。玄宗曾經於夢中見過一位高僧，夢醒後親自將其特殊相貌繪於宮殿牆壁上，此時一見到善無畏，就認出他正是畫中的高僧本人，於是立即在宮中設置內廷道場，親尊善無畏為教主，以國師之禮誠摯相待。善無畏停留宮中數日之後，遵從旨意暫住於興福寺南塔院，不久即遷居於長安屈指可數的名剎西明寺。在那期間，玄宗掛念善無畏年事已高，屢次以慰問和賞賜來加以慰勞。

善無畏抵達長安的第二年，在被認為是西明寺祖師塔之一的菩提院譯出了《虛空藏求聞持法》一卷。這部經書譯出後，隨即由當時在唐留學、也以善無畏為師的大安寺僧侶道慈（？—七四四）迎請至日本。《虛空藏求聞持法》由道慈傳入之後，從奈良時代一直到平安時代初期在日本廣為流行，就像眾人皆知的，連空海（七七四—八三五）年輕時期在阿波的大瀧嶽和土佐的室戶岬等地山林裡修行時，也是修行此法。

（四）在洛陽的活動與圓寂

一直到開元十二年（七二四）十一月四日跟隨玄宗出巡洛陽為止，善無畏在長安居住了長達九年左右的時間。這期間他與北宗禪神秀（？—七〇六）的付法弟子嵩岳會善寺的敬賢禪師（六六〇—七二三）對論佛法，又教授禪觀，有時也舉辦傳授僧俗四眾大乘菩薩戒等活動。有關這個時期的對論和禪觀的內容，以及菩薩戒的實際情形，可於空海迎請至日本的《無畏三藏禪要》中一窺究竟。再者，關於傳授菩薩戒，傳記記載善無畏來到中國的途中，曾在突厥傳授戒律。即使在中國，傳授菩薩戒也遍及長安、洛陽兩個京城。從這些事可以得知，對於善無畏來說，這是他自始至終都在傳播的宗教活動。而關於其與北宗禪的關係，除上所述之外，也散見於北宗禪相關的敦煌文獻史料之中。

另外，在此期間，由於不明原因，善無畏請來的梵文經本（梵文原著）奉敕被收放於宮中；善無畏與一行禪師重新尋求尚未翻譯的梵文經典，並取得了收藏於長安華嚴寺的《大日經》等尚未翻譯的密教經典梵本。開元十二年十一月二十二日，善無畏跟隨玄宗出巡，從長安遷移到洛陽的隔年，在大福先寺翻譯於長安華嚴寺探尋而得的梵文本《大日經》六卷，並由一行禪師負責記錄。隔年，他又翻譯了《大日經》卷七〈供養法〉，同時講授《大日經》，後由一行禪師編集講授內容，完成為《大日經疏》二十卷。接著，他在開元十三年（七二五）翻譯了《蘇婆呼童子經》三卷與《蘇悉地羯羅經》三卷。

善無畏居住於洛陽長達約十二年的期間，因為希望眾人蒙受佛緣，所以在他居住的聖善寺建造金銅的靈塔。如同在長安時一樣，他也在洛陽傳授菩薩戒予僧俗四眾，指導初學的僧人坐禪觀法，且為了解除乾旱，修行請雨法，祈請天降甘霖等。在諸如此類豐富多元的活動之後，善無畏於開元二十年（七三二）上奏玄宗，請求回國，可惜未獲得允許，最後於開元二十三年（七三五）二月七日於所居的聖善寺禪堂中圓寂，時世壽九十九歲，僧臘八十年，付法弟子有寶思（寶畏）、明思（明畏）二位禪師。玄宗甚表哀悼，追贈鴻臚卿（正三品）官位，派遣鴻臚丞李峴與定賓律師監護葬禮上所有事宜，安葬於洛陽郊外龍門的西山。

另外，善無畏的墓地於乾元元年（七五八）移至廣化寺。後世的歷朝歷代一直到北宋時期為止，仍然在寺內祭祀善無畏的佛塔舉行祈雨的祈願儀式。

（五）善無畏三藏的人品

據說善無畏的人品穩重、寡言，平日喜好寧靜與禪坐，經常心懷慈悲。不管對方身分地位的高低，都是平等地對待。見其行儀者，即獲如同面前蓮花盛開般的清淨心；蒙受其教導者，即得如同甘露紛降內心深處的喜悅。而且，在各個傳記中皆一致記載，善無畏甚至連看待草木也如同看待自己的小孩般無限慈悲。如此的人品，淵博的學識與高壽的互相作用，才能為接近善無畏的眾人帶來深入肺腑的感動吧。

（六）在中國密教功績與完成的任務

首先，一定要提到的是《大日經》的翻譯。此經在中國首次被翻譯，代表中期印度密教的經典。其講授紀錄被編撰成《大日經疏》，是不空三藏之後，由實際繼承者惠果和尚將《大日經》當作與《金剛頂經》同等價值的經典，創造出擁有中國獨特密教教理的二部思想（《大日經》與《金剛頂經》組成的密教）的歷史事實。若考量到對日本天台密教的教理等的影響，其功績是被高度評價，其所完成的任務，也可以說是極其重要的吧。

（七）善無畏三藏活動的特徵與社會評價

另一方面，若觀察善無畏在世時的行事作為就會發現，其與我們目前認識的所謂密教僧的色彩，相較之下並不顯眼。若把晚善無畏三年來唐的金剛智三藏的行事作為加以比較，就可以看出其中有很大的差異。

舉例來說，金剛智常授予眾多僧俗四眾象徵密教儀禮的「灌頂」，但是善無畏完全沒有如此的行動。還有，金剛智所翻譯的經典中，所有的咒語、印契皆被認為具有靈驗的效力，而那種咒術力亦受注目，且被大寫特寫，但善無畏卻不怎麼有這方面的記載。雖然善無畏確實也有在乾旱時施行咒術降甘霖等行動，但那些記述並不是只限定於密教僧，在廣泛被視為高僧的僧傳記之中往往也有這類的事蹟紀錄。

在善無畏的傳記之中，內容可以信賴的傳記，是於其在世時所記錄的《開元釋教錄・沙門輸波迦羅》，以及於其圓寂後大約三十年間、不空活躍時期由李華詳細撰述的《大唐東都大聖善寺故中天竺國善無畏三藏和尚碑銘並序》的傳記內容。從這兩篇傳記中可明顯看出，對於善無畏的認識，僅僅是從高僧轉為密教高僧的變化。由於這個緣故，亦有人認為，善無畏在世時或許並沒有被認定是密教僧。對於中國民眾來說，對密教的認識，來自於金剛智與不空以密教傳教最重要的方法「灌頂」為中心的活動，根據此事實，也可以讓以上所述得到證實。

這件事也更進一步顯示出中國對於善無畏的評價。從善無畏來唐之前就出現於玄宗夢中的軼事傳說，以及其圓寂之時被授與鴻臚卿的官位等事來看，雖然善無畏來唐前後受到盛大歡迎與優厚的禮遇，但一般認為，中國對於善無畏的評定並非是密教僧，恐怕是另有其他定位。特別是賜贈鴻臚卿官位一事，在他之前被賜予此官位的人有：法藏、義淨、菩提流志，三人翻譯經典的數量都勝過善無畏許多，也都是在中國的宗教與社會上擁有重大影響力的高僧。雖然不應給予善無畏的功績過低評價，但是若與此三位高僧的功績相較，不能否認其相對顯得相形見絀了。儘管如此，他之所以被授予鴻臚卿，或許是基於一個事實——善無畏的血統，是與佛教創始者釋尊屬於同一族姓。在中國佛教史上，與釋尊有血緣的僧人，除了善無畏之外，並沒有其他人來到中國。在中華民族的世界裡極為重視血緣關係，那是構成社會維持秩序的重要因素之一，因此這個事實具有極為深遠的意義吧。

善無畏受到玄宗厚遇的理由，與其說歸自於人品的意見，不如說，給予善無畏高僧優厚禮遇，最主要的理由是他繼承釋尊的血統。善無畏於圓寂之時，功績比生前被授予的評價更高，若是立基於上述觀點，是可以理解的。因此可以說，善無畏在中國密教上所完成的職責，與其說是弘揚密教的實踐，不如說是在教理上完成了巨大的任務。

二、金剛智三藏（Vajrabodhi）

（一）傳記資料

智昇撰寫的《續古今譯經圖紀・沙門跋日羅菩提》，與《開元釋教錄・沙門跋日羅菩提》，跟善無畏三藏一樣，因記載金剛智三藏生前的資料而有價值。圓照撰寫的《貞元新定釋教目錄・沙門跋日羅菩提》，與智昇撰寫的二篇傳記在內容上大同小異。混倫翁撰寫的《大唐東京大廣福寺故金剛三藏塔銘並序》，以及呂向撰寫的《金剛智三藏行記》，雖然都收錄在圓照撰寫的《貞元新定釋教目錄・沙門跋日羅菩提》之後，但兩方資料都是在金剛智圓寂後不久所作，是最被信賴的重要著作。空海撰寫的《廣付法傳・第五祖金剛智傳》，與贊寧撰寫的《宋高僧傳・唐洛陽廣福寺金剛智傳》，是在適當參考上述資料之下所完成的，不過其中有關於傳說、軼事的記載等，近幾年被鑑定與日本勸修寺慈尊院的榮海（一二七八－一三四七）所著作《類聚八祖傳・大弘教三藏》中引用杜鴻漸撰寫的《金剛智三藏和尚記》的散佚文相同（岩崎日出男，二〇〇五）。

（二）家族與經歷

金剛智於六七一年出生為中印度伊舍那靺摩王的第三王子，十歲時懇求父王成全其投身佛道的決心，而後在那爛陀寺依寂靜智出家。他在二十歲時受具足戒成為正式的僧人，之後的六年期間，學習大小乘的戒律，又學習許多中觀學派的論書。二十八歲在釋尊的誕生地迦毘羅衛城拜勝賢論師為師，花費三年時間修學唯識系統的學問。

精通大乘佛教教理與實踐方法的金剛智，於三十一歲時前往南印度，依止於龍樹菩薩的弟子、年齡已有七百歲的龍智菩薩門下，承事供養七年，期間並學習密教的教理與實踐，所學全部融會貫通後，接受灌頂正式成為密教的傳承者。金剛智完成密教授法之後，雖然再度回到中印度巡禮佛跡，但是之後前往南印度的一所觀音道場❶，因為菩薩顯靈告知中國與他有緣的啟示，於是決心前往中國傳教。

（三）在長安以及洛陽的活動

金剛智經由海路，克服許多艱辛困難之後，終於在開元七年（七一九）來到唐朝的首都長安。此時，聽聞金剛智的大名慕名而來的有：北宗禪的義福（六五八—七三六）與一行禪師執弟子之禮前來請教，還有之後師事金剛智、當時才十四歲的少年不空三藏。開元十一年（七二三），金剛智奉敕在長安街東的資聖寺開始進行來唐最早的經典翻譯，譯出《金剛頂瑜伽中略出念誦經》等，之後又陸續譯出四部四卷的經典。

金剛智來唐後，雖然曾跟隨玄宗出巡洛陽，多次往返於長安與洛陽之間，但一定會在所居住的寺院中傳授灌頂，無論小孩或大人，讓廣大的僧俗四眾與密教結緣，積極傳播密教。特別是獲得玄宗敕命准許，在洛陽廣福寺建立毘盧遮那塔院，金剛智用盡心力，甚至親自設計塔內的諸佛菩薩聖像，無論是塔的外觀，或是安放極為莊嚴的佛像樣貌等，都獲得當時人們一致的感動讚歎。此外，他在乾旱之時奉敕於居住的佛寺設置祈雨壇，後竟伴隨著雷聲，天空降下磅薄大雨；還有，玄宗極其疼愛因病早逝的公主（第二十五個女兒），他竟使其短暫甦醒。其卓越法力，創造了種種奇蹟。

金剛智在唐朝的第二十二年，亦即開元二十九年（七四一）七月二十六日，獲得敕命准許歸返印度，於是即刻從長安出發，踏上歸國之途，卻在抵達洛陽的廣福寺時患病，終究於同年的八月十五日，在弟子們的照料下圓寂，世壽七十一歲，僧臘五十一年。同年九月五日，奉敕安葬於洛陽郊外的龍門。之後，在天寶二年（七四三）二月二十七日，建塔於龍門的奉先寺。

（四）金剛智三藏的人品

金剛智為人恪守戒律，具有僧人循規蹈矩的日常生活，一切喜怒等情感都不形於外。此外，在接受佛教以及其他任何提問時，皆能隨問隨答；只要見過一次面，就絕對不會忘記對方的長相，這些都傳達著象徵智慧的《金剛頂經》系統之密教傳承者的相稱形象。據說凡接觸過金剛智的人，都會自然而然地在其深奧的人品之前心悅臣服。

再者，金剛智理智的性格與玄宗不合，因此，也有人指出他所受待遇比活躍於同一時期的善無畏來得冷淡。實際上，相較此兩位三藏所受的待遇，金剛智確實是懷才不遇。但是其懷才不遇的理由，與其說是性格不被玄宗皇帝接受，不如說是因金剛智生前具有卓越的咒術之故，這實在相當諷刺。

一般而論，在宗教上具有出類拔萃的咒術力，不論在個人或在社會上，雖然都容易招致評論，而當時玄宗皇帝所採取的宗教政策是嚴格禁止咒術之類的事物，因為那會蠱惑民眾，甚或進一步造成國家的動亂。當然，即使密教並不是如此的佛教，若是只聚焦於咒術力，就不能否定有那種可能性。還有，另一個常被提到的理由是當時的歷史背景是玄宗皇帝傾心於道教，有人認為，在密教的傳布上，道教成為很大的障礙。因為這個因素，所以導致金剛智懷才不遇。不過，目前道教形成障礙的主張並未被證明為歷史事實（後述說明）。所以一般認為，有關玄宗皇帝對待金剛智的態度之理由，仍有重新思考的空間。

（五）金剛智三藏在中國密教的功績與完成的任務

金剛智有著豐碩的功績，但可總括為三件事情。首先是初傳《金剛頂經》系統的密教到中國。其次是非常積極傳布密教，並經常以傳授灌頂做為傳教的方法，尤其是把灌頂做為密教跟大眾連結的方法，金剛智的繼承人不空也加以傳承，更大規模地當成最有效的傳教方法。最後是毘盧遮那塔院的建立，以今日的語言來說，象徵所謂的密教美術也是經由金剛智而流傳下來的。金剛智優異的密教繪畫，之後張彥遠收入了《歷代名畫記》中，並對其卓越的筆韻風格稱讚不已。

金剛智在中國密教所完成的任務，或許是奠定了中國人與密教連結的基礎吧。他播下的眾生與密教結緣的種子，到了不空的時代開出了盛大壯麗的花朵。

三、一行禪師

（一）傳記資料

在認識一行禪師的事蹟和思想方面，空海撰寫的《略付法傳》，以及最澄（七六七—八二二）撰寫的《內證佛法相承血脈譜》是重要的傳記資料。前者記載了現今已不存在的玄宗皇帝親書的一行禪師碑文全文，後者因為也有若干記述是在其他有關一行禪師的資料中看不到的，因而資料有很高的價值。《宋高僧傳》的〈唐中嶽崇陽寺一行傳〉與其他祖師傳記一樣，是適當參考若干資料而完成。另外，一行與其他祖師不同之處，在於他在不同領域展現多種才能，所以除了佛教相關的資料之外，在其他地方也有重要的傳記資料。例如在正史《舊唐書》的〈方伎傳〉中，就記錄了一行是精通天文學等才藝的神奇人物。

（二）家族與經歷

一行於弘道元年（六八三）出生於現今的河南省南樂縣，另有一說是出生於河北省鉅鹿縣。俗家姓張，名遂，出身家世為唐朝初期輔佐太宗（六二六—四九在位）的功臣張公謹的後裔，家族親戚中有很多人被任命為官高位重的職務，如有一位從事國史的編纂，有一位是首都的國立大學校長等，不僅是有名望的家族，同時也有名門的學者血統。一行自幼聰明，尤其是有天才般的記憶力。年僅十歲時，才能就超群出眾，十五歲時已經精通所有儒家、道家等中國傳統學說，可說很早就展現了天資聰穎的成果。

一行禪師像（出自《佛祖道影》）

（三）出家與遊學

一行二十一歲時面臨了重大事故與轉機。由於雙親相繼亡故，他痛切地領悟到世間無常，因而捨棄俗世，依止荊州的弘景禪師出家。之後，依嵩山北宗禪的普寂（或者寂深）領受禪法，探究其中奧義。一行深入體悟禪法之後，依止當陽的惠真（悟真）學習律學，更進一步居住在荊州的玉泉山修習天台學。

（四）與密教的邂逅

開元五年（七一七），一行奉敕被召請至洛陽，玄宗皇帝以師禮厚待之，請居於宮中光太殿。開元七年（七一九），金剛智三藏一來到京城長安，一行立即趕至其門下，執弟子之禮請益。一行學習密教的欲望非常強烈，對於能接觸密教，打從內心覺得喜悅，好幾次來到金剛智的跟前，提出許多的問題尋求意見。金剛智也回應一行的熱情，逐一仔細地開示密教的教義，並且為一行傳授灌頂。一行受密教教義感動，於是向金剛智提出翻譯密教經典之請，並發願要讓教義在世間廣泛流傳。

開元十二年（七二四），一行與早金剛智來唐的善無畏三藏，一起在長安華嚴寺尋得《大日經》等未被譯出的密教經典梵本。隔年，在洛陽大福先寺，一行與善無畏共同翻譯《大日經》七卷等。另外，此時期一行同時從善無畏領受《大日經》的講授，並彙整其講義紀錄，完成了《大日經疏》二十卷。除此之外，一行在學習密教期間，大致完成了不僅在密教史甚至在中國歷史上足以名留青史的官曆——《開元大衍曆》。

一行如此活躍，卻又出乎意料地早早就迎接落幕。開元十五年（七二七）九月，他在長安華嚴寺病倒，臥病在床。沉重的病情雖然曾短暫好轉，最終於十月八日在該寺圓寂，英年早逝，享年四十五歲。玄宗皇帝對於他的離世非常哀悼，並親自撰寫碑文，記錄一行的豐功偉業，並且下詔於長安郊外的銅人原建立墓塔，賜贈諡號「大慧禪師」。

（五）一行禪師的人品與功績

據說一行性格寡默，不在意外表，即使看到了美麗的女性和高價的金錢物品等，也只是如同看到死屍和土塊般，極為冷靜自持，從年輕時就被說是少年老成。《大日經疏》是一行的功績代表，一位道地的中國人，在接受善無畏、金剛智兩位三藏的教導之下，傾注所有的學識，首次對於代表中期印度密教的經典進行註釋。後世若從對中國與日本密教教理研究上的影響來看，其功績是極為重要的。而且，一行在中國密教上所完成的職責，也正是有《大日經疏》的製作。

四、不空三藏（Amoghavajra）

（一）傳記資料

不空三藏是名副其實的中國密教大成就者，其傳記資料比其他祖師豐富。《代宗朝贈司空大辨正廣智三藏和上表制集》、《大唐貞元續開元釋教錄》、《貞元新定釋教目錄》

都是圓照所撰，對了解不空的行動和思想是不可欠缺的資料。《大唐故大德贈司空大辨正廣智不空三藏行狀》由不空的在家弟子、也參與其翻譯事業的趙遷撰寫，以傳記而言，是內容最多的作品，只是在關於不空的事蹟和思想等的記述內容上可以看出有幾個問題點，還有，對於到日本的取經路線也有不明確的地方，因此，雖然是重要的資料，但是引用的時候必須加以注意。而《宋高僧傳》的〈唐京兆大興善寺不空傳〉，與善無畏、金剛智兩位三藏的傳記一樣，是適當地參考上述的資料而完成的。

（二）家族與經歷

雖然不空的家世與出生地眾說紛紜，但一般認為，其父親是居於中國北邊、承襲自北印度婆羅門血統的移民或是其後裔，母親則是居住在中亞的撒馬爾罕附近、主要以從事交易為生計的康國人[2]。七〇五年，不空出生於西域，非常年幼時就失去雙親，由母系的舅父扶養照顧，之後十歲時，舅父帶他來到甘肅省的武威郡，十三歲時到達長安。

（三）從出家到印度求法

不空由於雙親早逝，從稍微懂事開始就抱持著出家的信念。開元七年（七一九），金剛智三藏抵達長安後，不空立即拜金剛智為師。隔年，不空於十五歲出家，之後於二十歲由金剛智依據密教所重視的有部律儀軌授予具足戒。不空成為正式僧人之後，也更加勤奮修學，幾年之後，金剛智就將《金剛頂經》系統的密教傳法給不空。開元二十九年（七四一）八月十五日，師父金剛智圓寂後，不空於天寶二年（七四三）二月二十七日建造先師的墓塔，並在完成供養之後，立即遵從師父遺言，於同年十二月，從廣州搭船經由海路前往印度、斯里蘭卡。

在印度、斯里蘭卡時，不空從普賢阿闍梨處學習最新的密教，同時也一併完成蒐集數量龐大的密教經典，然後於天寶五年（七四六）一月再度返回京城長安。此外，雖然不空出國的目的眾說紛紜，但其目的是為了學習最新密教的教法、迎請經典回國這兩件事是無庸置疑的。之所以如此認定，是因為不空出國總共三年期間，從中扣除往返路程時間，在印度、斯里蘭卡停留的時間大約僅剩一年。在有限的期間內完成受法，並且搜尋數量龐大的經典迎請回國等事，若沒有明確的目的，一般認為是不可能做到的。

（四）返回京城後的活動

回到京城的不空，居住於長安街東敦化坊的淨影寺，在宮中傳授玄宗皇帝灌頂等活動，積極傳布最新的密教。天寶十二年（七五三），受中國北邊河西節度使哥舒翰的邀請，因而奉詔前往河西。當時，哥舒翰是能與安祿山匹敵的名將，在朝廷也是握有大權的人物，這樣的大人物成為不空的後援者，對於不空後來的傳教具有極為重要的意義。隔年，不空居住此地區武威開元寺，授予哥舒翰等數千人的灌頂，並且翻譯《金剛頂經》系統為中心的重要經典《真實攝經》等。

（五）社會的變革與密教的昌盛

天寶十四年（七五五），安祿山發動大規模的叛亂，徹底覆滅了世間和平與唐朝安定的基礎。至德元年（七五六），不空進入長安大興善寺舉行護國的修法儀軌，但不久之後，反叛軍便以怒濤沖天的磅薄氣勢占據了洛陽、長安兩處都城。儘管如此，不空還是堅定地留在叛軍所占領的長安，冒死繼續進行護國修法儀式。廣德元年（七六三），叛亂終於結束。

在這期間，皇帝也經歷了由玄宗傳位肅宗（七五六—六二在位）、肅宗傳位代宗（七六二—七九在位）的改變，不空好幾次在宮中為了守護皇帝與護國而進行修法儀式，因而提高了朝廷對他的信賴。代宗皇帝於永泰元年（七六五）賜予不空的師父金剛智開府儀同三司的官位，以及大弘教三藏的稱號，也賜予不空特進試鴻臚卿的官位，以及大廣智三藏的稱號，鞏固了皇帝對他的信賴。此時，不空已經是六十一歲了。之後，他為了守護皇帝與祈求國家安穩，在宮中的內道場又舉行好幾次的修法儀式，同時也傳授數以千計的僧俗四眾灌頂和有部律，翻譯了超過百卷以上的經書典籍，在五台山建立金閣寺，大力提倡文殊菩薩的信仰等，其活躍的傳教行動，不用說是長安，甚至全中國各地都受到重要的影響。

大曆九年（七七四），七十歲的不空最終臥病在床，在六月十五日於大興善寺圓寂，享年七十歲，僧臘五十年。代宗皇帝因哀悼其離世，輟朝三日，並追贈司空的官位，諡號「大辨正廣智不空三藏」。

（六）不空三藏的人品

不空的為人，可從其圓寂前留給弟子遺書中的遺言看出端倪。文中內容提及滿懷的護法熱情，不用說是對弟子，對雇工也充滿了關懷，並且還針對寺院未來的發展做出詳細的指示，告知要遵循佛法處理一切事宜，不可舉行葬禮儀式，也不可繪自己的肖像供奉。不論是在出家方面或是在世俗方面的交代，都可看出他是一位思慮周密且細膩的人。

（七）不空三藏在中國密教的功績與完成的任務

若要論及不空三藏重要的事蹟，可說是密教與護國結合，讓密教在中國佛教與社會上扎根。不空從事的活動，從其產生的所有效應來看，可說全都與護國有關，尤其是傾注全力於「內道場」的活動，與「五台山文殊信仰」方面，這些即是象徵護國與密教有著密切關係的事。

（八）在內道場的活動

如同眾所周知，所謂的「內道場」，就是設置於宮中，用來進行修功德（佛教相信行善必定獲得福德果報）做佛事的佛教儀禮場所，其淵源可追溯至北魏時代。不空為了建立與朝廷間的信賴關係，積極地進行在「內道場」的活動。在與不空有關的史料之中，被確認設有內道場的宮殿至少有：承明殿、長生殿、延英殿、含暉殿（含暉院）、南桃園五殿，高宗（六四九—八三在位）之後，這五殿被認為全部都是位處於歷代諸位帝王政治與居住的中心場所——大明宮內。

在那些內道場中進行的活動有：翻譯護國經典《仁王經》，設置灌頂道場與開筵講授，講解已翻譯完成的密教經典等，以及由不空的優秀弟子們進行修功德的佛事。特別是長生殿與延英殿，以宮殿的機能來說，前者是皇帝私人的生活場所，而後者從代宗以後成為重要的聽政場所，皇帝在此與宰相等人密切討論國政大事。根據這種種事蹟，不難想像，內道場對於不空和密教而言，是與握有操縱權限的皇帝、貴族、宰相、高官等商議國政（也包含宗教政策）要務的中心，不論於公（延英殿）或於私（長生殿），都是具有密切聯繫且極為重要的場所。

如此的推測，也可依據以下幾件事而充分被認同，例如：不空居住的大興善寺翻經院興建大聖文殊閣時，建設經費來源即是由代宗皇帝、皇后、皇太子們全面資助；在五台山建造金閣寺之時，建設費用的籌措則由當時的宰相王縉（也是虔誠的佛教徒）和許多高官出力協助而來。

不空透過以上所述的內道場做為媒介，在得到人際關係以及信賴關係的背景下，將國家與自己的密教賦予密切的連結關係，並訂定護國為實現的目標。

（九）五台山文殊信仰的積極傳教

位於山西省五台縣的五台山也稱為清涼山，自古以來被當成文殊菩薩的道場，不僅在中國國內，連在西域也是廣為人知的靈山。不空積極傳布五台山的文殊信仰，很明顯的理由與目的就是為了護國。

因此，以下就針對其理由與目的稍做補充說明。首先，在眾多的佛菩薩之中，為何是文殊菩薩？其理由最初是因為與代宗皇帝有緣的佛菩薩是普賢菩薩，不空為了促使代宗皇帝意識到自己是佛法付囑的國王（將佛法託付於國王，國王自身藉由實踐佛法來正確、和平地治理國家），同時闡述與其有緣之普賢菩薩的大願，就是正法（佛教）治國的實踐。

另外，在大願的實踐與成就上，本就有密不可分的關係且不可或缺的就是文殊菩薩。再者，有關其目的的補充說明，對於不空積極進行五台山文殊信仰傳教的理由，是讓代宗皇帝意識佛法付囑國王，勸請代宗依據正法（佛教）治國。此事雖然是要完成護國佛教，但是一般認為，其內容是：①文殊菩薩是代表說法的象徵。②身為帝王的代宗皇帝，是實踐佛法（普賢菩薩的大願）與和平治國者。③做為僧人的不空，是帝王實踐佛法（普賢菩薩的大願）與和平治國的輔佐者。明確區別各自不同的立場與角色，且相互之間又密不可分的連結，完成護國佛教的型態就是其目的。

五台山顯通寺千缽文殊像（法鼓文化資料照片）

又，以上所述理由與目的，也有人提出相反意見，將代宗皇帝定位為轉輪聖王（依據佛法正確、和平地統治世界的偉大君王），並且根據此觀點來論述代宗皇帝與文殊菩薩的關係（苫米地誠一，二〇〇八、中田美繪，二〇〇九）。但是，此種見解過於低估上述代宗皇帝與普賢菩薩的密切關係，所以存有很多問題。

又，在宣揚五台山文殊信仰的文殊菩薩造像上，採用五台山文殊信仰上特有的、騎著獅子所謂騎獅文殊像，以及菩提流志（五七二前後—七二七）所譯的《六字神咒經》、阿地瞿多（生卒年不詳）所譯的《陀羅尼集經》中所說的六字文殊像貌，並未採用不空自己翻譯的密教儀軌中所說的文殊菩薩像的五字文殊像貌。

歷來，宣揚五台山文殊信仰的理由與目的，雖然有許多如下列的想法與說明：「不空積極地進行五台山文殊信仰的傳教，是為了藉此統領當時的佛教界」；或是「密教化擁有全國信仰的五台山文殊信仰，是為了進而企圖將全部佛教寺院密教化」；「靠著與皇帝和朝廷等的密切關係而發展出的密教，藉由與五台山文殊信仰的相互結合，是為了民眾化與通俗化」等，但是，從「密教化」、「民眾化」等抽象的、籠統的語言也可以窺知，所有的說法都是欠缺具體根據的。

不空積極進行五台山文殊信仰的傳教，就算是抱持著如上所述的理由與目的，此類活動儘管以不空之名從事，但不僅在密教上，在社會上也顯示出其展開的巨大規模。具體而言，例如：大曆四年（七六九）十二月，敕令准許，在寺院的齋堂中供奉賓頭盧尊者的上座，安置文殊菩薩；大曆七年（七七二）十月，敕令准許，在所有寺院設置文殊院，隔年，更進一步要求在文殊院內永久宣講讀誦不空自己所譯的《大聖文殊師利菩薩佛剎功德莊嚴經》三卷；還有，不空圓寂後的大曆十一年（七七六）二月，敕令准許，賦予全國所有僧尼義務，須讀誦在五台山文殊信仰之中有很深因緣的《佛頂尊勝陀羅尼》，而不空的繼承者惠朗因而上奏代宗皇帝謝表（對皇帝致上謝意的奏書）。另外，將《佛頂尊勝陀羅尼》經文之後的陀羅尼鐫刻於石上，興建佛頂尊勝陀羅尼經幢❸之事，也在中國各地盛行了起來。

總之，五台山文殊信仰的弘揚，雖然僅在不空從事的活動之中進行，但其規模卻是全國性的，可說是在宗教和社會上都帶來相當重大影響的活動。

（十）護國活動的特徵

不空的護國活動有一個極具特色的情況，那就是在實際的護國活動中，就教理方面而言，肅宗皇帝時期視為護國依據的是《金剛頂經》等密教經典，而在代宗皇帝時期，《金剛頂經》系統的密教經典既以協助護國做為前提，同時也只被定位是為了究竟成佛的經典，並且明確說出一般的大乘經典有直接肩負完成護國任務的責任。此事也反映在實際進行的護國活動上。

具體而言，在不空的護國活動之中，具象徵性且具有國家規模的事業，是翻譯以《仁王經》為首等的各種大乘經典，以及轉讀已被譯成經典等的護國活動。然而不空弟子中被稱六哲❹的含光、慧超等高徒，與曇貞、慧曉等有潛力的弟子，全都未參與其中，甚至沒舉行過此類的活動。那麼，不空的高徒和有潛力的弟子，是從事何種的護國活動呢？他們主要活動在宮中的內道場或大興善寺等地——對於推動不空的護國活動的重要寺院道場——依據密教的修法，進行護國與修功德的念誦僧。

根據以上這些事例來重新思量不空護國活動的實際狀態，證實其護國活動，也可以說是擁有依據一般大乘的護國與依據密教的護國雙重結構。此事亦明確地說明，就如同歷來所認定那般，不空的護國活動，不論是在教理或是在實際的活動上，並不是只有密教單一傾向的護國活動。

那麼，為什麼不空並不只是依據密教來進行所有的護國活動呢？針對此一問題，可能有若干假想理由，特別是以不空切身的事情而言，《仁王經》等一般大乘經典的轉讀、講經等，雖然對於人員、場所、設備等並不需要特別挑選，但是密教的修法，對於人員、場所、設備等有特別的資格限定，必須特別準備，這應是其中的重要理由吧。在當時，雖然可以確認不空門下除了資深的弟子為首，還有多數自幼就依止不空修行的年輕優秀弟子們，但即便如此，若只依循密教而展開護國活動，暫且不說是以全中國的規模進行，就算只在長安進行，也被認為是有困難、不可能的事。因此，一般認為，密教一方面想要肩負護國活動的主導角色，一方面又要以遍及全長安還有全中國的規模展開護國活動，不得不採取依據一般大乘護國，與也可以依據密教護國的雙重結構活動型態。

歷經肅宗皇帝時代到代宗皇帝時代，護國活動所依據的經典，也從密教經典轉變為大乘經典的理由，是因為依照密教經典所規畫的護國活動與實際的護國活動，都必須以密教的修法為中心，在如此的定義規範下，要展開遍及全長安、全中國的護國活動，被認為是有困難的。

（十一）密教經典的翻譯與教理的特長

不空雖然以密教經典為中心翻譯了超過一百卷以上的經書典籍，但是其翻譯的密教經典所構成的核心教理思想，是《金剛頂經》系統的密教，他自己也提到：「所譯金剛頂瑜伽法門是成佛速疾之路。其修行者必能頓超凡境達于彼岸，餘部真言是諸佛方便其徒不一。」（《三朝所翻經請入目錄流行表》作者譯），以此來強調《金剛頂經》系統密教的絕對性。再者，被認為出於不空之手翻譯的經典之中，因為常常存有添加了原文經典沒有的守護國王思想等，所以也被指摘原文經典有多處遭到更改。

（十二）不空三藏推展的密教昌盛之因

歷來，一般主流的看法認為，不空的密教之所以擴張與發展，是因為密教本身擁有強大有力的咒術力，尤其是憑藉著不空無與倫比的政治力（與皇帝、宰相還有將軍、宦官等權勢者的結合），讓密教的推廣具有極富個性的、特異的能力，有別於其他佛教的推廣。有些主張還試圖以不空性格敏銳、善於見機行事，是擅長謀略的怪僧來解釋。

但是，不論是哪一種現象，任何蓬勃發展的事情，不可能沒有造成其蓬勃發展的基礎。即使是不空時期的密教，也確實有此種基礎存在：那就是在當時的中國社會上，存在於佛教信仰的實態。依據塚本善隆博士的研究，他認為在不空活躍之時代，佛教信仰的實際狀態為「修功德的佛教」，具體上就是「喜捨財帛，成就建寺、造像、寫經、修法事、供養僧、以繡織、繪畫、幢幡等物來莊嚴佛寺等，在形式上表現所謂的供養三寶的事業」，且「實行在善惡報應的教義之上」。此外，他也認為，正因為這個修功德的佛教「可以說，是在中國上層社會、下層社會中實際上盛行的佛教，是『建立在善惡報應的教義之上而修功德的佛教』」，因此，不空的密教是在「依修功德而得以實現善報」的教義上昌盛繁榮地擴展開來。

更進一步來說，對處於以如此的教義與信仰為現狀的社會，塚本博士強調，不空的密教是「依照修功德而得以實際上得到善報」，接著論述：「再者，將此與天子、國家相結合，積極地闡明，依照修功德可以實現確保朝廷國家的平安無事與除災攘敵。不空佛教的興盛之處，應該說就是『修功德』愈來愈蓬勃發展之處。由不空等人所譯出的眾多密教儀軌，就是指示修功德的方法的規範，不空與其宗派，就是當代修功德法的指導者。……於大曆年代，上以代宗為首，以及宰相杜鴻漸、王縉、元載等人的崇佛、興佛的各種現象，稱其說只是善惡報應、修諸功德、攘災招福的信仰，以及期待喜樂福德報應的修功德實踐，並不為過。」（以上引用自塚本善隆，一九七五・六）。直至現在，若分析不空拓展密教傳教活動成功的理由，其中最具影響力的，是前述皇帝、宰相還有將軍、宦官等所謂權勢者之間的人際關係。

當然，所謂的傳教，若是想在社會的活動之中表現出一些成果，與權勢者等的人際關係絕對是不能輕忽的重要關係。但是，在傳教的範圍內，若與權勢者僅有基於利益的人際關係，就有極限存在，畢竟在傳教方面，若沒有強而有力的信仰力量存在，是不可能成功的！支援與護持不空的李元琮、代宗皇帝，以及對於不空拓展佛教事業有所幫助的宰相杜鴻漸、王縉、元載等人，無一例外全都是熱衷信仰「修功德」的佛教。總而言之，不空傳播的密教之所以成功，終究是因為在當時社會中的一般佛教信仰存在著以因果報應做為其教義背景的「修功德」佛教，亦即是以「在中國上層社會、下層社會中實際上盛行的佛教」做為基礎，而且也可以說是因為密教本質上在教理與實踐之中，具有積極肯定現狀的態度與優越的實效性。

彙整以上所述，不空的密教之所以被中國的政權與社會接納並繁榮昌盛的理由，可以說是因為當時佛教信仰以修功德的佛教為基礎，且將其卓越的密教咒術力全部用於祈求國家與國民的平安上。這就是不空在中國密教上所完成的偉大職責。雖然也有批評指摘不空拓展的護國佛教是對權勢的迎合，不用說這是不得當的。

五、惠果和尚

（一）傳記資料

關於惠果和尚的傳記等資料，遺憾的是與其他祖師相較之下為數不多。其理由各式各樣都有，但沒有確實可靠的著作留存，也可列為理由之一。在資料之中，空海撰寫的《大唐神都青龍寺故三朝國師灌頂阿闍梨惠果和尚碑》，與在家弟子吳殷撰寫的《大唐神都青龍寺東塔院灌頂國師惠果阿闍梨行狀》，都是於惠果圓寂後不久所撰寫的文章，若想了解惠果的思想與事蹟，這兩者是最基本且不可或缺的重要資料。作者不詳的《大唐青龍寺三朝供奉大德行狀》，是惠果傳記中最為詳盡的著作，雖然是補足上述兩份文獻的重要資料，但可能因為在惠果圓寂後大約三十年左右才被撰寫的關係，所以關於惠果的事蹟和思想等的記述內容中可發現若干問題點。除此之外，被當成重要資料的還有在《廣付法傳》與《略付法傳》中由空海所撰寫的〈惠果傳〉。

（二）家族與經歷

天寶五年（七四六），惠果出生於鄰近長安城東南的昭應之地，俗姓馬。他自幼即開始追求佛法，七、八歲左右於不空三藏的入室弟子北宗禪大照禪師下入門，不久在禪師的陪同下謁見不空，成為不空的弟子。另外，雖然也有主張將大照禪師當作是不空的優秀弟子曇貞，但那是錯誤的說法。惠果成為不空的弟子之後，自不空處親受密教教義，到了十五歲，經由密教修法，已能示現靈驗之事。十九歲時，經由不空領受灌頂，而得轉法輪菩薩做為念持佛❺，被承認了具備有弘傳密教的素質。二十歲時，根據《四分律》而受具足戒。二十二歲時，經由不空傳授《金剛頂經》系統的密教，並且經由善無畏三藏的弟子玄超傳授《大日經》系統的密教。

惠果在密教的學習上極為順利，但是在大曆九年（七七四），不空的病情日趨嚴重，在五月時為了託付後事，不空親自授予弟子們遺言，在弟子之中，惠果被推舉為不空傳法密持法燈的六位出家弟子之一。那時惠果二十九歲，師事不空已二十餘年。

（三）先師圓寂後的活動

不空圓寂後的隔年，代宗皇帝賞賜惠果錦彩二十匹，當作平日精進佛道的慰勞，又在惠果所居的青龍寺內賜予東塔院設置灌頂道場。大曆十一年（七七六），惠果遵奉敕命，統理監督長安城內全部寺院佛塔的掃灑（灑水掃淨），同時，一方面擔任大興善寺翻經院事務管理的職務，另一方面也兼任院內灌頂道場，以及大聖文殊閣監督寺院事務的官職等，惠果在社會上的評價與來自弟子們的信賴也愈來愈高。

大曆十三年（七七八），依敕命賜封惠果為國師。德宗（七七九—八〇五在位）建中元年（七八〇），更授予傳法阿闍梨，開始傳授密教予眾人。就在這一年，其傳授胎藏法給爪哇來的辨弘，並在隔年將胎藏法與諸尊持念教法傳授給朝鮮來的惠日（慧日）與悟真。之後，一直到貞元二十年（八〇四）為止，傳授義明、義滿、惟上、義圓等弟子金剛界和胎藏界法等，也傳授灌頂和密教之法等給杜黃裳、吳愍、開丕等在家弟子。還有，在這期間，惠果與其師父不空一樣，為了國家和眾生，進行密教修法，多次祈雨並祈求國家平安。

貞元十八年（八〇二），惠果患疾漸重，察覺到要康復並非容易之事，於是囑咐義明等七位弟子護持法燈。順宗永貞元年（八〇五）五月，空海為求惠果傳授密教，終於來到青龍寺。惠果一見到空海，就知道空海是密教的法器，於是從六月到八月，不顧病體纏身，仍傳授金剛界、胎藏界兩部所有的大法給空海。在那年的十二月十五日，惠果圓寂於青龍寺，世壽六十，僧臘四十年。

（四）惠果和尚的人品

惠果是恬淡無欲之人，將所有的賞賜等供養全部拿來做為寺院和佛塔等的修繕，或是在道場的壁面描繪曼荼羅等等來莊嚴道場，即便是一分錢也未積存為己有，又是個經常專心於密教修法的如法實踐者。

（五）在中國密教的功績與完成的任務

毫無疑問，惠果的功績雖然是領會不同的教理與體系，而將所傳承的金剛、大日兩密教當成「兩部」不二而一致化，但是一般說來，在印度也未有的先例，而中國密教獨有的思想，是源自於何處呢？在考量此重大問題之時，首先，試著從惠果傳授密教的經歷來考量，就會知道惠果最初傳法的內容是胎藏法，在當時是備受矚目之事。

在最初的傳法上，對於其傳授胎藏法，有幾個重要的特點被指出，例如：身為密教的傳法者，年僅三十五歲；此時，被視為不空的繼承者惠朗（慧朗）仍然健在；於短期間內傳授給不是弟子又未修學密教的外國僧人。但是從這些傳法特徵可以推測：胎藏法在惠果最初傳法之時，與金剛界法相比，是被認知較為次等的教法，與金剛界法絕對不是同等的（岩崎日出男，二〇〇〇）。然而，從傳法二十五年之後，在空海傳法之時，金剛界法與胎藏法已被當成兩部不二，這是千真萬確的史實。接著此時讓人想到，如同後面所述，在這二十五年的期間，值得注意的是善無畏做為密教僧的鞏固評價愈來愈高。或許也可以說，「兩部不二」的想法，在惠果的心中，是經過長時間的醞釀後而形成的思想。

還有，同樣讓人想起相關問題的，是善無畏付法《大日經》系統的狀況。若是依據最值得信賴的傳記，善無畏的付法弟子雖然是寶思（寶畏）與明思（明畏）二人，但是這兩人都被稱為「禪師」。如同前面所述，因為善無畏生前與北宗禪有很深的交情，所以也可以把善無畏圓寂後的兩位「禪師」弟子也當成北宗禪的禪師吧！若是那樣，就要考慮善無畏的《大日經》系統的付法，在北宗禪的禪師之間被傳承的可能性。

因此，若《大日經》系統的付法與北宗禪的關係是如上所述，惠果最初的師父是北宗禪的大照禪師之事，就非常重要。因為惠果與北宗禪的關係，可以推測出它就是惠果領會金剛、大日兩密教並當成兩部不二的外部重要因素之可能性。付法胎藏法給惠果的是玄超，但是也可以考慮這位玄超是北宗禪禪師的可能性吧。

總而言之，如此以外部的重要因素來推測並考量金剛、大日兩部成立教理的理由，一般認為，與惠果的密教在詳細內容上有很多模糊不清的地方有關。

另外，目前惠果還有一項功績與完成的任務不但不可忘記，而且應該加以評價的，那就是將密教付法予日本的空海，以及朝鮮、爪哇等地眾多的外國僧人。

第三節　密教在中國社會上的滲透

一、從不空三藏到惠果和尚的密教現況

不空三藏於大曆九年（七七四）六月十五日圓寂後，由惠朗（慧朗，生卒年不詳，不過據推測當時年齡應是四十多歲）成為他的繼承者。不空圓寂後隔月的七月七日，朝廷任命惠朗教授後學，並於同年的十一月二十九日賜予紫衣。大曆十三年（七七八）四月十四日，惠朗以大興善寺最高負責人的身分就任為上座❻等職位，順利地讓不空已經確立的密教與護國的關係在不空圓寂之後得以持續發展。

然而，惠朗自從在德宗皇帝建中二年（七八一）十一月十五日建立的《不空三藏碑銘》上以不空的繼承者身分被刻名其上之後，也從歷史上銷聲匿跡了。接著之後，一直到永貞元年（八〇五），空海從惠果和尚受法密教為止，惠朗之後的密教具體情況，由於文獻史料非常稀少，受到資料的限制，有很多地方都不清楚。但即使面對如此的局限，若仔細研究文獻史料，仍可確認一些令人注目的現象。

（一）般若三藏的活動

空海曾跟隨般若三藏（北印度出身，七七三或四—卒年不詳）學習，也曾列席空海的師父惠果的法筵等，般若三藏因而以對空海的密教具有影響力而聞名。另外，在不空之後，雖然般若也是遵奉敕命進行翻譯《大乘理趣六波羅蜜經》和《四十華嚴》等經典的唯一一位三藏，不過卻被指摘其經典翻譯事業是沿襲不空護國思想與實踐。亦即，確立不空地位的護國活動的經典翻譯事業，與護國思想的關係，在不空之後，也持續地在長安佛教界中加以延續。

（二）圓敬的付法

圓敬（七二八或九—九二）在不空翻譯經典的譯場經常擔任證義（判斷翻譯文字是否得當）一職，同時也肩負大興善寺寺主的重責大任，可是在密教的傳承上，不空託付後事的弟子之中，有以含光與惠朗等六人為首，以及曇貞與慧曉等的門下高徒，但圓敬卻未隸屬於其中。然而依據《唐故寶應寺上座內道場臨壇大律師多寶塔銘並序》（權德輿撰）中描寫的圓敬可以知道，圓敬晚年成為與不空有很深因緣的保壽寺的上座，「領授瑜珈灌頂密契之法」，亦即是進行了密教的傳授。此一事實顯示，密教的傳授，並不只是限定於六位付法弟子和其他門下高徒。簡而言之，不空之後，密教的付法，除了六位付法弟子和門下高徒外，也有可能經由其他與不空有關的人們而廣泛盛行起來吧。

（三）善無畏三藏的再評價

在上一個章節提到，善無畏三藏在生前並未被視為是傳持密教的高僧，但是在善無畏圓寂三十年之後，正當不空三藏嘗試想大力發展、展開自己的密教弘傳之時開始，在對於善無畏的認識上也出現了變化。那就是他從一般的高僧，轉而成為密教高僧。

就像之前所提及的，有關轉變的資料記載於李華所撰寫的《碑銘》上，詳細內容記載於善無畏從師父達摩掬多領受的教法上：「乃授以總持尊教。……無量印契，一時頓受。即日灌頂，為天人師，稱曰三藏。三藏有六義，內為定戒慧，外為經律論，以陀羅尼而總攝之。惟陀羅尼者，速疾之輪，解脫吉祥之海，三世諸佛，生於此門。……」儼然就是傳持密教高僧的描述。

更值得關注的是，依據《碑銘》中跋文的記載，《碑銘》實際被建立的時間是在貞元十一年（七九五），已是李華撰寫碑文之後又經過了將近三十年後。簡而言之，在善無畏圓寂後的六十年期間，大眾對他的認識，有從一般高僧轉而成為密教高僧的變化，那亦顯示著，善無畏身為密教僧的評價愈來愈高，並有定型的意味吧！

再則，從建立《碑銘》僅僅十年之後，由惠果所確立《金剛頂經》（金剛界法）與

《大日經》（胎藏法）視為不二，當成「兩部大法」的密教傳授給空海，是此時期頗有意思的事。

二、惠果和尚之後的密教

關於惠果付法一事，在惠果圓寂後不久，由空海撰寫的《大唐神都青龍寺故三朝國師灌頂阿闍梨惠果和尚碑》，與其在家弟子吳殷撰寫的《大唐神都青龍寺東塔院灌頂國師惠果阿闍梨行狀》中，記載著辨弘與惠日（慧日）受胎藏法；惟上與義圓受金剛界法；而空海與義明受金、胎兩部大法。之後，太和八年（八三四），海雲所記錄的《兩部大法相承師資付法記》被認為完成於開成四年（八三九）左右；作者不詳的《大唐青龍寺三朝供奉大德行狀》，以及在咸通六年（八六五）記錄的《大唐咸通六年八月十七日長安城左街慈恩寺造玄阿闍梨付屬師資血脈》中，可看到金剛界法和胎藏法以及兩部大法的受法僧人在人數上是有所增減的。

再者，有關人數增減的問題，與現今空海和吳殷的資料相比，雖然其可信度被視為有問題，但若只將此內容看成是反映當時密教授法狀況的資料，那麼人數增減的問題，就不會只限於可信度爭議的單純問題，而會成為中國密教在惠果之後付法授受研究上的重要議題。若是要舉出兩、三個例子，有惠果將胎藏法付法予辨弘，辨弘再付法給全雅，而全雅也有受金剛界法；另外，不空弟子惠應的付法弟子文璨，從開成三年底到四年（八三八—九）傳授太元法與金剛界法給日本的常曉。因為有上述這樣的付法資料卻全都未被記錄的情況，所以簡而言之，事實上有很多教法的授受是未被記載於資料上的。

在惠果之後，雖然密教教法的授受呈現大幅擴展的情況，但是在如此的發展中，實質上成為惠果繼承者的，並非與空海一樣接受兩部大法付法的義明，而是義操。圍繞繼承者惠果與義明、義操的情況，雖然有些重複不空與惠朗、惠果的情況，之所以會變成如此的理由，情況似乎大致上也是類似的。原因就是身為繼承者的義明，在惠果圓寂後不久也隨即離世，以及其他受大法的弟子們離開了長安等。

成為惠果實質上繼承者的義操，分別將金剛界法與胎藏法傳授予數人到十幾人，其中，身為受兩部大法付法的弟子義真，傳授胎藏法予日本的圓仁（七九四—八六四）與圓行（七九九—八五二），對圓仁更進一步授予蘇悉地法。元政也傳授了金剛界法給圓仁，而法全則傳授了胎藏法給圓仁與宗叡（八〇九—八八四），並且傳授兩部大法給圓珍（八一四—九一）。除了如此經由惠果的嫡傳弟子和徒孫弟子的傳法之外，還可以確認其弟子們也完成了數十部的著述。根據甲田宥吽先生的研究指出，其中尤可看出，義操想要讓有關施行灌頂的典籍更趨於完備；另外，法全為了將胎藏法建立成擁有具體修法規則的學說，因而盡全力編纂有關灌頂和護摩等的密教必修儀軌之類的資料，再加上對圓珍的傳法，留下了值得被稱頌為惠果和尚之後唐代密教大成者的功績（甲田宥吽，二〇〇二）。

又，從此時開始，《蘇悉地經》的地位變得愈來愈高，在海雲所撰寫的《兩部大法相承師資付法記》中，賦予《蘇悉地經》與兩部大經同等的獨立地位，變成了金剛界法、胎藏法之外，再加上蘇悉地法，合稱為三部大法。蘇悉地法的教法是通攝兩部大法的同時，更進一步被認為是統合兩部大法的第三經典（松長有慶，一九六九）。

再者，此處應附帶說明的，就是自金剛智三藏以來，密教不僅傳法給僧人，同時也有傳法給一般的在家人，亦即「在家弟子」的傳統。在上述海雲所撰寫的《兩部大法相承師資付法記》中記載著，不空的徒孫弟子，即惠朗的付法弟子天竺三藏，他也有付法的在家弟子俗居士趙梅（或是趙玖、趙政）。只是，這位趙梅與截至此時為止的在家弟子不同之處，是其本身也有四位付法弟子。此事實顯示出，原本在家人與密教之間只是受法的關係，但到此時為止，密教的付法發生了一大轉變，亦即付法也可經由在家人來進行。此事與上述在密教的紀錄上沒有同時被留下付法的事實，可以說是惠果之後密教流傳的一個特徵吧！

（一）智慧輪三藏與法門寺

智慧輪三藏因是受圓珍與法全兩人深深敬重並侍奉的密教僧而著名。首先，有關於智慧輪的生卒年，被推測出生於八〇〇年左右，圓寂則可能是在八七一年到八七四年之間。至於在付法的系譜，因為在圓珍的記述中稱其為「不空三藏第三代的弟子」，所以有人主張智慧輪三藏可能是不空弟子惠應的付法弟子（甲田宥吽，二〇〇二）。

法門寺位於現在的陝西省扶風縣，係以收藏「佛指舍利」（佛手指的遺骨）的佛寺而聞名，再者，當時恭迎佛指舍利到宮中供養之時，韓愈（字退之，七六八—八二四）上奏《論佛骨表》嚴厲批判此事，也讓此寺聲名大噪。一九八七年，從該寺的地下發現了很多與密教有關係的遺物，其中也有刻上智慧輪名字的供養物，引起眾多密教研究者的注意，尤其是代表法門寺密教遺物的「捧真身菩薩像」，也許亦反映了智慧輪之所以被稱為「不空三藏第三代的弟子」之事，以及其教法系統上是以《金剛頂經》系統為主。還有，在菩薩像上刻有在中國達到殊勝開展的蘇悉地法所使用的三種蘇悉真言等，對於理解當時仍有很多細節不明的密教之部分具體面貌，是既寶貴又重要的發現。

（二）唐末五代至宋代初期的密教

由於受到資料的限制，自智慧輪之後，從唐代末期開始有關五代的密教雖然不清楚之處為數不少，但在《宋高僧傳》（卷二三─三〇）等資料中，可證實還存在好幾位受持密教的僧人。

元慧（八一九─九六）諷誦五部曼拏羅法；無迹（八四三─九二五）以持熾盛光法而多感應著稱；道賢（？─九三三）一面以法門寺一帶做為活動據點，同時一面盛大地舉行密教的授受，因此贊寧說：「今兩京傳大教者。皆法孫之曾玄矣。」（「現今傳授密教者，皆為道賢的法孫。」筆者譯。）另外，還有記載著志通（生卒年不詳）師事摩訶陀國修行瑜伽教法的縛日羅三藏（室利縛日羅）；守真（八九四─九七一）從演祕闍梨處領受瑜伽教法盡得心要，開灌頂道場五次，授法給僧俗弟子三千餘人等。此外，宋紹興十年（一一四〇），在祖覺所撰寫完成的《唐柳本尊傳》中，可以得知柳本尊（本名柳居直，八九五─九四二）專持大輪五部祕咒，並以四川省為活動據點。

在宋代密教的狀況方面，日本入宋僧奝然（九三八─一〇一六）的旅行記（雖有四卷，但並未遺留下來，不過在《入唐諸家傳考》等資料中有引用部分內容），可以了解當時密教的一部分。根據旅行記的記載，雍熙元年（九八四）六月十八日，奝然與被稱為繼承金剛智、不空兩位三藏以來的密教（《金剛頂經》系統）的崇智阿闍梨相見，也提到五悔[7]和真言的音韻與東寺[8]所傳的內容相同，還說到在同一年的七月到八月期間，奝然跟隨清昭三藏學習金胎兩部大法，並受五瓶灌頂，弟子嘉因也一起蒙受灌頂。

同樣的，奝然的弟子盛算雖然也在汴京從令遵阿闍梨處受兩界瑜伽大法與諸尊別法，並受灌頂，不過令遵阿闍梨與前面提到的清昭三藏，都是以經典翻譯的筆受（將梵語寫成漢語的職務）身分，在宋代因密教經典翻譯者而著名的天息災和法天等人的譯場中列席參與的僧人。

於奝然之後入宋的成尋（一〇一一—八一），在其旅行記《參天台五台山記》中記載省賢阿闍梨依據竺法護翻譯的後期印度密教經典《大悲空智金剛大教王儀軌經》，使用九股鈴等法器進行祈雨等等的修法。又說到，遼國的道㲀住在五台山的金河寺，於青寧二年（一〇五六）著有《顯密圓通成佛心要集》二卷；同樣來自遼國的燕京僧人覺苑（一〇三三—？），於太康三年（一〇七七）著有《大日經義釋演密鈔》十卷。覺苑師事從西天竺來的摩尼三藏，並已窮究了瑜伽的奧旨。

再來是日本的榮西（一一四一—一二一五）於入宋時（一一六八與一一八七）從南宋大龍寺沙門良超處受「虛空藏求聞持法」之事，記載於日本永和二年（一三七六）出版的《佛說如意虛空藏菩薩陀羅尼經》中的後記。從以上所述事件可以得知，唐代密教到十二世紀左右為止，雖然算是勉強，但也仍然延續了命脈吧（甲田宥吽，二〇〇二）！

然而，由於近幾年的研究發現，唐代的密教在十一世紀左右也曾傳播到大理國（雲南省），並且成為當地的信仰（川崎一洋，二〇〇七）。

第四節　密教與道教

一、共同性與競爭性

歷來關於密教與道教的關係，可用此見解做為代表：「對密教而言，要勝過道教比在佛教界實現稱霸更加困難。」（竹島淳夫，一九六三）。凌駕於道教之上，被認為是密教在中國社會上興盛的必要條件，這提示了道教的存在狀況是密教在中國社會盛衰的主要原因。

會如此認為的理由，舉例而言，「是因為認為以長生不老、成為仙人為目標的道教，同時也有齋醮和懺儀等方法來擺脫疾病和天災、消除魑魅惡靈、祈求幸福利益，這就類似於密教的息災、增益、降伏、敬愛等在現世利益上消災祈福的方法。」（三崎良周，一九九二）；或是提到密教與道教「在現世利益、咒術宗教方面，兩者的傾向是相同的。」（竹島淳夫，一九六三）；認為密教與道教在兩教的教理、思想上存在著很多共同的地方。事實上，從密教與道教經典等資料確認可以得知，兩教實際上有很多交流的事實和現象，因此想到密教與道教關係的趨向之時，就會有以兩教必定是競爭的、須一較高下的想法為前提的感覺出現。但是，如果仔細觀察兩教交涉情況，就能窺知有別於歷來所說的兩教關係。

（一）歷史上密教與道教的交涉

以歷史史實來看，兩教明確地具體交涉的實例，也許是受限於筆者個人之淺見，只有找到在唐代宗大曆三年（七六八）十月二十八日，長安章敬寺的沙門崇惠（生卒年不詳），與太清宮的道士史華競爭法力的一件實例。有關崇惠與史華的競法，於《不空三藏表制集》卷六收錄有〈沙門崇惠登刀梯歌一首並序〉、〈沙門崇惠登刀梯頌一首並序〉及〈沙門崇惠謝賜紫（袈裟）表一首並答〉三篇文。關於其具體情形，依據《宋高僧傳》的〈崇惠傳〉中描述，事件的開端是因為當時代宗皇帝偏重佛教，引起長安大寧坊太清宮道士史華的憤慨不滿，於是上奏請求與佛教中有名望的僧人一較法力高下。

當日，在長安城眾人的注視之下，以東明觀和章敬寺為舞台，經過了上刀梯下刀梯、行走於烈火之上、徒手抓取滾沸油鍋中的鐵片和釘子並當成煎餅和糖果般咬碎等苦行之後，崇惠終於讓史華感到怯懼而喪失鬥志，進而贏得了勝利。因為此勝利的功績，代宗皇帝賜予崇惠紫衣（授予高僧的紫色袈裟），結束了此類事件。

那麼，在此兩者的法力較量之中，值得注意的是，史華由於有太清宮道士的稱號，無疑可被斷定為道教的道士，但另一方面，崇惠經由其經歷可知是牛頭禪的禪師，也許還是兼修佛頂系統密教的僧人，雖然並不清楚他與不空三藏的關係為何，但是在教理上，對於身為唐代密教主流的金剛智三藏與不空三藏的密教而言，應該也是隸屬於傍系的關係。此種競法事件，也可說是兩教唯一被當成歷史史實的交涉，但也意味著，實際上仍難以斷定是全面性的密教與道教之間交涉的唯一實例。

在這次交涉之中特別受到注目的，是崇惠與史華競法時的內容，可以說在密教與道教的咒術上應該要有兩教各具特色之宗教儀禮的儀式，然而卻完全沒有舉行過。雙方實際上進行的法力比試內容是：上刀梯下刀梯、行走在烈火之上等，這些可以說是如同街頭技藝表演一樣的內容。不過像此種事件也成為後世認識密教的一個要素。空海在《御請來目錄》中寫到，自己所帶回來的密教，是遠遠凌駕於其他宗教、極為優異的教法，並記載「崇惠禪師摧邪支傾，法之不思議豈過斯藏乎」做為例證。從其文中所說，也足以推測崇惠藉由密教的教法而勝過道教，並保護了佛教之事。

（二）在說話9的舞台上，密教與道教之間的交涉

在說話上有關兩教的交涉資料，首先在段成式（？—八六三）的《酉陽雜俎》卷三中，以玄宗皇帝、不空三藏、羅公遠三人做為登場人物，故事內容是玄宗皇帝下令不空

三藏與羅公遠祈雨，結果不空三藏祈雨成功一事，以及不空三藏顯示如意的幻影來愚弄羅公遠的故事。還有，在大中五年（八五一）高中進士鄭嵎，在其《津陽門詩》中用加註方式來解說的故事，以玄宗皇帝、楊貴妃、金剛智三藏、羅公遠四人為登場人物，內容是玄宗皇帝與楊貴妃讓各自崇敬信任的羅公遠與金剛智三藏雙方比試法力。首先是金剛智三藏破了羅公遠的如意圍繞的幻術，接著是羅公遠暗中盜取金剛智三藏的袈裟，並將之散為絲縷。更進一步由這兩則說話來判斷，從其故事內容發生的時間，到與做為說話舞台的時代相較，似乎也已經是在大約百年後流傳於民間的故事了，由此可看出記錄兩教交涉的說話，是最早期時代的資料。

最後，唐末的盧子進一步引申、增加擴大上述鄭嵎的《津陽門詩》自註的說話，完成內容複雜的《逸史》。其登場人物從楊貴妃更換為武惠妃，並且新加入了道士葉法善，內容是為了排遣玄宗皇帝的閒悶心情而有的餘興節目。故事開場是讓葉法善與金剛智三藏比試法力，首先是金剛智三藏贏得了勝利，但後來由於葉法善玩弄了金剛智三藏重要的金襴袈裟和鐵缽，讓金剛智三藏狠狠地受到報復並慘敗。接著是金剛智三藏也與羅公遠比試法力，羅公遠非常輕易地奪取了金剛智三藏審慎封印的袈裟，造成金剛智三藏再度慘敗。最後，玄宗皇帝非常滿意，金剛智三藏與葉法善也都對羅公遠佩服得五體投地。上述的說話故事記載於《仙傳拾遺》和《神仙感偶傳》等道教文獻中，還有，在佛教（密教）文獻

《宋高僧傳》和《佛祖歷代通載》等也都有記載，不過理所當然的是以各自的立場來取捨、選擇內容，法力比試的勝敗結果，當然也左右了選擇。

以上的說話內容，本來就具有說話的故事性質，將其內容的問題當作歷史事實來給予矯正，並沒有什麼意義，只是在考量兩教的關係上，不能夠忽視有如此的問題存在：無論是兩教交涉的說話，還是成為舞台的時代，都是在玄宗的治世期間，在那期間以外的時代故事完全不存在。眾所皆知，中國的密教盛行於不空的時代，尤其是代宗大曆元年（七六六）以後，就像之前所提到過的，就算中國人對密教的認知開始於金剛智，但是這種其他時代都沒有說話存在的事實，被認為是無法理解的。

因此，若是就這個問題點重新思考，會直接想到兩教之間交涉的說話，僅只存在於以玄宗時代為舞台的說話，若是一併將這種說話本來就不是史實也考慮進來，那不就可以認為，在中國社會上密教與道教的交涉只是顯露於歷史表面的程度，在現實生活中是幾乎不存在的吧！在這種情況之下，就令人想起之前可用來確認密教與道教的交涉且當成歷史事實的資料，只有崇惠與史華的法力比試這個例子了。

如前所述，在中國社會上密教與道教的關係可用此見解做為代表：「對密教而言，要勝過道教比在佛教界實現稱霸更加困難。」（竹島淳夫，一九六三），可以說，勝過道教與在中國密教的傳教興盛有關聯，此種說法有如定論般被提出來，也受到認同，但根據以上的說明，顯然無論在社會上或歷史上，因為無法確認兩教的交涉只有一個例子，因此，如此的見解所成立的推論極為薄弱。儘管推論的根據很薄弱，如此的說法之所以一再被提及與承認，也許也如同之前所描述的，是認為密教與道教因為「在現世利益、咒術宗教方面，兩者的傾向是相同的。」—（竹島淳夫，一九六三）。換言之，認定兩教必定是競爭的宗教關係，就是其說法存在的主要原因吧！

說起來，護國與聖躬（尊稱天子的身體）安泰被密教視為宗旨，不空無論對皇帝或是對朝廷都是如此強烈地主張。對他來說，自己的密教，要戰勝被視為唐代皇帝始祖的道教開山祖師老子，以及當時又被當成國教的道教，當然是不可能想要用否定道教之類的手法吧。再進一步也從文學的觀點來思考，不論哪一則說話，其主題都是在講談當代盛行、富有故事性的玄宗皇帝本人及其時代的事，這樣的主題是重要的。因為既然說話的主題已經有了，那麼做為點綴那個時代的事情，道教與楊貴妃的存在就是不可或缺的了；而既然內容是說故事的性質，那麼摻雜道教和楊貴妃的逸聞軼事，增添不可思議的、奇譚般的氣氛內容，就成為必然的結果。做為主要角色的道教，在說話的故事之中活躍之時，也當然要安插佛教做為配角之一（吃足道教的苦頭而慘敗，扮演讓玄宗龍心大悅的滑稽角色）吧。

接著，密教在故事中登場的理由，是因為說話舞台的時代是金剛智活躍的年代，也是不空與金剛智同時有活動事蹟留在歷史上的事實關係。儘管如此，卻也被斷定是由於密教儀禮的神祕性與在現世利益的實踐、實現上比一般佛教有更傑出的咒術力的關係。因為這也是為了讓故事掀起更具有逸聞軼事的、不可思議的、奇譚般的氣氛而被認為是必須的重要因素吧。簡而言之，這是考量為了凸顯道教的神祕性與不可思議性，因而在與其相對的位置上尋找到一般佛教看不到的、有著神祕性與不可思議性的密教。

另外，在《宋高僧傳》的〈金剛智傳〉中有一則軼事，提到玄宗皇帝重視道教，某位親近的臣子便上奏遣令外國僧人歸國，所以金剛智打算要返回印度，於是玄宗皇帝急忙下詔慰留。這則軼事（這件遣令外國僧人歸國的上奏是由其他人物與事件所引起之事，本來就與金剛智完全沒有關係）也與上述說話的形成理由有關，因而成為了後世談論的話題吧。

經由以上說明，以諸如上述的說話等資料為基礎來思考兩教的關係時，如同兩教實際上是彼此競爭的歷來印象，今後必定是要改變的。

（三）密教咒語（真言、陀羅尼）與道教符咒的關係

與道教在法力上較量，密教必定是使用「咒語」（也有壇法，但只留下幾件例子），儘管因為咒語無法發揮效用而造成失敗，卻依然可以充分確認，咒語與灌頂都是密教的法力象徵，且廣為人知。舉例而言，此事除了限於密教與道教角法（法力比試）的說話內容

之外，在其他關於密教的說話上，也記載著金剛智、善無畏、不空三位三藏都有讀誦咒語之事，這也可說是證實上述推論的一個證據吧。如果咒語與灌頂同時是象徵密教與其咒術力的代表，對於信奉道教的眾人而言，認識象徵密教的咒語，也容易被想像吧！

關於密教的咒語，雖然已經由很多學術方面的前輩多次指出問題也提出論證，但是在道教經典之中，被認為存在著很多明顯是模仿密教咒語（真言、陀羅尼）的咒文，據說是道教的咒文受到密教咒語影響的結果。此事說起來雖應稱得上是宗教上最能象徵之物給予其他宗教的影響，但反過來說，密教從道教中接受到的影響到底是什麼事呢？那就是道教的「符咒」。

說起來，對道教而言，符咒當然就是代表其咒術力之物，但密咒如同在道教經典之中被模仿一樣，被認為是中國撰寫的密教經典中有多處提到符咒。若要舉出著名的例子，就是被認為完成於唐代中、晚期代宗、德宗之後的《龍樹五明論》中有為數眾多的符咒是以圖的方式來呈現；還有相傳由善無畏翻譯的《阿吒薄俱元帥大將上佛陀羅尼經修行儀軌》在卷上、卷中記載了符咒的詳細使用方式。像這樣在被認為是中國撰寫的密教經典中提及符咒的事實，充分證明是考量到符咒對密教而言是象徵道教與其咒術的明確證據吧！

再者，在此有件須先確認的事：提及「受道教影響的密教」之時，密教包含的概念內容。一開始，定義在中國密教的密教範疇，是受到道教影響的密教，在歷史上雖然可以說是從金剛智之後的時代才開始稱為密教，但是在內容上，被認為大部分是受到道教的影響，屬於雜密經典（並非是印度傳來的雜密經典，而是在中國偽撰的雜密經典），與金剛智、不空兩位三藏的密教，是內容差距甚遠全然不同的東西。

（四）祖師們的傳說與軼事

祖師的軼事與傳說，是能夠了解中國民眾以何種印象來看待密教的恰當資料，也是在進一步思索中國密教特質時能提供重要啟發的資料。那些祖師的軼事與傳說資料，若是依據中國文學的分類，大部分屬於「小說」類。所謂的「小說」，主要是以不可思議的事件與奇怪的事件等為內容的創作，而祖師們的軼事大致上也是如此的內容。

流傳祖師軼事與傳說的小說，除了在上述密教與道教的交涉上所引用的資料之外，在《宣室志》、《杜陽雜編》、《次柳氏舊聞》、《開天傳信記》等書上也有記載。另外，上述資料的說話在有關於密教的部分，記載著金剛智、善無畏、不空三位三藏遇到事情時都必定會讀誦咒語。把這件事當成是中國民眾在認識密教上的一個判斷，就成為上述推論的一個佐證了吧！

二、結語

中國的密教開始於金剛智三藏來唐以後，而在不空三藏的時代，在社會上可說是到達空前絕後的昌盛。接著，在不空三藏的時代之後，密教一方面在朝野上擁有堅固的基礎，一方面由不空三藏實際上的繼承者惠果和尚，將金剛界法與胎藏法兩個不同體系的密教教理當成不二一體，重新構成為「兩部」，完成密教教理前所未有的重大改變。繼惠果和尚之後，雖然密教仍然受到朝野廣大的支持，但是伴隨著唐朝的衰亡與五代時期的社會混亂，關於密教情況的記述便從歷史史料上漸漸失去了蹤影。不過，依據日本的入宋僧等的紀錄可以確認，唐代的密教至少直到十二世紀前後仍依然流傳。又，到這個時代為止所流傳的密教，並不是由惠果和尚所統一化、系統化的金胎兩部的密教，而是金剛智、不空兩位三藏以來的《金剛頂經》系統的密教。這個事實，與日本密教以兩部做為基礎而發展、展開傳播之事相較之下，讓人極感興趣。

再者，在中國密教的研究上，密教與其他的佛教——天台宗、華嚴宗、禪宗等之間有什麼樣的關係？又給予它們什麼樣的影響？迄今在詳細內容上尚未有清楚明白的解釋。如此的研究現狀，即使是就密教與佛教以外的宗教、文化、藝術、思想等關係也同樣情況未明。在本章所提出的密教與道教的交涉等，實際上也只不過是兩者交涉中極為少數的部分情況。有鑑於如此，期待日後在中國密教研究上能有更進一步的進展。

註解

❶ 日文原意係與觀自在菩薩有因緣的佛寺。譯者此處採用一般常稱之「觀音道場」一詞。

❷ 康國原為中亞游牧民族，隋唐時期其地域在撒馬爾罕。現位於烏茲別克斯坦。

❸ 經幢是中國古代的一種佛教石刻。據《佛頂尊勝陀羅尼經》上所說，將此經書寫在幢上，幢影映於人身，則可不為罪垢染汙。初唐時，開始用石頭模仿絲帛經幢，稱為陀羅尼經幢。

❹ 不空的弟子當中，最著名的含光、慧超、惠果、慧朗、元皎、覺超合稱「六哲」。

❺ 念持佛為日本佛教用語，是指安置於私室內或隨身攜帶之佛像。

❻ 上座是一個榮譽職位，為寺院中最資深的僧團成員，擁有最尊崇的地位。

❼ 在此指修金剛界法時所誦的五首偈頌，即歸命、懺悔、隨喜、勸請、迴向五者。

❽ 東寺又名教王護國寺，為真言宗的總本山。位於日本京都。

❾ 說話就是在民間說故事的行業，在宋、元以後稱之為「說書」。說話技藝由來已久，於唐代奠定成熟的基礎，於宋代而盛行。

專欄六

無情佛性說

松森秀幸（東洋哲學研究所研究員）

所謂的無情佛性說，是認為沒有知覺作用（心）存在的無情（無生命的），也有佛性，亦即佛之本性的思想。在日本，或許「草木成佛」的稱呼更耳熟能詳。此思想基本上在印度佛教中是看不到的，一般認為是在中國接受佛教的過程中發展出來的想法。但是，相對於在中國始終視為理論上的問題而承認無情佛性說，在日本的草木成佛說，則是強調草木本身發心、修行而成佛的具體一面，兩者在性質上是不同的。此處試圖概觀中國無情佛性說的形成與發展過程。

在印度佛教中，基本上並沒有議及無情佛性說，甚至連導入「佛性」概念、主張「所有眾生都具有佛性（一切眾生悉有佛性）」的《大般涅槃經》，也認定草木和土石等是「無情」，否定其具有佛性。如此的立場，在南北朝時代正式開始研究漢譯的《涅槃經》之時，以涅槃經研究學者為首乃至所有佛教界一直沿襲下來。但是一進入隋朝，此狀況就顯示出了變化，認為無情也有佛性的立場，逐漸變成一種主張。

淨影寺的慧遠（五二三—九二）於《大乘義章》中雖有範圍的限定，但是承認了無情有佛性。換言之，慧遠考量佛性有「所知性」與「能知性」，認為雖然「能知性」是開發佛性的智慧，只限定於眾生（有情）才有，但是「所知性」與所謂的法性和實相等佛教真理是相同的意義，原則上是包含無情而遍及於一切的存在。

又，雖然天台的智顗（五三八—九七）沒有直接言及無情佛性說，但是經由在《摩訶止觀》中提到的「一色一香等一切微細之物中，皆含有中道實相之本體（一色一香無非中道）」，可以推測出其原則上承認無情有佛性的主張。

再深入一點來看，在三論學派的吉藏（五四九—六二三）的《大乘玄論》中，運用所謂「理內」、「理外」、「通門」、「別門」、「觀心」的範疇，多層次地論述承認草木有佛性的立場與否認草木有佛性的立場。其中，吉藏在基於「通門」的立場時，將藉由唯識論所證實的「依正不二」（把環境世界與眾生身心當成是一體不二）視為理論根據，斷定一切存在的事物包含草木一定都具有佛性。但是於「別門」的立場時，則與慧遠「能知性」的主張相同，不認為草木有佛性。還有，根據「觀心」的立場來看，因為在本質上，眾生與草木已是毫無差別，所以爭論草木是否有佛性的問題本身被認為是沒有意義的。

在中國佛教的無情佛性說方面，慧遠的主張成為普遍的論調，而智顗的思想在唐代經由湛然的再度評價，給予後代以及日本重大的影響。又，吉藏的主張包括了理論上的可能性而加以檢討，在這層意義上，可以說：在無情佛性說的理論上，是由吉藏奠定其基礎的。

再者，一般認為，在印度沒有的無情佛性說之所以在中國開始展開，是受到中國傳統老莊思想背景的影響。例如，在《莊子》的〈知北遊〉篇上便主張「道無所不在」，所謂的「道」普遍存在於所有的地方。依據如此的老莊思想所形成的傳統性自然觀念，也就存在於中國人的佛教信仰的思想背景上，這被推測是無情佛性說成立的原因之一。若是列舉吉藏的主張為例，他在論證自己的無情佛性說的過程中，於引用印度傳來的經論時加添了僧肇（三八四－四一四前後）的說法，而此處所引用僧肇的說法，是《莊子．齊物論》篇中的文章反映出了萬物一體的觀念。

無情佛性說的主張潮流於隋朝開其端緒，直至中唐為止，連不認為無情有佛性的立場之人也被捲進其中，因而開展成為更廣大的思想潮流。三論學派在吉藏之後雖然似乎勢力不振，但是在實踐方面的三論學派，以茅山為中心而活躍的一個團體，透過與他們的互相往來，讓牛頭法融（五九四－六五七）接受了吉藏的無情佛性說。接著，法融的無情佛性說，後由南陽慧忠（？－七七五）繼承，對形成禪宗「無情說法」的主張帶來很大的影響。

另外，無情佛性說如此不斷進展時，也有不認為無情有佛性的學說根深蒂固地被主張著。依據《荷澤神會禪師語錄》中得知，荷澤神會（六八四—七五八）嚴厲批判牛頭山袁禪師所主張的佛性普遍存在於一切處，因而荷澤神會被認為是主張嚴格區別眾生與無情之人。又在華嚴學派，雖然從法藏和李通玄等人可看到部分無情佛性說的主張，但基本上採取的立場還是以做為佛教真理的看法為主，亦即：法性普遍存在於眾生與無情中，不過開發佛性的智慧只限於眾生身上才有。

對於如此的情況，荊溪湛然（七一一—八二）於《金剛錍》上展開了批判，主張無情佛性說。湛然於《摩訶止觀輔行傳弘決》中，在解釋智顗的「一色一香無非中道」之時，從理論上說明了承認無情佛性說，並在《金剛錍》中展開唯識論的無情佛性說的同時，導入了《大乘起信論》的真如論。正因為湛然的無情佛性說在解釋上擴展了相當大的幅度，所以宋代的天台學派圍繞著湛然的解釋而交互議論，在日本的天台，每當在論證草木成佛說時，此說法屢屢被提及。

以上概略說明了無情佛性說是在東亞佛教上獨自發展出來的佛性論。今後，期待能立足於與道教的關係，以及在韓國、日本的發展等情況，用更寬廣的視野來展開研究。

文獻介紹

1. 鎌田茂雄，〈非情仏性説の形成過程〉（《中国華厳思想史の研究》），東京大学出版会，一九六五年。

2. 中嶋隆藏，〈吉蔵の草木成仏思想〉（金谷治編，《中国における人間性の探究》），創文社，一九八三年。

3. 末木文美士，〈草木成仏論〉（《平安初期仏教思想の研究》），春秋社，一九九五年。

4. 藤井教公，〈如來藏系の仏教〉（高崎直道主編，《仏教の東漸——東アジアの仏教思想Ⅰ》），春秋社，一九九七年。

5. 白土わか，〈草木成仏説について〉（《仏教学セミナー》68号），大谷大学仏教学会，一九九八年。

6. 潘桂明，〈論唐代宗派佛教的有情無情之爭〉（《世界宗教研究》第4期），一九九八年。

7. 芹川博通，〈仏教の自然観——仏教の環境倫理を考える手がかりとして〉（《淑徳短期大学研究紀要》第40号），二〇〇一年。

第七章

士大夫對佛教的容受

中嶋隆藏
東北大學名譽教授

第一節　王朝統治與三教的關係

教化的媒介——儒教、道教、佛教

北周、後梁與陳相繼於五八一、五八七與五八九年滅亡，隋朝進而實現了一統天下的局面。隨後，唐朝於九〇七年滅亡，開啟了五代十國的紛亂。在這段長達大約三百二十年的期間，先後歷經隋唐更迭混亂的十餘年；安祿山、史思明引發的十餘年紛擾，成為王朝由昌盛走向衰退的轉捩點，以及王仙芝、黃巢之亂招致唐朝滅亡後仍持續紛亂了三十餘年，前後共計五十餘年。雖然王朝喪失實質的統一，但排除動盪期間的二百八十年，一般認為王朝仍維持著天下統一。

開創王朝的君主為能永保天下，在王朝交替時，除須以武力為實質手段與後盾之外，還須藉由教化體制的建構來加強君臣的上下秩序，同時滲透士大夫階層以獲得各地名門望族的支持。另一方面，從士大夫的立場來看，接受新王朝的教化體制，不僅可在王朝中占有一席之地，維持政治社會上的階層，同時更企圖掌握陞遷之途。

所謂教化，是以皇帝為首的統治階層，透過宗教而能陶治身心，並對一般庶民產生化育與安撫的功能。其目的是無須動用武力、刑罰等強制作為，而能收到實質統治之成果。如此情況之下，學問、思想與信仰，是否能契合於王朝的教化核心，對其盛衰與消長有密切深遠的關係。若王朝認為宗教是有益的，又能引起皇帝的關注，宗教就能獲得王朝的尊崇與護持。相反的，若王朝認為宗教是有害無益，並招致皇帝猜忌與憎惡，宗教就會受到王朝的輕蔑、控管，甚而壓迫與排擠。

隋唐時代，儒教、道教、佛教被統稱為「三教」，並受王朝期許能個別擔起教化的責任。其中，儒教藉禮教以達修己治人的目的，為確立人倫秩序，以更直接、具體的方法為課題，而使儒教實質上能持續於教化核心占有一席之地。相對的，以修心無生為宗旨的佛教和以養氣長生為宗旨的道教，雖與王朝擁有特殊的關係，也受當時皇帝的關注而備受尊崇，但是因為佛、道二教與實際統治的關係主要著眼點為稍稍疏離而偏間接的、抽象的方法，而使二教之教化位居於邊緣或外部，每逢有事就被懷疑會危害體制而受到控管，甚至成為迫害的對象。因此士大夫階層在接受佛教時所呈現的多方面貌，也與三教所處的情況有很大的關聯。

有關士大夫階層容受佛教方面，儘管還無法掌握時代變遷所開展的情形，不過此處姑且依時序劃分為隋、唐初、唐前期、唐中期、唐後期、唐末期等六個時期，並列舉各時期的人物，進行本章初步的探討。

第二節　隋朝皇帝與士大夫對佛教的容受

一、以佛法治國——高祖文帝、煬帝

《隋書》卷一〈帝紀〉第一，記載了有關隋朝開國君主楊堅的誕生逸聞：

皇妣呂氏，以大統七年六月癸丑，夜生高祖于馮翊般若寺，紫氣充庭。有尼來自河東，謂皇妣曰：「此兒所從來甚異，不可於俗間處之。」尼將高祖舍于別館，躬自撫養。皇妣嘗抱高祖，忽見頭上角出，遍體鱗起。皇妣大駭，墜高祖于地。尼自外入見曰：「已驚我兒，致令晚得天下。」

姑且不論這段逸聞是否真實，或僅是民間流傳的虛構故事，皆反映出當民心在新、舊王朝交替與創建之際，不可或缺地須藉逸聞以說服世人，並賦予其正當性。存在如此心情背景下，隋朝第一代的高祖文帝（楊堅，五八一—六〇四在位）與之後繼承帝位的煬帝（楊廣，六〇四—一八在位），被認為對於佛教的態度特別尊崇。不過在《隋書》

之中，反而很少見到有關王朝重視佛教的記載。的確在〈經籍志〉卷三十五有以下記載：「開皇初又興，高祖雅信佛法。」「開皇元年，高祖普詔天下；任聽出家，仍令計口出錢，營造經像。而京師及並州、相州、洛州等諸大都邑之處，並官寫一切經，置於寺內；而又別寫，藏于秘閣。天下之人，從風而靡，競相景慕，民間佛經，多於六經數十百倍。」但除此之外，在〈帝紀〉中幾乎看不到皇帝與佛教的相關紀錄。

除上述有關高祖文帝誕生的逸事之外，〈帝紀〉中記載，文帝於開皇二十年（六〇〇）十二月下詔：「佛法深妙，道教虛融，咸降大慈，濟渡群品，凡在含識，皆蒙覆護。所以雕鑄靈像，圖寫真形，率土瞻仰，用申誠敬。其五嶽四鎮，節宜雲雨，江、河、淮、海，浸潤區域，並生養萬物，利益兆人，故建廟立祀，以時恭敬。敢有毀壞、偷盜佛及天尊像、嶽鎮海瀆神形者，以不道論；沙門壞佛像，道士壞天尊者，以惡逆論。」仁壽元年（六〇一），只記載頒布舍利於諸州。另外，《隋書》卷二十五〈志第二十　刑法〉提到：「帝以年齡晚暮，尤崇尚佛道，又素信鬼神。二十年詔，沙門道士壞佛像天尊，百姓壞岳瀆神像，皆以惡逆論。」雖然此與〈帝紀〉所載的內容相同，卻依然未見煬帝楊廣的相關記載。

然而，閱讀宋代志磐的《佛祖統紀》時，卻有截然不同的情況。亦即，即使摒除卷三十九〈法運通塞志〉第十七之六中有關楊堅誕生的逸聞，從開皇元年（五八一）到大業九年（六一三）為止，每年皆有皇帝與佛教的相關記述。舉例而言，開皇五年（五八五），高祖文帝請法經法師在大興殿傳授菩薩戒。隔年，發生嚴重旱災，文帝下詔請曇延法師（五一六—八八）登上正殿御座，朝向南面授法，皇帝與群臣皆席地受持八關戒齋。至於煬帝楊廣，於開皇十一年（五九一）總管揚州之時，迎請智顗（五三八—九七）前往，設千僧會，受菩薩戒。又於大業三年（六〇七）下詔天下州郡，七日行道，總度千僧。另外，從煬帝願文中「菩薩戒弟子皇帝楊總持」的自稱看來，文帝與煬帝兩位皇帝不僅重視佛教，本身更主動受戒，成為佛教徒，推崇佛教。現今，以楊堅和煬帝之名流傳的文章，當然非其親筆所寫，而是授意其左右的文書官所撰寫。綜合上述，這些文章顯示出皇帝統治階層對佛教的理解與接受的情形。以下將分別舉出兩位皇帝的文章說明：

首先引用記載於「開皇十三年十二月八日」文帝的〈懺悔文〉：

開皇十三年十二月八日，隋皇帝佛弟子姓名。敬白十方盡虛空遍法界一切諸佛、一切諸法、一切諸大賢聖僧。仰惟如來慈悲，弘道垂教，救拔塵境，濟渡含生。斷邪惡之源，開仁善之路，自朝及野，咸所依憑。屬周代亂常，侮蔑聖跡，塔宇毀廢，經像淪亡。無隔華夷，掃地悉盡，致使愚者無以導惛迷，智者無以尋靈聖。弟子往藉三寶因緣，今膺千年昌運，作民父母思拯黎元。重顯尊容再崇神化，頹基毀跡更事莊嚴，廢像遺經悉令雕撰。雖誠心懇到，猶恐未周。故重勤求，令得顯出。而沉頓積年，污毀非處。如此之事，事由弟子，今於三寶前，全心發露懺悔。周室除滅之時，自上及下，或因公禁，或起私情，毀像殘經，慢僧破寺，如此之人，罪實深重。今於三寶前，悉為發露懺悔，敬施一切毀廢經像，絹十二萬匹；皇后又敬施絹十二萬匹。王公已下，爰至黔黎，又人敬施錢百萬。願一切諸佛、一切諸法、一切諸大賢聖僧，為作證明，受弟子懺悔。（《歷代三寶紀》卷十二、大隋錄「眾經法式十卷」的記事）

其次引用煬帝〈行道度人天下勅〉，記載於「大業三年正月二十八日」揭序：

大業三年正月二十八日。菩薩戒弟子皇帝總持，稽首和南十方，一切諸佛、十方一切尊法、十方一切賢聖。竊以妙靈不測，感報之理遂通。因果相資，機應之徒無爽。是以初心爰發，振動波旬之宮。一念所臻，咫尺道場之地。雖則聚沙蓋鮮，實覆匱於者山[1]。水滴已微，乃濫觴於法海。弟子階緣宿殖，嗣膺寶命臨御區宇[2]，寧濟蒼生，而德化弗弘刑罰未止。萬方有罪寔[3]當憂責。百姓不足用增塵累。夙夜戰兢如臨淵谷，是以歸心種覺，必冀慈愍。謹於率土之內，建立勝緣。州別請僧七日行道，仍總度一千人出家。以此功德並為一切，上及有頂，下至無間，蝗飛蠕動預稟識性，無始惡業今生罪垢，藉此善緣皆得清淨，三塗地獄六趣怨親，同至菩提一時作佛。

（《廣弘明集》卷二十八）

上文表露了煬帝內心不但確信三世輪迴與因果報應為普遍道理，並至心皈依佛、法、僧三寶，累積此功德以報答佛的慈悲，更向佛祈願國家安康，乃至君臣上下和諧。

二、以佛教處世——顏之推

據《北齊書》卷四十五〈文苑傳〉的記載，梁朝湘東王蕭繹[4]在講授《老子》和《莊子》等書時，十二歲的顏之推（字介，生卒年不詳）已成為其門徒。顏之推很早即博學能文、享有盛名，曾任官於梁、北齊與北周各朝，隋開皇年間（五八一—六〇〇年）被召為學士，備受禮遇，隨後病歿。其傳記中並無生卒年之相關紀錄，按宇都宮清吉所撰述的《中國古代中世史研究》第十二章〈顏之推研究〉，推估其生年是西曆五三一年前後，卒於開皇十年（五九〇）後不久。顏之推的著作之中，《顏氏家訓》是提醒其子孫的處世心得，其中〈歸心篇〉推測大約是其晚年開皇四年（五八四）到開皇十一年（五九一）間所執筆，文中顯示出顏之推對佛教的見解。

顏之推在〈歸心篇〉一開始即提到：「三世之事，信而有徵，家世歸心，勿輕慢也。

其間妙旨，具諸經論，不復於此，少能讚述，但懼汝曹[5]猶未牢固，略重勸誘爾。」接著下文是身為士大夫的顏之推對佛教信仰的理解，並初步對核心議題做極粗淺的說明：

> 原夫四塵五廕[6]，剖析形有；六舟三駕[7]，運載群生。萬行歸空，千門入善，辯才智惠，豈徒七經、百氏之博哉？明非堯、舜、周、孔所及也。內外兩教，本為一體，漸積為異，深淺不同。內典〔佛教〕初門設五種禁；外典〔儒教〕仁、義、禮、智、信，皆與之符。仁者，不殺之禁也；義者，不盜之禁也；禮者，不邪之禁也；智者，不淫之禁也；信者，不妄之禁也。至如畋狩軍旅，燕享[8]刑罰，因民之性，不可卒除，就為之節，使不淫濫爾。歸周、孔而背釋宗，何其迷也！

〈歸心篇〉隨後提出，世俗中人再三地頑強誹謗中傷佛教，顏之推將此情況概括為五種，並一一予以詳細說明。最後列舉當時一些特定人物的具體案例，以及有關五種的一般話題，文末確認「信而有徵」為佛教的教義。《顏氏家訓》最後之〈終制篇〉提到：

> 今年老疾侵，儻然奄忽，豈求備禮乎？……其內典功德，隨力所至，勿刳竭生資，使凍餒也。四時祭祀，周、孔所教，欲人勿死其親，不忘孝道也。求諸內典，則無益

焉。殺生為之，翻增罪累。若報罔極之德，霜露之悲，有時齋供，及七月半盂蘭盆，望於汝也。

引文中顏之推吩咐子孫依佛典教義使葬儀簡樸和祭祀簡化，可知當時的佛教信仰已融入士大夫的日常生活中。

三、信仰與學問的融合——王劭

依《隋書》卷六十九王劭（字君懋，生卒年不詳）的傳記中所載，其弱冠之時，在統管北齊中央行政的尚書僕射魏收之下工作，又出任朝廷的文林館，當時的人認為其博物超群。朝代更迭為隋朝後，王劭在高祖文帝之下出任定員外侍從的員外散騎侍郎，與從事歷史編纂的著作郎。之後亦在煬帝之下，擔任著作郎，最後司掌祕書少監，負責宮中文書和紀錄等，並在為官期間結束一生，是當時屈指可數的士大夫。王劭不僅參與《隋書》和《齊書》等史書的編纂，同時也「采民間歌謠，引圖書讖緯，依約符命，捃摭⑨佛經。」（《隋書》卷六十九），將其撰述為《皇隋靈感誌》三十卷上奏，文帝欣然採納，並宣示天下。另外在高祖晚年的仁壽年間，文獻皇后崩逝之時，王劭的上言，讓高祖文帝沉浸於悲喜交加的思緒中：

佛說人應生天上，及上品上生無量壽國之時，天佛放大光明，以香花妓樂來迎之。如來以明星出時入涅槃。伏惟大行皇后聖德仁慈，福善禎符，備諸秘記，皆云是妙善菩薩。臣謹案：八月二十二日，仁壽宮內再雨金銀之花。二十三日，大寶殿后夜有神光。二十四日卯時，永安宮北，有自然種種音樂，震滿虛空。至夜五更中，奄然如寐，便即升遐，與經文所說，事皆符驗。臣又以愚意思之，皇后遷化，不在仁壽、大興宮者，蓋避至尊常居正處也。在永安宮者，象京師之永安門，平生所出入也。後升遐後二日，苑內夜有鐘聲三百餘處，此則生天之應顯然也。

在《隋書．經籍志》的記載中，並未見到《皇隋靈感誌》三十卷的紀錄，故無從得知其具體內容。不過於〈經籍志〉中卻可發現〈王劭傳〉中所沒有的《舍利感應記》三卷的紀錄。另外，幸而於《廣弘明集》卷十七中載有〈隋國立舍利塔詔〉以及王劭《舍利感應記》的序文與本文的摘錄。書中詳細記錄了國都與全國各州建立舍利塔儀式的過程，和之後顯現神奇、祥瑞的情形，為蒙佛慈悲，在全國建立舍利塔，顯示因至心歸依三寶的結果，確信在全國各地出現祥瑞，眾人苦難消除的靈驗內容。雖然王劭的學識受到很高的評價，傳記中提及「然其采擿⑩經史謬誤，為《讀書記》三十卷，時人服其精博」，但同時亦受到嚴厲的批判，指其「多錄口敕，又采迂怪不經之語，及委巷之言」、「或不軌不物，駭人視聽，大為有識所嗤鄙」。由此可知，當時人們已深信存在著有關「符命」、「感應」等天、人的道理，並以此基礎來接納佛教信仰。

四、在家信徒的宿願——姚察

據《陳書》卷二十七記載，姚察（字伯審，五三三—六〇六）因學識淵博而受梁簡文帝的器重賞識。梁朝滅亡後，姚察與江總、顧野王、陸瓊、褚玠、傅縡等人，以其才能與學識，在陳朝受到頌揚。隋高祖文帝在滅陳之後，對朝臣說到：「聞姚察學行，當今無比，我平陳，唯得此一人。」煬帝也經常讓其隨侍在側，在傑出的士大夫之中，甚至只允許姚察一人親近交談。開皇九年（五八九），姚察出仕於隋朝之後，曾經擔任過掌管宮中文書與紀錄的祕書丞、在晉王身旁輔佐學問的侍讀，以及跟隨在太子身邊的內舍人等職務。另外亦奉命編纂梁、陳二代史書，最後卒於大業二年（六〇六），享年七十四歲。姚察自幼年受菩薩戒之後，嚴守素食。於任職陳朝之時，更將所有俸祿奉獻佛寺，其臨終前遺言如下：

> 吾家世素士，自有常法。吾意斂以法服，並宜用布，土周於身。又恐汝等不忍行此，必不爾，須松板薄棺，纔可周身，土周於棺而已。葬日，止麤車，即送厝舊塋⓫

北。吾在梁世，當時年十四，就鍾山明慶寺尚禪師受菩薩戒，自爾深悟苦空，頗知回向矣。嘗得留連山寺，一去忘歸。及仕陳代，諸名流遂許與聲價，兼時主恩遇，宦途遂至通顯。自入朝來，又蒙恩渥。既牽纏人世，素志弗從。且吾習蔬菲五十餘年，既歷歲時，循而不失。瞑目之後，不須立靈，置一小床，每日設清水，六齋日設齋食果菜，任家有無，不須別經營也。

姚察自幼發願窮究藏經深解教義，臨終時毫無苦痛與懊悔，向西端坐，正念口稱「一切空寂」，身體柔軟，面容平靜如往常一般。

如上所述，姚察自十四歲受菩薩戒以來，雖宿以出家修道生活為願，但仍無法脫離士大夫出仕王朝的處境，不過至少其以在家信徒的身分一生持素，並發願窮究大藏經的核心要旨。臨終之際，語說一切空寂，並從一切繫縛中解脫，安穩而逝。由此，可進一步了解當時身為世大夫的虔誠佛教徒的生活面貌。

第三節　唐初士大夫對佛教的容受

一、白熱化的三教論爭

按《舊唐書．本紀》記載，唐高祖（李淵，六一八—六二六在位）與唐太宗（李世民，六二六—四九在位）有關佛教的記事非常稀少，僅有兩件。分別為高祖武德九年（六二六）五月，下詔申斥京師的寺觀有失清淨，以及太宗貞觀三年（六二九）十二月，下詔於隋末起義的交戰之處為陣亡將士建立一寺。然而，在《佛祖統紀》卷三十九〈法運通塞志〉第十七之六有許多佛教相關的記載：高祖於武德元年（六一八）下詔，為太祖造栴檀等身佛像三尊；因沙門景輝預言皇帝應承天命，遂為其建勝業寺；為隋末設粥救濟饑民的沙門曇獻建造慈悲寺；因起義於太原，故建太原寺；又為表彰起義功績，下詔於並州建造義興寺。於武德二年、六年、七年、九年期間，亦都有佛教的相關紀錄。至於唐太宗則採取了多項興隆佛教的政策，於諸州各個戰場建立佛寺，並勅命李百藥、許敬宗、朱子奢、褚遂良、虞世南、顏師古、岑文本等群臣為各寺撰述碑文，包括從貞觀元年到九年、十二年、十三年、十六年、十七年、十九年、從二十年到二十三年期間，皆可看到相關的記載。一般認為，在唐初，皇帝即與佛教有著密切的關係。隋朝獨尊佛教，祈能護佑國家，然而卻國祚很短。或許由於道教之祖老子與唐王室同姓，被視為唐室之祖，因而建言受到關注。若與隋朝兩位皇帝比較，唐初的高祖與太宗，因活用佛教做為教化的手段而被認為更具有濃厚的功利目的意識。

《佛祖統紀》的記載之中，有關士大夫接受佛教方面亦相當突出：武德七年（六二四）高祖行幸中央設立的大學國學，親臨祭祀先聖的釋奠⓬之後，命博士徐曠講授《孝經》；沙門慧乘講授《心經》；道士劉進善講授《老子》；博士陸德明分析三教要義，高祖對其見解深感佩服。隔年，太史令傅奕上疏主張排佛，未被採納；但傅奕於武德九年（六二六）再度上疏，高祖將其章疏交予群臣商議是否得當。後高祖又以疏頒示諸僧，要求其說明佛教對國家是有益的。

二、三教的客觀批判——陸德明

按《舊唐書》卷一八九上的〈陸德明傳〉，陸元朗（字德明，生卒年不詳）承學於周弘正，善於理解玄妙的道理。於陳國時擔任國子助教；後在隋煬帝之下擔任祕書學士、國子助教；唐時又於秦王府歷任文學館學士、太學博士、國子博士。至於著作方面，除了《老子疏》和《易疏》等書之外，還撰述《經典釋文》。唐朝高祖親臨釋奠之時，徐子遠

（徐曠）講授《孝經》；沙門惠乘（慧乘）講授《波若經》（即《般若經》）；道士劉進喜⓭講授《老子》，而陸德明非難此三者皆不夠充分，並依三教宗旨一一展開論辯，使之折服，因而獲高祖的讚賞。惜因紀錄過於簡略，故無從得知陸德明是如何總結，以及其批判的具體內容。但從現有內容來看，一般認為大概是以客觀立場來評定三教，而態度是想釐清三教是否得當。另外，從高祖欽佩陸德明的態度與評價看來，多少也可知道高祖內心的想法。依據興膳宏與川合康三共著的《隋書經籍志詳考》，認為陸德明的生年是五五〇年前後，卒年是六三〇年左右。

三、憂國的排佛論——傅奕

依據《舊唐書》卷七十九的傳記，傅奕（五五五—六三九）雖研究陰陽數術之書，卻不為其所限，也不倚靠醫術藥學。其為《老子》撰寫註解與音義，又收集魏晉以來佛教批判者的傳記，編撰為《高識傳》十卷。貞觀十三年（六三九），傅奕於八十五歲臨終之際訓誡子孫：「老、莊玄一之篇，周、孔《六經》之說，是為名教，汝宜習之。妖胡⓮亂華，舉時皆惑，唯獨竊歎，眾不我從，悲夫！汝等勿學也。古人裸葬，汝宜行之。」

傅奕精通天文曆數，並依其長才而活躍，曾任官於隋朝漢王諒之下，後又受到扶風太守李淵（之後的高祖）的禮遇。唐創建之後，歷任掌管天文、律曆的太史丞、太史令，上奏天文所顯示特殊現象，以及上呈漏刻⑮新法等。傅奕最為人知的，是依歷代佛教批判的知識，於武德七年（六二四）上疏主張排佛，之後又據此再上疏十一條：

佛在西域，言妖路遠，漢譯胡書，恣其假託。故使不忠不孝，削髮而揖君親；遊手遊食，易服以逃租賦。演其妖書，述其邪法，偽啟三途，謬張六道，恐嚇愚夫，詐欺庸品。凡百黎庶，通識者稀，不察根源，信其矯詐。乃追既往之罪，虛規將來之福。布施一錢，希萬倍之報；持齋一日，冀百日之糧。遂使愚迷，妄求功德，不憚科禁⑯，輕犯憲章。其有造作惡逆，身墜刑網，方乃獄中禮佛，口誦佛經，晝夜忘疲，規免其罪。且生死壽夭，由於自然；刑德威福，關之人主。乃謂貧富貴賤，功業所招，而愚僧矯詐，皆云由佛。竊人主之權，擅造化之力，其為害政，良可悲矣！

案《書》⑰云：「惟辟⑱作福威，惟辟玉食。臣有作福、作威、玉食，害於而家，凶於而國，人用側頗僻。」降自羲、農，至於漢、魏，皆無佛法，君明臣忠，祚長年久。漢明帝假託夢想，始立胡神，西域桑門⑲，自傳其法。西晉以上，國有嚴科，不許中國之人，輒行髡髮⑳之事。洎於苻、石，羌胡亂華，主庸臣佞，政虐祚短，皆由佛教致災也。梁武、齊襄，足為明鏡。昔褒姒一女，妖惑幽王，尚致亡國；況天下僧尼，數盈十萬，翦刻繒彩，裝束泥人，而為厭魅，迷惑萬姓者乎！今之僧尼，請令疋配[21]，即成十萬餘戶。產育男女，十年長養，一紀教訓，自然益國，可以足兵。四海免蠶食之殃，百姓知威福所在，則妖惑之風自革，淳朴之化還興。且古今忠諫，鮮不及禍。竊見齊朝章仇子他上表言：「僧尼徒眾，糜損國家，寺塔奢侈，虛費金帛。」為諸僧附會宰相，對朝讒毀；諸尼依託妃主，潛行謗讟[22]。子他竟被囚執，刑於都市。及周武平齊，制封其墓。臣雖不敏，竊慕其蹤。（《舊唐書》卷七十九、武德七年上疏）

《佛祖統紀》與《舊唐書．傅奕傳》撰述的方式與年月雖有差異，但整體而言，傅奕的主張是指出因果報應說是虛妄、欺騙的，並強調自古以來的傳統與歷史的教訓，應控管國家的浪費，抑制坐食者，同時亦呼籲要充實稅役，所以其內容都是歷來所指出的。然而，信奉佛教的隋朝國祚甚短；而儘管唐朝已經創立，但對基礎尚未安定的時期來說，傅奕的建言實具有相當的說服力。雖然高祖並未採納其第一次的建言，但對第二次建言卻無法忽視，故交付群臣詳議後，便打算接受傅奕的見解。而太宗即位之後，雖然明顯地相信佛道玄妙與因果報應之理，但一般認為，太宗對於傅奕所提出佛教是有害的論點表示認同。

四、奉佛王朝的血統——蕭瑀

根據《舊唐書》卷六十三〈蕭瑀傳〉，蕭瑀（字時文，五七三—六四七）承襲自梁武帝與昭明太子的血統，其姊為隋朝的晉王妃。蕭瑀曾任職於煬帝之下，更替為唐朝之後，也受到高祖、太宗禮遇，貞觀二十一年（六四七）七十四歲時病歿。蕭瑀喜好佛教，常修梵行，每次與沙門論難有關人生之苦和一切是空的問題，必能領會其微妙之意。曾經讀到劉孝標的《辯命論》，知其傷害先王之教義，迷惑於性命之理，所以著《非辯命論》，提到：「人稟天地以生，孰云非命，然吉凶禍福，亦因人而有，若一之於命，其蔽已甚。」主張應將因果論與宿命論予以折衷與統一。據傳，任職於晉王李世民（之後的太宗）之下的學士數人，對其見解讚不絕口。又，晉王曾賜予蕭瑀絲緞繡成的佛像與蕭瑀像、王褒書寫的《大品般若經》，還有袈裟等。太宗即位後，據傳蕭瑀因為有關人事問題，不滿其諫言未被採納，甚至提請出家，但未獲同意。由此可知，蕭瑀是一位信佛者，同時也是佛學學者。

當傅奕的排佛上疏被交付群臣詳議時，蕭瑀與之爭論：「佛，聖人也。奕為此議，非聖人者無法，請置嚴刑。」但傅奕反擊說：「禮本於事親，終於奉上，此則忠孝之理著，臣子之行成。而佛踰城出家，逃背其父，以疋夫[23]而抗天子，以繼體[24]而悖所親。蕭瑀非出於空桑㉕，乃遵無父之教。臣聞非孝者無親，其瑀之謂矣！」蕭瑀聽後不能回答，但合掌竭盡全力地說：「地獄所設，正為是人！」（《舊唐書．傅奕傳》）。蕭瑀自幼小即以孝行、奉佛、理解佛理而聞名，儘管較一般人更通曉佛理，但談及與自己關係密切的梁和隋是信奉佛教的王朝，國祚卻都很短，自身信奉佛教的行為被攻詰為與孝行相互矛盾，也因為感情激昂而無法展開全力的抗辯。

五、擁護佛教的士大夫——李師政

《舊唐書》書中並無李師政（生卒年不詳）的紀錄，而《新唐書》卷五十九〈藝文志〉三僅提到：「李師政《內德論》一卷、上黨人、貞觀門下典儀。」另外，《佛祖統紀》提到，因受傅奕上疏主張佛教有害的論點影響，明概法師著作了《決對論》，在秦王府掌管儀禮的典儀李師政亦著作《內德論》來批判傅奕的主張，從中可概略看到各自的旨趣。《廣弘明集》卷十四的〈辯惑論〉第二之十也收錄了《內德論》，其中，〈辯惑篇〉第一的內容是逐一批駁傅奕的十一條上疏；〈通命篇〉第二，從心、業、命等方面來詳解有關福善禍淫的報應之理；〈空有篇〉第三，內容闡述不執著於有無斷常二見，以兼備空有來厭迷求悟，並須謹言慎行，不淪於放逸。全篇內容可說顯示出當時信奉佛教的士大夫全力護持佛教的態度，以及其理解佛教的具體情形。

第四節　唐代前期，皇室與士大夫對佛教的容受

一、宣揚聖教的皇父子——太宗李世民、皇太子李治

蕭瑀卒於貞觀二十一年（六四七），其晚年因內心充滿不平之情，無奈提請允許出家時，太宗親自書寫詔書：

> 朕以無明於元首，期托德於股肱[26]，思欲去偽歸真，除澆反樸。至於佛教，非意所遵，雖有國之常經，固弊俗之虛術。何則？求其道者，未驗福於將來；修其教者，反受辜於既往。至若梁武窮心於釋氏，簡文銳意於法門，傾帑藏以給僧祇，殫人力以供塔廟。及乎三淮沸浪，五嶺騰煙，假餘息於熊蹯[27]，引殘魂於雀鷇[28]。子孫覆亡而不暇，社稷俄頃而為墟，報施之徵[29]，何其繆也！而太子太保、宋國公瑀踐覆車之餘軌，襲亡國之遺風。棄公就私，未明隱顯之際；身俗口道，莫辯邪正之心。修累葉[30]之殃源，祈一躬之福本，上以違忤君主，下則扇習浮華。往前朕謂張亮云：「卿既事佛，何不出家？」瑀乃端然自應，請先入道，朕即許之，尋復不用。一迴一惑，在於

瞬息之間；自可自否，變於帷扆[31]之所。乖棟梁之大體，豈具瞻之量乎？朕猶隱忍至今，瑀尚全無悛改。宜即去茲朝闕，出牧小藩，可商州刺史，仍除其封。

太宗在文中對蕭瑀語帶譴責，而太宗在晚年時期，雖有利用佛教做為教化手段的想法，但似乎未關注佛教。

依據《佛祖統紀》，太宗晚年後期的貞觀十九年（六四五），前往西域、印度尋求佛典的玄奘（六〇二—六四）歸國，向太宗陳述西域與印度等地現況，同時翻譯很多新請回來的佛典。太宗親覽其上呈之一的《彌勒瑜伽師地論》後，非常佩服，對侍臣讚歎說：「佛教廣大，猶瞻天瞰海，莫極高深。九流典籍，若汀瀅[32]方溟渤[33]耳。世言三教齊致，此妄談也。」之後，附加御製〈大唐三藏聖教序〉於新譯經論的卷首，勅命頒賜九道總管。《廣弘明集》卷二十二收錄的〈三藏聖教序〉，首先列舉天地運行的情形，天自上而覆蓋，地由下以承載，顯現萬物存在的具體面貌，所以即使是凡愚之輩，也多少能知其端倪。但如春夏秋冬之陰陽變化，由寒暖二氣無形的運轉來化育萬物，但因未能呈現具體型態，所以無論再怎麼賢明睿智的人，也很難窮究其宗旨。接著論述：

況乎佛道崇虛，乘幽控寂，弘濟萬品，典御十方。舉威靈而無上，抑神力而無下，大之則彌於宇宙，細之則攝於毫釐，無滅無生，歷千劫而不古，若隱若顯，運百福而長今。妙道凝玄，遵之莫知其際。法流湛寂，挹之莫測其源，故知蠢蠢凡愚、區區庸鄙，投其旨趣，能無疑惑者哉！

明言佛教教義是否為中國傳統傑出教義，是無從比較的。做為奉佛者，像這樣的認識不足為奇，但是歷來太宗的想法是傾心於傅奕的排佛論，因此對於請求出家的蕭瑀，太宗認為對國家而言佛教是有害的。從上述太宗的態度來看，可說是耳目一新評價的大轉變。之後，佛教在唐王朝的教化體制之中，至少從太宗到高宗（六四九—八三在位）麟德元（六六四）年玄奘圓寂為止，確保了不可動搖的位置。雖然在那段期間，太宗於貞觀二十二年（六四八）十月下令翻譯《老子道德經》為梵文，以及佛、道二教於顯慶三年（六五八）至顯慶四年（六五九）展開激烈的教義論爭，但基本上，一般認為前述的狀況仍持續維持。

太宗的皇太子李治（之後的高宗）繼承太宗著作的〈三藏聖教序〉撰述〈聖記三藏經序〉（即〈聖教序記〉），稱讚玄奘的譯業是「以貞觀十九年二月六日，奉勅於弘福寺翻譯聖教要文，凡六百五十七部」。並以下文開頭：

夫顯揚正教。非智無以廣其文。崇闡微言。非賢莫能定其旨。蓋真如聖教者。諸法之玄宗。眾經之軌躅㉞也。綜括宏遠奧旨遐深。極空有之精微。體生滅之機要。詞茂道曠。尋之者不究其源。文顯義幽。履之者莫測其際。故知聖慈所被。業無善而不臻。妙化所敷。緣無惡而不剪。開法網之綱紀。弘六度之正教。拯群有之塗炭。啟三藏之祕扃㉟。

在上文中，皇太子李治表達其對佛教的見解，提到佛教是「真如」的教義，是「所有教義的根本」，是「眾經之典範」，是「正教」，也是「聖教」。具體表明「空與有」的關係，以及「生與滅」的原因，闡明福善禍淫的道理貫通一切，是真實不虛的。佛教藉由教導根本教義與基礎實踐，試圖從塗炭之苦中，救出一切眾生。無論是太宗的〈大唐三藏聖教序〉，或是皇太子李治的〈聖記三藏經序〉，雖不知這些文章是太宗與皇太子為表達自己的感想而親自執筆？或僅是身旁的文官想呈現世人天子和太子等人的心情，因而在形式上洋洋灑灑所寫的讚美之詞？總之，此處重點是這些文章的內容呈現了皇帝和皇太子等人對佛教所信仰的態度。

二、做為「知識」的佛教——王勃

依《舊唐書》卷一九〇上的傳記，王勃（字子安，六四九—七六）的祖父是王通，王勃才識淵博，精通詩文和推算天文曆法等學問，留有《周易發揮》、《次論（語）》等著述。當時，由於其文辭優異，故與楊炯、盧照鄰、駱賓王一起被並稱為詩文的四傑，現在流傳的《王子安集》中，直接與佛教有關的文章，除了〈四分律宗記序〉之外，還收錄有〈彭州九隴縣龍懷寺碑〉等寺碑九篇。文中堆砌了六朝以來傳統的美辭麗句，表達佛教相關的整體知識，並敘述各個寺院建立的由來。從這些文章可看出，王勃雖然具備佛教的相關知識，但任一文章似乎都無法找到其表明虔誠信佛之語。又或者王勃只是書籍編撰者和受寺院相關人員請託，依他們所提供的材料為基礎來進行寫作。

附帶一提，唐初期間，王勃的祖父王通門下卓越的人才輩出。《文中子中說》記錄王通所說的許多想法，例如：詩書盛而秦世滅，非仲尼（孔子）之罪；虛玄長而晉室亂，非老、莊之罪；齋戒修而梁國亡，非釋迦之罪，重要的是人的問題。佛是聖人，其所教的是西方的教義，中國之人耽溺其中。軒車不可以適越，冠冕不可以之胡，是自古以來的道理。還有，他認為就政治而言，劃分為三教是不妥當的，於皇極才能統一三教。雖然無法釐清其理論根據，但簡而言之，《尚書．洪範》所記載的「皇極」，才是統一三教立場的理想。王勃雖然上承祖父的教理，並具有佛教的相關知識，不過還未觸及佛教的核心是必然的吧。

三、病苦中的信仰——盧照鄰

依《舊唐書》卷一九一之〈孫思邈傳〉中引用盧照鄰（字昇之，生卒年不詳）著作的〈病梨樹賦序〉，癸酉之歲（六七三年），臥病在長安官舍的盧照鄰，自許以孫思邈為師，學問淵博廣大，內容記載：「道洽今古，學有數術，高談正一，則古之蒙莊子；深入不二，則今之維摩詰。及其推步甲子，度量乾坤，飛煉石之奇，洗胃腸之妙，則甘公、洛下閎、安期先生、扁鵲之儔也。」文中同時記載，盧照鄰為痼疾所苦，而蒙孫思邈細心教導有關治病養生的祕訣。依卷一九〇上的本傳，僅簡要記載其博學能文，被評價如同司馬相如，但罹患無法行動自如的疾病，故辭職隱居山中，努力調藥養生。但其病況轉趨篤重，盧照鄰終不堪其苦，而在四十歲時投水而亡，其具體的功績也無從得知。

盧照鄰的詩文集《幽憂子集》收錄了「五悲」——〈悲才難〉、〈悲窮通〉、〈悲昔遊〉、〈悲今日〉、〈悲人生〉五篇文章，序文中記載「今造五悲，以申萬物之情，傳之好事耳」。其中，〈悲人生〉一篇，推測應是吐露其結束人生前的心境。

〔儒家〕禮樂既作，仁義不忒；死生有命，富貴在天。〔道家〕一變一化，一虧一全。去其外物，歸於內篇，儒與道兮，方計於前，其書萬卷，其學千年。鐘鼓玉帛，蹩躠蹁躚㊱；金木水火，混合推遷。六合之內，慕其風兮如市；百代之後，隨其流兮若川。〔佛教〕三界九地，往返周旋；四生六道，出沒牽聯。硠硠磕磕，蠢蠢翾翾。受苦受樂，可悲可憐。

有超然之大聖，曆曠劫以為期，戒定慧解非因人，慈悲喜捨非見思。聞儒道之高論，乃撞鐘而應之。曰：「止！止！善男子，覩向時之華說，乃天下之辯士。請弄宜僚之丸，以合兩家之美。若夫正君臣，定名色，威儀俎豆，郊廟社稷，適足誇耀時俗，奔競功名。使六義相亂，四海相爭。我者遺其無我，生者哀其無生。孰與乎身肉手足，濟生人之塗炭；國城府庫，恤貧者之經營？捨其有愛以至於無愛，捨其有行以至於無行。若夫呼吸吐納，全身養精，反於太素，飛騰上清。與乾坤合其壽，與日月齊其明。適足增長諸見，未能永證無生。孰與夫離常離斷，不始不終，恆在三昧，常遊六通？不生不住無所處，不去不滅無所窮。放毫光而普照，盡法界與虛空。苦者代其勞苦，蒙者導其愚蒙。施語行事，未嘗稱倦。根力覺道，不以為功。」

〔大聖〕所言未畢，儒道二客離席，再拜稽首而稱曰：「大聖哉！丘晚聞道，聃今已老。徒知其一，未究其術，何異夫戴盆望天，倚杖逐日？蒼蒼之氣未辨，昭昭之光己失。」

嗚乎！優優群品，遑遑眾人。雖鑿其竅，未知其身。來從何道？去止何津？誰為其業？誰作其因？一翻一覆兮如掌，一生一死兮若輪。不有大聖，誰起大悲？請北面而趨伏，願終身而教之。

上述文章概略的內容，前段係按其排列順序，列舉儒家的禮樂教化、樂天知命的治身治國論，以及道家隨順變化、固身養精的神仙不死論，後段則列舉佛教的教義是遠遠凌駕儒、道二家的主張。在歷來三教論爭方面，則一再重複佛教經常所呈現的形式，毫無新意可言。然而盧照鄰極富才能，在社會的評價也很高，在其短暫一生中，還闡述了以治身、治國為宗旨的儒家、養生升仙的道家，和教導以無我無生無行來救濟眾生的佛教。從盧照鄰去世前對佛教教義的闡述，可感受到並非流於一般表面的知識，更包含其懇切的心情。

第五節　唐代中期，士大夫對佛教的容受

一、道教興起及偽經出現

高宗繼承太宗（六四九—八三在位）之位，在玄奘入寂之後，護持佛教的態度並未改變。但依《舊唐書．本紀》的記載，玄奘圓寂後，高宗於天下各州設置道觀、佛寺，行幸老君廟，追封太上老君，要請王公百官學習《老子》，並親訪著名的道士以表示敬意，逐漸顯著傾向道教。

一般認為，在天皇、天后二聖體制之下，對佛教的推崇相對降低。高宗顯慶四年（六五九）前後，武后則天（六二四—七〇五）開始掌控政權，玄奘入寂的麟德元年（六六四）以後，實質上一手掌握政權。弘道元年（六八三）立中宗繼承高宗，之後又立睿宗，並垂簾聽政，尊稱為聖母神皇武后，於垂拱四年（六八八）夏四月偽造瑞石稱為〈天授聖圖〉，以及載初元年（六九〇）七月令人上表偽撰的《大雲經》。九月將國號改為周就任帝位，勅令沙門法朗等人重譯《大雲經》，將佛教置於道教之上。還有，聖歷二年（六九九），勅令法藏法師講釋新譯的《華嚴經》。久視元年（七〇〇），下詔義淨三藏譯《金

光明最勝王經》等，相對比較重視佛教。

之後，歷經中宗（七〇五—一〇在位）、睿宗（七一〇—一二在位），到了玄宗時（七一二—五六在位），因姚崇上書而開始壓制佛教。儘管於開元二十四年（七三六）敕頒《御註金剛般若經》於天下，但又於開元二十九年（七四一）正月，在長安與洛陽東西兩京和全國諸州設立玄元皇帝廟和崇玄學，於此學習《老子》、《莊子》、《列子》、《文子》；天寶十四年（七五五）冬十月，於天下頒布《御注老子》、《御注老子義疏》等，增強尊崇道教。根據記載，在安祿山、史思明混亂期間即位的肅宗（七五六—六二在位），從駕崩前年的仲春開始，由於身體微恙，長期療養也未見效，此時，文武百官在佛寺舉行過齋僧。

二、來自奉佛士大夫的批判——姚崇

姚崇（六五一—七二一）與繼他之後成為宰相的宋璟都是評價甚高的名臣人物。依據《舊唐書》卷九十六的本傳記載，姚崇於武后則天時代嶄露頭角，從武后至中宗、睿宗、玄宗度過短時間政局交替頻繁動盪的時代，玄宗開元九年（七二一）於為官期間病歿，享年七十二歲。

依據本傳，姚崇在中宗時代上奏批評公主和外戚等人奏請度人為僧尼、投入私財建造寺院之事：「佛不在外，求之於心。佛圖澄最賢，無益於全趙；羅什多藝，不救於亡秦。何充、苻融，皆遭敗滅；齊襄、梁武，未免災殃。但發心慈悲，行事利益，使蒼生安樂，即是佛身。何用妄度姦人，令壞正法？」皇帝欣然採納其建言，要求偽濫僧徒一萬二千餘人還俗。然而，根據《佛祖統紀．法運通塞志》玄宗開元二年（七一四）記載：「自中宗以來，貴戚奏度人為僧。富戶彊丁，多削髮以避徭役。」認為此風潮是從中宗到玄宗初期，並認為玄宗是採納姚崇的上奏而統制僧人、寺院，其中多少與事實有所出入。整體而言，姚崇認為以權勢與資產為背景，無論怎麼累積外在的功德，都不可能獲得佛的護佑，應以誠實熱忱為動力之內在心性的磨鍊，才是求道與佛身的體現。因此，姚崇在臨終前將財產分給子孫，勸其知足安分，戒富貴盈滿，並吩咐子孫予以薄葬，重新修改他對佛教的想法：

今之佛經，羅什所譯，姚興執本，與什對翻。姚興造浮屠於永貴里，傾竭府庫，廣事莊嚴，命不得延，國亦隨滅。又齊跨山東，周據關右，周則多除佛法而修繕兵威，齊則廣置僧徒而依憑佛力。及至交戰，齊氏滅亡，國既不存，寺復何有？修福之報，何其蔑如[37]！梁武帝以萬乘為奴，胡太后以六宮入道，豈特身戮名辱，皆以亡國破家。近日孝和皇帝發使贖生，傾國造寺，太平公主、武三思、悖逆庶人、張夫人等皆度人造寺，竟術彌街，咸不免受戮破家，為天下所笑。經云：「求長命得長命，求富貴得富貴，」「刀尋段段壞，火坑變成池。」比求緣精進得富貴長命者為誰？生前易知，尚覺無應，身後難究，誰見有徵。且五帝之時，父不葬子，兄不哭弟，言其致仁壽、無夭橫也。三王之代，國祚延長，人用休息，其人臣則彭祖、老聃之類，皆享遐齡。當此之時，未有佛教，豈抄經鑄像之力，設齋施佛之功耶？《宋書．西域傳》，有名僧為《白黑論》，理證明白，足解沉疑，宜觀而行之。

佛者覺也，在乎方寸，假有萬像之廣，不出五蘊之中，但平等慈悲，行善不行惡，則佛道備矣。何必溺於小說，惑於凡僧，仍將喻品，用為實錄，抄經寫像，破業傾家，乃至施身亦無所吝，可謂大惑也。亦有緣亡人造像，名為追福，方便之教，雖則多端，功德須自發心，旁助寧應獲報？遞相欺誑，浸成風俗，損耗生人，無益亡者。假有通才達識，亦為時俗所拘。如來普慈，意存利物，損眾生之不足，厚豪僧之有餘，必不然矣。且死者是常，古來不免，所造經像，何所施為？

夫釋迦之本法，為蒼生之大弊，汝等各宜警策，正法在心，勿效兒女子曹，終身不悟也。吾亡後必不得為此弊法。若未能全依正道，須順俗情，從初七至終七，任設七僧齋。若隨齋須布施，宜以吾緣身衣物充，不得輒用餘財，為無益之枉事，亦不得妄出私物，徇追福之虛談。

道士者，本以玄牝為宗，初無趨競之教，而無識者慕僧家之有利，約佛教而為業。敬尋老君之說，亦無過齋之文，抑同僧例，失之彌遠。汝等勿拘鄙俗，輒屈於家。汝等身沒之後，亦教子孫依吾此法云。

顯然，姚崇的立意在批判當時敗壞的風氣只是累積身命財富之外在功德，努力追求自身安穩、國家永續、祖先追福等果報。姚崇的主張認為奉佛的態度應是為了眾生安樂，若能以平等慈悲心去惡行善，心具有佛道，其心即是佛身。再加上姚崇的建議，正好符合當時皇帝的心意，因此被欣然採納，這強化了當時對佛教界的具體制約。然而姚崇既不是無條件的佛教統制論者，也不是排佛論者。依上述文章看來，姚崇甚至是虔誠的佛教徒，其從虔誠的立場或懇切地以面聖上奏，或藉由給予家屬遺令的方式，評判當時包括其兒女在內的一般士大夫階層對佛教與道教信仰求諸現世利益、因果報應的現況。

三、寫實「當代風俗」的詩人——王維

依據《舊唐書》卷一九〇下的本傳，王維（字摩詰，七〇一—五九）與弟弟王縉同時以博學多藝齊名，尤其王維擅長五言詩，是馳名於玄宗開元、天寶年間的詩人，受到王公貴族的歡迎。此外，亦精於書畫，據傳其對天地自然的描繪，讓人驚若天成。王維兄弟

虔誠奉佛，日常多食蔬食，不食腥羶，晚年長齋，不穿華美彩衣。其得獲輞川河口的別莊，使河水環繞於屋舍，在沙洲植花栽竹，河水盈滿圍繞。王維與道友裴迪常以浮舟往來，彈琴作詩，吟詠度日。一方面，每日在京都供齋數十名僧人，以聽聞玄談為樂。書齋簡樸，只擺置茶鐺㊳、藥臼、書案、繩床而已。退朝後，焚香獨坐，誦經及修行禪定。其妻子亡後，不另再娶，三十年來獨居一人，隔絕俗事牽累，最後卒於乾元二年（七五九）七月，臨終之際，突然要筆墨書寫遺書予其弟與友人，文中懇切勸其奉佛修心。

王維之弟王縉於代宗（七六二—七九在位）時代擔任宰相，當代宗尋求王維的文集之時，王縉回覆：「臣兄開元中，詩百千餘篇；天寶事後，十不存一。比於中外親故間相與編綴，都得四百餘篇。」從其回覆內容來看，可知王維大部分詩文已經喪失，流傳至今的《王右丞集》不過是其中一小部分而已。儘管如此，依然收錄不少以佛教為主題和論及佛教的文章，內容從一般奉佛到有關禪和淨土法門等，例如：〈請施莊為寺表〉、〈奉敕詳帝皇龜鏡圖狀帝皇龜鏡圖兩卷令簡擇訖進狀〉、〈薦福寺光師房花藥師序〉、〈讚佛文〉、〈西方變畫讚並序〉、〈繡如意輪像讚並序〉、〈給事中竇紹為亡弟故駙馬都尉於孝義寺浮圖畫西方阿彌陀變讚並序〉、〈大唐大安國寺故大德淨覺禪師碑銘〉、〈能禪師碑〉、〈大薦福寺大德道光禪師塔銘〉等多篇，可看出原本擁有相當數量。以下文章並非王維受請託而作，而是為自己所執筆的〈請施莊為寺表〉，從中可略窺其關於佛教的部分想法：

臣維稽首。臣聞罔極之恩，豈有能報？終天不返，何堪永思？然要欲強有所為，自寬其痛。釋教有崇樹功德，宏濟幽冥。臣亡母故博陵縣君崔氏，師事大照禪師三十餘歲，褐衣蔬食，持戒安禪，樂住山林，志求寂靜。臣遂於藍田縣營山居一所，草堂精舍，竹林果園，並是亡親宴坐之餘，經行之所。臣往丁兇釁㊴，當即發心，願為伽藍，永劫追福。比雖未敢陳情，終日常積懇誠。又屬元聖中興，群生受福，臣至庸朽，得備周行。無以謝生，將何答施？願獻如天之壽，長為率土之君，惟佛之力可憑，施寺之心轉切。效微塵於天地，固先國而後家，敢以鳥鼠私情、冒觸天聽？伏乞施此莊為一小寺，兼望抽諸寺名行僧七人，精勤禪誦，齋戒住持，上報聖恩，下酬慈愛。無任懇款之至。

在家人求度出家和建造塔寺等，都在嚴格的管制之中，即使想要布施別莊為佛寺，從他寺迎請僧人的方式，也須獲得朝廷的特許，因此歌頌皇帝英明與統治優異，且稱己蒙受的恩德浩大，並屢屢提及與佛教無關的皇恩，也是很自然。同時藉機讚揚佛力偉大，以建造佛寺來為熱衷奉佛的亡母追福，並傳達祈願皇帝長壽與治世安穩之想法。像王維這般心態，正是姚崇所批判的「當代風俗」。

四、超言絕慮的悟境——杜朏

杜朏（字方明，生卒年不詳）的出身與來歷都不詳，依據敦煌遺書中的《傳法寶紀並序》，其標題下有署名為「京兆杝朏撰」，以及《大正新脩大藏經》收錄圓仁所著作的〈入唐新求聖教目錄〉，其中「南岳思禪師法門傳二卷　衛尉承柆朏撰」之記載，柳田聖山在《禪的語錄2初期禪史I》，將「杝朏」、「柆朏」皆解讀為「杜朏」，而「衛尉承」讀為「衛尉丞」，又依據神秀的弟子普寂和義福等人的碑文，有於東都大福先寺師事朏法師的記載，故主張杜朏原為僧人，後來還俗為衛尉丞，於開元初年前後留有《傳法寶紀並序》。《傳法寶紀並序》的〈序〉在其開頭說明：「我真實法身法佛所得，離諸化佛言說傳乎文字者，則此真如門乃以證心自覺而相傳耳。」並在結尾處宣言：「此世界是言語世界乎？故聖賢不可不言語，相導以趣夫無言語地也是故。」雖然這是所謂以見性為目標的「亡言絕慮」之境，但為接引沒有言語就無法過活的世人，除著書以大量的語言文字來說明之外，別無他法，因為「亡言絕慮」是深入體會不執兩邊的人的語彙。

五、博學與見解獨特的在家居士——李通玄

在《宗鏡錄》卷十九引用之〈李長者論〉，以及《宋高僧傳》卷二十二〈宋魏府卯齋院法圓傳付傳〉中，記載李通玄（李長者，六四四—七四〇）的略傳，而如同感通之名，似乎是以軼事為主軸——其確實具有神通力，能調伏禽獸，並擁有自然界不可思議的能力，帶予眾人幸福。開元七年（七一九）春，其攜來新譯的《華嚴經》，以三年時間造論解說，之後又歷經五年，造論四十卷，總括八十卷經文之義，最後於開元二十八年（七四〇）暮春二十八日過世，享年九十六歲。其著作收錄於大正新脩大藏經《新華嚴經論》、《大方廣佛華嚴經中卷卷大意略敘》、《略釋新華嚴經修行次第決疑論》、《解迷顯智成悲十明論》。然而，舊、新兩《唐書》中都未見其名，故無從考察當時是否真有其人，或是到了唐末被虛構的人物所偽託的著書。暫且不論此問題，略覽《解迷顯智成悲十明論》，其文章開頭如下：

> 夫十二緣生者，是一切眾生逐妄迷真。隨生死流轉波浪不息之大苦海，其海廣大甚深無際。亦是一切諸佛眾聖賢寶莊嚴大城，亦是文殊普賢常遊止之華林園苑，常有諸佛出現於中。普賢菩薩恆對現色身，在一切眾生前教化無有休息。文殊師利告善財

云：不厭生死苦，乃能具足普賢行。一切諸佛功德海參映，重重充滿其中無有盡極。與一切眾生猶如光影而無障礙。以迷十二有支，名一切眾生；悟十二有支，即是佛。故眾生及以有支皆無自性，若隨煩惱無明、行、識、名色，六根相對，生觸、受、愛、取、有，成五蘊身。即有生、老死常流轉故。若以戒定慧觀照，方便力照自身心境，體相皆自性空，無內外有，即眾生心全佛智海。

接著，開始闡明：

第一，明一切眾生十二緣生惡覺生死，從何所生？第二，明十二緣生為是本有；為是本無？第三，明諸佛解脫智慧，為是本有；為是修生？第四，明十二緣生與智慧，誰為先後？第五，明十二緣生及佛智慧，有始有終否？第六，明十二緣生是一心所變，云何受三界苦樂不同？第七，明解脫法中何法有依？何法無依？第八，明諸佛解脫無有性、相、體，無處所，有無量功德。有一佛剎微塵身土莊嚴、牙相映徹，為是有常？為是無常？第九，明一切諸佛皆有大願，云誓度一切眾生盡，方自解脫。如今一切眾生無數，云何無量諸佛已成現成佛者？如無量剎塵，豈不違其本自大願無量力耶？第十，明十二有支是大生死之源。如何超度？使令迷解同佛大智大悲，成大法門一切智海佛功德海。

引文依次第順序顯示本論的架構，分別詳細解釋十條的內容之後，以頌總括上述，最後附有後記。雖然一切是自心的變化，但向內外探求自心，卻遍尋不著。在這種情況下，空慧初次現前，藉由空慧觀察世間一切眾生與國土，皆是幻化，沒有性、相、體，也沒有處所，並簡明扼要地說明如同成佛之空慧解脫法門。總之，此論確實為李通玄的著作，若李通玄是實際存在的，並曾撰述《新華嚴經論》，且於開元二十八年享年九十六歲過世，則可窺知當時在家的士大夫階層中，也出現過留有著作甚至凌駕學問僧的人物。

第六節　唐代後期，士大夫對佛教的容受

一、專注於天台教學——梁肅

唐王朝平定安祿山與史思明之亂，總算成功維持體制運作。從承繼肅宗的代宗開始，歷經德宗（七八〇—八〇五在位）、順宗（八〇五在位）、憲宗（八〇五—二〇在位），一直到穆宗（八二一—二四在位）的時代為止，基本上王朝都不曾變更對三教的政策。

梁肅（字敬之，生卒年不詳）於《舊唐書》並無本傳，即使《新唐書》也只有記載極為簡略的經歷。卷二〇二〈文藝中〉的蘇源明傳後記，記載「其最稱者元結、梁肅」。於建中年間（七八〇—八三）歷任官職有：輔佐皇太子，負責典校藏書的太子校書郎；整合軍政民政，審察善惡並懲處的監察御史；在中書省以諫議為務的右補闕；直接侍從天子，負責書寫詔敕的翰林學士；以及皇太子、諸王侍讀等；後卒於四十一歲。按《舊唐書》卷一三〇〈李泌傳〉、卷一三九〈陸贄傳〉、卷一六〇〈韓愈傳〉等資料，大曆、貞元之間崇尚古學風潮，風靡一時，其中，梁肅與獨孤及被譽最為深奧，韓愈也隨其徒遊

學。由於從兩《唐書》中無從知其生卒年，但依《中國文化史年表》（上海辭書出版社，一九九〇）認為其生年是七五三年，卒年是七九三年。

《舊唐書》中並無梁肅信奉佛教之相關記載，《佛祖統紀》的〈法運通塞志〉第十七之八，於德宗興（貞？）元三年（七八七？）的記事，載有梁肅從荊溪禪師（湛然，七一一—八二）學習天台教義，並深得心要。有鑑於《摩訶止觀》文義廣博，擇其精要編纂為六卷並公諸於世。文中記載李華、崔恭、田敦等人也曾隨荊溪禪師學習止觀，並引用梁肅所記，提到學習法華之人的感應譚。根據以上記載，可知梁肅修學佛教，並對荊溪湛然的天台教學投入甚深。《全唐文》收錄梁肅文章從卷五一七到卷五二二，其中，與天台教學直接相關的文章有〈天台法門議〉、〈止觀統例議〉、〈維摩經略疏序〉等，證實了《佛祖統紀》的記載。

梁肅從荊溪禪師學習，並依天台止觀論述其架構而撰寫了〈止觀統例議〉，一般認為，當時士大夫特別關注其前段內容：

> 夫止觀何為也，導萬法之理，而復於實際者也。實際者何也？性之本也，物之所以不能復者，昏與動使之然也。照昏者謂之明，駐動者謂之靜。明與靜，止觀之體也。在因謂之止觀，在果謂之智定。因謂之行，果謂之成。行者，行此者也；成者，證此

者也。原夫聖人有以見惑足以喪志，動足以失方，於是乎止而觀之，靜而明之。使其動而能靜，靜而能明，因相待以成法，即絕待以照本。立大車以御正乘，大事而總權。消息乎不二之場，鼓舞於說三之域。至微以盡性，至賾以體神。語其近，則一毫之善可通也；語其遠，則重元之門可闢也。用至圓以圓之，物無偏也；用至實以實之，物無妄也。聖人舉其言，所以示也；廣其用，所以告也。優而柔之，使自求之；擬而議之，使自至之。此止觀所由作也。夫三諦者何也？一之謂也，空、假、中者何也？一之目也。空、假者相對之義，中道者得一之名。此思議之說，非至一之旨也。至一即三，至三即一。非相含而然也，非相生而然也；非數義也，非強名也，自然之理也。言而傳之者跡也，理謂之本，跡謂之末。本也者，聖人所至之地也；末也者，聖人所示之教也。由本以垂跡，則為小為大，為通為別，為頓為漸，為顯為祕，為權為實，為定為不定。循跡以返本，則為一為大，為圓為實，為無住為中，為妙為第一義。是三一之蘊也。所謂空也者，通萬法而為言者也，假也者，立萬法而為言者也；中也者，妙萬法而為言者也。破一切惑，莫盛乎空；建一切法，莫盛乎假；究竟一切性，莫大乎中。舉中則無法非中，舉假則何法非假，舉空則無法不空。成之謂之三德，修之謂之三觀。舉其要，則聖人極深研幾[40]窮理盡性之說乎？昧者使明，塞者使通，通則悟，悟則至，至則常，常則盡矣；明則照，照則化，化則成，成則一矣。聖人有以彌綸萬法而不差，磅礴[41]萬劫而不遺，焘載[42]恆沙而不有，復歸無物而不無。寓名之曰「佛」，經號之曰「覺」。究其旨，其解脫自在莫大極妙之德乎？夫三觀成功者如此……

其白話翻譯如下：

所謂止觀，意指為何？是引導萬法之理而復歸於實際。所謂實際，意指為何？是性之本。物之所以不能復歸，是昏與動所造成的結果。稱呼照昏為明，稱呼駐動為靜。明與靜是止觀的核心，在因位稱為止觀，在果位稱為智定。稱呼因位為行，稱呼果位為成。行者是行此者；成者是證此者。畢竟聖人能看清惑足以喪志，動足以失方，於是止而觀之，靜而明之。使其動而能靜，靜而能明，藉由個個各自相待之事項以構成法，遵循超脫事物之絕待境遇以照本。立大車以御正乘絕待，藉由大事（相待）來總括權的教義。出沒於不二之場，鼓舞於闡述三乘之域。藉由最微妙的教義以究明性，並藉由最幽深的教義以體現神。談論淺近，則可通於一毫之善；談論深遠，則可窺視無任何限制的境遇之重玄之門。因為藉由最圓滿的教義以圓滿之，所以物無偏也；藉由最真實的教義以真實之，所以物無妄也。聖人之所以呈現語言，是為了要顯示其教義；之所以增廣其作用，是為了要宣告其教義。藉由優而柔之，使其自求之；藉由擬而議之，使其自至之，這就是止觀被提出的理由。

所謂三諦，意指為何？是表示一。所謂空、假、中，意指為何？是表示一的細目。空與假有相對之義，中道是得一之名稱。這是思議之說，不是至一之本旨。至一即三，至三即一。（一與三）不是相含而有，也不是相生而有；不是數字之義，也不是強制命名，是自然之理。用言語來傳達的是跡，稱呼理為本，稱呼跡為末。所謂本，是聖人到達的境地；所謂末，是聖人所顯示的教義。若由本以垂跡，則為小為大，為通為別，為頓為漸，為顯為祕，為權為實，為定為不定；循跡以返本，則為一為大，為圓為實，為無住為中，為妙為第一義等，這是三一之涵義。所謂空，是來自通於萬法的表達；所謂假，是來自建立萬法的表達；所謂中，是來自以萬法為妙的表達。空最能破一切惑，假最能建一切法，中最能究竟一切性。若顯示中，則一切法是中；若顯示假，則一切法是假；若顯示空，則一切法是空。成就之事是三德，修行之事是三觀。若呈現其要點，就是聖人甚深精微、窮理盡性學說。昏昧者使其明，淤塞者使其通。通則悟，悟則至，至則常，常則盡矣；若明則照，若照則化，若化則成，若成則一矣。聖人周遍萬法而無差錯，窮盡萬劫而無遺漏，覆載如恆沙之物，但不擁有任何一物，復歸無物，但並非絕無所有，暫且名之為佛，經典之中稱之為覺。若究查其旨，因其解脫自在，而稱之為至大、極妙之德吧！那個三觀成就是如此……

在天台教學中，《摩訶止觀》居於重要的地位，由於內容博大精深，梁肅擔心會讓初學者抱有歧路亡羊之慨，因此親自撰寫六卷的精簡本通行於世，將天台止觀深奧難解的理論加以簡潔淺白的說明。

二、對淨土法門的認同——柳宗元

《舊唐書》卷一六〇可看到柳宗元（字子厚，七七三—八一九）的略傳，其文章從年少時即被時人譽為具有古風，且被評價為內容精妙、細緻縝密。在貞元、太和之間（七八五—八〇五、八二七—三五），能以文學受士大夫階層肯定的人物，只有柳宗元與劉禹錫二位。永貞元年（八〇五），柳宗元因受王叔文失勢的牽連，被貶至邊地，過著長達十多年流落他鄉的生活，最後於元和十四年（八一九）享年四十七歲過世。

在舊、新《唐書》中，完全沒有柳宗元與佛教相關的記載，但流傳至今的詩文集《柳宗元集》中收錄了不少與佛教有關的文章。例如：〈曹溪大鑑禪師碑〉、〈南嶽彌陀和尚碑〉、〈岳州聖安寺無姓和尚碑〉、〈龍安海禪師碑〉、〈南嶽雲峰和尚碑〉、〈南嶽雲峰和尚塔銘〉、〈南嶽般舟和尚第二碑〉、〈南嶽大明寺律和尚碑〉、〈衡山中院大律師塔銘〉等碑銘；〈送方及師序〉、〈送文暢上人登五台遂遊河朔序〉、〈送巽上人赴中丞叔父召序〉、〈送僧浩初序〉、〈送元暠南遊詩〉、〈送元暠師序〉、〈送玄舉歸幽泉寺序〉、〈送濬上人歸淮南覲省序〉等序；以及〈東海若〉、〈永州龍興寺西軒記〉、〈尊勝幢贊〉等文。其中，可於〈送巽上人赴中丞叔父召序〉見到柳宗元在回覆某人問答時提及其自幼好佛，從追尋佛道以來已有三十年，雖然在世間談論佛教的人能夠通曉教義者罕見，但是其在永州零陵得道了。根據上述，一般認為柳宗元對佛教的關注與探求可能從十歲前後就已經開始，之後一直持續沒有間斷，並在永州蒙受巽上人的教誨，漸漸通曉教義。因此，如同〈送僧浩初序〉中所記載，即使被自認為儒者的韓愈責問與佛教的密切關係時，他依然堅守立場，認為佛教實為不可貶斥。自己與《易經》和《論語》等書有意旨相合時，亦感到很歡喜，但是不贊同只一味舉出外在的差異性，而看不見內在的同一性。柳宗元雖然認為學佛者當中很少會有人誇耀其才、排擠他人、追求富貴、仗勢欺人，並且多會安穩自己的性情、親近經書、愛好山水、不破壞人倫之事，對此深感共鳴，但另一方面遵循天台教學來積極評價禪思想、淨土思想、律學等，對世間贊同禪思想的修行者日益增加，除了六祖惠能外幾乎未作任何評價，反倒抱持否定的態度，大概與柳宗元將「大中」視為最基本的立場有關吧。以下列舉之〈東海若〉一文，由前、後兩段構成。其前段內容，是模仿《莊子》寓言之對話做為開場；後段內容則是評論學佛者應有之態度，但也透露他對禪修者的反感，以及對欣求淨土僧人的認同感。以下即為後段之內容：

今有為佛者，二人同出於毘盧遮那之海，而泊於五濁之糞，而幽於三有之瓠[43]，而窒於無明之石，雜於十二類之蟯蚘[44]。人有問焉，其一人曰：「我佛也，毘盧遮那、五濁、三有、無明、十二類皆空也。一切無善無惡，無因無果，無修無證，無佛無眾生，皆無焉，吾何求也？」問者曰：「子之所言性也，有事焉，夫性與事一而二，二而一者也。子守一而定，則大患者至矣！」其人曰：「子去矣，無亂我！」其一人曰：「嘻！吾毒之久矣。吾盡吾力，而不足以去無明。窮吾智，而不足以超三有、離五濁，而異夫十二類也。就能之，其大小劫之多不可知也，若之何？」問者乃為陳西方之事[45]。使修念佛三昧一空有之說，於是聖人憐之，接而致之極樂之境。而得以去群惡，集萬行居聖者之地，同佛知見矣。向之一人者。終與十二類同而不變也。夫二人之相違也，不若二瓠之水[46]哉？今不知去一而取一，甚矣。」

由上文的表達中，雖然可輕易了解柳宗元對禪、淨二門的心態是否全都表示同感，但與先前梁肅的天台止觀概論相較之下，兩者在表現形式就有很大的差別。因此，關於禪與淨土法門思考方式之差異，在掌握其核心上用簡潔敘述的態度有共通之處。

三、勸諫世風的儒者骨氣——韓愈

《舊唐書》卷一六〇收錄了韓愈（字退之，七六八—八二四）的傳記，其篇幅將近柳宗元的十倍。韓愈恃其才能而拙於處世，由於性格率真、品性剛直，因此在中央與地方屢屢陞官降職。晚年歷任兵部侍郎，掌管全國武官之任官陞降和有關征戰的政令，以及擔任吏部侍郎，管理全國官吏任官陞降和有關封勳的政令。他於穆宗長慶四年（八二四）十二月過世，享年五十七歲。在文章方面，韓愈學獨孤及和梁肅等人的古學，並跟隨受儒林推崇之人來琢磨表達能力。其文章風格並不拘泥魏晉以來的對偶形式，而是注重表露想法、感情的文體，樹立當時稱為「韓文」的獨特風格而名震一時；在教學方面，則排斥釋老二家，立志於復興與承繼孔孟精神的儒學。雖然韓愈具有記敘史實的才能，撰述了《順宗實錄》，但其在繁簡取捨有所缺失，最後評價不佳。

韓愈批判柳宗元對佛教抱持肯定的態度，除可從柳宗元的文章看到外，也可從韓愈自己寫的〈送浮屠文暢師序〉窺知。韓愈極力主張，中國人由文、武王而傳到周公、孔子的聖人之道，重點在於君臣父子、仁義、禮樂、刑政，所以更應遵循這些聖人之道。有關韓愈如何看待釋、老二教與儒教立場見解的差異之詳細情形，可見於「原道」、「原性」兩篇文章，但是做為佛教批判者而名震朝野的文章，不遑多論，就是於元和十四年

（八一九）正月特別指出並批判當時籠罩朝野的舍利信仰之〈論佛骨表〉。依據《佛祖統紀》〈法運通塞志〉，王朝已認可尊崇舍利之事，即使是唐代以後，高宗永徽三年（六五二）、顯慶五年（六六〇）、乾封二年（六六七）、武后則天聖歷元年（六九八）、肅宗至德元年（七五六）、德宗貞元六年（七九〇），以及憲宗元和十四年以前也常有記載，似乎未特別對舍利信仰公開批評。韓愈重新提出與批判此事，如同晴天霹靂般驚動朝野，更激怒了憲宗，最後雖倖免極刑，但仍被貶至邊地。

〈論佛骨表〉列舉世上太平與佛教完全無關，佛力不足以信；開創唐朝的高祖抱持排除佛教的意圖，現在陛下迎請佛骨，不是為了迷惑於佛教，而是為了祈求福祥，但是愚冥的百姓深信陛下一心敬信佛教，因此老幼一起仿效陛下奉獻身心財物，捨棄生業而不顧；佛是夷狄之人，語言、衣服、教義、秩序、人情皆與中國不同，禁止待客之禮；不應親臨觀看朽穢之遺骨等；應以水火處理此骨，斷絕迷惑世間的根本；若有鬼神作祟，應加之韓愈自身等。總之，雖然韓愈沿襲歷來排佛論者的觀點，沒有任何新意，但是在朝野上下瀰漫尊崇佛陀舍利不足為奇的風氣中，益發顯現韓愈自許繼承孔子不語怪力亂神態度的儒者之面貌了！

第七節　唐末，士大夫對佛教的容受

一、前所未有之鎮壓以至王朝滅亡

從繼承穆宗的敬宗（八二四—二六在位）開始，歷經文宗（八二六—四〇在位）、武宗（八四〇—四六在位）、宣宗（八四六—五九在位）、懿宗（八五九—七三在位）、僖宗（八七三—八八在位）、昭宗（八八八—九〇四在位），一直到景宗（哀帝，九〇四—〇七在位），唐朝的國運已名副其實地結束。期間，王朝對三教的政策雖無重大改變，但武宗時期加強與道教的關係，擴大對佛教的管制，甚至於會昌五年（八四五）七、八月實施大規模鎮壓，佛教面臨衰滅的危機。但約半年之後，武宗駕崩，宣宗即位後不久則改變施政措施，讓佛教界得以再回復生息。但如同武宗發出鎮壓令時所強調的，對寺院的保護政策，不但未使國家安泰、五穀豐收，反而壓迫經濟，造成社會的混亂。二十多年後，於咸通十五年（八七四）爆發王仙芝之亂，以及起兵響應的黃巢之亂，最後竟導致唐朝滅亡，這對宣宗及輔佐的眾臣而言，是萬萬沒有想到的事情。

二、寄心求道於詩偈——白居易

依據《舊唐書》卷一六六的本傳記載，白居易（字樂天，七七二—八四六）的文章表現豐富，尤其精於詩和散文。貞元十四年（七九八），擔任祕書省校書郎，負責管理宮中的經、史典籍等圖書，進入官場之後，在朝廷與地方浮沉於升貶之間，卻也歷任許多官職，最後享年七十六歲，卒於宣宗大中元年（八四七）。然而《新唐書》記載其卒年為：「會昌六年（八四七）卒，年七十五」，依據西村富美子（小川環樹編，《唐代的詩人》，收錄〈《新唐書》白居易傳譯註〉）之研究，認為此說法是正確的。白居易於德宗貞元十九年（八〇三）之前，曾向東都聖善寺的凝公求取心要，並獲八言之教。自從於憲宗元和十年（八一五）被貶至邊地江州擔任司馬掌管軍務，白居易以不拘泥俗事、隨順因緣為宗旨，於廬山遺愛寺建立草堂，愛好雲木泉石，並與當地僧人往來，過著熱衷於佛教的日子。之後，返回中央，於文宗即位後的太和元年（八二七）九月的上誕節，其以儒臣身分，與僧人惟澄、道士趙常盈一起參加在麟德殿舉行的三教論議，並讓文宗相當佩服。晚年白居易甚至將自己稱為香山居士，但晚年的最後數年間，在武宗對佛教採取壓迫政策之下，一般認為，以佛教做為思想信念的白居易過著不如意的日子。

白居易有關佛教的著作為數不少，作品包括：〈三教論衡〉記錄上述三教論議的情形；〈傳法堂碑〉則記載繼承馬祖道一的洪州宗大徹禪師的經歷，以及白居易和其師大徹禪師之間的問答等。其中，完成於三十二至三十三歲前後的〈八漸偈〉，是凝公開示的心要「觀」、「覺」、「定」、「慧」、「明」、「道」、「濟」、「捨」八個字，白居易經深思熟慮後所作。

觀偈：「以心中眼，觀心外相。從何而有？從何而喪？觀之又觀，則辨真妄。」

覺偈：「惟真常在，為妄所蒙。真妄苟辨，覺生其中。不離妄有，而得真空。」

定偈：「真若不滅，妄即不起。六根之源，湛如止水。是為禪定，乃脫生死。」

慧偈：「專之以定，定猶有繫。濟之以慧，慧則無滯，如珠在盤，盤定珠慧。」

明偈：「定慧相合[47]，合而後明。照彼萬物，物無遁形。如大圓鏡，有應無情。」

通偈：「慧至乃明，明則不昧。明至乃通，通則無礙。無礙者何？變化自在。」

濟偈：「通力不常，應念而變。變相非有，隨求而見。是大慈悲，以一濟萬。」

捨偈：「眾苦既濟，大悲亦捨。苦既非真，悲亦是假。是故眾生，實無度者。」

如同上述，為了呈現短短的八字心要，制成每一字為四言六句結構完整的一偈，並有條理地彙整為總計一九二字的文章，不僅需具博學與表達能力，更要有相應的求道心與堅忍不拔的思索力。

白居易的如此態度，除可見於〈傳法堂碑〉最後的禪宗洪州宗大徹禪師與白居易之間的四個問答之外，其在〈與濟法師書〉中針對佛典所說為數不少的矛盾之處，具體提出平日的疑問向濟上人請教之書信，也可確認其態度。

三、深入的理解禪法──裴休

依據《舊唐書》卷一七七的略傳，裴休（字公美，生卒年不詳）於太和年間（八二七─三五）之初期任職監察御史、右補闕；於大中年間（八四七─五九）初期任掌管土地、戶籍、賦稅的戶部侍郎、兵部侍郎、監督官吏之御史大夫；於大中六年（八五二）做為侍郎任職同平章事並兼任宰相職，位居總理萬事的相國之位五年；於大中十年（八五六）辭去相國職務，以後歷任諸多官職；於咸通年間（八六〇─七四）初期歷任戶部尚書、吏部尚書、輔佐皇太子的太子少師等，最後卒於為官期間。《舊唐書》雖未記載其卒年資料，但《佛祖統紀》認為是咸通十一年（八七〇）。裴休家世歷代奉佛，所以自幼堅守蔬食習慣，中年後更加徹底，不僅時常齋戒，外離各種貪欲，同時也通達佛典，若是遊歷山林，必會與義學僧研究佛理。另外，《佛祖統紀》記載，裴休隨黃檗希運學習並得其旨，平生不食酒肉，除撰寫〈勸發菩提心文〉以激勵世人之外，也著作佛教相關的文章

〈圓覺經法界觀〉、〈禪源諸詮序〉[48]等。

《傳心法要》如實呈現了黃檗希運禪法的內容，其文章架構在開頭的部分，黃檗多次依次第對裴休詳細解說有關其禪法的思想後，接著配置裴休與其師黃檗希運之間的問答，以補充開頭說明的不足。另外，《宛陵錄》的形式，全是由黃檗審慎回覆裴休的提問。以下試著略覽《傳心法要》開頭的部分：

師謂休曰：諸佛與一切眾生，唯是一心，更無別法。此心[49]無始已來，不曾生不曾滅。不青不黃，無形無相，不屬有無，不計新舊，非長非短，非大非小，超過一切限量、名言、縱跡、對待，當體便是。動念即乖，〔此心〕猶如虛空無有邊際，不可測度。唯此一心即是佛，佛與眾生更無別異。但是眾生著相外求，求之轉失，使佛覓佛，將心捉心[50]，窮劫盡形，終不能得。不知息念忘慮[51]，佛自現前。

黃檗希運禪師駐錫過的萬福寺（法鼓文化資料照片）

上述黃檗希運對裴休不斷諄諄教誨，這只是開頭內容的一小部分，若閱覽全文，則不禁感到疑惑，這篇文章是真實的教誨紀錄？還是裴休將黃檗禪師的隨機教誨再編纂成文？若是實錄，那一開始應是黃檗禪師對弟子進行長篇而有條理的開示，之後再依據開示內容撰寫為師徒間的問答形式吧。另外，若是彙整黃檗禪師隨時隨地當機的教誨，當然要對黃檗禪師的禪法有逼拶的體驗，在紀錄上正確淺白地呈現問答的主旨與詳細內容，須具有充分的知識、思考力、組織力與表現力吧。依據《佛祖統紀》的記載，裴休為圭峰宗密（七八〇—八四一）之《禪源諸詮集都序》書寫了敘文，並提到從當時的人領悟其精要的記載來看，一般認為，儘管《傳心法要》和《宛陵錄》都是記下裴休理解黃檗希運禪法的實錄形式，卻努力想將裴休的著作介紹給士大夫們，令其窺見裴休對禪法的理解。

四、看清本質的佛教批判——李德裕

依據《舊唐書》卷一七四的傳記，李德裕（字文饒，七八六—八四九）於元和十四年（八一九）官拜監察御史以後，浮沉於牛李兩勢力黨爭，同時也在朝廷與地方歷任諸多官職。他為了革新王朝體制採取了種種措施，以革除為害百姓生活的舊俗，並於武宗之時擔任宰相，致力於政策的實踐。但他於武宗駕崩之後喪失勢力，遭受讒言下台，並被貶到邊境的潮州，之後又被貶為崖州的官員，最後於大中三年（八四九）十二月在失意中結束六十三歲的一生。

基於以教育化導之力實現社會良風美俗的立場，李德裕致力肅清迷惑鄉民的巫祝和鬼怪。如同《舊唐書》本傳所記載，他嚴厲的視線朝向佛教和道教之中也有舊俗與弊風的傾向。尤其他批判佛教的論調，可以從〈亳州聖水狀〉、〈王智興度僧尼狀〉和有關武宗廢佛令的〈武宗改名告天地文〉、〈賀廢毀諸寺德音表〉等文章之中清楚看出。

可是，值得注意其在〈冥數有報論〉提到：

> 冥報之事，或有或無，遂使好亂樂禍者以神道為茫昧[52]。余嘗論之，仁人上哲，必達生知命，如顏氏之子，犯而不校[53]；釋門達摩，了空喻幻，必不思報矣；其下弱無心者，力不能報；所能者，乃中人耳，悍強任氣如伯有、灌夫之流，亦其在臨歿之際，方寸不撓，魂魄不散，唯結念於此，是以能報。夫人之捨生也，如薪盡火滅，溘然[54]則無能為矣。其達於理者，使心不亂，則精爽[55]常存，不生不滅，自可以超然出世，升躋神明。其次精多魄強，則能為厲。冥報之事，或有或無，理在此也。

另外〈梁武論〉提到：

世人疑梁武建佛剎三百餘所，而國破家亡，殘禍甚酷，以為釋氏之力，不能拯其顛危。余以為不然也。釋氏有六波羅密，檀波羅密是其一也。又曰：「難捨能捨，大者頭目肢體，其次國城妻子，此所謂難捨也。」余嘗深求此理，本不戒其不貪，能自微不有其寶，必不操人所寶，與老氏之無欲知足，司城之不貪為寶，其義一也。庸夫謂之作福，斯為妄矣。而梁武所建佛剎，未嘗自損一毫，或出自有司，或厚斂氓俗[56]。竭經國之費，破生人之産，勞役不止，杼柚其空[57]，閏位[58]偏方，不堪其弊，以此徼福[59]，不其悖哉！此梁武所以不免也。

依據上述引文可以看出，李德裕未必是完全排斥佛教的教義本身，而是批判時俗一般的佛教信仰不能充分辨別佛教的宗旨。

第八節　士大夫階層對佛教的態度

從國家佛教邁向個人佛教

隋唐時代，對屬於士大夫階層的多數人而言，佛教是強調佛力而主張因果應報論的，眾所周知其亦是於王朝負起教化的三教之一，而朝野上下對於不可思議的佛力信仰狀況則是普遍地接受。士大夫階層的讀書人，自幼以來將《論語》、《孝經》當作必修，而不語怪力亂神是一般的思考方式。雖然士大夫階層中的確多少存在如此想法的人，但實際在士大夫階層中的情況並非如此。在王朝更替、體制混亂、衰退交錯的時期，時常會追問教化的內容，並對佛力之有無真偽提出質疑；而當國家發生經濟、軍事損害與社會秩序紊亂之情況時，總是會將矛頭指向道、佛二教，尤其是傳自外國的佛教。唐代初期，針對是否認定佛教為「教」而展開三教論爭。但當玄奘歸朝後，以印度、西域見聞的詳細報告做為獻禮，並將新請來的佛典進行翻譯事業，因為太宗的讚歎，並親自御製〈大唐三藏聖教序〉，似乎三教論爭即喪失實質意義。至於士大夫的文章，大致上被認為只是應請求和委託等因素而作的碑、銘、序，以迫切探求佛教自我問題的文章非常少，思考也千篇一律。

可以確認的是從唐代中期七世紀末以後，上述的情況稍微產生了變化。從士大夫階層中陸續出現的著述，採用的不是主張佛教在三教中地位的角度，而是以簡潔說明佛教各宗的教義要點為目的，並且著作成理解關於華嚴、天台、律、禪、淨土各宗教義的要點，以概括、思考、說明、介紹其要旨的文章。再者，一般認為在唐代後半期以後，眾人關心的是禪、淨二門，尤其傾向於禪宗，其他宗派則與王朝的衰退成為命運共同體，但是，可客觀地認為，至少在士大夫接受佛教的過程中，用如上千篇一律的概括，是無法徹底涵蓋所有各式各類重大的事情。

註記：

在受邀執筆本章（第七章）之時，筆者手邊並沒有具體之研究成果。於二〇〇六年三月退休時，由於自宅收納空間的因素，而將相關抽印本的資料全部處理完畢，在其中有關隋唐時代士大夫理解佛教的諸研究中，也包括以吉川忠夫先生的一系列研究為首的文獻，不由得後悔起來，但事到如今後悔莫及。因此筆者決定針對此時期應注意的人物，藉由直接正確地讀通各自的文獻，嘗試建立架構來說明全體。筆者的論述之中，若與學術先進前輩之研究成果雷同或是相反等情況，尚請諸位諒察。

註解

❶「匱」有大型藏物器之意。「闍山」是耆闍崛山的簡稱，即是指靈鷲山，佛陀說法處之一。

❷此處「區宇」應為境域，天下之意。

❸「寔」同「實」，或通「是」、「寘」。

❹蕭繹係梁武帝第七子，受封湘東王，鎮守江陵，後來為梁元帝。

❺「汝曹」意指「你們」。

❻四塵（色、香、味、觸或是地、水、火、風）與五蘊（色、受、想、行、識）。

❼六舟（布施、持戒、忍辱、精進、禪定、智慧）與三駕（聲聞乘、緣覺乘、菩薩乘）。

❽「燕享」亦做「燕饗」，此處「燕享」之意，係指古代帝王飲宴群臣、國賓等。

❾「捃摭」為采取、采集之意。

❿原文作「采擿」，即「采摘」，此處係指采集摘錄之意。

⓫「塋」係葬地。

⓬「釋奠」係指古代學校以設置酒食，來奠祭先聖、先師的儀禮。

⓭《佛祖統記》中記載為劉進善。

⓮指佛教。

⓯「漏刻」是指古代的計時器。

⑯「科禁」指戒律、禁令。

⑰指《尚書》〈洪範〉。

⑱「辟」指天子、君主。

⑲「桑門」指僧侶，為「沙門」的異譯。

⑳「髡髮」指剃髮。

㉑「疋配」指配合。此處亦指婚配。

㉒「謗讟」意指怨恨毀謗。

㉓「疋夫」在古代是指男性平民。亦泛指常人。

㉔「繼體」係指嫡子繼承帝位。泛指繼位。

㉕「空桑」在此處係指僧人或佛門的意思。

㉖「股肱」此處應是比喻左右輔佐之臣。

㉗「熊蹯」指「熊掌」。

㉘「雀鷇」指「幼雀」。

㉙指布施而得之報應證明。

㉚指累世。

㉛「帷扆」係帷幔與屏風。指君主朝群臣之所。

32 「汀瀅」係指小水窪或水清澈的樣子。

33 「溟渤」係指溟海和渤海；泛指大海。

34 「軌躅」是指車輪輾過之痕跡，此處喻法則、規範。

35 「扃」是指從外或內關閉門戶的門閂；而此處依文脈或可引伸為關鍵之意。

36 「蹩躠蹁躚」為盤旋起舞的樣子。

37 「蔑如」指微細；沒什麼了不起。

38 「茶鐺」為煎茶用的釜。

39 指遭逢母親過世。

40 「研幾」亦做「研機」，指窮究精微之理。

41 「磅礴」指廣大無邊貌；或氣勢盛大貌、擴大等意。此處應為前者。

42 「燾載」為天覆地載之意，謂仁德廣被。

43 「瓠」，指瓠瓜或葫蘆。此處比喻陷於三有之葫蘆中。

44 指蟯蟲和蛔蟲之類。

45 指淨土之事。

46 指出現於文章前段寓言的二瓠之水。

47 日文原書為「定明相合」，此處依《大正新脩大藏經》。

48 即〈禪源諸詮集都序〉。

49 作者解釋：係指我和你等的心。

50 作者解釋：「將心捉心」是指藉由此心捕捉心外之心。

51 作者解釋：「息念忘慮」是指停止嘗試努力想要於此心之外，另外求心的念慮。

52 「茫昧」係指模糊不清之意。

53 「犯而不校」指別人觸犯自己也不予以計較。

54 「溘然」即忽然。

55 「精爽」係指精神。

56 「氓俗」即民俗。

57 「杼柚其空」是形容生產廢弛，貧無所有。

58 「閏位」指非正統的帝位。

59 「徼福」指祈福，求福。

專欄七

中國的廢佛

藤丸智雄（淨土真宗本願寺派教學傳道研究中心常任研究員）

觀察世界各國政教關係之現狀，有政教分離原則與國教制度兩種。即使同樣是採政教分離原則，其中有比較嚴格的國家，如日本和法國等；也有型態較為寬鬆的國家，如美國；另一方面，採取國教制度的國家也不少，如英國和信奉伊斯蘭教諸國等。如此，即使在現代，政教關係實是各式各樣，若追溯歷史時代，必將呈現更複雜的面貌。

流傳到中國的佛教，受到在印度時未曾經歷過的政治鎮壓，尤其稱之悽慘的例子──「三武一宗法難」，若翻閱其過往歷史，可以逐漸看到中國獨特的政教關係。

在中國，佛教是經由佛典翻譯等方式而展開，而胡族對佛教的信仰，加速了佛教的發展。西晉（二六五─三一六）結束王朝統一後，華北成為五胡（匈奴、羯、鮮卑、氐、羌）反覆興亡的時代。當時，漢民族依儒家和道教等固有思想而形成文化圈；而五胡之異族為了確立自己文化的統治，一方面接受漢民族的政治與文化，另一方面在思想上常常運用佛教。

石勒與其弟石虎建立後趙（三一九—五二），重用當時從西域來到中國進行教化活動的佛圖澄（二三二—三四八）；而佛圖澄的弟子道安（三一二—八五）則由前秦苻堅（三五七—八五在位）迎請到長安，完成經錄的編纂、僧尼制度的整備等重大的成果。另外，在後秦姚興（三九四—四一六在位）時代，鳩摩羅什（三四四—四一三或三五○—四○九）來到長安，眾多敬慕羅什的僧人紛紛從中國各地來訪，此時長安以做為一大佛教都市而相當繁榮。但繁榮也讓僧人腐敗墮落相形顯著，故擁護佛教的姚興，一面實行肅正政策，一面要求佛教界自省自戒。

華北興亡的時代，由鮮卑族拓跋部建立北魏（三八六—五三四）完成統一而告一段落。完成華北統一的第三代太武帝（四二三—五二在位），採用中國的官僚制度與律令，並且起用漢民族的官僚，其中一人是崔浩（三八一—四五○）。當崔浩正以儒教為主軸建立國家時，始光元年（四二四），道士寇謙之（三六三—四四八）來到平城，成為太武帝之師。太武帝受到兩者的感化，開始採取優遇道教的政策。太平真君六年（四四五），為了鎮壓蓋吳之亂而出兵長安，在長安親眼目睹寺院內藏有兵器與釀造酒的腐敗墮落，忿怒的太武帝，沒有採納奉佛者太子晃的諫言，發出鎮壓佛教的詔勅。長安的僧侶遭到殺害，經卷被燒毀，佛教界遭逢空前的打擊。然而，由於徹底實施實際的鎮壓需要一年的時間，故曇曜和師賢等僧侶得以避難。太武帝死後，佛教復興也出現了曙光。此第一次的法難，顯示出種種中國廢佛之特徵，例如：政治與宗教的緊密關係、皇帝握有強大權力、外來宗教的佛教與傳統之儒教和道教之間的爭執、漢人官僚的參與、以及佛教界的蓄財腐敗等。

第二次的廢佛（五七四和五七七）發生於北周的武帝（五六〇—七八在位）時期。武帝在廢佛以前曾令儒、佛、道三教議論彼此之優劣，相傳道、佛對立加劇因而惹惱武帝，使得武帝不僅是佛教，連道教也做為鎮壓的對象。再者，當時北周與鄰國北齊（五五〇—七七）長年爭戰，故提昇國力是首要課題，對擁有豐碩財富的佛教教團進行整飭，簡直是與國力的提昇有密切的關聯。

接著，第三次的廢佛是在唐武宗（八四〇—四六在位）時期，「會昌廢佛」是根據當時的年號而稱之。雖然唐代以「道先佛後」優遇道教做為基本路線，後續有玄奘（六〇二—六四）的譯經活動與玄宗（七一二—五六在位）的保護佛教政策等，佛教也順利發展起來。另一方面，為抑制過度繁榮而實施了整飭行動，唐代期間最大的整頓是惑溺於道教的武宗之廢佛，不但對佛教進行鎮壓，且範圍遍及全國，與其他時代的廢佛相比更嚴厲。依據《舊唐書》記載，計有四千六百多間寺院遭廢除，二十六萬以上的僧尼被迫還俗。入唐僧圓仁（七九四—八六四）的《入唐求法巡禮行記》中，對於當時殘酷的情形有深刻的描述。

「三武一宗」中最後一次是後周的廢佛，其導因並非是宗教上的對立，而是因國家財政匱乏和佛教教團的墮落二種原因。五代十國時代的最後王朝——後周的世宗（九五四—五九在位），想藉由強化國力來統一唐王朝崩壞後處於分裂狀態的中國，其採取的措施之一就是廢佛。同時代的其他國家同樣也進行整飭佛教的措施，但從許多寺院和僧侶等被排除於整飭對象之外，可知這是政策因素很強的廢佛。

中國的廢佛是從宗教與政治的緊密關係中產生的事件。對於為政者而言，信仰是統治行為的一部分；對於教團而言，為政者是最大的支持守護者。政教關係的發展，雙方合則有利益於教團，但事態若往不好的方向發展，就會受到極大的損害。佛教流傳至中國以前，中國已建立中央集權的政治制度，這與佛教在印度的超脫世俗性有著不同的政教關係，兩者的互動關係在「三武一宗」之後也沒有任何改變。

探討中國的法難之時，不可遺漏文化大革命（一九六六—七七）時期。現階段雖未經歷史的檢證，不明之處仍很多，但可以肯定的是，文化大革命不僅對佛教，連同中國的宗教界也造成極大的傷害。

中華人民共和國（一九四九—）由毛澤東（一八九三—一九七六）領導的共產黨根據社會主義思想所建立，建國當初雖然在政治思想上對宗教是否定的，但是實施融和的政策。例如：在第一次全國人民代表大會（一九五四年），趙樸初擔任中國佛教協會會長、西藏佛教的宗教領袖達賴喇嘛十四世等宗教人士也都參加會議。在第一次大會憲法儘管有限的被採納，卻仍繼續採取融和政策。

然而文化大革命卻改變了一切。一九五〇年代末期，毛澤東實施的社會主義國家建設各種事業陷入停滯的僵局，毛澤東認為原因在於「修正主義」，必須徹底執行馬克思主義，因此宗教也成為攻擊的對象，寺院遭到破壞，幾乎所有的僧侶被迫還俗。與歷來的法難不同，主導徹底破壞佛寺與佛像、攻擊僧侶的人員是所謂的紅衛兵，他們是贊同毛澤東主義的青年團體。另一方面，由於紅衛兵過度的破壞活動，使得政府動員軍隊肩負保護寺院和僧侶等任務。文革是青年團體亦即群眾的狂熱活動，其暴力行為、破壞行為日趨激烈而受到批評。再者，周恩來（一八九八—一九七六）擔任中國政府之保護政策的核心人物，具有留學日本經驗的背景，對佛教抱持友善的態度。

毛澤東死去隔年，文革結束。之後三十年期間，雖然中國佛教力圖復興，但到現在為止仍到處可見其損害。一直到現代，中國的政教歷史大致上是政治對宗教行使權力，與西歐、印度等呈現完全不同的面貌。現階段中國的政教關係也與民族問題交織在一起，持續產生複雜的問題。

佛教傳入以來的中國佛教史即將邁入二千年的歷史。其間，佛教所遭受的法難，並非只限於本稿所提出的五次而已。若翻閱歷史，雖然中國佛教遭受壓迫的慘狀是刻骨銘心的，但是另一方面，法難的歷史也是佛教再生蛻變的歷史。政治權力與宗教者之間的關係，是無法以單純的對立構圖來說明，也可以逐漸看到所謂第三勢力的大眾「信仰」。

文獻介紹

1. E・O・ライシャワー著，田村完誓訳，《円仁　唐代中国への旅》，講談社学術文庫，一九九九年。
2. 金岡秀友，《仏教文化選書 仏教の国家観》，佼成出版社，一九八九年。
3. 坂內龍雄，〈現代中国仏教〉（《印度学仏教学研究》58〔29－2〕），一九八一年。
4. 関口泰由，〈中国共産党政権下における宗教——宗教政策を中心として〉（《日本大学大学院総合社会情報研究科紀要》No. 5），二〇〇四年。
5. 礪波護，《隋唐の仏教と国家》，中公文庫，一九九九年。
6. 藤善真澄，《隋唐時代の仏教と社会》，白帝社，二〇〇四年。

年表
參考文獻

年表

〔年表製作：菅野博史（創價大學教授）；柳幹康（東京大學大學院博士）〕

西元	年號	中國宗教史	中國一般史、其他
五八一	隋　開皇元	文帝敕令在五岳設置佛寺。淨影寺慧遠（五二三—五九二）為洛州沙門都。	楊堅（五四一—六〇四／五八一—六〇四在位），取代北周建立隋朝（—六一八年），都長安。
五八二	開皇二	於天下四十五州建造大興國寺。	
五八三	開皇三	復興全國佛寺。	
五八五	陳　至德三	陳後主迎請智顗至太極殿講《大智度論》。	
五八七	隋　開皇七	慧遠入淨影寺，著《大乘義章》等。 智顗在光宅寺講《法華經》。	

五八九	開皇九	靈裕（五一八—六〇五）於寶山靈泉寺開鑿石窟。 陳，僧尼、道士充兵役。	陳亡，隋統一南北。
五九一	開皇十一	晉王楊廣（即隋煬帝，五六九—六一八／六〇四—六一八在位）賜予智顗「智者」稱號。	
五九二	開皇十二	楊廣在揚州置佛、道四個道場，其中慧日道場有智脫、法澄、智矩、吉藏（五四九—六二三）、慧覺、慧乘、法安等，匯集舊南朝佛教界的名僧。	
五九四	開皇十四	法經撰《眾經目錄》（法經錄）。 三階教信行（五四〇—五九四）圓寂。	文帝（楊堅）於泰山舉行封禪儀式（五九五年）。
五九七	開皇十七	費長房（生卒年不詳）著《歷代三寶記》。	

六〇〇	開皇二十	晉王楊廣被封皇太子，於都大興城（長安）內建日嚴寺，曾住有彥琮、法顯等名僧及吉藏等江都慧日道場多位高僧。文帝禁斷信行之《三階集錄》。	
六〇一	仁壽元	文帝先後三度於諸州建立舍利塔。灌頂撰《智者大師別傳》。	陸法言等撰《切韻》。
六〇二	仁壽二	彥琮（五五七—六一〇）撰《眾經目錄》（仁壽錄）。	
六〇四	仁壽四		隋創設科舉制度（至清末一九〇五年）。文帝為皇太子楊廣所害，楊廣即位為煬帝。
六〇五	大業元	靜琬於房山靈居寺開始大藏經石刻（石經）（—六三九）。	通濟渠、永濟渠等的大運河工程開始。
六〇六	大業二	於洛陽上林園建翻經館，翻訪林邑的佛經崑崙的書等。	

六〇七	大業三	煬帝、道士余永通等為首，攜同道士、儒生拜訪智藏寺與慧淨論辯，慧淨論破之。（一說六〇五年）	日本第一次派遣遣隋使，小野妹子入隋。
六〇九	大業五	道綽（五六二—六四五）往詣曇鸞住過的玄中寺，歸入淨土教。達摩笈多（？—六一九，一說六二〇）譯出《攝大乘釋論》。	高句麗出兵，三度失敗（六一二—六一四年）。
六一三	大業九	改稱「道場」為「寺院」。	楊玄感叛亂。
六一八	唐 武德元		煬帝被殺，隋滅；李淵（高祖，五六五—六三五／六一八—六二六在位）建唐（—九〇七年），都長安。
六二一	武德四	傅奕（五五四—六三九）上表《寺塔僧尼沙汰十一條》（一說六二四年）。	鑄造開元通寶錢。

六二二	武德五	法琳（五七〇—六四〇）著《破邪論》，佛道兩教論爭白熱化。	
六二四	武德七	道宣（五九六—六六七）入終南山。	制定均田法、租庸調法、戶籍法。
六二六	武德九	佛、道二教論爭，高祖下詔沙汰，削減兩教勢力。	玄武門之變。李世民（太宗，五九七—六四九／六二六—六四九在位）即位，改年號貞觀。之後至太宗末年為止稱「貞觀之治」，為太平之世代表。
六二九	貞觀三	下詔京城沙門轉讀《仁王經》為國家祈福。玄奘（六〇二—六六四）從長安出發往印度。（一說六二七年）	
六三一	貞觀五	下詔僧尼、道士須向父母敬拜。	波斯國蘇魯支傳來末尼火祆教，於國都建立大秦寺。
六三三	貞觀七	下詔僧尼、道士停止向父母敬拜。	大秦國阿羅本傳來景教（六三五年）。

六三七	貞觀十一	相部律宗法勵（五六九—六三七）圓寂。太宗以老子李姓為唐王朝之祖，太宗將道士地位先於佛教之上，法琳、智實等對此反駁。	
六三八	貞觀十二	儒佛道三教學者於弘文殿論議。	許可景教流行，建立大秦寺度僧二十一人。
六四〇	貞觀十四	杜順（五五七—六四〇）圓寂，之後被尊為華嚴宗初祖。	唐文成公主嫁藏王松贊干布。夫死後，為弔念菩提，於拉薩建造小昭寺，內供奉有從唐帶來的釋迦牟尼佛像。
六四五	貞觀十九	玄奘從印度留學歸國，開始譯《大毘婆沙論》、《俱舍論》、《成唯識論》、《大般若經》及著《大唐西域記》等。道宣（五九六—六六七）《續高僧傳》完成。之後至圓寂為止，仍有所增補。	太宗遠征高句麗失敗。

		玄應（生卒年不詳）著《一切經音義》。	
六四六	貞觀二十	牛頭法融（五九四—六五七）於牛頭山建造禪寺。王玄策由印度歸國，攜梵本經論六百餘部。（一說六四七年）	約此時，孔穎達（五七四—六四八）等撰《五經正義》。
六四七	貞觀二十一	太宗勅令玄奘將《老子經》翻譯為梵文送往東印度。	
六四八	貞觀二十二	玄奘譯出《瑜伽師地論》。於長安建立大慈恩寺，在其西北設置翻經院。	
六五〇	永徽元	道宣撰述《釋迦方志》。唐玄照入西藏，文成公主送其至闍爛達羅國學經律與梵語。	
六五三	永徽四	日本僧道昭（六二九—七〇〇）來唐，師事玄奘學習法相教學。後於六六〇時返日，弘傳法相教學。	

六五八	顯慶三	於長安建立西明寺，玄奘奉勅入同寺。日本僧智通、智達來唐。	
六五九	顯慶四	玄奘入玉華宮。玄奘譯出《大毘婆沙論》、《成唯識論》。	
六六一	龍朔元	王玄策從印度帶回佛頂骨、佛舍利。	
六六二	龍朔二	道宣、彥悰等人反駁僧尼、道士君臣禮拜的詔令。	
六六三	龍朔三	玄奘譯出《大般若經》。	
六六四	麟德元	道宣著《集古今佛道論衡》、《大唐內典錄》。	武后（六二四—七〇五／六九〇—七〇五在位）開始垂簾聽政。
六六六	乾封元	在諸州設置一寺、一觀。約此時，王玄策等著《西域記》、《畫圖》。	高宗（六二八—六八三／六四九—六八三在位），於泰山舉行封禪儀式。謁老君廟，奉太上玄元皇帝尊號。
六六八	總章元	道世（？—六八三）著《法苑珠林》。	

		智儼（六〇二—六六八）圓寂。 詔佛僧、道士於百福殿，議《老子化胡經》為偽作，敕令焚棄。	
六七一	咸亨二	義淨（六三五—七一三）從南海搭船至印度。	
六七六	儀鳳元	中印度僧地婆訶羅（六一三—六八七）來到長安（一說六八〇年），後譯出《大乘顯識經》等。	新羅統一朝鮮半島。
六八〇	永隆元	智運於洛陽龍門山刻石一萬五千佛。	於長安醴泉坊之東，建立景教的波斯寺（六七七年）。
六八一	永隆二	善導（六一三—六八一）圓寂。其著有《觀無量壽經疏》、《法事讚》、《觀念法門》、《往生禮讚偈》、《般舟讚》等。	新羅僧元曉（六一七—六八六）著有《大乘起信論疏》、《法華宗要》、《二障義》等多數。 新羅僧圓測（六一三—六九五）著有《成唯識論疏》、《般若心經贊》、《仁王經疏》、《解深密經疏》。

六八二	永淳元	基（窺基，六三二—六八二）圓寂。著有《大乘法苑義林章》、《法華玄贊》等。	新羅僧義相（義湘，六二五—七〇二）著《華嚴一乘法界圖》。
六八九	載初元	法明等偽撰《大雲經》，武后頒令天下於長安、洛陽兩京和諸州建大雲寺（一說六九〇年）。	
六九〇	周　天授元		武周革命。武后則天即帝位，國號為周（—七〇五）。
六九一	天授二	僧尼席次處於道士女冠之前。	
六九三	長壽二	菩提流志（？—七二七）來長安，後譯出《大寶積經》陀羅尼經典類。	武后自稱金輪聖神皇帝。
六九五	證聖元	明佺等編《大周刊定眾經目錄》。 義淨遊歷印度二十五年後回洛陽，後作《彌勒下生成佛經》、《藥師七佛本願經》、《南海寄歸內法傳》、《大唐	波斯國拂多誕傳摩尼教（六九四年）。 渤海建國（六九八—九二六）。

			西域求法高僧傳》等翻譯及著作。	
六九九		聖曆二	實叉難陀（六五二—七一〇）譯出《華嚴經》八十卷。	
七〇〇		久視元	武后詔令天下向僧尼日施一錢，發願於白司馬坂鑄造大佛像，中宗時期完成。實叉難陀譯出《起信論》。	
七〇五	唐	神龍元	中宗於諸州設置中興寺。	中宗（六五六—七一〇／六八三—六八四，七〇五—七一〇在位）復辟，復唐國號。
七〇六		神龍二	神秀（六〇六？—七〇六）圓寂。諡號大通禪師。著有《觀心論》。試經度僧。	約此時流亡農民增加，有很多進入私有莊園。
七〇八		景龍二	淨覺（六八三—七五〇）著《楞伽師資記》。	

七一二	先天元	法藏（六四三—七一二）圓寂。著有《探玄記》、《五教章》、《妄盡還源觀》。	韋后弒中宗（七一〇年）。約此時劉知幾（六六一—七二一）撰成《史通》。
七一三	開元元	惠能（六三八—七一三）圓寂。說法記錄為《六祖壇經》。 敕命沙汰偽濫僧尼一萬二千餘人還俗（一說七一四年）。	玄宗（六八五—七六二／七一二—七五六在位）即位，開始開元之治（七一三—七四一）。
七一四	開元二	慧沼（六五〇—七一四）圓寂。著有《能顯中邊慧日論》、《成唯識論了義燈》。	
七一六	開元四	善無畏（六三七—七三五）入長安（一說七一七年）後譯出《大日經》。	
		日本僧玄昉入唐，從學智周，後於七三五年歸日。	
七一九	開元七	慧日（六八〇—七四八）從印度回到長安，玄宗賜號慈愍三藏。	

七二〇	開元八	金剛智（六七一—七四一）和不空（七〇五—七七四）先後來到洛陽。	玄宗於泰山舉行封禪儀式（七二五年）。
七二七	開元十五	一行（六七三或六八三—七二七）圓寂。著有《大日經疏》。	徐堅（六五九—七二九）等撰《初學記》（七二八年）。
七二九	開元十七	李通玄（六三五—七三〇，一說六四六—七四〇）著《新華嚴經論》。 詔天下僧尼三年一次造籍。	
七三〇	開元十八	智昇（六五八—七四〇）著《開元釋教錄》。 玄宗詔法師道氤（六六八—七四〇）與道士尹謙辯論二教優劣。	開元禮完成（七三二年）。 禁摩尼教（七三二年）。
七三四	開元二十二	荷澤神會（六六八—七六〇）於滑台（河南省）大雲寺設無遮大會，建立南宗宗旨，批評北宗。	天下劃分為十五道。每戶備有《老子》一書（七三三年）。

七三五	開元二十三	玄宗注《金剛經》（《御注金剛經》）。	
七三六	開元二十四	《御注金剛經》頒布天下。金剛智隨帝入長安。	開元律令格式完成（七三七年）。
七三八	開元二十六	玄宗勅令天下諸郡建開元寺。	約此時《遊仙窟》作者張文成歿。玄宗創設道舉，以玄學為考試科目（七四一年）。
七四六	天寶五	不空從斯里蘭卡來，於淨影寺開壇灌頂。	大約從此時玄宗寵溺楊貴妃，國政漸亂。
七五一	天寶十	車奉朝（七三一—？）作為國使前往印度。於當地染病，與使節一行別，滯留印度出家，七八九年歸國，帶回佛典、佛舍利等。歸國後，勅令正式得度，賜名「悟空」。後其遊印記錄著為《悟空入竺記》。	怛羅斯河畔之戰，唐為大食軍所破，唐於西域勢力後退，中國造紙術西傳。

七五五	天寶十四		安史之亂（－七六三年）。王維（六九九－七五九）、李白（七〇一－七六二）、杜甫（七一二－七七〇）大約是同時期人。
七五六	至德元	宰相裴冕販賣僧尼、道士的度牒，以收入（即香水錢）來補充軍需（一說為七五七年）。	安祿山（七〇五－七五七）稱帝，國號燕，玄宗與百官遷移至蜀，太子亨即位靈武，是為肅宗（七一一－七六二／七五六－七六二在位）。
七六一	上元二	肅宗迎請南陽慧忠禪師（？－七七五）至京，待以師禮。	安祿山亡，玄宗還都長安（七五七年）。
七六八	大曆三	不空在長安大興善寺設立灌頂道場。 此時馬祖道一（七〇九－七八八）入洪州（江西省）開元寺，舉揚宗風。	
七八二	建中三	湛然（七一一－七八二）圓寂。著有天台三大部的注釋（《摩訶止觀輔行傳弘決》、	

		《法華玄義釋籤》、《法華文句記》等其他許多著作。	
七八七	貞元三	澄觀（七三八—八三九）撰成《華嚴隨疏演義鈔》。	
七九〇	貞元六	石頭希遷（七〇〇—七九〇）圓寂。	
七九五	貞元十一	普願（七四八—八三四）入南泉山（安徽省）。	宦官的軍制專橫至極。
七九八	貞元十四	般若（生卒年不詳）翻譯《華嚴經》四十卷。	
八〇〇	貞元十六	圓照（生卒年不詳）編撰《貞元新定釋教目錄》（貞元錄）（一說七九九年）。	
八〇一	貞元十七	智炬（慧炬，生卒年不詳）著《寶林傳》。	杜祐（七三五—八一二）撰成《通典》。
八〇四	貞元二十	日本僧空海（七七四—八三五）、最澄（七六七—八二二）相繼入唐。	

八〇五	永貞元	惠果（七四六—八〇五）圓寂。著作有《十八契印》。	與西域貿易斷絕。
八〇七	元和二	慧琳撰《一切經音義》（一說八一〇年）。 設立左右街功德使的制度。	
八一四	元和九	百丈懷海（七二〇—八一四）圓寂，制定《百丈清規》。	《元和郡縣志》成書（八一三）。
八一七	元和十二	白居易（七七二—八四六）於廬山遺愛寺蓋草堂。	
八一九	元和十四	韓愈（七六八—八二九）上《論佛骨表》反對崇佛熱潮，激怒憲宗，遭流放潮州。	唐與吐番在拉薩會盟（八二二年）。
八三八	開成三	日本僧圓仁（七九四—八六四）入唐，後於八四七年返回日本，著有《入唐求法巡禮行記》。	甘露之變（八三五年）。

八四一	會昌元	宗密（七八〇—八四一）圓寂。著有《禪源諸詮集都序》、《圓覺經大疏》、《圓覺經大疏釋義鈔》、《圓覺經道場修證義》、《原人論》。	武宗（八一四—八四六／八四〇—八四六在位）奉道士趙歸真（？—八四六）為右街道門教授先生（八四四年）。
八四五	會昌五	唐武宗斷然實行會昌廢佛，嚴禁道教以外的各種宗教（一說八四四年），三武一宗法難的第三次。	宦官權勢高漲、壟斷政權。
八四六	會昌六		武宗崩，宣宗（八一〇—八五九／八四六—八五九在位）即位，趙歸真、劉玄靖、鄧元超等被誅。
八四七	大中元	宣宗敕令恢復所有被廢寺廟。	
八五三	大中七	圓珍（八一四—八九一）入唐，後於八五八年歸國。攜有	
		《胎藏圖像》、《胎藏舊圖樣》等典籍。為山靈祐（七七一—八五三）圓寂，法語為《為山警策》。	

八六七	咸通八	臨濟義玄（？—八六七）圓寂（一說八六六年）。語錄為《臨濟錄》。	
八六九	咸通十	洞山良价（八〇七—八六九）圓寂。著有《寶鏡三昧歌》、《洞山錄》等。	
八七〇	咸通十一	義存（八二二—九〇八）入雪峰山於福州弘化。	王仙芝於河北叛亂（八七四年）。
八八三	中和三	仰山慧寂（八〇七—八八三）圓寂（一說八九一或九一六年）。	發生黃巢之亂（八七五—八八四）。之後，唐步入衰微。
八九七	乾寧四	趙州從諗（七七八—八九七）圓寂。語錄為《趙州錄》。	
八九八	光化元	玄偉（生卒年不詳）撰述《聖冑集》（一說八九九年）。	
九〇三	天復三	廢止左右街功德使制度。	

九〇七	後梁　開平元	智宣從西域求法歸來，攜回辟支佛骨、梵經貝葉。	朱全忠（八五二—九一二／九〇七—九一二在位），受哀帝禪讓帝位，建立後梁（—九二三）。都汴京。從此為五代十國時代（—九六〇年）。
			契丹族耶律阿保機（太祖，八七二—九二六／九〇七—九二六在位），繼位為契丹可汗。
九一〇	開平西	惟勁（生卒年不詳）撰述《續寶林傳》，賜號寶聞大師。	
九一六	契丹　神冊		契丹族耶律阿保機稱帝，年號神冊（—一一二五年）。
九二三	後梁　龍德三		李存勗（八八五—九二六／九二三—九二六在位）滅後梁即帝位，建立後唐（—九三六）。都洛陽。
九三六	後唐　清泰三		石敬瑭（八九二—九四二／九三六—九四二在位）滅後唐即帝位，建立後晉（—九四六年）。都汴京。

九四六	契丹　會同九		契丹大舉南下，滅後晉。
九四七	後漢天福十二		劉知遠（八九五—九四八／九四七—九四八在位）興後漢（—九五〇年）。都晉陽。契丹立國號為遼。
九四八	乾祐元	天台德韶（八九一—九七二），成為吳越忠懿王（九二九—九八八）的國師。	
九四九	乾祐二	雲門文偃（八六四—九四九）圓寂。語錄為《雲門廣錄》。	

※本年表製作之際，參考前例年表如下：

1.任繼愈主編，《佛教大辭典》附錄〈佛教大事年表〉，江蘇：鳳凰出版社，二〇〇二年。

2.方廣錩主編，《中國文化大觀系列》附錄〈中國佛教大事年表〉，北京：北京大學出版社，二〇一一年。

3.范文瀾，《唐代佛教》附錄〈隋唐五代佛教大事年表〉，重慶：重慶出版社，二

○○八年。
4.沈起編著，《中國歷史大事年表（古代史卷）》，上海：上海辭書出版社，一九八三年。
5.小川環樹、西田太一郎、赤塚忠編，《新字源》附錄〈中国文化史年表〉，角川書店，一九九七年。
6.斎藤昭俊監修，《仏教年表》，新人物往来社，一九九四年。
7.藤堂恭俊、塩入良道著，《アジア仏教史》中国編〈漢民族の仏教〉附錄年表，佼成出版社，一九七五年。

參考文獻

【第一章】 吉川忠夫

塚本善隆，《中国浄土教史研究》（《塚本善隆著作集 第四巻》），大東出版社，一九七六年。
藤善真澄，《道宣伝の研究》，京都大学学術出版会，二〇〇二年。
牧田諦亮，《疑経研究》，京都大学人文科学研究所，一九七六年。
矢吹慶輝，《三階教之研究》，岩波書店，一九二七年第一刷，一九七三年第二刷。
吉川忠夫，〈中国における排仏論の形成〉（《六朝精神史研究》），同朋舎出版，一九八四年。
吉川忠夫，〈仏は心に在り——〈白黒論〉から姚崇の〈遺令〉まで〉（《中国古代人の夢と死》），平凡社，一九八五年。
吉川忠夫，〈裴休伝——唐代の一士大夫と仏教〉（《東方学報》第六十四冊），京都大学人文科学研究所，一九九二年。

吉川忠夫，〈劉軻伝——中唐時代史への一つの試み〉（《中国中世史研究読編》），京都大学学術出版会，一九九五年。
吉川忠夫，〈一日作さざれば一日食らわず——仏教と労働の問題〉（《東洋史苑》第六十九号），龍谷大学東洋史学研究会，二〇〇七年。
湯用彤，《隋唐佛教史稿》（湯用彤論著集之二），中華書局，一九八二年。

【第二章】青木隆

青木隆，〈地論宗〉（大久保良峻編著《新・八宗綱要》），法蔵館，二〇〇一年。
青木隆，〈中国仏教における体用論の一展開〉（多田孝正博士古稀記念論集，《仏教と文化》），山喜房仏書林，二〇〇八年。
石井公成，《華厳思想の研究》，春秋社，一九九六年。
岩田諦靜，《真諦の唯識説の研究》，山喜房仏書林，二〇〇四年。
宇井伯壽，《西域仏典の研究》，岩波書店，一九六九年。
勝又俊教，《仏教における心識説の研究》，山喜房仏書林，一九六一年。
高崎直道，《〈大乗起信論〉を読む》，岩波書店，一九九一年。
平川彰，《大乗起信論》（仏典講座22），大蔵出版，一九七三年。

結城令聞，〈地論宗北道派の行方〉（《東方学会創立四十周年記念東方学論集》），一九八七年。
吉村誠，〈中国唯識諸学派の展開〉（福井文雅責任編集，《東方学の新視点》），五曜書房，二〇〇三年。

【第二章】奥野光賢

荒井裕明，〈三論宗と《成実論》に関する一考察〉（《三論教学と仏教諸思想》，平井俊榮博士古稀記念論文集），春秋社，二〇〇〇年。
池田練太郎，〈吉蔵の毘曇批判——《三論玄義》を中心として〉（前掲《三論教学と仏教諸思想》）
伊藤隆寿，〈成実論研究序説——歴史的性格とその問題点〉（《駒澤大学大学院仏教学研究会年報》第二号），一九六八年。
伊藤隆寿，〈成実論の翻訳とその背景〉（《駒澤大学大学院仏教学研究会年報》第四号），一九七〇年。
伊藤隆寿，〈北魏及び梁代における仏教研究と成実〉（《駒澤大学大学院仏教学研究会年報》第六号），一九七二年。

加藤純章，〈東アジアの受容したアビダルマ系論書——《成実論》と《倶舍論》の場合〉（《仏教の東漸——東アジアの仏教思想Ⅰ》シリーズ東アジアの仏教　第二巻），春秋社，一九九七年。
平川彰，〈中論の頌〉（中村元編《大乗仏典》），筑摩書房，一九七四年。
平井俊榮，《中国般若思想史研究——吉蔵と三論学派》，春秋社，一九七六年。
平井俊榮，〈三論宗と成実宗〉（平川彰編，《仏教研究入門》），大蔵出版，一九八四年。
平井俊榮、荒井裕明、池田道浩，《成実論Ⅰ・Ⅱ》（新国訳大蔵経），大蔵出版，一九九九——二〇〇〇年。
宮本正尊，〈嘉祥及び天台の成実批判〉（《大乗と小乗》），八雲書店，一九四四年。

【第二章】吉村誠

深浦正文，《唯識学研究》上、下，永田文昌堂，一九五二年。
横山紘一，《唯識思想入門》（レグルス文庫），第三文明社，一九七六年。
太田久紀，《唯識三十頌要講》，中山書房仏書林，一九八九年。
多川俊映，《はじめての唯識》，春秋社，二〇〇一年。

竹村牧男，《《成唯識論》を読む》，春秋社，二〇〇九年。

【第三章】 林鳴宇

安藤俊雄，《天台学——根本思想とその展開》，平楽寺書店，一九六八年。
池田魯参，《國清百錄の研究》，大蔵出版，一九八二年。
池田魯参，《摩訶止観研究序說》，大東出版社，一九八六年。
池田魯参，〈菩薩戒思想の形成と展開〉（《駒澤大学仏教学部研究紀要》28号）一九七〇年／《戒律の世界》，溪水社，一九九三年。
池田魯参，《詳解摩訶止観．研究註釈篇》，大蔵出版，一九九七年。
菅野博史，〈慧思《法華経安楽行義》の研究（1）〉（創価大学《東洋学術研究》43－2），二〇〇四年。
菅野博史，〈慧思《法華経安楽行義》の研究（2）〉（創価大学《東洋哲学研究所紀要》20），二〇〇四年。
佐藤哲英，《天台大師の研究》，百華苑，一九六一年。
島地大等，《天台教学史》，中山書房，一九三三年。
武覚超，《中国天台史》，叡山学院，一九八七年。

呉鴻燕，《湛然〈法華五百問論〉の研究》，山喜房仏書林，二〇〇七年。
池麗梅，《唐代天台仏教復興運動研究序説》，大蔵出版，二〇〇八年。
陳公余、野本覚成，《聖地天台山》，佼成出版社，一九九六年。
林鳴宇，〈宋代天台の「十類」（上）（下）〉（東京大学東洋文化研究所《東洋文化研究所紀要》149－150），二〇〇六—七年。
林鳴宇，〈称名寺旧蔵《授菩薩戒儀　湛然》について〉（神奈川県立金沢文庫《金沢文庫研究》312），二〇〇四年。
林鳴宇，〈上海圖書館所蔵 861087 号巻子失缺部分之發現及其紙背戒律資料之內容意義〉（《戒幢仏学》3），二〇〇五年。
林鳴宇，〈コメント：日中韓仏教の宗教意識を考えて〉（学習院大学東洋文化研究所，《東洋文化研究》10），二〇〇八年。

【第三章】 吉田叡禮

石井公成，《華厳思想の研究》，春秋社，一九九六年。
大竹晋，《唯識説を中心とした初期華厳教学の研究——智儼・義湘から法蔵へ》，大蔵出版，二〇〇七年。

鎌田茂雄，《中国華厳思想史の研究》，東京大学出版会，一九六五年。
鎌田茂雄，《宗密教学の思想史的研究》，東京大学出版会，一九七五年。
鎌田茂雄，《禅の語錄9 禅源諸詮集都序》，筑摩書房，一九七一年。
木村清孝，《初期中国華厳思想の研究》，春秋社，一九七七年。
木村清孝，《中国華厳思想史》，平楽寺書店，一九九二年。
坂本幸男，《華厳教学の研究》，平楽寺書店，一九五六年。
吉田剛（吉田叡禮），《趙宋華厳学の展開——法華経解釈の展開を中心として》（《駒澤大学仏教学部論集》第27号），一九九六年。
吉田剛（吉田叡禮），《中国華厳の祖統説について》（鎌田茂雄博士古稀記念会編，《華厳学論集》，大蔵出版），一九九七年。
吉田剛（吉田叡禮），〈晋水浄源と宋代華厳〉（《禅学研究》第77号），一九九九年。
吉田剛（吉田叡禮），〈長水子璿における宗密教学の受容と展開〉（《南都仏教》第80号），二〇〇一年。
吉田剛（吉田叡禮），〈杭州慧因院（高麗寺）における華嚴學の動向〉（《仏教学研究》韓國佛教學研究會），二〇〇四年。
吉津宜英，〈宗密の本来成仏論〉（《宗学研究》第25号），一九八三年。

吉津宜英，《華厳禅の思想史的研究》，大東出版社，一九八五年。
吉津宜英，《華厳一乗思想の研究》，大東出版社，一九九一年。
張文良，《澄観華厳思想の研究》，山喜房仏書林，二〇〇六年。
李恵英，《慧苑《続華嚴略疏刊定記》の基礎的研究》，角川書店，二〇〇〇年。

【第四章】齊藤隆信

大谷光照，《唐代の仏教儀礼》，有光社，一九三七年。
小野勝年，〈円仁の見た唐の仏教儀礼〉（《慈覚大師研究》），天台学会，一九六四年。
齊藤隆信，〈善導《観経疏》の語文〉（《浄土教の総合的研究》），一九九九年。
齊藤隆信，〈礼讃偈の韻律——詩の評価とテクスト校訂〉（《浄土宗学研究》26），二〇〇〇年。
齊藤隆信，〈法照の礼讃偈における通俗性——その詩律を中心として〉（《浄土宗学研究》30），二〇〇四年。
齊藤隆信，〈中国浄土教礼讃偈における詩律——世親《往生論》から善導《般舟讃》まで〉（《仏教文化研究》50），二〇〇六年。

齊藤隆信，〈善導《観経疏》における讃偈の韻律〉（《浄土宗学研究》32），二〇〇六年。
齊藤隆信，〈中国初期浄土教再探〉（《仏学研究》16），二〇〇七年。
佐藤成順，《善導の宗教——中国仏教の革新》，浄土宗，二〇〇六年。
佐藤智水，《北魏仏教史論考》（岡山大学文学部研究叢書15），一九九八年。
柴田泰，〈二つの善導観——日中善導比較考〉（《今西順吉教授還暦記念論集　インド思想と仏教文化》），春秋社，一九九六年。
塚本善隆，《唐中期の淨土教——特に法照禅師の研究》，東方文化学院京都研究所，一九三三年。
藤善真澄，〈曇鸞教団——地域・構成〉（《曇鸞の世界》），一九九六年。
牧田諦亮，〈人間像善導〉（《日本仏教学会年報》44），一九七七年。
※再者，圍繞唐代淨土教過去之研究成果，請參閱收錄於岡部和雄、田中良昭編《中国仏教研究入門》（大蔵出版，二〇〇六年）的柴田泰山〈（7）浄土教〉（二二三—二三九頁）。

【第四章】 西本照真

鎌田茂雄，《中国仏教史　第六巻 隋唐の仏教（下）》，東京大学出版会，一九九九年。

鎌田茂雄編，《講座　仏教の受容と変容4　中国編》，佼成出版社，一九九一年。

高崎直道、木村清孝編，《シリーズ東アジア仏教　第3巻　新仏教の興隆　東アジアの仏教思想II》，春秋社，一九九七年。

藤堂恭俊、塩入良道，《アジア仏教史　中国編I　漢民族の仏教》，佼成出版社，一九七五年。

西本照真，《三階教の研究》，春秋社，一九九八年。

牧田諦亮，《中国仏教史研究　第二》，大東出版社，一九八四年。

牧田諦亮，《中国仏教史研究　第三》，大東出版社，一九八九年。

牧田諦亮，福井文雅編，《講座敦煌7　敦煌と中国仏教》，大東出版社，一九八四年。

道端良秀，《唐代仏教史の研究》，法蔵館，一九五七年。同《中国仏教史全集　第二巻》，書苑，一九八五年。

道端良秀，《中国仏教思想史の研究》，平楽寺書店，一九七九年。同《中国仏教史全集　第三巻》，書苑，一九八五年。

【第五章】小川隆

胡適，"Ch'an (Zen) Buddhism in China Its History and Method.", *Philosophy East& West* Vol. III No. 1，ハワイ大学出版局，一九五三年四月（柳田聖山主編，《胡適禅学案》，中文出版社，一九七五年，影印再收録）。小川隆訳，〈中国における禅——その歴史と方法論〉（《駒澤大学禅研究所年報》第十一号），二〇〇〇年。

柳田聖山，《初期禅宗史書の研究》，法藏館，一九六七年。《柳田聖山集　第六巻》，法藏館，二〇〇〇年。

郭朋，《宋元佛教》，福建人民出版社，一九八一年。

吉川忠夫，〈道教の道系と禅の法系〉（《東洋学術研究》第二十七巻別冊、特集・道教と仏教），東洋哲学研究所，一九八八年。

吉川忠夫，〈裴休伝——唐代の一士大夫と仏教〉（《東方学報》第六十四冊），一九九二年。

石井修道，〈禅系の仏教〉（《新仏教の興隆——東アジアの仏教思想 II》シリーズ・東アジア仏教3），春秋社，一九九七年。

小川隆，《神会——敦煌文献と初期の禅宗史》（唐代の禅僧2），臨川書店，二〇〇七年。

小川隆，《語錄のことば——唐代の禅》，禅文化研究所，二〇〇七年。
小川隆，《臨済錄》（書物誕生），岩波書店，二〇〇八年。
小川隆，《続・語錄のことば——《碧巌錄》と宋代の禅》，禅文化研究所，二〇一〇年。

【第六章】 岩崎日出男

岩崎日出男，〈不空三蔵の護国活動の展開について〉（《印度学仏教学》83〔42-1〕），一九八三年。
岩崎日出男，〈善無畏三蔵の在唐中における活動について　菩薩戒授与の活動を中心として〉（《東洋の思想と宗教》6），一九八九年。
岩崎日出男，〈金剛智三蔵の在唐中の活動について　毘盧遮那塔建立及び道教との関係を中心に〉（《密教学会報》29），高野山大学密教学会，一九九〇年。
岩崎日出男，〈不空三蔵の五台山文殊信仰の宣布について〉（《密教文化》181），一九九三年。
岩崎日出男，〈慧朗七祖の問題と不空教団の動静について　不空入寂後の弟子達の行動を中心として〉（《密教学研究》29），一九九七年。

岩崎日出男，〈恵果和尚の最初の師とされる大照禅師について〉（《印度学仏教学研究》91〔46－1〕），一九九七年。
岩崎日出男，〈不空の時代の内道場について 特に代宗の時代の内道場に充てられた宮中諸殿の考察を中心として〉（《密教文化研究所紀要》13），一九九九年。
岩崎日出男，〈道教と密教〉（《講座道教 第四 道教と中国思想》），雄山閣出版，二〇〇〇年。
岩崎日出男，〈不空入寂から恵果の伝法にいたるまでの密教の現状について〉（《高木訷元博士古稀記念論集 仏教文化の諸相》），山喜房仏書林，二〇〇〇年。
岩崎日出男，〈般若三蔵の在唐初期における活動の実際について《大乗理趣六波羅蜜経》翻訳と偍北天竺・迦湿蜜国派遣の考察を中心として〉（《密教文化研究所紀要》15），二〇〇二年。
岩崎日出男，〈法門寺の埋納物に記された僧の出自とその経歴について〉（《密教文化研究所紀要》16），二〇〇三年。
岩崎日出男，〈杜鴻漸撰述《金剛智三蔵和尚記》の逸文について〉（《福井文雅博士古稀記念論集 アジア文化の思想と宗教》），春秋社，二〇〇五年。
川崎一洋，〈大理国時代の密教における八大明王の信仰〉（《密教図像》26），二〇〇七年。
甲田宥吽，〈惠果和尚以後の密教僧たち〉（《密教文化研究所紀要》15），二〇〇二年。
竹島淳夫，〈唐中期における密教興隆の社会的基盤〉（《神戸山手女子短期大学紀要》Ⅶ），一九六三年。
塚本善隆，〈唐中期以來の長安の功德使〉（《塚本善隆著作集　第三卷》），大東出版社，一九七五年。
塚本善隆，〈代宗・德宗時代の長安仏教〉（《塚本善隆著作集　第四卷》），大東出版社，一九七六年。
苫米地誠一，〈真言宗における護国〉（《平安期真言密教の研究》），ノンブル社，二〇〇八年。
中田美絵，〈五台山文殊信仰と王權　唐朝代宗期における金閣寺修築の分析を通じて〉（《東方学》117），二〇〇九年。
松長有慶，《密教の歷史（サーラ叢書）》，平楽寺書店，一九六九年。
松長有慶，《密教の相承者》，評論社，一九七三年。
三崎良周，〈中国・日本の密教における道教的要素〉（《密教と神祇思想》），創文社，一九九二年。

賴富本宏，〈中国密教〉（《大乘仏典　中国日本篇　第八》），中央公論社，一九八八年。

賴富本宏、立川武蔵編，〈中国密教〉（《シリーズ密教　第三》），春秋社，一九九九年。

呂建福，《中国密教史》，中国社会科学出版社，一九九五年。

專欄一　藤井教公

川勝義雄，〈中国的新仏教形成へのエネルギー——南嶽慧思の場合〉（收錄於福永光司編《中国中世の宗教と文化》），京都大学人文科学研究所，一九八一年。

矢吹慶輝，《三階教之研究》（第二刷），岩波書局，一九七三年。

中国仏教研究会，〈《南岳思大禅師立誓願文》訳解〉（《多田厚隆先生頌寿記念　天台教学の研究》pp. 449-486），山喜房仏書林，一九九〇年。

KAWAKATSU, Yoshio. 'A propos de la pensée de Huisi.' *Bulletin de l'Ecole française d'Extrême-Orient*, Tome LXIX, pp.97-105, Paris, 1981.

専欄二　塩入法道

井本英一，〈ペルシャ人来朝と盂蘭盆会〉（《大法輪》45巻第9号），大法輪閣，一九七八年。

入澤崇，〈仏説盂蘭盆経成立考〉（《仏教学研究》第45、46号），龍谷大学仏教学会，一九九〇年。

岩本裕，《目連変文と盂蘭盆経》，法蔵館，一九六五年。

岩本裕，〈〈盂蘭盆〉の原語について〉（《金倉博士古稀記念　印度学仏教学論集》），平楽寺書店，一九六六年。

金岡照光，〈敦煌本《盂蘭盆経》雑感——盂蘭盆会と目連変文に関して〉（《道教と宗教文化》），平河出版社，一九八七年。

鎌田茂雄，《中国の仏教儀礼》（第一部　第一篇—第七章、第二篇—第三章、第三篇—第二章等），東洋文化研究所，一九八六年。

阿理生，〈盂蘭盆会の源流と盂蘭盆の原語について〉（《印度学仏教学研究》93〔47－1〕），印度学仏教学会，一九九八年。

松村巧，〈〈盂蘭盆〉と〈中元〉〉（《唐代の宗教》），朋友書局，一九九九年。

道端良秀，《中国仏教史全集》（第九巻—第七章等），書苑，一九八五年。

專欄三　礪波護

礪波護，〈唐代における僧尼拜君親の断行と撤回〉（《東洋史研究》四〇―二），一九八一年。後再收錄於《唐代政治社会史研究》（同朋舍，一九八六年）和《隋唐の仏教と国家》（中公文庫，一九九九年）。

專欄四　伊吹敦

石井修道，〈南宗禅の頓悟思想の展開――荷沢神会から洪州宗へ〉，（《禅文化研究所紀要》20號），禅文化研究所，一九九四年。

伊吹敦，〈《頓悟真宗金剛般若修行達彼岸法門要決》と荷沢神会〉，（三崎良周邊《日本・中国　仏教思想とその展開》），山喜房仏書林，一九九二年。

小林正美，《六朝仏教思想の研究》，創文社，一九九三年。

專欄五　氣賀澤保規

山崎宏，《支那中世仏教の展開》，法藏館，一九七一年（初版一九四二年）。

川勝義雄，《中国人の歴史意識》，平凡社，一九八六年。

小野勝年，《入唐求法巡礼行記の研究》，法藏館，一九八九年（初版一九六四―六九年）。
藤善真澄，《道宣伝の研究》，同朋舍出版（後京都大学学術出版会），一九九五年。
佐藤智水，《北魏仏教史論考》，岡山大学文学部，一九九八年。
西本照真，《三階教の研究》，春秋社，一九九八年。

專欄六　松森秀幸

坂本幸男，〈非情に於ける仏性の有無について——特に湛然と澄觀を中心として〉，（《印度学仏教学》14（7－2）），一九五六年三月。
宮本正尊，〈《草木国土悉皆成仏》の仏性論的意義とその著者〉，（《印度学仏教学》18（9－2）），一九六一年。
鎌田茂雄，〈三論宗・牛頭禅・道教を結ぶ思想的系譜——草木成仏を手がかりとして〉（《駒澤大学仏教学部研究紀要》26号），一九六八年。
池田魯参，〈《金剛錍論》の諸問題〉（《駒澤大学仏教学部研究紀要》32号），一九七四年。
福永光司，〈一切眾生と草木土石〉（《中国の宗教・哲学・芸術》），人文書院，一九八八年。

奥野光賢，〈吉蔵教学と草木成仏説〉（《仏性思想の展開》），大蔵出版，二〇〇二年。
芹川博通，〈仏教の自然觀——仏教の環境倫理を考える手がかりとして〉（《淑徳短期大学研究紀要》第40號），二〇〇一年。

專欄七　藤丸智雄

金岡秀友，《仏教文化選書 仏教の国家觀》，佼成出版社，一九八九年。
礪波護，《隋唐の仏教と国家》，中公文庫，一九九九年。
藤善真澄，《隋唐時代の仏教と社会》，白帝社，二〇〇四年。
E・O・ライシャワー著，田村完誓訳，《円仁　唐代中国への旅》，講談社学術文庫，一九九九年。

工具書、網路資源：

《漢語大詞典》，商務印書館，繁體 2.0 光碟版，2006.1。
《佛光大辭典》，「佛光山全球資訊網」，2015.09.01，https://www.fgs.org.tw/fgs_book/fgs_drser.aspx。

索引

編錄重要相關人物、寺院、文獻等項目。

一畫

《一切經音義》 120
《一百二十法門》 088, 089, 090, 091
一行 049, 166, 167, 168, 169, 295, 370, 374, 379, 382, 383, 384, 385
《一乘十玄門》 200
《一乘佛性究竟論》 138

二畫

《入唐求法巡禮行記》 071, 179, 226, 494
〈入唐新求聖教目錄〉 464
《入唐諸家傳考》 411
《入楞伽心玄義》 205
《八宗綱要》 101
《八相押座文》 274
〈八漸偈〉 324, 480
《十二因緣觀》 209
《十二門論》 101, 103, 104, 109, 110
《十二門論宗致義記》 205
《十地經》／《十地》 083, 085, 193, 195, 200, 202
《十地經論》 083, 084, 085, 088, 187, 195, 200
《十地論義疏》 088, 089, 095, 099
《十住毘婆沙論》 192
《十住經》 192
《十住論》 192
《十疑論》 185
《十誦律》 194
《十輪經》 267

三畫

三武一宗法難 332, 492
《三無性論》 097
《三階佛法》 263, 264
《三聖圓融觀》 209
《三論玄義》 105, 106, 109, 112
《三論義疏》 110
于頔 325

《大日經》 166, 169, 368, 374, 375, 384, 400, 403, 407
《大日經疏》 166, 168, 374, 375, 384, 385
《大宋僧史略》 367
《大品般若經》 090, 112, 150, 194, 195, 447
《大毘婆沙論》 117
《大盆淨土經》 141
《大乘大義章》 192
《大乘玄論》 425
《大乘百法明門論疏》 118
《大乘法界無差別論疏》 206
《大乘法苑義林章》 118, 129
《大乘起信論》／《起信論》 095, 098, 099, 100, 173, 197, 206, 207, 208, 212, 214, 220, 427
《大乘起信論義記》 205, 207
《大乘起信論義記別記》 205, 207
《大乘密嚴經疏》 205
《大乘理趣六波羅蜜經》 405
《大乘義章》 425
〈大唐三藏聖教序〉／〈三藏聖教序〉 450, 451, 452, 486
《大唐大慈恩寺三藏法師傳》 117, 120
《大唐內典錄》 089
《大唐西域記》 117, 120
《大唐貞元續開元釋教錄》 385
《大唐創業起居注》 048, 049
大珠慧海 319
《大般若經》 117
《大通禪師碑》 169
《大悲空智金剛大教王儀軌經》 412
《大智度論》 084, 090, 148, 153, 159, 160, 183
《大集經》 088, 090
大雲寺 118, 300
《大雲經》／《大方等大雲經》 055, 457
大慈恩寺 117, 192
《大聖文殊師利菩薩佛剎功德莊嚴經》 393
大徹 480, 481
大福先寺 374, 384, 464
大慧宗杲 341, 346, 353, 354, 355
《大慧語錄》／《大慧普覺禪師語錄》 347, 355, 356
大興善寺 045, 388, 389, 391, 395, 401, 404, 405
大薦福寺 208
大顛寶通 329
《大寶積經》 090

小明（人名） 194
《小盆報恩經》 141, 142

四畫

《不可思議解脫經》 192
不空三藏 172, 369, 370, 375, 379, 385, 389, 396, 400, 404, 406, 415, 416, 422
中宗〔唐〕 066, 075, 165, 294, 299, 300
《中華傳心地禪門師資承襲圖》 214
《中論》 101, 102, 104, 108, 109, 110, 114, 121
《中邊論疏》 119
《中觀論疏》 078
丹霞天然 064, 065, 073, 325
《五方便念佛門》 185
《五百問論》 176
五洩靈默 327
《五蘊觀》 209
《仁王經》 390, 394, 395
《仁王經疏》 119
仁好 180
元表 072
元堪 072
元載 398
元慧 411
元曉 087, 207
《內德論》 054, 448
《內證佛法相承血脈譜》／《內證佛法血脈譜》 183, 382
《六字神咒經》 393
《六祖壇經》 065, 169
化度寺（真寂寺） 063, 240, 270
《天台小止觀》 154, 160, 161, 170, 184
《天台山記》 146
〈天台法門議〉 067, 312, 469
《天台菩薩戒疏》 177
天皇 046, 055, 056, 166, 183, 336, 457
天童如淨 355
太宗／李世民〔唐〕 048, 049, 050, 051, 052, 054, 055, 117, 199, 224, 226, 230, 383, 442, 443, 446, 447, 449, 450, 451, 452, 457, 486
太武帝〔北魏〕 041, 071, 151, 193, 332, 493, 494
太原寺 205, 442
孔子 453, 476, 477
少林寺 195, 297, 298
少康 276, 284
支謙 367

文化大革命　495, 496
文宗〔唐〕　213, 478, 479
文宣帝〔北齊〕　033, 151
文帝／高祖／楊堅〔隋〕　032, 033, 034, 035, 044, 045, 046, 058, 154, 224, 270, 363, 364, 432, 433, 434, 438, 440
文帝〔劉宋〕　193, 194
文璨　408
文鑑（人名）　179
《方等三昧行法》　275
《方等懺法》　275
〈止觀統例議〉　469
《止觀義例》　175, 176
牛頭法融　310, 426
《王子安集》　453
《王右丞集》　462
王劭　044, 046, 438, 439
王勃　453, 454
王昶　038
王通　453
王琳　152, 153
王維　307, 308, 346, 461, 462, 463
王縉　307, 391, 398, 461, 462

五畫

世宗〔五代後周〕　332, 495
世親　083, 097, 198
《付法藏因緣傳》　182
代宗〔唐〕　143, 166, 171, 286, 385, 388, 389, 390, 391, 392, 394, 396, 398, 400, 414, 417, 420, 428, 462, 468
令遵（人名）　412
《出三藏記集》　040, 077
北周的廢佛　263
北魏太武帝的廢佛　193
〈去佛齋〉　037
可堂師會　221
史思明　430, 458, 468
《史記》　360
史華　414, 415, 417
四明知禮／知禮　220
《四教義》　078, 159
左溪玄朗　171
弘忍　212, 289, 292, 295, 296, 297, 298, 299, 301, 304, 310, 311
《弘明集》　053, 062
弘景　165, 166, 167, 168, 298, 383
《弘贊法華傳》　277
《本業瓔珞經疏》　088, 089
《正法眼藏》　344
〈永州龍興寺西軒記〉　474
永明延壽　216, 284

永陽王　154
永嘉玄覺　169
玄光　151
玄沙師備　336
玄宗／李隆基〔唐〕　005, 036, 047, 049, 054, 055, 056, 063, 065, 074, 166, 171, 179, 215, 225, 226, 238, 270, 299, 300, 372, 373, 374, 377, 379, 380, 381, 382, 384, 385, 387, 388, 415, 416, 417, 418, 419, 452, 458, 459, 461, 494
玄昉　121
玄奘　039, 063, 083, 097, 100, 116, 117, 118, 119, 120, 134, 135, 136, 137, 173, 188, 205, 206, 240, 242, 295, 450, 451, 457, 486, 494
玄朗　165, 167, 171
玄素　310
玄高　193, 195
玄超　400, 403
玄暢　193
玄應　120
《玄應音義》　142, 143
玉泉寺　155, 160, 163, 164, 165, 166, 167, 168, 169, 170, 172, 175, 179, 303
瓦官寺　153, 160
田休光　065
白居易　065, 324, 325, 346, 357, 479, 480, 481
石城寺　156
石勒　493
石壁傳奧　218
石頭希遷　065, 074, 291, 326, 328
《立誓願文》　042, 062, 076, 149, 150

六畫

仰山慧寂　336
仲溫曉瑩　359
光定　180
光明寺／大雲光明寺　061, 230, 240, 241, 245
《全唐文》　177, 469
全雅　407, 408
吉藏　077, 078, 087, 098, 105, 106, 109, 111, 112, 113, 114, 115, 155, 194, 267, 425, 426
同泰寺　141, 274
《因明入正理論》　134
《因明入正理論疏》　134
《因明正理門論》　134
圭峰宗密／宗密　196, 291, 483
地婆訶羅／日照　119, 120, 204, 205

《如淨和尚語錄》 355
宇文化及 164
宇文泰 088, 089
守真 411
安史之亂 064, 188, 208, 225, 226, 291, 309, 313
安祿山 238, 387, 388, 430, 458, 468
《安樂集》 059, 078, 242, 244, 285
《寺塔記》 283
朱子奢 051, 442
朱熹 355, 356
《次第禪門》 153, 160, 161, 163
「百丈清規」／《敕修百丈清規》 322
《百論》 101, 104, 105, 109, 110, 121
《百論序疏》 109
《百論疏》 077, 078, 087
竹林寺 179
老子／老聃／李耳 047, 049, 055, 056, 230, 362, 418, 443, 458
《老子》／《老子道德經》／《道德經》 055, 056, 099, 436, 443, 444, 451, 457, 458
老子廟 047
至相寺 200, 204
行滿 176, 177, 180
西明寺 117, 119, 240, 241, 373

七畫

《成唯識論》 117, 118, 129, 131, 137, 138, 139
《成唯識論了義燈》 118, 121
《成唯識論要集》（神泰） 119, 120
《成唯識論要集》（道證） 119, 120
《成唯識論述記》 118, 121
《成唯識論演祕》 119, 121
成尋 147, 412
成道會 273
《成實論》 101, 102, 105, 106, 108, 109, 110, 111, 112, 113, 114, 115
《成實論大義記》 111
《成實論義疏》（智藏） 111
《成實論義疏》（僧導） 110
何充 223, 226, 459
佛光如滿 324
佛印了元 344
《佛地經論》 135
佛陀波利 241
佛陀耶舍 192
佛陀扇多 083
佛陀禪師／佛陀三藏 085, 195, 198

《佛祖統紀》 141, 152, 170, 199, 232, 433, 442, 443, 446, 448, 450, 469, 477, 481, 483
《佛祖歷代通載》 417
佛眼清遠 343
《佛頂尊勝陀羅尼》 394
佛圖澄 459, 493
《佛說如意虛空藏菩薩陀羅尼經》 412
《佛說佛名經》 276
《佛說諸德福田經》 271
《佛說觀普賢菩薩行法經記》 246
佛馱跋陀羅 039, 191, 192, 193, 195, 246
佛鑑慧懃 343
《刪定止觀》 178
含光 172, 395, 405, 423
吳殷／無慇 399, 407
呂公著 346
呂向 378
《坐禪儀》 160
孝文帝〔北魏〕 195
孝武帝〔宋〕 039, 040
《宋書》 460
《宋高僧傳》 071, 072, 313, 382, 386, 411, 414, 417, 419, 465
宋璟 458
志念 084, 085
志通 411
志遠 071, 179
志磐 433
戒賢 117, 207
李元琮 398
李白 146, 238, 239, 250, 260, 307
李師政 054, 448
李邕 299
李通玄 198, 209, 427, 465, 467
李華 166, 167, 371, 376, 406, 469
李德裕 483, 484, 485
李翺 037, 038, 325
杜甫 260, 299, 307
杜胐 464
杜順／法順 168, 187, 196, 197, 198, 199, 200, 210
杜鴻漸 378, 398
求那跋陀羅 039, 082, 193
求那跋摩 039
〈決對傅奕廢佛法僧事〉 054
《決對論》 448
汾州無業 316
《汾陽十八問》 349
汾陽善昭 349
《汾陽頌古》 349
《沙門不敬王者論》 223, 226

良超　412
良諝　181
那連提耶舍　059

八畫

《依觀經等明般舟三昧行道往生讚》　275
《兩京新記》　063
《兩部大法相承師資付法記》　407, 409
《周易發揮》　453
《周書異記》　077
孟獻忠　277
《宗門十規論》　336
《宗門武庫》　346
宗叡　408
宗曉　178
宗穎　180
宗賾／長蘆宗賾　160, 339
《宗鏡錄》　330, 465
定賓　374
《宛陵錄》　482, 483
帛尸梨蜜多羅　367
《往生西方淨土瑞應刪傳》／《往生淨土瑞應刪傳》　232, 242
《往生淨土傳》　254
《往生論註》　062, 242
《往生禮讚偈》／《六時禮讚偈》　250, 254
或菴師體　342, 346
房山石經　043, 079
房玄齡　048
承遠　166, 167, 179, 284
明帝〔宋〕　039
明帝〔後漢〕　036
明思（明畏）　374, 403
明槩　054
明曠　176, 177
東山寺（壽春）　110
東山寺（雙峰山）　295
《東坡志林》　347
東林常總　344
《東海若》　177
東陽玄策　171
果閬宣什　310
武后則天　054, 075, 165, 191, 205, 225, 226, 230, 270, 294, 296, 297, 298, 310, 457, 458, 477
武宗〔唐〕　071, 179, 180, 494
武帝／周武〔北周〕　033, 034, 042, 044, 071, 153, 224, 263, 332
武帝／梁武〔梁〕　033, 065, 141, 144, 152, 273, 275, 363, 447, 459, 488

武帝／陳霸先〔陳〕　152
武帝／劉裕〔宋〕　110, 223
武帝〔齊〕　223
武林希迪　221
法上　077, 085, 088, 089, 092, 094, 095, 099, 247, 289, 356, 402, 406
法全　408, 410
法如　267, 296, 297, 298, 299
《法事讚》／《轉經行道願生淨土法事讚》　245, 250
法明　055, 065, 118, 181
法果　224, 226
法門寺　363, 410, 411
法持　310
《法界玄鏡》　209
《法界次第》　154
《法界體性無分別經》　090
《法界觀門》　197, 199, 209, 210, 211, 214, 219
《法苑珠林》　141, 142, 271, 277
法朗　153, 194, 457
法常　200
法盛（悟真大師）　162, 165, 167, 276
法眼文益　336
法欽　310
法琳　049, 053, 054
《法華三昧懺儀》　275
《法華文句》　078, 154, 155, 162, 163
《法華文句記》　086, 171, 173, 174, 175
《法華玄義》　084, 086, 155, 157, 158, 159, 162, 163, 174
《法華玄義釋籤》　086, 171
《法華玄贊》　118, 121, 173
《法華經》／《妙法蓮華經》　042, 058, 059, 072, 076, 135, 150, 152, 153, 155, 156, 157, 158, 160, 163, 173, 183, 184, 194, 206, 221, 267, 268, 276, 277, 279, 280, 281
《法華經安樂行義》　150
法雲　046, 111
法業　193
法照　179, 231, 254, 255, 256, 258, 259, 260, 261, 275, 284
法經　063, 152, 246, 434
法詵／法銑　197, 198
法演　341, 342, 343
《法演禪師語錄》　341
法凝　324
法藏　065, 078, 089, 140, 168, 173, 187, 188, 191, 196, 197, 198, 199, 201, 203, 204, 205, 206, 207, 208,

209, 210, 211, 212, 217, 218, 221, 243, 277, 285, 377, 427, 457
法寶　120, 138, 139, 140, 302
法礪　205
法繼　084, 201
波若　155
物外　176, 181
《盂蘭盆經》　142, 143, 273
知禮／四明知禮　049, 168, 173, 183, 184, 220
空海　215, 241, 373, 378, 382, 399, 401, 402, 403, 404, 405, 407, 408, 415
竺法護　142, 367, 412
《舍利感應記》　044, 046, 439
《金石萃編》　038, 065
《金石錄》　048
《金光明最勝王經》　457
《金光明最勝王經疏》　118
《金光明懺法》　275
《金剛般若經》／《金剛經》　056, 277, 279, 280, 281, 287
《金剛頂瑜伽中略出念誦經》　379
《金剛頂經》　375, 380, 381, 387, 388, 394, 396, 400, 406, 410, 411, 422
金剛智　368, 369, 370, 376, 378, 379, 380, 381, 382, 384, 385, 386, 387, 388, 409, 411, 415, 416, 417, 418, 419, 420, 421, 422
《金剛錍》　176, 427
《金師子章》　205
金閣寺　389, 391
長水子璿　219
長沙景岑　321
《阿吒薄俱元帥大將上佛陀羅尼經修行儀軌》　420
阿地瞿多　393
阿倍仲麻呂　239, 285
《阿彌陀經》　244, 245, 246
《陀羅尼集經》　393
青目　102
青原行思　328
青龍寺　399, 400, 401, 407
《非辯命論》　447

九畫

俊芿　147
保唐寺　310, 311, 318
保恭　084
保壽寺　213, 405
信行　034, 038, 058, 068, 078, 262, 263, 264, 265, 266, 267, 269, 270, 276, 278, 390

南泉　325
南陽慧忠　426
南嶽懷讓　313, 314, 328
契嵩／佛日契嵩　183, 347
姚崇　036, 037, 038, 065, 066, 225, 458, 459, 461, 464
姚察　440, 441
姚興　459, 493
宣宗〔唐〕　072, 333, 478, 479
宣武帝〔北魏〕　195
宣帝〔陳〕　033, 150, 151, 154
彥悰　120, 225, 226
彥琮　049
《後漢書》　362
施餓鬼（會）　141, 143
《春秋》　077, 357
昭宗　478
昭明太子　447
昭福寺　051
《枯崖漫錄》　355
柳本尊　411
柳宗元　177, 178, 473, 474, 475, 476
《柳宗元集》　473
段成式　277, 415
洛陽神照　213
洞山良价　331
《皇隋靈感誌》　438, 439
相國寺　340
省賢　412
胡適　069, 300, 308, 357
《貞元新定釋教目錄》　385
迦才　060, 078, 231, 232, 234, 242, 244, 276
重源　147
韋渠牟　073

十畫

《修華嚴奧旨妄盡還源觀》　206
修禪寺　146, 154, 177
《俱舍論》　116, 117, 120
《俱舍論疏》（普光）　120
《俱舍論疏》（法寶）　120
《俱舍論疏》（神泰）　120, 136
《冥報記》　277, 278, 279, 280, 281, 282, 283, 284, 287
〈冥數有報論〉　484
《原人》　216
《原人論》　214, 217, 218
《原性》　216
《原道》　216
哥舒翰　387, 388
《唐大詔令集》　055
《唐文粹》　067
《唐決》　177

唐臨　277, 278
《唐護法沙門法琳別傳》　049
孫綽　062
師利　063, 393, 465
師賢　494
徐曠／徐文遠　443, 444
徐靈府　146
悟真　165, 384, 401
晁光武　337, 338
晁說之　178
晉水淨源　196, 220
海雲　407, 409
《涅槃玄義》　163
《涅槃宗要》　087
涅槃會　273
《涅槃經》／《大涅槃經》　060, 078, 082, 086, 087, 090, 115, 116, 135, 136, 163, 194, 195, 265, 308, 424
《涅槃經疏》　088, 163
班固　360
真寂寺（化度寺）　264, 270, 278
《真實攝經》　388
真諦　049, 074, 097, 098, 105, 152
真覺寺／智者塔院　151, 156
《破邪論》（普應／法琳）　053, 054
《祖堂集》　069, 319, 321, 323, 325, 326, 327, 328, 329, 331, 334, 335, 357
祖覺　411
神秀／大通禪師　066, 169, 290, 295, 296, 298, 299, 300, 301, 302, 303, 304, 305, 307, 310, 373, 464
神泰　120, 136, 139
神智從義　169
笑菴觀復　198
《能改齋漫錄》　340
《能顯中邊慧日論》　118, 138
《般舟三昧經》　233
般若　032, 056, 060, 090, 112, 117, 121, 150, 159, 179, 191, 193, 194, 195, 218, 219, 277, 279, 280, 281, 290, 363, 405, 432, 447, 458
般若寺　032, 363, 432
《般若波羅蜜多心經略疏》　205
《郡齋讀書志》　337
馬祖道一　065, 291, 310, 313, 314, 320, 328, 357, 480
馬鳴　197, 198
高祖／李淵〔唐〕　047, 048, 050, 053, 054, 165, 230, 442, 443, 444, 446, 447
高宗／李治〔唐〕　054, 055, 117,

225, 226, 230, 298, 390, 451, 457, 477
《高祖實錄》 048
《高僧傳》 053, 060, 193, 231, 233, 245
高熲 262, 264, 277

十一畫

《苕溪漁隱叢話前集》 073
若那 372
苻堅 493
勒那摩提 083, 084, 085, 195
《參天台五台山記》 412
《唯識二十論述記》 118
《唯識決擇論》 117
國清寺 058, 146, 147, 156, 162, 163, 164, 165, 168, 179, 181
《國清百錄》 157, 162, 163
基／窺基／慈恩大師 117, 118, 119, 120, 121, 129, 134, 137, 173, 174
奝然 411, 412
婆藪開士 105
寂深／普寂 383
寂靜智 379
寇謙之 361, 493
崇惠 414, 415, 417
崇智 411
崇遠 302, 304, 305, 308
崔浩 493
常曉 408
張九成 353
張彥遠 369, 382
張說 066, 169, 294
《御注老子》 458
《御注老子義疏》 458
《御請來目錄》 415
惟上 401, 407
惟澄 479
《授菩薩戒儀》 174, 175, 184
《救拔焰口餓鬼陀羅尼經》 144
〈晝夜六時發願文〉 276
晦堂祖心 345
曹山本寂 336
〈梁武論〉 484
梁肅 067, 172, 177, 178, 312, 468, 469, 473, 475, 476
《梵網戒本疏日珠鈔》 205
《梵網經》 218, 224, 226
《梵網經記》 218
《淨土五會念佛略法事儀讚》 255, 275
《淨土五會念佛誦經觀行儀》 232, 255, 259
《淨土論》 060, 231, 234, 242, 244,

276
淨土變相圖／〈淨土變相圖〉 244, 245, 246
《淨名玄義》 155
淨眾寺 310, 311, 314
淨眾神會 212
淨影寺 085, 086, 202, 267, 387, 425
淨覺 066, 307, 316, 462
混倫翁 378
清昭 411, 412
《略付法傳》 382, 399
《眾經目錄》 063
笮融 362
許敬宗 051, 442
陳叔寶／後主 154
《陳書》 440
陳寅恪 061, 062, 063
陳翊 322
陳操 065
陶弘景 298
陸元朗／陸德明 443, 444
陸亘 065, 325
雪峰 336
雪竇重顯 349
《雪竇頌古》 349, 352

十二畫

紫玉 325
草堂寺 212, 213
庾冰 223, 226
盛算 412
傅奕 053, 054, 443, 444, 445, 446, 447, 448, 451
勝（人名） 194
勝莊 119
勝友 192
勝賢 379
《勝鬘經》 082, 083, 099
《勝鬘經疏》 088
善無畏 166, 241, 368, 370, 371, 372, 373, 374, 375, 376, 377, 378, 381, 384, 385, 386, 400, 403, 406, 420, 421
善導 059, 060, 061, 066, 067, 078, 160, 170, 184, 231, 238, 240, 241, 244, 245, 246, 247, 248, 250, 251, 252, 253, 254, 255, 256, 260, 261, 275, 276, 284
《喪儀》 037, 038
《喻道論》 062
〈尊勝幢贊〉 474
惠日／慧日 401, 407
惠可／慧可 289, 296, 297, 298, 299,

301
惠果　215, 370, 375, 399, 400, 401, 402, 403, 404, 405, 406, 407, 408, 409, 422, 423
惠英／慧英　208, 277
惠朗／慧朗　394, 402, 404, 405, 408, 409
惠真／悟真　165, 166, 167, 168, 384
惠能／慧能　065, 169, 171, 280, 290, 301, 302, 303, 304, 305, 307, 310, 311, 313, 328, 336, 474
惠詳　277
惠澄　307, 308
惠應　408, 410
提雲般若　205
《提謂波利經》／《提謂經》　040, 041
普光　120, 200
普安　034, 035
普寂／大照　299, 300, 301, 302, 303, 304, 305, 307, 310, 383, 464
普應　054, 131
景宗　478
《景德傳燈錄》／《傳燈錄》　169, 315, 316, 317, 322, 324, 325, 329, 331, 336, 337
景輝　442
智仙　033, 044, 046
智正　200
智光　207, 208
智成　465
智旭　185, 284
智周　118, 119, 121
智昇　040, 275, 368, 371, 378
《智者大師別傳》　163
智炬寺　213
智寂　162
智通　120
智越　162
智雄　120, 492
智達　120
智鳳　120
智慧輪　410
智藏　111
智顗　058, 063, 064, 072, 078, 084, 086, 087, 088, 092, 098, 111, 112, 114, 115, 146, 147, 148, 150, 151, 152, 153, 154, 155, 156, 157, 158, 159, 160, 162, 163, 164, 165, 166, 167, 168, 169, 170, 171, 172, 173, 174, 175, 176, 177, 178, 179, 181, 182, 183, 184, 185, 186, 188, 196, 199, 208, 213, 267, 275, 425, 427, 434

智儼　092, 170, 187, 188, 192, 195, 196, 198, 200, 201, 202, 203, 204, 206, 207, 208, 209, 212, 221
智鸞　120
最澄　077, 147, 175, 176, 177, 180, 181, 183, 184, 185, 382
湛然／荊溪湛然　067, 074, 086, 097, 147, 148, 164, 167, 168, 170, 171, 172, 173, 174, 175, 176, 177, 178, 179, 180, 182, 184, 208, 306, 308, 426, 427, 469
無住　132, 133, 310, 311, 312, 318, 470, 472
《無畏三藏禪要》　373
無相　060, 088, 089, 090, 093, 113, 207, 212, 258, 310, 311, 314, 482
無著　097
《無量壽經》　062, 066, 156, 185, 234, 237
無盡藏院　063, 079, 270
等慈寺　051
《答順宗心要法門》　209, 214
《虛空藏求聞持法》　373
訶梨跋摩　101, 105, 106, 107
《註法界觀門》　196, 214, 219
費長房　077
《逸史》　416
開元寺　171, 181, 309, 388
《開元釋教錄》　040, 062, 063, 368
《開天傳信記》　421
開善寺　111
開善道謙　355
《隋書》　032, 035, 363, 432, 433, 438
《隋祖起居注》　044, 046
《集古錄跋尾》　051
《集沙門不應拜俗等事》　225, 226
《集諸經禮懺儀》　275
雲居道膺　336
雲門文偃　336
雲華寺　204
順宗　209, 214, 401, 468
黃庭堅　345, 346
黃巢之亂　332, 334, 430, 478
黃龍慧南　338, 344, 345
黃檗希運／黃檗　072, 481, 482, 483

十三畫

荷澤寺　300, 309
荷澤神會／神會　216, 290, 300, 310, 324, 427
《荷澤神會禪師語錄》　427
莊子　454
肅宗　171, 225, 226, 307, 309, 388,

394, 396, 458, 468, 477
《傳心法要》 072, 482, 483
《傳法寶紀》 169, 296, 302
《傳記驗記集》 254
圓仁 071, 148, 179, 180, 226, 408, 464, 494
圓行 408
圓珍 147, 167, 181, 246, 408, 409, 410
圓通方秀 346
圓測 098, 117, 118, 119, 137, 204, 241
圓敬 405
圓照 171, 371, 378, 386
圓載 147, 180, 241
圓澄 180, 221
《圓覺經》 213, 214, 215
《圓覺經大疏鈔》 300, 309, 312, 314
《圓覺經道場修證儀》 213, 275
嵩岳寺 299, 302, 307
敬宗 051, 442, 478
敬賢 373
《新華嚴經論》 465, 467
會昌廢佛（武宗）／破佛／法難／壓迫 064, 071, 072, 176, 219, 363, 494
楊岐方會 338, 359
楊垂 037, 038
楊炯 453
楊貴妃 179, 238, 416, 418
楚王英 362
《楞伽師資記》 066, 296, 307
《楞伽經》 082, 095, 296, 315
《楞嚴經》 219
源信 185
溫大雅 048, 049
《滄浪詩話》 347
煬帝／晉王／楊廣 046, 058, 147, 155, 224, 226, 432, 433, 434, 435, 436, 438, 440, 443, 447
《瑜伽法鏡經》 062, 271
《瑜伽師地論》／《瑜伽論》／《彌勒瑜伽師地論》 116, 117, 120, 136, 138, 450
《瑜伽略纂》 118
《新唐書》 051, 448, 468, 479
瑞鹿本先 069
《經典釋文》 443
義天 198, 220
義和 221, 273, 295
義忠 118
義明 401, 407, 408
義相／義湘 142, 198, 204, 206, 455

義真　102, 408
義寂　063, 064
義淨　118, 166, 191, 205, 377, 457
義圓　401, 407
義福　379, 464
義操　408
聖善寺　371, 374, 376, 479
聖提婆　104, 105
聖壽南印　212
《解迷顯智成悲十明論》　465
《解深密經》　117, 121
《解深密經疏》　119
《詩話》　073
道元　338, 344, 355, 383, 457
道生／竺道生　109, 288, 289, 441
道安　039, 040, 493
道成　204, 205, 207
道吾圓智　328
道邑　118
道岳　116
道房　195
道武帝／太祖　224
道長　084
道亭　197
道信　066, 075, 289, 296, 297, 298, 299, 301, 310
道宣　033, 045, 053, 060, 061, 077, 084, 086, 089, 120, 168, 225, 226, 240, 271, 277
道昭　120
道倫／遁倫　120
道素　165, 167
道基　097, 098, 116
《道場六時禮》　214
道圓　212
道慈　241, 373
道詮　214, 254
道綽　059, 060, 061, 078, 170, 241, 242, 243, 244, 248
道賢　411
道憑　085, 088, 094
道融　109, 193
道邃　176, 177, 180
道寵　084, 086
道證　119
達摩／達磨／菩提達摩　064, 065, 289, 295, 296, 297, 298, 299, 300, 301, 302, 303, 304, 305, 310, 311, 313, 317, 328, 406, 484
達磨掬多　372
鳩摩羅什／羅什　039, 077, 082, 101, 105, 192, 193, 224, 493
鳩摩羅多　106

十四畫

菩提流支 082, 083, 084, 276
菩提流志 063, 118, 191, 377, 393
《菩提達摩南宗定是非論》 300
《菩提福藏法化三昧經》 041
《菩薩地持經》／《地持》 082, 085
《菩薩戒義疏》 184
《菩薩藏眾經要》 089, 090, 091
《菩薩瓔珞本業經》 093
華頂寺 147
《華嚴五教止觀》／《五教止觀》 168, 199
《華嚴五教章》／《五教章》 168, 205, 206, 217, 221
華嚴寺 071, 374, 384, 385
《華嚴行願品疏》 209, 214
《華嚴經》／《大方廣佛華嚴經》 072, 083, 090, 131, 165, 168, 187, 188, 189, 190, 192, 193, 194, 195, 197, 200, 201, 202, 204, 205, 206, 209, 215, 221, 267, 276, 277, 457, 465
《華嚴經問答》 089, 206
《華嚴經疏》 200, 204, 209, 213
《華嚴經傳記》 196, 206, 277
《華嚴經搜玄記》／《搜玄記》 092, 200, 201
《華嚴經隨疏演義鈔》／《演義鈔》 209, 213
《華嚴遊意》 194
《像法決疑經》 062, 063, 269, 271
僧休 084
僧伽跋摩 039
僧旻 111
僧柔 111
僧朗 194
僧祐 040, 053, 077
僧邕 034, 264
僧淵 110
僧嵩 110
僧稠 034, 085, 195
僧詮 194
僧詳 277
僧實 085
僧稱 116
僧肇 105, 109, 426
僧叡 077, 109, 110, 112
僧導 110
僧璨／僧粲 074, 296, 297, 298, 299, 301
嘉因 411
《嘉泰普燈錄》 344, 345
夢窗疎石 320
實叉難陀 165, 191, 205

實際寺　240, 241
《對根起行法》　264
榮西　147, 412
榮海　378
《漢書》　360
疑經　039, 040, 041, 062, 063, 269, 271
睿宗〔唐〕　055, 075, 294, 300, 372, 457, 458
《碧巖錄》　349, 351, 352
《種性差別章》　120
稱名念佛　059, 060, 233
《綜理眾經目錄》　040
《維摩經》　090, 155
《維摩經文疏》　092
《維摩經玄疏》　084, 087
《維摩經疏》　084, 163
維蠲　176, 180
裴休　065, 212, 214, 325, 481, 482, 483
《裴休拾遺問》　309
《說無垢稱經疏》　118
趙州從諗　215
趙明誠　048
趙梅　409
趙遷　386
趙樸初　496
《輔教編》　347
鳳潭　208
《齊書》　438
誕禮　084
慈明師祖／石霜楚圓　343, 359

十五畫

《萬善同歸集》　248
劉軻　073, 331, 332
審祥　208
廢佛　033, 034, 041, 042, 043, 044, 054, 064, 071, 072, 073, 077, 151, 176, 179, 193, 195, 219, 224, 263, 264, 270, 363, 484, 492, 494, 495
《廣付法傳》　399
《廣弘明集》　044, 051, 052, 053, 054, 225, 226, 271, 275, 436, 439, 448, 450
廣修　176, 180, 181
廣福寺　380
德山　336
德宗　166, 313, 401, 404, 420, 468, 469, 477, 479
德圓　180
德韶　063, 064
慧文　146, 147, 148, 152, 162, 172, 183

慧方 310
慧光 084, 085, 092, 094, 195, 198, 200, 202, 204, 205, 207
慧因院 197, 221
慧如 278
慧次 111
慧沼 118, 119, 121, 138, 139
慧勇 194
慧威 165, 167, 169
慧思／南嶽慧思 042, 058, 062, 076, 078, 079, 146, 147, 148, 149, 150, 151, 152, 153, 157, 162, 166, 168, 172, 183
慧苑／靜（淨）法寺慧苑 197, 198, 207, 208, 209
慧乘／惠乘 443, 444
慧皎 053
慧評 072
慧敏 336
慧嵩 084, 085
慧榮 153
慧遠（淨影寺） 085, 086, 202, 267, 425
慧遠（廬山） 060, 074, 192, 226, 231, 233, 255, 284
慧曉 395, 405
慧簡 040
慧曠 152
慧覺 194
慧觀 115, 210, 466, 467
《摩訶止觀輔行傳弘決》／《止觀輔行傳弘決》 147, 171, 173, 175, 427
《摩訶摩耶經》 077
《樂邦文類》 177, 232
《樂道歌》 322, 354
歐陽修 051, 052
潘師正 298
溈山靈祐／溈山 333
澄觀 187, 196, 197, 198, 208, 209, 210, 211, 212, 213, 214, 219
〈請施莊為寺表〉 307, 462
《請觀世音懺法》 275
《論佛骨表》 410
鄭愚 333
憲宗 313, 468, 477, 479
興善惟寬 313, 324, 325
興福寺 213, 373
興膳宏 444

十六畫

凝公 479, 480
凝然 101, 205
圜悟克勤 341, 343, 349, 350, 351, 352, 353, 354, 355

曇延　434
曇貞　395, 400, 405
曇崇　043
曇斌　193
曇無讖　055, 082
曇靖　040, 041
曇稱　068
曇影　106, 109
曇摩密多　039
曇曜　494
曇遷　097, 200, 201
曇獻　442
曇鸞　233, 235, 241, 242
《歷代三寶紀》　362, 435
《歷代名畫記》　283, 369, 382
《歷代法寶記》　311
獨孤及　074, 468, 476
《獨醒雜志》　340
盧子　416
盧照鄰　453, 454, 456
穆宗　468, 476, 478
《融即相無相論》　088, 089, 090, 093
〈辦道話〉　338
辨弘　401, 407
辨相　202
遵式　184, 185
靜琬　043, 079
頤菴善熹　221
龍智　379
龍華寺　277
龍潭　336
龍樹　101, 102, 103, 104, 147, 148, 152, 162, 172, 182, 183, 197, 198, 379
《龍樹五明論》　420
龍興寺（台州）　177
龍興寺（南陽）　300

十七畫

《蓮華面經》　077
彌陀山　205
《彌陀經義記》　185
濟法寺　038
礁王〔劉宋〕　193
禪林寺　178, 180
《禪林寶訓》　343
《禪門規式》　068, 069, 322, 340
《禪苑清規》　339, 340, 342
《禪源諸詮集都序》　214, 216, 217, 483
臨濟義玄　215, 321, 336
《臨濟錄》　321, 322
謝靈運　231
韓愈　038, 052, 178, 216, 410, 468,

474, 476, 477

十八畫

蕭子良／文宣王〔南齊〕 040, 111
蕭瑀 447, 448, 449, 450, 451
《叢林盛事》 342
歸宗智常 324
《禮懺略本》 214
《舊唐書》 055, 071, 295, 296, 299, 307, 333, 382, 442, 443, 444, 446, 447, 448, 453, 454, 457, 458, 461, 468, 469, 473, 476, 479, 481, 483, 484, 494
豐德寺 168, 213
《轉經行道願往生淨土法事讚》 275
《轉識論》 097
《雜心論》 193
顏之推 436, 437, 438
《顏氏家訓》 436, 437
顏師古 051, 442
魏收 036, 361, 438
《魏書》 036, 360, 361
鵝湖大義 313

十九畫

薄塵 204
懶瓚 322, 354
懷信 277
懷海／百丈懷海 067, 068, 069, 185, 320, 322
懷素 120
懷惲 248
懷感 267
羅公遠 415, 416
贊寧 367, 371, 378, 411
《類聚八祖傳》 378
麴文泰 116
龐居士 320, 325, 326, 357
《龐居士語錄》 321
〈勸發菩提心文〉 481
《勸發菩提心集》 118

二十畫

《薩遮尼乾子經》 263
嚴羽 347
《寶車經》 040
《寶林傳》 328
寶思／寶畏 063, 374, 403
寶思惟 063
寶巖 246
覺苑 412
《譯經圖記》 120
醴泉寺 180, 240

《釋門正統》 151, 169, 177
《釋門自鏡錄》 277
《釋迦牟尼佛悲門三昧觀眾生本起經》 076
《釋淨土群疑論》 267

二十一畫

藥山 325, 336
《攝大乘義章》 098
《攝大乘論》 097, 116, 117, 135, 187, 200, 202
《攝大乘論釋》 097
灌頂／章安灌頂 146, 147, 155, 160, 162, 163, 182
《灌頂經》 040
《續高僧傳》 033, 053, 060, 076, 084, 097, 150, 233, 242, 246, 271, 277, 285, 296
《辯中邊論述記》 118
《辯正論》 053, 054
《辯命論》 447
辯機 120

二十二畫

《蘇婆呼童子經》 374
《蘇悉地經》 409
《蘇悉地羯羅經》 374
蘇軾／東坡居士 344, 345, 346, 347
懿宗 478
鑑真 148, 166, 167

二十三畫

巖頭全豁 333
《顯戒論》 183

二十四畫

靈峯 213
靈裕 043, 079, 085, 086, 088, 092, 094
靈潤 120, 135, 136, 137, 138, 139, 140, 202
《靈寶經》 046

二十五畫

《觀音經》／〈觀世音菩薩普門品〉 279
《觀無量壽經疏》／《觀經疏》 059, 066, 078, 160, 170, 184, 185, 193, 247, 248, 250, 285

二十六畫

《讚阿彌陀佛偈》／《無量壽經奉讚》 233, 234

作者簡介

吉川忠夫

一九三七年生於京都府。京都大學文學部東洋史學科畢業，同大學院文學研究科碩士課程終了，同博士課程學分取得肄業。京都大學名譽教授，龍谷大學文學部客座教授。專門領域為中國史。主要著作包括《六朝精神史研究》、《中国古代人の夢と死》、《書と道教的周辺》、《古代中国人の不死幻想》、《中国人の宗教意識》、《読書雑志》等。

青木隆

一九五八年生於三重縣。早稻田大學第一文學部東洋哲學科畢業，同大學院文學研究科博士後期課程學分取得肄業。麻布學園教師。專門領域為中國六朝佛教思想。主要論文有〈地論宗南道派の真修・縁修說と真如依持說〉（《東方学》93）、〈地論宗の融即論と縁起說〉（荒木典俊編著，《北朝隋唐中国仏教思想史》）等。

奧野光賢

一九五八年生於宮城縣。駒澤大學佛教學部佛教學科畢業，同大學院人文科學研究科博士課程學分取得肄業。博士（佛教學・駒澤大學）。駒澤大學佛教學部教授。專門領域為佛教學、三論教學。著作為《仏性思想の展開——吉蔵における《法華論》受容史》。

吉村誠

一九六九年生於東京都。早稻田大學大學院文學研究科東洋哲學專攻博士後期課程修了。博士（文學・早稻田大學）。現任駒澤大學副教授。論文有〈《大唐大慈恩寺三蔵法師伝》の成立について〉（《仏教学》37）、〈玄奘の大乗観と三転法輪說〉（《東洋の思想と宗教》16）、〈唯識学派の五姓各別說について〉（《駒澤大学仏教学部研究紀要》62）、〈唐初期の唯識学派と仏性論爭〉（《駒澤大学仏教学部研究紀要》67）等。

林鳴宇

一九七二年生於中國浙江省。駒澤大學佛教學部禪學科畢業，同大學院人文科學研究科博士後期課程修了。博士（佛教學・駒澤大學）。駒澤大學佛教學部外聘講師。專門領域為天台學。主要著作包括《宋代天台教学の研究——《金光明経》の研究史を中心として》、《天台文類・天台法数校釈》、《肇論集解令模鈔校釈（合著）》等。

吉田叡禮

一九六九年生於兵庫縣。花園大學文學部佛教學科畢業，駒澤大學大學院人文科學研究科博士後期課程修了。博士（佛教學・駒澤大學）。花園大學國際禪學科專任講師。專門領域為華嚴學。主要論文有〈晋水浄源と宋代華厳〉（《禅学研究》77）、〈中国華厳の祖統説について〉（鎌田茂雄博士古稀記念会編，《華厳學論集》）等。

齊藤隆信

一九六六年生於新潟縣。佛教大學文學研究科博士後期課程學分取得肄業。佛教大學文學部副教授。專門領域為淨土教思想、中國佛教。主要著作與論文包括《七寺古逸経典研究叢書（合著）》、〈《浄度三昧経》と竺法護訳経典〉、〈支謙所訳経典中偈頌的研究——四部経典中偈頌的漢訳者〉、〈《龍施菩薩本起経》の有韻偈頌と漢訳者について〉、〈鳩摩羅什の詩と大智度論》の偈〉、〈善導《観経疏》の語文〉、〈礼讃文の韻律——詩の評価とテクスト校訂〉、〈善導《観経疏》における讃偈の韻律〉、〈法照の礼讃偈における通俗性——その詩律を中心として〉等著作豐富。

西本照真

一九六二年生於廣島縣。東京大學文學部畢業。同大學院人文科學研究科博士課程學分取得肄業。博士（文學・東京大學）。武藏大學人間關係學部教授。著作有《三階教の研究》、《〈華厳経〉を読む》等。

小川隆

一九六一年生於岡山縣。駒澤大學佛教學部禪學科畢業，同大學院人文科學研究科博士課程學分取得肄業。博士（文學・東京大學）。駒澤大學總合教育研究部教授。專門領域為中國禪宗史。著作有《神会——敦煌文献と初期の禅宗史》、《臨済録——禅の語録のことばと思想》、《語録のことば——唐代の禅》、《続・語録のことば——《碧巌録》と宋代の禅》。

岩崎日出男

一九五九年生於北海道。高野山大學人文學部中國哲學科畢業，同大學院文學研究科密教學專攻博士課程學分取得肄業。園田學園女子大學教授。專門領域為中國密教。主要論文有〈慧朗七祖の問題と不空教団の動靜について——不空入寂後の弟子達の行動を中

心として〉、〈中国古代から唐代に見える恩について——般若三藏と空海の四恩思想の序說として〉、〈道教と密教〉等著作豐富。

中嶋隆藏

一九四二年生於宮城縣。東北大學文學部（哲學科專攻中國哲學）畢業。同大學院文學研究科（專攻中國學）博士課程修了，博士課程學分取得肄業。博士（文學・東北大學）。東北大學名譽教授。中國武漢大學哲學學院客座教授。曾擔任臺灣清華大學客座教授。著作有《六朝思想の研究》、《雲笈七籤の基礎的研究》、《出三藏記集序卷訳注（編著）》、《中国の文人像》、《団子》、《高僧伝（単著）》、《高僧伝（合著）》。

藤井教公

一九四八年生於靜岡縣。東京大學文學部印度哲學科畢業，同大學大學院人文科學研究科博士課程學分取得滿期肄業。碩士（文學・東京大學）。北海道大學大學院文學研究科教授。專門領域為佛教學、中國佛教。主要著作有《法華経》上下（上卷合著、下卷単著、仏典講座）等。

塩入法道

一九五四年生於長野縣。法政大學文學部哲學科畢業，大正大學大學院文學研究科佛教學專攻博士課程學分取得肄業。大正大學教授，信濃國分寺住持。專門領域為天台學、法華經學。主要著作、論文有《観音経読み解き事典》（合著）、《法華経入門——永遠の命を生きる》（合著）、《中国仏教における眾生義》、《中国仏教の家族観》等。

礪波護

一九三七年生於大阪府。京都大學文學部史學科畢業，同大學院文學研究科博士課程學分取得肄業。博士（文學・京都大學）。京都大學名譽教授。專門領域為中國之政治、社會、宗教史。主要著作有《唐代政治社会史研究》、《隋唐の仏教と国家》、《京洛の学風》等，另有論文、共同著作、編著多部。

伊吹敦

一九五九年生於愛知縣。早稻田大學第一文學部東洋哲學科畢業，同大學大學院文學研究科博士課程學分取得滿期肄業。文學碩士。東洋大學文學部印度哲學科教授。專門領域為佛教學、中國佛教、禪宗史。著作有《禅の歴史》，譯書有《中国禅宗史》、《中国の宗教》。

氣賀澤保規

一九四三年生於長野縣。京都大學文學部畢業（專攻東洋史學），同大學院修了。博士（文學・京都大學）。經歷佛教大學、富山大學，自一九九五年擔任明治大學文學部教授。專門領域為中國魏晉南北朝至隋唐時代（中國中世）之政治社會文化史。主要著作有《中国仏　石経の研究》、《府兵制の研究》、《武后則天》、《中国の歴史6　絢爛たる世界帝国　隋唐時代》等。

松森秀幸

一九七八年生於長野縣。創價大學文學部人文學科畢業，同大學院文學研究科人文學專攻博士後期課程學分取得肄業，中國人民大學哲學院宗教學系博士課程在學。碩士（人文學・創價大學）。東洋哲學研究所研究員。專門領域為中國佛教（唐代天台學）。主要論文為〈湛然における章安灌頂の位置づけ——《法華玄義釈籤》〈私録異同〉に　する注釈を中心に〉等數篇。

藤丸智雄

一九六六年生於岡山縣。東京大學文學部印度哲學科畢業，同大學院人文社會系研究科博士課程學分取得肄業。淨土真宗本願寺派教學傳道研究中心常任研究員。專門領域為中國佛教學、中國淨土教、漢譯經典研究。著作有《〈般若経典〉を読む》；共同著作有《真宗永代経全書》、《真宗と言葉》等，論文有〈曇鸞と僧肇〉、〈《観仏三昧海経》における観仏と念仏〉等。

國家圖書館出版品預行編目資料

興盛開展的佛教 / 沖本克己, 菅野博史編輯 ; 釋果鏡譯. -- 初版. -- 臺北市 : 法鼓文化, 2016. 03
面 ; 公分
譯自 : 興隆.発展する仏教
ISBN 978-957-598-701-5 (平裝)

1.佛教史 2.中國

228.2 105001135

新亞洲佛教史 07

興盛開展的佛教 —— 中國II 隋唐

興隆・発展する仏教 —— 中国II 隋唐

編輯委員 沖本克己
編輯協力 菅野博史
譯者 釋果鏡
中文版總主編 釋果鏡
中文版編輯顧問 釋惠敏、于君方、林鎮國、木村清孝、末木文美士
中文版編輯委員 釋果鏡、釋果暉、藍吉富、蔡耀明、廖肇亨、陳繼東、陳英善、陳一標

出版 法鼓文化
封面設計 化外設計
內頁美編 小工
地址 臺北市北投區公館路186號5樓
電話 (02)2893-4646
傳真 (02)2896-0731
網址 http://www.ddc.com.tw
E-mail market@ddc.com.tw
讀者服務專線 (02)2896-1600
初版一刷 2016年3月
初版三刷 2023年10月
建議售價 新臺幣650元
郵撥帳號 50013371
戶名 財團法人法鼓山文教基金會—法鼓文化
北美經銷處 紐約東初禪寺
Chan Meditation Center (New York, USA)
Tel: (718)592-6593 E-mail: chancenter@gmail.com

法鼓文化

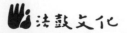

突厥
(天山山脈)
高昌
敦煌
莫高窟
酒泉
張掖
涼州
青海
吐谷渾
蘭州
炳靈寺
隴西
麥積山石窟
法門寺
長安(西安)
終南山
草堂寺
吐蕃
拉薩
(喜馬拉雅山脈)
益州(成都)
峨眉山
雲南
南詔
交州(安南)
幽州(范陽)
房山
雲居寺
雲岡石窟
五台山
竹林寺
佛光寺
顯通寺
天龍山石窟
并州(太原)
玄中寺
渤海
黃海
靈巖寺
泰山
黃河
徐州(彭城)
汴州(開封)
普照寺
白馬寺
洛陽
嵩山
龍門石窟
少林寺
大明寺
揚州
金山寺
金陵
蘇州
寒山寺
棲霞寺
杭州
普陀山
明州(寧波)
越州(紹興)
阿育王寺
九華山
天台山
天童寺
國清寺
台州
玉泉山
玉泉寺
荊州(江陵)
長江
廬山
溫州
岳州
洪州(南昌)
長沙
百丈山
南嶽衡山
福州
萬福寺
泉州
桂州
羅浮山
廣州

唐代的都市和寺院